战略性新兴领域"十四五"高等教育系列教材

工业互联网技术

主　编　邬贺铨　于海斌　杨善林
副主编　许　驰　曾　鹏　梁　炜
参　编　郑　萌　王　挺　王军义
　　　　潘福成　李　歆　程海波

全书知识图谱

机械工业出版社

本书将工业互联网的基础理论知识、关键技术及应用进行了全面的剖析和深入的解读。全书共七章：首先，简要介绍了工业互联网的发展背景以及国内外的发展现状；其次，从工业互联网的网络、平台、安全、智能决策四个维度展开，详细阐述了工业互联网的核心原理与关键技术；最后，以航空航天装备制造、石油生产、铁矿采选等行业为背景，深入讲解了工业互联网技术的实际应用及成效。

本书内容凝练，重点突出，适合作为高等院校控制、自动化、计算机、通信等专业的高年级本科生和研究生的教学用书，也可以作为从事工业互联网开发的工程师和研究者的参考用书。

图书在版编目（CIP）数据

工业互联网技术 / 邬贺铨，于海斌，杨善林主编.
北京：机械工业出版社，2024. 12. --（战略性新兴领
域"十四五"高等教育系列教材）. -- ISBN 978-7-111
-77635-2

Ⅰ. F403-39
中国国家版本馆CIP数据核字第20247R0L05号

机械工业出版社（北京市百万庄大街22号　邮政编码100037）
策划编辑：丁昕祯　　　　　　责任编辑：丁昕祯　章承林
责任校对：王　延　薄萌钰　　封面设计：王　旭
责任印制：刘　媛
北京中科印刷有限公司印刷
2024年12月第1版第1次印刷
184mm×260mm·20.25印张·502千字
标准书号：ISBN 978-7-111-77635-2
定价：69.00元

电话服务　　　　　　　　　　网络服务
客服电话：010-88361066　　机 工 官 网：www.cmpbook.com
　　　　　010-88379833　　机 工 官 博：weibo.com/cmp1952
　　　　　010-68326294　　金 书 网：www.golden-book.com
封底无防伪标均为盗版　机工教育服务网：www.cmpedu.com

为了深入贯彻教育、科技、人才一体化推进的战略思想，加快发展新质生产力，高质量培养卓越工程师，教育部在新一代信息技术、绿色环保、新材料、国土空间规划、智能网联和新能源汽车、航空航天、高端装备制造、重型燃气轮机、新能源、生物产业、生物育种、未来产业等领域组织编写了战略性新兴领域"十四五"高等教育系列教材。本套教材属于高端装备制造领域。

高端装备技术含量高，涉及学科多，资金投入大，风险控制难，服役寿命长，其研发与制造一般需要组织跨部门、跨行业、跨地域的力量才能完成。它可分为基础装备、专用装备和成套装备，例如：高端数控机床、高端成形装备和大规模集成电路制造装备等是基础装备；航空航天装备、高速动车组、海洋工程装备和医疗健康装备等是专用装备；大型冶金装备、石油化工装备等是成套装备。复杂产品的产品构成、产品技术、开发过程、生产过程、管理过程都十分复杂，例如人形机器人、智能网联汽车、生成式人工智能等都是复杂产品。现代高端装备和复杂产品一般都是智能互联产品，既具有用户需求的特异性、产品技术的创新性、产品构成的集成性和开发过程的协同性等产品特征，又具有时代性和永恒性、区域性和全球性、相对性和普遍性等时空特征。高端装备和复杂产品制造业是发展新质生产力的关键，是事关国家经济安全和国防安全的战略性产业，其发展水平是国家科技水平和综合实力的重要标志。

高端装备一般都是复杂产品，而复杂产品并不都是高端装备。高端装备和复杂产品在研发生产运维全生命周期过程中具有很多共性特征。本套教材围绕这些特征，以多类高端装备为主要案例，从培养卓越工程师的战略性思维能力、系统性思维能力、引领性思维能力、创造性思维能力的目标出发，重点论述高端装备智能制造的基础理论、关键技术和创新实践。在论述过程中，力图体现思想性、系统性、科学性、先进性、前瞻性、生动性相统一。通过相关课程学习，希望学生能够掌握高端装备的构造原理、数字化网络化智能化技术、系统工程方法、智能研发生产运维技术、智能工程管理技术、智能工厂设计与运行技术、智能信息平台技术和工程实验技术，更重要的是希望学生能够深刻感悟和认识高端装备智能制造的原生动因、发展规律和思想方法。

1. 高端装备智能制造的原生动因

所有的高端装备都有原始创造的过程。原始创造的动力有的是基于现实需求，有的来自潜在需求，有的是顺势而为，有的则是梦想驱动。下面以光刻机、计算机断层扫描仪（CT）、汽车、飞机为例，分别加以说明。

光刻机的原生创造是由现实需求驱动的。1952 年，美国军方指派杰伊·拉斯罗普（Jay W. Lathrop）和詹姆斯·纳尔（James R. Nall）研究减小电子电路尺寸的技术，以便为炸弹、炮弹设计小型化近炸引信电路。他们创造性地应用摄影和光敏树脂技术，在一片陶瓷基板上沉积了约为 200μm 宽的薄膜金属线条，制作出了含有晶体管的平面集成电路，并率先提出了"光刻"概念和原始工艺。在原始光刻技术的基础上，又不断地吸纳更先进的光源技术、高精度自动控制技术、新材料技术、精密制造技术等，推动着光刻机快速演进发展，为实现半导体先进制程节点奠定了基础。

CT 的创造是由潜在需求驱动的。利用伦琴（Wilhelm C. Röntgen）发现的 X 射线可以获得人体内部结构的二维图像，但三维图像更令人期待。塔夫茨大学教授科马克（Allan M. Cormack）在研究辐射治疗时，通过射线的出射强度求解出了组织对射线的吸收系数，解决了 CT 成像的数学问题。英国电子与音乐工业公司工程师豪斯费尔德（Godfrey N. Hounsfield）在几乎没有任何实验设备的情况下，创造条件研制出了世界上第一台 CT 原型机，并于 1971 年成功应用于疾病诊断。他也因此获得了 1979 年诺贝尔生理学或医学奖。时至今日，新材料技术、图像处理技术、人工智能技术等诸多先进技术已经广泛地融入 CT 之中，显著提升了 CT 的性能，扩展了 CT 的功能，对保障人民生命健康发挥了重要作用。

汽车的发明是顺势而为的。1765 年瓦特（James Watt）制造出了第一台有实用价值的蒸汽机原型，人们自然想到如何把蒸汽机和马力车融合到一起，制造出用机械力取代畜力的交通工具。1769 年法国工程师居纽（Nicolas-Joseph Cugnot）成功地创造出世界上第一辆由蒸汽机驱动的汽车。这一时期的汽车虽然效率低下、速度缓慢，但它展示了人类对机械动力的追求和变革传统交通方式的渴望。19 世纪末卡尔·本茨（Karl Benz）在蒸汽汽车的基础上又发明了以内燃机为动力源的现代意义上的汽车。经过一个多世纪的技术进步和管理创新，特别是新能源技术和新一代信息技术在汽车产品中的成功应用，汽车的安全性、可靠性、舒适性、环保性以及智能化水平都产生了质的跃升。

飞机的发明是梦想驱动的。飞行很早就是人类的梦想，然而由于未能掌握升力产生及飞行控制的机理，工业革命之前的飞行尝试都以失败告终。1799 年乔治·凯利（George Cayley）从空气动力学的角度分析了飞行器产生升力的规律，并提出了现代飞机"固定翼 + 机身 + 尾翼"的设计布局。1848 年斯特林费罗（John Stringfellow）使用蒸汽动力无人飞机第一次实现了动力飞行。1903 年莱特兄弟（Orville Wright 和 Wilbur Wright）制造出"飞行者一号"飞机，并首次实现由机械力驱动的持续且受控的载人飞行。随着航空发动机和航空产业的快速发展，飞机已经成为一类既安全又舒适的现代交通工具。

数字化网络化智能化技术的快速发展为高端装备的原始创造和智能制造的升级换代创造了历史性机遇。智能人形机器人、通用人工智能、智能卫星通信网络、各类无人驾驶的交通工具、无人值守的全自动化工厂，以及取之不尽的清洁能源的生产装备等都是人类科学精神和聪明才智的迸发，它们也是由于现实需求、潜在需求、情怀梦想和集成创造的驱动而初步形成和快速发展的。这些星星点点的新装备、新产品、新设施及其制造模式一定会深入发展和快速拓展，在不远的将来一定会融合成为一个完整的有机体，从而颠覆人类现有的生产方式和生活方式。

2. 高端装备智能制造的发展规律

在高端装备智能制造的发展过程中，原始科学发现和颠覆性技术创新是最具影响力的科技创新活动。原始科学发现侧重于对自然现象和基本原理的探索，它致力于揭示未知世界，拓展人类的认知边界，这些发现通常来自于基础科学领域，如物理学、化学、生物学等，它们为新技术和新装备的研发提供了理论基础和指导原则。颠覆性技术创新则侧重于将科学发现的新理论新方法转化为现实生产力，它致力于创造新产品、新工艺、新模式，是推动高端装备领域高速发展的引擎，它能够打破现有技术路径的桎梏，创造出全新的产品和市场，引领高端装备制造业的转型升级。

高端装备智能制造的发展进化过程有很多共性规律，例如：①通过工程构想拉动新理论构建、新技术发明和集成融合创造，从而推动高端装备智能制造的转型升级，同时还会产生技术溢出效应。②通过不断地吸纳、改进、融合其他领域的新理论新技术，实现高端装备及其制造过程的升级换代，同时还会促进技术再创新。③高端装备进化过程中各供给侧和各需求侧都是互动发展的。

以医学核磁共振成像（MRI）装备为例，这项技术的诞生和发展源于一系列重要的原始科学发现和重大技术创新。MRI 技术的根基在于核磁共振现象，其本质是原子核的自旋特性与外磁场之间的相互作用。1946 年美国科学家布洛赫（Felix Bloch）和珀塞尔（Edward M. Purcell）分别独立发现了核磁共振现象，并因此获得了 1952 年的诺贝尔物理学奖。传统的 MRI 装备使用永磁体或电磁体，磁场强度有限，扫描时间较长，成像质量不高，而超导磁体的应用是 MRI 技术发展史上的一次重大突破，它能够产生强大的磁场，显著提升了 MRI 的成像分辨率和诊断精度，将 MRI 技术推向一个新的高度。快速成像技术的出现，例如回波平面成像（EPI）技术，大大缩短了 MRI 扫描时间，提高了患者的舒适度，拓展了 MRI 技术的应用场景。功能性 MRI（fMRI）的兴起打破了传统 MRI 主要用于观察人体组织结构的功能制约，它能够检测脑部血氧水平的变化，反映大脑的活动情况，为认知神经科学研究提供了强大的工具，开辟了全新的应用领域。MRI 装备的成功，不仅说明了原始科学发现和颠覆性技术创新是高端装备和智能制造发展的巨大推动力，而且阐释了高端装备智能制造进化过程往往遵循着"实践探索、理论突破、技术创新、工程集成、代际跃升"循环演进的一般发展规律。

高端装备智能制造正处于一个机遇与挑战并存的关键时期。数字化网络化智能化是高端装备智能制造发展的时代要求，它既蕴藏着巨大的发展潜力，又充满着难以预测的安全风险。高端装备智能制造已经呈现出"数据驱动、平台赋能、智能协同和绿色化、服务化、高端化"的诸多发展规律，我们既要向强者学习，与智者并行，吸纳人类先进的科学技术成果，更要持续创新前瞻思维，积极探索前沿技术，不断提升创新能力，着力创造高端产品，走出一条具有特色的高质量发展之路。

3. 高端装备智能制造的思想方法

高端装备智能制造是一类具有高度综合性的现代高技术工程。它的鲜明特点是以高新技术为基础，以创新为动力，将各种资源、新兴技术与创意相融合，向技术密集型、知识密集型方向发展。面对系统性、复杂性不断加强的知识性、技术性造物活动，必须以辩证的思维方式审视工程活动中的问题，从而在工程理论与工程实践的循环推进中，厘清与推动工程理念与工程技术深度融合、工程体系与工程细节协调统一、工程规范与工程创新互相促进、工程队伍与工程制度共同提升，只有这样才能促进和实现工程活动与自然经济社会的和谐发展。

　　高端装备智能制造是一类十分复杂的系统性实践过程。在制造过程中需要协调人与资源、人与人、人与组织、组织与组织之间的关系，所以系统思维是指导高端装备智能制造发展的重要方法论。系统思维具有研究思路的整体性、研究方法的多样性、运用知识的综合性和应用领域的广泛性等特点，因此在运用系统思维来研究与解决现实问题时，需要从整体出发，充分考虑整体与局部的关系，按照一定的系统目的进行整体设计、合理开发、科学管理与协调控制，以期达到总体效果最优或显著改善系统性能的目标。

　　高端装备智能制造具有巨大的包容性和与时俱进的创新性。近几年来，数字化、网络化、智能化的浪潮席卷全球，为高端装备智能制造的发展注入了前所未有的新动能，以人工智能为典型代表的新一代信息技术在高端装备智能制造中具有极其广阔的应用前景。它不仅可以成为高端装备智能制造的一类新技术工具，还有可能成为指导高端装备智能制造发展的一种新的思想方法。作为一种强调数据驱动和智能驱动的思想方法，它能够促进企业更好地利用机器学习、深度学习等技术来分析海量数据、揭示隐藏规律、创造新型制造范式，指导制造过程和决策过程，推动制造业从经验型向预测型转变，从被动式向主动式转变，从根本上提高制造业的效率和效益。

　　生成式人工智能（AIGC）已初步显现通用人工智能的"星星之火"，正在日新月异地发展，对高端装备智能制造的全生命周期过程以及制造供应链和企业生态系统的构建与演化都会产生极其深刻的影响，并有可能成为一种新的思想启迪和指导原则。例如：① AIGC 能够赋予企业更强大的市场洞察力，通过海量数据分析，精准识别用户偏好，预测市场需求趋势，从而指导企业研发出用户未曾预料到的创新产品，提高企业的核心竞争力。② AIGC 能够通过分析生产、销售、库存、物流等数据，提出制造流程和资源配置的优化方案，并通过预测市场风险，指导建设高效灵活稳健的运营体系。③ AIGC 能够将企业与供应商和客户连接起来，实现信息实时共享，提升业务流程协同效率，并实时监测供应链状态，预测潜在风险，指导企业及时调整协同策略，优化合作共赢的生态系统。

　　高端装备智能制造的原始创造和发展进化过程都是在"科学、技术、工程、产业"四维空间中进行的，特别是近年来从新科学发现到新技术发明再到新产品研发和新产业形成的循环发展速度越来越快，科学、技术、工程、产业之间的供求关系明显地表现出供应链的特征。我们称由科学 - 技术 - 工程 - 产业交互发展所构成的供应链为科技战略供应链。深入研究科技战略供应链的形成与发展过程，能够更好地指导我们发展新质生产力，能够帮助我们回答高端装备是如何从无到有的、如何发展演进的、根本动力是什么、有哪些基本规律等核心科学问题，从而促进高端装备的原始创造和创新发展。

　　本套由合肥工业大学负责的高端装备类教材共有十二本，涵盖了高端装备的构造原理和智能制造的相关技术方法。《智能制造概论》对高端装备智能制造过程进行了简要系统的论述，是本套教材的总论。《工业大数据与人工智能》《工业互联网技术》《智能制造的系统工程技术》论述了高端装备智能制造领域的数字化、网络化、智能化和系统工程技术，是高端装备智能制造的技术与方法基础。《高端装备构造原理》《智能网联汽车构造原理》《智能装备设计生产与运维》《智能制造工程管理》论述了高端装备（复杂产品）的构造原理和智能制造的关键技术，是高端装备智能制造的技术本体。《离散型制造智能工厂设计与运行》《流程型制造智能工厂设计与运行：制造循环工业系统》论述了智能工厂和工业循环经济系统的主要理论和技术，是高端装备智能制造的工程载体。《智能制造信息平台技术》论述了产品、制造、工厂、供应链和企业生态的信息系统，是支撑高端装备智能制造过程的信息系统技术。《智能制造实践训练》论述了智能制造实训的基本内容，是培育创新实践能力的关键要素。

编者在教材编写过程中，坚持把培养卓越工程师的创新意识和创新能力的要求贯穿到教材内容之中，着力培养学生的辩证思维、系统思维、科技思维和工程思维。教材中选用了光刻机、航空发动机、智能网联汽车、CT、MRI、高端智能机器人等多种典型装备作为研究对象，围绕其工作原理和制造过程阐述高端装备及其制造的核心理论和关键技术，力图扩大学生的视野，使学生通过学习掌握高端装备及其智能制造的本质规律，激发学生投身高端装备智能制造的热情。在教材编写过程中，一方面紧跟国际科技和产业发展前沿，选择典型高端装备智能制造案例，论述国际智能制造的最新研究成果和最先进的应用实践，充分反映国际前沿科技的最新进展；另一方面，注重从我国高端装备智能制造的产业发展实际出发，以我国自主知识产权的可控技术、产业案例和典型解决方案为基础，重点论述我国高端装备智能制造的科技发展和创新实践，引导学生深入探索高端装备智能制造的中国道路，积极创造高端装备智能制造发展的中国特色，使学生将来能够为我国高端装备智能制造产业的高质量发展做出颠覆性、创造性贡献。

在本套教材整体方案设计、知识图谱构建和撰稿审稿直至编审出版的全过程中，有很多令人钦佩的人和事，我要表示最真诚的敬意和由衷的感谢！首先要感谢各位主编和参编学者们，他们倾注心力、废寝忘食，用智慧和汗水挖掘思想深度、拓展知识广度，展现出严谨求实的科学精神，他们是教材的创造者！接着要感谢审稿专家们，他们用深邃的科学眼光指出书稿中的问题，并耐心指导修改，他们认真负责的工作态度和学者风范为我们树立了榜样！再者，要感谢机械工业出版社的领导和编辑团队，他们的辛勤付出和专业指导，为教材的顺利出版提供了坚实的基础！最后，特别要感谢教育部高教司和各主编单位领导以及部门负责人，他们给予的指导和对我们的支持，让我们有了强大的动力和信心去完成这项艰巨任务！

由于编者水平所限和撰稿时间紧迫，教材中一定有不妥之处，敬请读者不吝赐教！

杨善林

合肥工业大学教授
中国工程院院士
2024 年 5 月

前言

工业互联网是新一代信息通信技术与工业制造技术深度融合的全新工业生态、关键基础设施和新型应用模式，通过人、机、物的安全可靠互联，实现全生产要素、全产业链、全价值链的全面连接，显著提升制造业数字化、网络化、智能化发展水平，形成全新的工业生产制造和服务体系，推动制造业生产方式和企业形态的根本性变革。

为了加强卓越工程师培养，教育部组织编写了战略性新兴领域"十四五"高等教育系列教材，本书是该系列教材的重要组成部分，围绕工业互联网的发展背景、体系架构、关键技术以及实际应用展开了全面深刻的剖析，帮助读者清晰认识工业互联网如何不断颠覆传统制造模式、生产组织方式和产业形态。在发展背景方面，工业互联网作为第四次工业革命的重要基石和关键支撑，已成为国家综合实力的重要标志。在体系架构方面，世界各国竞相发布参考架构，旨在明确工业互联网的发展方向、技术路径和实施策略，从而在新一轮工业革命中抢占有利地位。我国先后发布了工业互联网参考架构 1.0 和 2.0，为我国的工业互联网发展指明了方向。在关键技术方面，工业互联网体系涵盖了网络、平台、安全、数据等重要方面。其中，网络是基础，平台是核心，安全是保障，数据是支撑。在实际应用方面，面向不同行业，可对工业互联网进行定制化设计和应用，包括以航空航天为代表的离散制造业和以石油矿山为代表的流程工业。随着工业互联网的快速发展，它已成为发展新质生产力、促进新型工业化建设、构建现代化经济体系、实现高质量发展和塑造全球竞争力的重要载体。

本书在大量参考国内外论著、标准、白皮书等文献的基础上，结合编者在工业互联网领域的理论研究、技术攻关和工程实践等成果编著而成。全书共七章：第 1 章介绍了工业互联网的基本概念，着重从工业互联网的发展历程、本质特征以及应用前景等方面探讨了工业互联网的重要意义；第 2 章介绍了工业互联网体系架构，详细阐述了工业互联网的国内外参考架构、技术体系和标准体系；第 3 章介绍了工业互联网网络技术，从工厂内网、外网角度讲述了现场总线、工业以太网、工业无线网络等主流工业通信技术，以及标识解析、软件定义网络、集成互操作等新技术；第 4 章介绍了工业互联网平台技术，从工业互联网平台架构开始，详细讲述了边缘层、IaaS 层、PaaS 层和 SaaS 层的关键技术；第 5 章介绍了工业互联网安全技术，着重从设备安全、控制安全、网络安全、平台安全和数据安全五方面展开了详细介绍，并展示了部分工业互联网安全专用设备；第 6 章介绍了工业互联网智能决策技术，以智能制造生态系统模型为基础，介绍了产品设计、生产以及供应链管理过程中的智能决策技术；第 7 章介绍了工业互联网赋能智能制造的典型案例，以航空航天、石油、矿山等实体经济产业为背景，展现了工业互联网的典型应用模式以及在企业和产业集群中的应用成效。

　　本书由邬贺铨院士、于海斌院士、杨善林院士主编。邬贺铨院士对全书的体系框架进行了梳理和指导，于海斌院士对全书的知识图谱构建和具体内容撰写进行了详细指导，杨善林院士对全书的课程建设进行了系统规划。第 1 章和第 2 章由许驰撰写，第 3 章由郑萌撰写，第 4 章由王挺撰写，第 5 章由梁炜撰写，第 6 章由曾鹏撰写，第 7 章由王军义、程海波、潘福成、李歆撰写。于海斌和许驰对全书进行统稿和精修。

　　本书的编写得到了诸多指导和帮助！感谢中国科学院沈阳自动化研究所相关科研团队为本书提供了大量工程实践素材，使得本书独具一格，易于理解。感谢本书参考文献的所有作者，他们对本书的撰写起到了重要启发作用。感谢机械工业出版社领导和编辑团队对本书出版的大力支持。感谢国家自然科学基金"未来工业互联网基础理论与关键技术"重大研究计划项目（编号：92267108）的支持，它为本书提供了重要的研究成果支撑。

　　本书可以作为高等院校控制、自动化、通信、计算机相关专业本科生、研究生的教材，也可以作为从事工业互联网领域相关工作的研究人员和工程技术人员的参考书。

　　由于工业互联网的概念新颖，技术体系具有前瞻性，产业架构的扩展性、融合性较强，本书在撰写时难免会出现错误或者纰漏，恳请广大读者批评指正，为我们提出宝贵意见，给予帮助指导！

编　者

目录

第1章

绪　论

章知识图谱

说课视频

　　本章首先以四次工业革命为历史轴线，介绍工业互联网的提出背景。其次，深入分析新一代信息通信技术与工业制造技术深度融合推动工业互联网发展的历程，介绍工业互联网的国内外发展现状。在此基础上，给出工业互联网的定义，阐述工业互联网的内涵与特征。最后，在深入分析智能制造对工业互联网需求的基础上，介绍工业互联网赋能智能制造的典型成效。

1.1　工业互联网的提出与发展

1.1.1　工业互联网的提出

　　工业互联网是工业革命不断发展催生的新一代信息通信网络技术及基础设施，它以万物互联的网络为基础，通过泛在感知和计算进行决策与控制，进而优化生产组织及运营方式，赋能智能制造。因此，本小节首先介绍四次工业革命的发展历程，如图 1-1 所示。

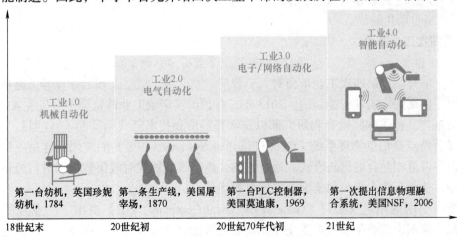

图 1-1　四次工业革命的发展历程

1. 第一次工业革命

18 世纪末，英国引领了第一次工业革命（工业 1.0）的浪潮。这场革命以蒸汽机的发明和应用为核心，创造了机器工厂的"蒸汽时代"，解决了机械设备的动力问题，确立了工厂制度，使得生产效率获得了前所未有的提升，彻底颠覆了传统的生产方式。手工被机器生产取代，使得生产线得到精细化管控，产量激增，且产品质量得到大幅提升，推动了能源矿业、交通运输业、纺织业、制铁业等领域的高速发展。同时，标准化流程的建立使得工人可以专门负责某一具体工序，不仅提高了生产效率，也确保了产品的一致性和可靠性。这些深刻的变革不仅是技术层面的革新，还共同推动了社会结构和经济模式的根本转变，工业生产逐渐进入机械自动化时代。

2. 第二次工业革命

20 世纪初，德国和美国作为工业的先锋，拉开了第二次工业革命（工业 2.0）的序幕。与第一次工业革命时期以蒸汽机为主导的动力源不同，第二次工业革命的核心在于内燃机的广泛应用和电能的革命性开发。随着发电机和电动机的发明，电器开始在各行各业代替传统的纯机械系统，而电能则逐渐成为一种新能源，补充并逐步取代了蒸汽动力。这使得机器工业经历了空前的蓬勃发展，工厂内部的机器数量迅速增多，复杂程度也不断上升。为此，人们开始利用各种传感器，建立起模拟仪表控制系统。在监测机器运行状态的同时，对机器进行一定程度的自动调节和控制。这些控制系统成为自动化控制系统的雏形，不仅极大地提升了工厂自动化水平，也为企业带来了更高效的生产方式。随着自动化控制系统的引入和应用，工业生产逐渐进入电气自动化时代。

3. 第三次工业革命

20 世纪 70 年代初，美国推动了第三次工业革命（工业 3.0）的进步。这场革命的核心是信息技术的广泛应用，特别是电子技术和计算机控制的融合，使得生产过程的自动化程度得到了前所未有的提升。工厂开始大规模地安装计算机控制系统，利用先进的传感器和执行器来监控生产线，实现更精确、更高效的制造。此外，网络技术的引入，为生产和通信带来了革命性的变化。通过建立信息网络，企业能够实现数据的实时共享和分析，优化供应链管理，提高决策效率，并在全球范围内进行资源调配。第三次工业革命不仅改变了生产方式，还促进了新产品、新服务和新业务模式的产生，加速了社会的信息化进程，工业生产逐渐进入电子/网络自动化时代。

4. 第四次工业革命

进入 21 世纪，德国在全球范围内首先提出了工业 4.0 的概念，标志着第四次工业革命（工业 4.0）的开始。第四次工业革命对人工智能、物联网、机器人和云计算等关键技术进行集成应用，以期最终实现智能制造。2013 年，在德国汉诺威工业博览会上，工业 4.0 概念得到了官方推广，德国联邦教育和研究部以及联邦经济和技术部共同资助了该项目。工业 4.0 的一个显著特点是信息物理系统（Cyber-Physical Systems，CPS）的应用，这是一种将物理世界与数字世界相融合的创新模式。通过 CPS，生产线能够实时收集数据、进行分析并自动调整操作，从而在无人干预的情况下实现自我优化。

同期，美国通用电气公司（General Electrical Company，GE）提出了工业互联网的概念，被视为第四次工业革命的重要支撑，是实现智能制造的核心和关键技术之一。通过智能设备和系统的深度融合，工业互联网能够使制造过程更加数字化和智能化，从而推动传统工业向智能工业的转变。第四次工业革命正在重塑全球产业结构，引领工业生产走向智能自动化时代。

1.1.2　工业互联网的发展

工业互联网的提出并非偶然，而是在新一代信息通信技术（Information and Communication Technology，ICT）与工业运营技术（Operation Technology，OT）全方位深度交汇相融的情况下所形成的。下面参考图 1-2，首先从 ICT 和 OT 的角度分别介绍互联网和工业控制网络独立发展的情况，其次介绍两者融合催生的工业互联网。

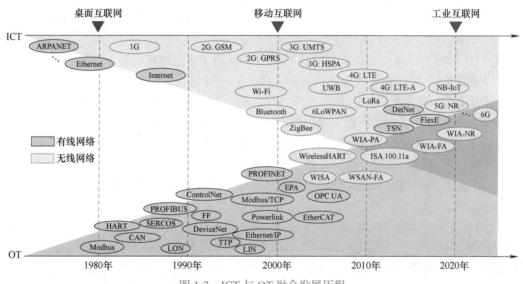

图 1-2　ICT 与 OT 融合发展历程

1. 从 ICT 角度看互联网发展

互联网的发展先后经历了固定式的桌面互联网和移动互联网两个阶段，并正在迈向工业互联网阶段。

（1）桌面互联网　20 世纪 60 年代末，出现了计算机与计算机互联的系统，标志着桌面互联网的兴起，并为 Internet 的形成奠定了基础。最早的主机互联网系统是由美国国防部高级研究计划局于 20 世纪 60 年代末联合计算机公司和大学共同研制而组建的阿帕网。20 世纪 70 年代末至 20 世纪 80 年代初，计算机进一步微型化，微型计算机逐渐进入民用及商用领域，大量厂商、公司都各自研制自己的计算机网络体系结构并提供服务，如 IBM 公司提出了系统网络体系结构，DEC 公司提出了数字网络结构，Univae 公司推出了数字通信体系结构等，桌面互联网得到了一定应用。随后，施乐公司在 1980 年提出局域网技术（如 Ethernet，即以太网），并在 1983 年制定了 IEEE 802.3 标准，推动了互联网的快速发展。然而，不同厂商研制的网络系统并没有一个统一的标准，组网过程也较复杂，往往不能相互兼容。

为了解决上述问题，20 世纪 70 年代末，国际标准化组织（International Standards Organization，ISO）成立了专门的工作组来研究计算机网络的标准。1986 年，因特网工程任务组（Internet Engineering Task Force，IETF）成立，其主要任务是负责互联网相关技术规范的研发和制定，已成为全球互联网最具权威的技术标准化组织。当前，绝大多数国际互联网技术标准均出自 IETF。IETF 不仅负责制定初始标准，还会随着时间的推移和技术的进步对标准进行更新和改进。这种持续的维护和演进对于保持互联网技术的最新状态至关重要。

（2）移动互联网　20 世纪 80 年代中期，第一代移动通信技术（1G）揭开了移动互联网时代的序幕。但受限于 1G 采用的模拟通信技术，容量和功能都非常有限。进入 20 世纪 90 年代，数字技术的引入标志着第二代移动通信技术（2G）的开始，GSM（全球移动通信系统）成为 2G 的代名词，提供了数字语音通话和短消息服务。为了进一步增强数据传输能力，GPRS（通用分组无线服务）被提出，初步实现了移动互联网接入。与此同时，Wi-Fi（无线网络通信技术）、Bluetooth（蓝牙）等短距离无线技术也开始崭露头角，分别形成了 IEEE 802.11 标准和 IEEE 802.1 标准，为个人和家庭设备提供了便捷的无线连接。然而，由于 2G 的带宽仍十分有限，限制了多媒体等业务的应用。

进入 21 世纪初，第三代移动通信技术（3G）开启了多媒体移动通信的新篇章。2005 年 10 月召开的国际电信联盟无线电通信部门（ITU-R）WP8F 第 17 次会议上，ITU（国际电信联盟）正式提出 4G 系统，并定名为 IMT-Advanced。2007 年，ITU 完成了 IMT-Advanced 的需求定义。随着智能手机的广泛普及，4G LTE（长期演进技术）应运而生，于 2009 年开始在全球逐步商用，我国也同步跟进。4G 网络以其高速率和低延迟特性，为移动互联网的繁荣奠定了坚实的基础，推动了移动支付、在线视频流媒体、社交网络和各种智能应用的快速发展。特别是对物联网技术的推动作用显著，连接了传统工业部门，促进了智能制造和自动化生产的实现。

与此同时，一些低功耗网络协议（如 ZigBee 和 6LoWPAN）也被相继开发出来，支持了小数据量传输，满足了对电池寿命和成本等有严格要求的应用需求。此外，超宽带技术凭借其高带宽和精准定位能力，在特定领域发挥了重要作用。这些通信协议的进步不仅丰富了移动互联网的功能，还伴随着智能终端的演化、应用服务的增多以及用户行为模式的转变。

2. 从 OT 角度看工业控制网络的发展

工业控制网络是工业控制系统从模拟控制系统、集散控制系统（Distributed Control System，DCS）向网络化控制系统发展的核心支撑。工业控制网络包括有线的现场总线和工业以太网和工业无线网络三类。

（1）现场总线和工业以太网　20 世纪 70—90 年代，现场总线控制系统（Fieldbus Control System，FCS）顺应数字通信的潮流诞生。现场总线是指在工业现场自动化控制系统中用于传输和交换数字信号、模拟量、状态量以及控制信息等的数字化通信总线技术。现场总线简化了安装和维护工作，通过一对双绞线或一条电缆连接多个设备，大幅减少了电缆和相关配件的使用量。此外，它还提高了系统集成自主权，支持不同厂家的产品通过统一的通信协议互连，使用户能够根据需求灵活选择产品。同时，现场总线技术具有高效性和灵活性，能够实现实时和高速的数据传输，并提供灵活的布线和配置选项。

如图 1-2 所示，工业界先后研发了一系列现场总线协议及标准。早在 1979 年，Modicon 公司就推出了 Modbus 协议，至今仍是应用最为广泛的现场总线协议之一。同一时期，HART（可寻址远程传感器高速通道）协议也被提出，在过程控制和设备监测方面得到了应用。进入 20 世纪 80 年代，德国 Bosch 公司开发了 CAN（控制器局域网）协议。该协议最初是为汽车应用而设计的，但由于其在可靠性等方面的优势，因此在各种嵌入式系统中得到了广泛采用。1989 年，德国的驱动制造商和用户组织共同开发了 SERCOS（串行实时通信协议），特别适用于要求高精度和实时性的伺服驱动器与控制器之间的通信。20 世纪 90 年代初，美国 Echelon 公司推出了 LON 协议，在楼宇自动化和工业过程控制领域得到了广泛应用。与此同时，PROFIBUS（过程现场总线）作为德国西门子公司和其他 13 家本土企业及 5 个研究机构联合推动的成果，成为欧洲乃至全球的行业标准。上述协议不仅推动了工业自动化技术的快速发展，也为工业 4.0 的兴起提供了技术基础和先例。通过实现设备之间高效、可靠的数据交流，它们为企业生产带来了更高的灵活性和效率。

进入 20 世纪 90 年代，为了提高数据传输率和提供更广的兼容性，德国工业界首次提出并开发了工业以太网技术。工业以太网是建立在以太网技术基础之上的一种专门针对工业自动化控制系统数据通信与传输需求而定制的网络。工业以太网采用可靠的通信协议和冗余机制，确保了网络的高可靠性，保持了通信的连续性。同时，工业以太网能满足高速、实时的数据传输需求，对于时间要求严格的应用（如机器人控制和精密加工）至关重要。而且，它的灵活性和可扩展性支持多种拓扑结构和设备连接方式，可根据工业网络的需求进行灵活配置和扩展。

随着工业以太网技术的不断发展，一系列基于以太网的工业通信协议被提出，如图 1-2 所示。Ethernet/IP 由 ODVA（开放 DeviceNet 厂商协会）在 20 世纪 90 年代末提出，用于实现实时控制和数据采集。2001 年，奥地利控制系统制造商 B&R 公司开发了 Powerlink，旨在提供高精度时间同步和实时数据传输。2003 年，德国 Beckhoff Automation 公司提出高性能的 EtherCAT（以太网控制自动化技术）协议，该协议以其高刷新率和精确时间特性闻名。2004 年，PROFINET 由 PROFIBUS 国际组织推出，成为新一代工业通信标准。2008 年，中国发布 EPA 国家标准，推动了以太网技术在工业自动化领域的应用。这些协议的发展提升了数据传输速度和效率，增强了网络的实时性和可靠性，为工业自动化和智能制造发展奠定了基础。国际电工委员会（International Electrotechnical Commission，IEC）和美国国家标准协会（American National Standards Institute，ANSI）等组织制定的工业以太网标准，如 IEC 61158 和 IEC 61784-2 等，为工业以太网提供了标准支撑。随着工业以太网技术的快速进步，传输速率从 10Mbit/s 提升到 1Gbit/s 甚至 10Gbit/s，高速以太网逐渐满足了工业生产对实时性和带宽的严格要求。工业以太网成为连接设备和系统的桥梁，实现了数据驱动决策、智能优化和价值创造，是 ICT 与 OT 深度融合的缩影及工业革命进步的见证。

（2）工业无线网络 21 世纪初，美国总统科技顾问报告指出：工业无线的引入，将使生产效率提升 10%，排放降低 25%。为此，美国、欧洲全力抢占工业无线技术及标准的制高点。工业无线技术是一种专门为工业环境和自动化系统设计的无线网络技术，它支持在设备间进行无线数据通信和信息交换。工业无线技术能保持稳定的通信连接，确保生产过程的连续性并缩短停机时间。此外，它具有强实时性，能提供低延迟的通信，满足工业自动化的实时监控和控制需求。而且，无线技术可以显著降低设备成本，减少布线和维护的费用，节省大量的布线空间。同时，它还具有低功耗的特点，可以满足难以定期维护的设备长时间运行的需要。

经过 20 余年的发展，工业无线网络领域已经形成了四大国际标准，它们分别是由 HART 通信基金会发布的 WirelessHART 标准、我国自主研发的 WIA-PA（工业过程自动化的工业无线网络）和 WIA-FA（工厂自动化的工业无线网络）标准以及国际自动化协会（ISA）发布的 ISA100.11a 标准。其中，WirelessHART 于 2010 年 3 月正式获得 IEC 批准，成为首个过程自动化领域的工业无线网络国际标准 IEC 62591。WIA-PA 由中国国家标准化管理委员会提出，于 2011 年 10 月获得 IEC 的批准，成为过程自动化领域的工业无线网络国际标准 IEC 62601。ISA100.11a 于 2014 年 9 月获得 IEC 的批准，同样是过程自动化领域的工业无线网络国际标准 IEC 62734。WIA-FA 于 2017 年 6 月获得 IEC 的批准，成为工厂自动化领域的首个工业无线网络国际标准 IEC 62948。

3. 从 ICT 和 OT 融合角度看工业互联网

随着 ICT 和 OT 的深度融合，工业互联网应运而生。2012 年，GE 首次提出了工业互联网的概念，并且得到了各国政府和产业界的积极回应，在全球范围内迅速兴起。工业互联网不仅继承了互联网的开放性和连通性，还继承了工业控制网络对于可靠性、实时性和安全性的要求。通过构建一个开放的、全球化的、可互操作的网络平台，工业互联网实现了人、机器、设备的全面连接，为制造业的数字化、网络化和智能化提供了强大支撑。

与此同时，第五代移动通信技术（5G）的逐步成熟和大规模推广，加速推动了工业互联网的发展，使得传统工业向数字化、网络化、智能化方向发展，为企业降低成本、提高质量和效率、实现绿色发展提供了新途径。2022 年，3GPP 进一步发布第 17 版标准（Release 17），即 5G 的增强版本，该版本重点包括接入组网业务需求、网络架构和功能，以及空口技术增强等。上述工作的推进有助于提升工业互联网网络的性能，满足工业环境中对于低延迟、高可靠性和广覆盖的需求。2022 年 6 月，ITU 完成首份面向第六代移动通信（6G）发展趋势的研究报告——《未来技术趋势研究报告》。2023 年 6 月，在瑞士日内瓦举行的第 44 届会议上，ITU 一致通过了 IMT-2030 建议书草案，规划了面向 2030 年及未来的 IMT（国际移动电信）系统整体目标，为全球 6G 研究工作指引方向。6G 技术将为工业互联网带来更高的数据传输速率、更低的时延、更强的网络稳定性和安全性，以及更智能的网络管理和维护能力。这些特性将使得工业互联网在自动化、智能化方面迈出更大的步伐，为工业生产和操作带来革命性的变化。

1.1.3 国内外政策与发展现状

为抓住新一轮科技革命和产业变革带来的机遇，世界各国都在通过推动工业互联网的发展，加快制造业的数字化、智能化转型。为此，相继出台了一系列战略和具体政策，如德国"工业 4.0 战略计划"、美国的"先进制造业伙伴计划"、英国的"英国工业 2050 战略"、日本的"超智能社会 5.0 战略"、中国的"中国制造 2025"等。下面具体介绍一下国内外政策和发展现状。

1. 美国

美国在工业互联网的发展上，展现了显著的战略性思考和行动。自 2006 年起，美国政府通过一系列政府法案和战略推动先进制造业发展，将工业互联网作为提升竞争力的关键手段。2009 年的《重振美国制造业框架》为制造业提供了战略指引。2011 年的"先进制造业伙伴计划"重点扶持了软件工具和应用平台的开发。随后，2012 年的"先进制造业国家战略计划"进一步鼓励了高新技术平台和数据基础设施的发展。美国政府对工业互联网的投资和支持不仅限于政策和规划，还包括了实质性的资金投入。例如，在 2013 年为"国家制造业创新网络"投资 10 亿美元。此外，美国国际开发署发布的《数字战略 2020—2024》也强调了数字生态系统的建设，旨在提高国家互联网普及率，并通过数字技术实现重大发展成果。

从产业界来说，2012 年 11 月，GE 发布了《工业互联网：打破智慧与机器的边界》白皮书，首次阐述了工业互联网的概念，标志着工业革命与互联网革命融合的新阶段。这个概念旨在通过实时监控和数据采集，实现机器的智能化并提高生产效率。为了进一步推动工业互联网发展，2014 年 3 月，GE 与 AT&T、Cisco、IBM 和 Intel 共同成立了美国工业互联网联盟（Industrial Internet Consortium，IIC），专注于突破技术壁垒，实现物理世界与数字世界的融合。IIC 的建立促进了跨行业的合作，其成员数量已超过 170 个。2015 年 6 月，工业互联网联盟发布了全球第一个具有跨行业适用性的参考架构——工业互联网参考架构（Industrial Internet Reference Architecture，IIRA）。

2. 德国

德国作为全球制造业的领先者，从制造业的角度制定了"工业 4.0"战略，并推进工业互联网在智能制造领域的纵向延伸。2012 年 10 月，德国信息技术和通信新媒体协会（BITKOM）、德国机械设备制造业联合会（VDMA），以及德国电气和电子工业联合会（ZVEI）联合提交了《保障德国制造业的未来：关于实施"工业 4.0"战略的建议》报告，为德国工业 4.0 的发展奠定了基础。

2013 年，德国联邦经济事务和能源部（BMWI）与德国联邦教育及研究部（BMBF）将"工业 4.0"纳入《高科技战略 2020》，使其成为政府面向未来的十大项目之一。同年 4 月，在汉诺威工业博览会上，《实施"工业 4.0"战略建议书》正式发布；12 月，德国电气和电子工业联合会发布了工业 4.0 标准化路线图。这些举措表明德国政府对工业互联网发展的高度重视和强有力的政策支持。

2015 年，德国"工业 4.0"平台发布了工业 4.0 参考架构模型（Reference Architecture Model Industrie 4.0，RAMI 4.0），这一模型包括三个维度——类别维度、全生命周期和价值流维度、层次维度，为工业互联网的发展提供了详细的指导和框架。2016 年，德国发布《数字化战略 2025》，其中包括强化"工业 4.0"在内的十大重点步骤，显示出德国对于网络化、数字化转型的决心。2019 年 2 月，德国进一步发布《国家工业战略 2030》，提出加强新科技的研发和应用，如人工智能、数字化、生物科技、纳米技术等，并强调了数据基础设施的建设，以及工业互联网技术在工业中的应用。

"工业 4.0"的核心理念是实现智能生产、智能工厂和智能产品的三大集成：纵向集成、端到端集成和纵横集成。这一理念的实施，将使得资源、信息、物品和人能够通过 CPS 互联，实现高度自动化和智能化的生产过程。随着德国在工业互联网领域的不断探索和发展，其智能制造的能力得到了显著提升，为全球制造业的未来发展树立了新的标杆。

3. 英国

英国政府为了提升制造业的全球竞争力，自 2011 年起便开始实施一系列以数字化、网络化、智能化为核心的战略措施。首先，政府推出了"先进制造业产业链倡议"，投资 1.25 亿英镑用于创新技术研发，旨在构建强大的先进制造业产业链。随后在 2013 年，《英国工业 2050 战略》发布，强调个性化需求增加、生产重新分配及制造价值链数字化的趋势，这预示着工业互联网的重要性日益凸显。2014 年，英国政府启动了"高价值制造战略"，明确指出智能化创新和应用先进的智能技术是重构制造业价值链的关键。2017 年，英国政府进一步明确了其工业战略新阶段，发布了《工业发展战略绿皮书》，其中特别提到将人工智能、5G、智能能源技术和机器人技术作为核心，计划投入 47 亿英镑建立工业战略风险基金。同年 12 月，《工业战略：建设适应未来的英国》出炉，将"工业数字化"定为核心，英国制造技术中心发布的《2017 制造更智能评论》报告也突出了利用工业互联网进行产品设计、生产、运行和服务方式的变革。2022 年 7 月，《英国数字战略》更新，引入"数字雇主的签证路线"，标志着英国深化数字化转型的决心，力图建立一个更具包容性、竞争力和创新性的数字经济体系。

4. 日本

日本在工业互联网的发展方面采取了一系列具有前瞻性的战略措施，以推动其制造业的智能化和互联化。2015 年 6 月，日本经济产业省和日本机械工程师协会共同成立了日本工业价值链促进会（IVI），旨在推进工业 4.0 标准与模型的制定。该组织的成立标志着日本在工业互联网领域的战略布局开始加速，目标是实现不同企业间的互联互通，解决企业间的"互联制造"问题。2016 年 1 月，日本政府在《第五期科学技术基本计划》中提出了"社会 5.0"（Society 5.0）的概念，将人类社会划分为五个相继出现的阶段：狩猎社会、农业社会、工业社会、信息社会和智能社会。这一概念为日本的工业互联网发展提供了宏观的社会发展阶段理论支撑。

2016 年 12 月，日本工业价值链促进会提出了"工业价值链参考架构（Industrial Value Chain Reference Architecture，IVRA）"，这是一个三维结构，包括资产视角、活动视角、管理视角三个维度，旨在为企业提供一个全面的工业互联网参考框架。2017 年 3 月，在德国汉诺威工业博览会上，日本首相发表了关于"互联工业（Connected Industries）"政策概念的演讲，进一步强调了日本在工业互联网领域的发展决心。2018 年 6 月，日本经济产业省发布《日本制造业白皮书（2018）》，将互联工业作为制造业发展的战略方向。这份白皮书中提出要发展"互联工业"，构建基于机器人、物联网和工业价值链的顶层体系，这是"社会 5.0"在工业领域的具体表现。同期，日本工业价值链促进会发布了《日本互联工业价值链战略实施框架》，提出了新一代工业价值链参考架构 IVRA — Next。这个架构不仅包括了资产视角、活动视角和管理视角，还细化了各个维度下的具体层次和流程，为日本制造业的智能化和互联化提供了更为详细的指导。

日本在工业互联网的发展上提出了明确的战略规划和逐步实施的步骤。从工业价值链促进会的成立，到"社会 5.0"的提出，再到互联工业政策的制定和工业价值链参考架构的建立，日本不断推进制造业的智能化和互联化，以适应新的工业革命趋势。这些措施不仅有助于提升日本制造业的全球竞争力，也为全球工业互联网的发展提供了宝贵的经验和参考。

5. 中国

自 2015 年起，我国便开始高度重视工业互联网的发展，将其作为国家战略的重要方向。在《中国制造 2025》中，国务院首次提出了工业互联网的概念，并将其上升为国家战略，这标志着我国制造业进入了一个新的发展阶段。制造业与互联网的深度融合，旨在推动经济结构的优化升级，并注入新的动力。2016 年，国务院发布了《关于深化制造业与互联网融合发展的指导意见》，明确提出到 2018 年底，工业云企业用户要实现翻倍增长。这一目标的提出，不仅指引了我国工业互联网的发展方向，也促进了制造业与互联网的深度融合。

2018年，我国工业互联网的发展进入了一个新的阶段。工业和信息化部（以下简称"工信部"）发布了《工业互联网发展行动计划（2018—2020 年）》，提出在三年内初步建成适用工业互联网的高可靠、广覆盖、大带宽、可定制的企业外网络基础设施，并初步构建工业互联网标识解析体系。这一计划的实施，为我国工业互联网的发展奠定了坚实的基础。2020年，我国工业互联网的发展进一步加快。工信部发布了《关于推动工业互联网加快发展的通知》，提出从加快新型基础设施建设、加快拓展融合创新应用、加快健全安全保障体系、加快壮大创新发展动能和加快完善产业生态布局等方面着力，加快推动工业互联网发展。这一通知的发布，为我国工业互联网的加快发展提供了明确的指导。

近年来，我国加速建设工业互联网基础设施，推进网络、平台、数据、安全四大体系同步建设，促进工业互联网数据流通、有效利用和安全保障，成效斐然。具体成效如下：

（1）网络体系基础建设不断推进　我国在 5G 新型基础设施建设方面取得了显著进展，网络覆盖范围不断扩大，实现了"以建带用、以用促建"的良性循环。具体来看，已经实现了 5G 网络在全国 300 多个地级市的覆盖，基础电信企业也构建了低时延、高可靠、大带宽的企业外网，并与产业龙头企业探索应用模式。此外，互联网协议第 6 版（Internet Protocol Version 6，IPv6）的规模部署已经超过半数，新型互联网交换中心为网络互联互通提供了有力支撑。工业企业也在积极进行内网改造升级，运用 NB-IoT（窄带物联网）、5G、边缘计算等新型网络技术。同时，标识解析体系取得了突破，网络和数据安全保障能力也在持续提升。这些进展不仅推动了我国 5G 网络的快速发展，也为工业互联网的建设和产业升级提供了坚实基础。工信部数据显示，截至 2023 年底，数实融合全面深化，5G 应用融入 97 个国民经济大类中的 71 个，工业互联网覆盖全部 41 个工业大类。

（2）平台体系纵深范围不断扩大　我国在工业互联网平台体系的建设上不断壮大，形成了由综合型、特色型和专业型平台构成的立体架构。综合型平台尤其突显其引领作用，成为行业发展的风向标。在工业和信息化部的推动下，制造业数字化转型步入快车道，得益于坚强的数字基础设施建设——全球最大的光纤和移动宽带网络以及排名第二的算力资源。数字化研发设计和关键工序数控化率的提升，不仅优化了产品设计和生产效率，还加速了我国工业互联网平台的发展。此外，政策环境的不断完善，各级政府的创新机制和强化保障，孕育出一系列成功经验和模式。截至 2023 年底，国内超过 340 家有影响力的工业互联网平台持续促进工业生态的发展。数字技术与产业供给水平实现飞跃式增长，云计算等前沿技术位居世界前列，工业机器人与工业软件的服务能力不断提升，相关企业数量激增至 4400 多家。

（3）安全体系保障力度逐步构建　我国加大了对网络安全的投入和建设，建立了一套覆盖国家、省（自治区、直辖市）、企业多个层面的技术监测和服务体系。这一体系的建立标志着我国在工业互联网安全方面迈出了坚实的步伐，能够更好地防范和应对网络威胁，保护工业系统的安全稳定运行。为了进一步服务于广大企业，我国还支持建设了包括综合服务、测试验证、安全众测在内的近 20 个公共服务平台，为数千家大中小企业提供了上万次的专业安全服务。为了进一步强化行业安全能力，还指导成立了覆盖发电、核工业等七大行业分中心的安全领域工信部重点实验室。这些实验室专注于工业互联网安全领域的前沿技术研究和应用，为我国工业互联网安全提供了强有力的技术支持和人才保障。截至 2023 年底，国家工业信息安全发展研究中心发布的报告显示，我国工业互联网安全产业规模超过 200 亿元，仍然处于快速成长期。工信部安全态势感知已经实现了与全国 31 个省（自治区、直辖市）的系统对接，将重要的工业领域（如汽车、电子、航空等）纳入监控范围。

（4）大数据中心体系不断扩展　大数据中心体系是工业互联网数据资源管理体系的核心，我国基本建成"1+N"的工业互联网大数据中心体系，包括 1 个国家工业互联网大数据中心和 N 个区域分中心、行业分中心。国家工业互联网大数据中心通过构建工业互联网数据资源管理体系，推进工业数据资源整合利用和开放共享，加快促进数据要素配置市场化进程，通过提供"低成本、快部署、易运维、强安全"的轻量化应用，赋能中小企业快速形成自身数字化能力，有效降低中小企业数字化转型门槛。目前为止，我国工业互联网大数据中心已形成覆盖京津冀、长三角、粤港澳大湾区等经济圈的体系化布局，汇聚约 29 亿条工业互联网数据，覆盖约 703 万家企业。我国已在北京、重庆、山东、浙江、江苏、广东、安徽、福建、湖南 9 个省（直辖市）开展区域分中心建设，面向石油、建材等 20 个行业开展行业分中心建设，汇聚工业互联网解决方案，形成一批可复制、可推广的行业解决方案。

在未来的发展中，我国将继续深化工业互联网的应用，推动制造业的数字化、智能化转型，以实现更高质量的发展和更强大的制造业竞争力。借助工业互联网的力量，我国将进一步加强产业链的协同，提高生产效率和产品质量，为全球制造业的创新和发展做出新的贡献。

1.2　工业互联网的概念与特征

1.2.1　工业互联网的定义

工业互联网是全新的技术领域和产业形态，目前还没有一个被广泛接受的定义。但是，伴随着工业互联网的发展，国内外的学术和产业组织，从不同角度对工业互联网进行了定义，简要总结如下：

2012 年，GE 率先提出了工业互联网，将工业互联网定义为：结合传感器、大数据和云平台的技术，连接机器、人员、业务活动和数据，通过实时数据分析优化机器性能和资产管理，达到提升生产力的目的。

2014 年，GE 联合 AT&T、思科、IBM 和英特尔发起成立了美国工业互联网联盟（IIC），进一步明确了对工业互联网的定义，即工业互联网是物品、机器、计算机和人的全面互联网，通过先进的数据分析，将互联网思维应用于工业环境，实现智能化设备和操作的优化，形成变革性商业成果。

2016 年，在中国工信部的大力支持和指导下，中国信息通信研究院联合制造业、通信业、互联网等企业共同发起成立了中国工业互联网产业联盟（Alliance of Industrial Internet，AII），结合中国产业实际，将工业互联网定义为：工业互联网是与新一代信息通信技术和工业运营技术深度融合形成全新的产业生态。其本质在于通过网络连接机器、原材料、控制系统等，深度分析数据实现智能控制和运营优化。

2018 年，为全面贯彻习近平总书记关于"深入实施工业互联网创新发展战略"的重要指示精神，我国成立了中国工业互联网研究院，其对工业互联网的定义是：工业互联网是新一代信息技术与工业运营技术的深度融合，是数字化、网络化、智能化的关键基础设施，通过全面互联推动生产制造和服务体系的全新发展。

2021 年，为引领未来工业互联网的科学发展，国家自然科学基金委员会成立了"未来工业互联网基础理论与关键技术"重大研究计划指导专家组，其对工业互联网的定义为：未来工业互联网是新一代信息通信技术与工业运营技术深度融合的全新工业生态、关键基础设施和新型应用模式，通过人机物的安全可靠智联，实现生产全要素、全产业链、全价值链的全面连接，推动制造业生产方式和企业形态根本性变革，形成全新的工业生产制造和服务体系，显著提升制造业数字化、网络化、智能化发展水平。

尽管不同组织对工业互联网的定义不尽相同，但共同强调了信息通信技术与工业运营技术融合的深度和广度，以及通过数据分析实现的智能化和优化操作的重要性。工业互联网通过连接机器、设备、传感器和人员，使得整个生产系统更加智能和自动化，这不仅改变了生产方式，也为企业带来了新的业务模式和发展机会。

1.2.2　工业互联网的内涵

1. 工业互联网是新技术体系

工业互联网融合了新一代网络通信技术、智能科学技术、制造科学技术等多学科技术，并与制造领域应用技术充分结合，共同构筑了工业互联网的全新技术体系，具体还可划分为：工业互联网网络技术体系、工业互联网平台技术体系、工业互联网安全技术体系、工业互联网数据技术体系。因此，工业互联网并不是单纯的互联网通信技术，而是全新的技术体系。

2. 工业互联网是新系统

工业互联网集成了网络通信系统、智能控制系统、云边端计算系统等多个领域。其目的在于实现各种设备和机器的互联互通，优化工业生产流程，提升效率和生产力。工业互联网能够为传统产业的升级提供动力，同时也为新兴产业如智能制造、物联网等提供了发展的平台。因此，工业互联网不是一个单一的系统，而是一个高度复杂和集成化的新型系统。

3. 工业互联网是新型基础设施

工业互联网构筑了全生产链、全产业链、全价值链的网络基础设施，并从横向连接和纵向连接两方面对工业生产和运营进行了数字化转型。横向连接打通了设备、产线、生产和运营系统等要素，塑造了数据驱动的智能生产力；纵向连接打通了企业内外部的生产流程，塑造了数据驱动的业务创新能力。因此，工业互联网不是传统意义上的工业与互联网的简单结合，而是作为新型基础设施，推动着工业和产业的数字化、网络化、智能化。

4. 工业互联网是新模式和新业态

工业互联网催生了网络化协同、规模化定制、服务型制造等新模式和新业态，这些带来了制造方式和企业形态的根本性转变。网络化协同实现了资源共享和信息实时交流；规模化定制满足了用户的个性化需求；服务型制造提供了全方位的解决方案。因此，工业互联网不再是流程固定、资源有限的传统模式，而是高度灵活且资源优化配置的新模式和新业态，构建起全新的制造和服务体系，为企业提供了转型升级的有效途径。

1.2.3　工业互联网的特征

工业互联网发展过程中，展现出四大核心特征——万物互联、平台集成、安全保障和数据驱动，共同推动着工业系统向更高效、智能化和安全的方向发展。

1. 万物互联

万物互联是工业互联网的基础。依托于先进的网络通信技术，工业互联网将实现人与人、人与物以及物与物之间的万物互联，重构整个社会的生产工具、生产方式和生活场景。

支撑万物互联的网络将实现工厂内各装备、控制系统和信息系统的互联互通，以及物料、产品与人的无缝集成，支撑了工业数据的采集交换、集成处理、建模分析和反馈执行，以及实现了从单个机器、产线、车间到工厂的全工业系统的互联互通。也就是说，工业互联网呈现出大范围、宽领域的万物互联特征，并且逐步推动着网络结构向更加扁平化、无线化和组网灵活性的方向演变。

2. 平台集成

平台是工业互联网的核心。工业互联网面向制造业数字化、网络化、智能化的需求，构建了基于云边端协同的海量信息采集、汇聚、分析的平台服务体系，实现了软件定义、网联增值、智能主导。

在软件定义方面，平台为工业数字化模型的工业 APP 开发、应用和迭代提供支持，成为工业知识沉淀、传播、复用和价值创造的重要载体；在网联增值方面，平台通过网络化的布局，企业可以更灵活地响应市场需求，实现各个复杂工业场景的系统化、个性化的服务以及综合解决方案的增值；在智能主导方面，平台为制造业智能化转型升级提供了必要的基础设施和技术支撑，使得工业系统的隐形问题显性化。因此，工业互联网展现出大规模集成软件、硬件及工业知识于一体的平台特征，进而推进新工业革命的不断发展并且孕育新的商业模式。

3. 安全保障

安全是工业互联网的保障。工业互联网安全不仅覆盖了制造业、能源等实体经济领域，同时还包括了信息通信、软件和信息技术服务等数字经济领域，网络攻击和破坏行为对数字经济与实体经济的融合发展造成严重影响。

在实体经济领域，工业互联网安全的重要性体现在生产安全、基础设施保护、产品质量保障、供应链流畅等多个方面，这些能够确保生产过程的稳定性和连贯性，从而保障工人安全和生产效率。在数字经济领域，工业互联网安全涉及数据保护、信息业务连续、网络安全、技术创新等多个角度，这些关系到企业运营的稳定性和用户的信息安全，保证了信息技术、运营技术和通信技术的可靠性、稳定性和互操作性。结合实体经济、数字经济的融合发展，工业互联网展现出范围广、影响大、基础薄弱的安全特征，对人才短缺、设施不足的工业安全现状会造成沉重的负担。

4. 数据驱动

数据是工业互联网的资源。数据作为工业互联网的新型生产要素，其本质是构建一套数据自流动的规则体系，打造"状态感知—实时分析—科学决策—精准执行"的数据闭环。首先，工业互联网通过智能设备感知状态，收集机器运行状态、生产线状况以及环境变量等信息；其次，工业互联网对大量数据实时分析，提取有价值的信息，识别模式和趋势，预测潜在问题；再次，企业可以根据实际情况进行科学决策，包括生产计划调整、资源配置等；最后，自动化控制系统精准执行数据信息，调整机器参数，优化资源分配或者触发维护流程。因此，数据闭环展现出工业互联网具有时序性、强关联性、准确性和反馈性的数据特征，决定着制造资源的优化配置效率，引领着生产方式和产业模式的变革。

1.3　工业互联网赋能智能制造

1.3.1　智能制造对工业互联网的需求

智能制造是先进制造技术与先进信息技术深度融合形成的新概念，贯穿于产品、制造、服务全生命周期的各个环节以及制造系统集成，可实现制造的数字化、网络化、智能化，帮助企业提升产品质量、效益、快速响应能力以及服务水平，推动制造业创新、绿色、协调、开放、共享发展。进入 21 世纪以来，智能制造不断地被赋予新的内涵，是将物联网、大数据、云计算等新一代信息与通信技术与先进自动化技术、传感技术、控制技术、数字制造技术结合，实现工厂和企业内部、企业之间和产品全生命周期的实时管理和优化的新型制造系统。智能制造已成为未来制造业的主流发展趋势，也是新一轮科技革命和产业变革的必然需求。

智能制造的实现主要依托两方面的基础能力：①工业制造技术，包括先进装备、先进材料和先进工艺等，是决定制造边界和制造能力的根本；②工业互联网，即基于物联网、云计算、大数据、人工智能等新一代信息技术，充分发挥工业装备、工艺和材料潜能，提高生产效率、优化资源配置效率、创造差异化产品和实现服务增值。显然，工业互联网是实现智能制造的关键使能技术，为智能制造提供了关键的共性基础设施，为其他产业的智能化发展提供重要支撑。因此，智能制造对工业互联网有实时感知、泛在连接、优化决策和动态执行等方面的典型需求。

1. 实时感知

实时感知通过传感器监测生产制造过程中的各种参数，并将数据传输到分析和决策系统中。但是，复杂的生产制造存在数据维度高、数据量大、环境噪声强等问题，传统互联网在支持智能制造的实时感知方面存在局限性：网络延迟和带宽限制无法满足实时数据传输需求，缺乏实时数据处理能力，以及数据安全性不足以防范复杂的网络攻击。因此，要求工业互联网必须能够高效精准地进行数据采样，具备实时数据采样和分析能力。

2. 泛在连接

泛在连接是确保工业生产过程异构装备实时互联的保障，也是工业互联网实现万物互联的基本能力。这一基本能力关乎数据从传感器到决策系统的流动速度和效率，对于实时感知、优化决策和动态执行至关重要。传统网络的带宽和响应速度可能无法满足这些高需求，因此智能制造对工业互联网的网络技术提出了更高标准，包括高带宽和低时延的网络传输、健壮的网络管理和优化以及增强的网络安全措施。

3. 优化决策

优化决策在智能制造中扮演着至关重要的角色，它涉及利用数据和算法来提高制造过程的效率、质量和可靠性。但是，传统互联网在处理能力和速度方面存在限制，面临数据集成和实时分析的挑战，同时也缺乏必要的适应性和可扩展性。因此，智能制造需要工业互联网具备高效的大规模数据处理和实时分析能力、强大的数据集成能力，以及高度的适应性和可扩展性。只有满足这些需求，工业互联网才能更好地支持智能制造的发展。优化决策关系到生产效率、资源利用、企业竞争力和市场反应速度，依赖于高度发达的工业互联网基础设施来提供强大的数据处理和分析能力，以支持生产过程的实时优化和决策。

4. 动态执行

制造业务的动态变化要求工业互联网能够根据感知、传输、决策结果动态执行任务，因此对实时性、集成性和安全性具有极高要求。然而，传统互联网在响应速度、系统集成和安全性方面存在不足，无法满足工业应用中对实时反应的需求，难以实现设备与系统的无缝集成，且安全措施不足以防范风险。因此，智能制造要求工业互联网能够根据制造业务的动态变化高效、灵活和安全地运行。具体需求包括：极高的响应速度，以适应生产线上不断变化的需求；强大的系统集成能力，支持多种技术和标准；强化的安全措施，防止数据泄露和未授权访问。满足这些需求后，工业互联网将支撑智能制造转型，提升市场竞争力和应对挑战的能力。

1.3.2 工业互联网支撑智能制造的应用成效

工业互联网应用创新日益活跃，已渗透到包括装备制造、电子设备制造、钢铁、石化、汽车等在内的 45 个国民经济重点行业，为产业基地、产业园区、重点企业持续提速，产业规模迈过万亿元大关，行业赋能、赋值、赋智作用日益凸显。

1. 工业互联网与装备制造业

装备制造业的产品结构高度复杂、产品体型偏大，具有技术要求高、生产安全标准严格、资本投入大、劳动力密集等行业特点，对成品件、结构件、化工材料、工艺辅料和标准件等百万量级生产资源的协同设计和泛在感知需求较高。在产品的研发设计阶段，通过工业互联网可以实现复杂生产过程的管理，有效提升产品的质量；在产品的售后阶段，通过工业大数据的技术应用，进行服务化延伸，提供覆盖高端装备全生命周期的远程智能维护。此外，工业互联网的应用还带来了生产效率的显著提升和成本的有效降低。通过引入工业互联网，制造商可以实现更加自动化和智能化的生产流程，不仅提高了生产效率，还帮助企业减少了人为错误和意外停机时间。

以 Hitachi Solutions（日立解决方案）为例，平均每家制造企业每年可以节省高达 800h 的设备停机时间，这在全行业范围内可能节约的成本高达 500 亿美元。根据市场研究预测，全球智能制造市场规模将在未来几年内保持强劲增长，预计到 2025 年将超过 4.2 万亿美元。上述成果表明：工业互联网在装备制造业中具有广泛应用和巨大市场潜力。

2. 工业互联网与电子设备制造业

电子设备制造业自动化水平高，数字化、网络化基础好，产品迭代速度快，存在降低劳动力成本、减少物料库存、严控产品质量、快速响应客户差异化要求等迫切需求，发展智能化制造、个性化定制、精益化管理等模式潜力大。当前，企业均在探索利用 5G 等新一代网络通信技术实现柔性生产制造、现场辅助装配、机器视觉质检、厂区智能物流等典型应用场景，显著提高了生产制造效率，降低了生产成本，提升了系统柔性，为电子设备制造行业实现数字化转型进行了有益探索。

据预测，全球工业互联网市场规模将在未来几年内保持稳健增长，到 2025 年预计将超过 1.5 万亿美元。电子设备制造业作为工业互联网的一个重要应用领域，将成为市场增长的重要推动力。这一巨大的经济影响预示着通过智能化生产和高度自动化，电子设备制造业将实现显著的成本节约和效率提升。

3. 工业互联网与钢铁行业

钢铁行业具有生产流程长、生产工艺复杂的特点。当前，主要面临设备维护效率低、生产过程不透明、下游需求碎片化、绿色生产压力大等问题。因此，在发展智能化制造，实现精益化管理，潜力巨大。推动工业互联网与钢铁行业深度融合，可以高度整合资源，实现全要素、全产业链全面连接，从而产生规模效应和协同效应；可以利用相关软件分析技术，充分释放钢铁行业潜力，提高生产效率；可以有效提升钢铁行业智能化水平，满足个性化、多元化需求，提高钢铁行业有效供给。

相关研究表明，通过应用工业互联网技术，动态改变加工指令（如调整炉中时间、温度等参数）和原材料输入组合，能够显著节约生产成本。部分钢铁公司的原材料成本降低超过5%，瓶颈吞吐量提高超过 6%，端到端产品产量提高超过 15%。上述成果表明：即使在一个传统被认为是高能耗、高污染的行业中，通过智能制造和工业互联网技术的应用也能显著提高生产效率和经济效益，同时帮助企业向更加绿色和可持续的生产方式转型。

4. 工业互联网与石化行业

石化行业面临着产能过剩、市场竞争加剧、安全环境严控、新能源替代等问题。工业互联网的发展，将使化工行业的产业链进一步集聚协同和优化，为企业的生产监控、设备状态检修、工艺优化、供应链管理带来全新的变革。通过大数据、人工智能、边缘计算等数字化技术，可以实现厂内的生产智能化监测与分析、管理精益化，实现厂外供应链智能化协同、产业链供给优化，为企业优化资源配置、降本增效、提质降耗、内控管理等提供新途径。

根据麦肯锡的研究报告，通过在石化行业应用工业互联网技术，可以在原材料输入成本上节约超过 5%，瓶颈环节的吞吐量提高超过 6%，整个生产过程的产出增加超过 15%。可见，工业互联网能够显著提高石化公司的经济效益和市场竞争力。

5. 工业互联网与汽车制造业

在汽车制造业，工业互联网通过集成高级传感器和实时数据分析系统，可以极大地提高生产自动化水平和灵活性。通过部署物联网设备，制造商可以实时监控装配线的操作，及时调整生产参数以适应不同型号的车辆制造需求。此外，通过实现预测性维护，工业互联网帮助制造商减少意外停机时间，优化设备维护计划，保证生产效率。在供应链管理方面，智能系统可以分析供应需求，自动调整物流以确保材料供应的及时性，减少库存成本。这些技术的应用不仅提升了生产效率，还加强了产品质量和制造过程的可持续性。

基于工业互联网，应用数字孪生、模拟仿真等技术，可以有效提高生产效率，减轻员工负担。例如，通过在生产线上部署视觉系统和 AI，汽车制造商能够提前识别装配问题，降低废品率，提高产量。根据相关研究和行业分析，得益于工业互联网技术，预计到 2025 年，新能源汽车的年复合增长率将达到 37% 以上。

参 考 文 献

［1］张忠平，刘廉如.工业互联网导论［M］.北京：科学出版社，2021.

［2］刘韵洁.工业互联网导论［M］.北京：中国科学技术出版社，2021.

［3］CHENG J F，ZHANG H，TAO F，et al. DT-II：Digital twin enhanced industrial Internet reference framework towards smart manufacturing［J］. Robotics and Computer-Integrated Manufacturing，2020，62：101881.

［4］XU C，YU H，JIN X，et al. Industrial Internet for intelligent manufacturing：Past，present，and future ［J］. Frontiers of Information Technology & Electronic Engineering，2024，25（9）：1173-1192.

［5］谢希仁.计算机网络［M］.7版.北京：电子工业出版社，2017.

［6］DEL PERAL-ROSADO J A，RAULEFS R，LÓPEZ-SALCEDO J A，et al. Survey of cellular mobile radio localization methods：From 1G to 5G［J］. IEEE Communications Surveys & Tutorials，2017，20（2）：1124-1148.

［7］RAMYA C M，SHANMUGARAJ M，PRABAKARAN R. Study on ZigBee technology［C］//2011 3rd International Conference on Electronics Computer Technology. New York：IEEE，2011，6：297-301.

［8］阳宪惠.网络化控制系统：现场总线技术［M］.北京：清华大学出版社，2014.

［9］王平，谢昊飞，向敏，等.工业以太网技术［M］.北京：科学出版社，2007.

［10］LI X M，LI D，WAN J F，et al. A review of industrial wireless networks in the context of Industry 4.0 ［J］. Wireless Networks，2017，23：23-41.

［11］YU H B，ZENG P，XU C. Industrial wireless control networks：From WIA to the future［J］. Engineering，2022，8：18-24.

［12］International Telecommunication Union. 6G vision：An ultra-flexible perspective［R/OL］.［2024-10-09］. http：//www. itu. int/en/publications/gs/pages/publications. aspx？parent=S-JNL-VOL1. ISSUE1-2020-A09&media=electronic.

［13］TURUK M. Digital strategy［J］. International Journal of Contemporary Business and Entrepreneurship，2020，1（1）：62-76.

［14］QIN W，CHEN S，PENG M. Recent advances in industrial Internet：Insights and challenges［J］. Digital Communications and Networks，2020，6（1）：1-13.

［15］RESMAN M，PIPAN M，ŠIMIC M，et al. A new architecture model for smart manufacturing：A performance analysis and comparison with the RAMI 4.0 reference model［J］. Advances in Production Engineering & Management，2019，14（2）：1-2.

［16］延建林，孔德婧.解析"工业互联网"与"工业4.0"及其对中国制造业发展的启示［J］.中国工程科学，2015，17（7）：141-144.

［17］AL-FUQAHA A，GUIZANI M，MOHAMMADI M，et al. Internet of Things：A survey on enabling technologies，protocols，and applications［J］. IEEE Communications Surveys & Tutorials，2015，17（4）：2347-2376.

［18］POTOĈAN V，MULEJ M，NEDELKO Z. Society 5.0：Balancing of Industry 4.0，economic advancement and social problems［J］. Kybernetes，2021，50（3）：794-811.

［19］中国互联网络信息中心.中国互联网络发展状况统计报告［R］.2023.

［20］韩鑫，李晋航，石致远，等.装备制造业工业互联网平台双层研发模式决策方法研究［J］.计算机集成制造系统，2023，29（5）：1615-1626.

［21］中国工业互联网研究院.中国工业互联网产业经济发展白皮书：2023年［R］.2023.

［22］General Electric. Industrial Internet：pushing the boundaries of minds and machines［R］. 2012.

［23］LIN S W，MILLER B，DURAND J，et al. Industrial Internet reference architecture［R］. Industrial

Internet Consortium（IIC），2019.

［24］姚锡凡，景轩，张剑铭，等．走向新工业革命的智能制造［J］．计算机集成制造系统，2020，26（9）：2299-2320.

［25］中国工业互联网研究院．中国工业互联网产业经济发展［R］．2022.

［26］国家自然科学基金委员会．关于发布未来工业互联网基础理论与关键技术重大研究计划 2024 年度项目指南的通告［EB/OL］．［2024-10-09］．https：//www.nsfc.gov.cn/publish/portal0/tab948/info93423.htm.

［27］余晓晖．大力推进工业互联网建设赋能制造业转型升级［J］．自动化博览，2019（4）：22-25.

［28］Industrial Internet Consortium（IIC）. The Industrial Internet of Things networking framework［R］. 2021.

［29］O'RAW J，LAVERTY D，MORROW D J. Securing the Industrial Internet of Things for critical infrastructure（IIoT-CI）［C］//2019 IEEE 5th World Forum on Internet of Things（WF-IoT）. New York：IEEE，2019：70-75.

［30］ZHOU L，YEH K H，HANCKE G，et al. Security and privacy for the Industrial Internet of Things：An overview of approaches to safeguarding endpoints［J］. IEEE Signal Processing Magazine，2018，35（5）：76-87.

［31］World Economic Forum. Industrial Internet of Things：Unleashing the potential of connected products and services［EB/OL］.［2024-10-09］. https：//www. weforum. org/press/2015/01/industrial-internet-of-things-unleashing-the-potential-of-connected-products-and-services.

［32］GRAMMATIKIS P I R，SARIGIANNIDIS P G，MOSCHOLIOS I D. Securing the Internet of Things：Challenges，threats and solutions［J］. Internet of Things，2019，5：41-70.

［33］Xu C，YU H B，ZENG P，LI Y H. Towards critical industrial wireless control：prototype implementation and experimental evaluation on URLLC［J］. IEEE Communications Magazine，2023，61（9）：193-199.

［34］Xu C，ZENG P，YU H B，JIN X，XIA C Q. WIA-NR：ultra-reliable low-latency communication for industrial wireless control networks over unlicensed bands［J］. IEEE Network，2021，35（1）：258–265.

［35］王晨，宋亮，李少昆．工业互联网平台：发展趋势与挑战［J］．中国工程科学，2018，20（2）：15-19.

［36］WANG J L，XU C Q，ZHANG J，et al. A collaborative architecture of the industrial Internet platform for manufacturing systems［J］. Robotics and Computer Integrated Manufacturing，2020，61：101854.

［37］LI J Q，YU F R，DENG G，et al. Industrial Internet：A survey on the enabling technologies，applications，and challenges［J］. IEEE Communications Surveys & Tutorials，2017，19（3）：1504-1526.

［38］REHMAN U M H，YAQOOB I，SALAH K，et al. The role of big data analytics in Industrial Internet of Things［J］. Future Generation Computer Systems，2019，99：247-259.

［39］LIU Y，CHI C，ZHANG Y W，et al. Identification and resolution for industrial Internet：Architecture and key technology［J］. IEEE Internet of Things Journal，2022，9（18）：16780-16794.

［40］SERROR M，HACK S，HENZE M，et al. Challenges and opportunities in securing the Industrial Internet of Things［J］. IEEE Transactions on Industrial Informatics，2020，17（5）：2985-2996.

［41］SISINNI E，SAIFULLAH A，HAN S，et al. Industrial Internet of Things：Challenges，opportunities，and directions［J］. IEEE Transactions on Industrial Informatics，2018，14（11）：4724-4734.

［42］欧阳劲松，汪烁，刘丹．从国内外标准化实践看智能制造技术发展［J］．中国仪器仪表，2024（6）：22-30.

［43］WRIGHT P K，BOURNE D A. Manufacturing intelligence［M］. Boston：Addison-Wesley，1988.

［44］GAO X R，REN J J，WEN P C. Cost dimension analysis of intelligent manufacturing system［C］//2021 International Conference on Control Science and Electric Power Systems（CSEPS）. New York：IEEE，2021：171-174.

［45］ WANG B，YANG F L，ZHAO J，et al. Synchronous modeling technology for satellite manufacturing systems driven by real-time perception information［C］//2023 5th International Conference on Communications，Information System and Computer Engineering（CISCE）. New York：IEEE，2023：201-205.

［46］ YANG H，KUMARA S，BUKKAPATNAM S T S，et al. The Internet of Things for smart manufacturing：A review［J］. IISE Transactions，2019，51（11）：1190-1216.

［47］ OUGHTON E J，LEHR W，KATSAROS K，et al. Revisiting wireless Internet connectivity：5G vs Wi-Fi 6［J］. Telecommunications Policy，2021，45（5）：102127.

［48］ SINGH A. Artificial Intelligence based autonomous vehicle for making real-time decisions，and navigating safely［C］//2023 International Conference on Innovative Computing，Intelligent Communication and Smart Electrical Systems（ICSES）. New York：IEEE，2023：1-5.

［49］ YAN C，LI Y R，XIA Y Q. Analysis and design for intelligent manufacturing cloud control systems［C］//2020 Chinese Automation Congress（CAC）. New York：IEEE，2020：7174-7179.

［50］ GUO D Q，ZHONG R Y，RONG Y M，et al. Synchronization of shop-floor logistics and manufacturing under IIoT and digital twin-enabled graduation intelligent manufacturing system［J］. IEEE Transactions on Cybernetics，2021，53（3）：2005-2016.

［51］ LIU Q Q，GUO X J，LEI Y X，et al. Manufacturing execution system driven by industrial big data［C］//2021 4th World Conference on Mechanical Engineering and Intelligent Manufacturing（WCMEIM）. New York：IEEE，2021：543-546.

［52］ CHEN K D. Research on the overall planning of digital workshop for equipment manufacturing［C］//2023 4th International Conference on Mechatronics Technology and Intelligent Manufacturing（ICMTIM）. New York：IEEE，2023：231-234.

［53］ Grand View Research. Smart manufacturing market size，share & trends analysis report by component，by technology（product lifecycle management，3D printing，enterprise resource planning），by end-use，by region，and segment forecasts，2023-2030［EB/OL］.［2024-10-09］. https：//www. grandviewresearch. com/industry-analysis/smart-manufacturing-market.

［54］ 蔡丽玲. "5G+工业互联网"支撑制造业智能化转型［J］. 电信快报，2021（5）：47-48.

［55］ Allied Market Research. Smart manufacturing market size，share，competitive landscape and trend analysis report，by component，by application，by end-User：global opportunity analysis and industry forecast，2022-2031［EB/OL］.［2024-10-09］. http：//www. lliedmarketresearch. com/industrial-internet-of-things-IIOT-market.

第2章

工业互联网体系架构

章知识图谱

说课视频

体系架构描述了系统的整体设计、组织结构和功能，是工业互联网的灵魂。本章聚焦于工业互联网的体系架构，首先深入剖析中国、美国、德国三个不同经济体在构建工业互联网体系时的策略与实践。其次介绍工业互联网的技术体系，涵盖网络、平台、安全三大方面，着重介绍其基本概念、典型架构、发展现状及未来趋势。最后简要介绍工业互联网的标准体系。

2.1 工业互联网参考架构

工业互联网提出后，全球主要国家均把参考架构设计作为主要抓手，结合产业共识和各方力量，通过技术创新和产品解决方案的研发，引导和帮助制造企业开展工业互联网的应用探索和部署实施，并在此基础上组织标准制定，以推动工业互联网的广泛应用和发展。因此，各国结合自身政策和发展需求，提出了不同的工业互联网参考架构。典型地，AII 先后推出了工业互联网体系架构 1.0 和 2.0，IIC 推出了工业互联网参考架构（IIRA），德国推出了工业 4.0 参考架构模型（Reference Architecture Model Industry 4.0，RAMI 4.0）。

2.1.1 中国工业互联网参考架构

为了推进工业互联网发展，我国工业互联网产业联盟于 2016 年 8 月发布了《工业互联网体系架构（版本 1.0）》，如图 2-1 所示。

工业互联网体系架构 1.0 提出网络、数据、安全三大体系，具体介绍如下：

1）网络是工业系统互联和工业数据传输交换的支撑基础，支撑着工业数据传输与交换和工业互联网发展，包括网络互联、标识解析和应用支持三个体系，通过这些体系实现信息在生产系统和商业系统间的无缝传递。

2）数据是工业智能化的核心驱动，包括产业数据采集交换、数据集成处理等功能模块，表现为通过海量数据的采集和处理，实现对生产现场、合作企业和市场需求等方面的精确分析和计算，从而为企业运营管理和机器控制提供决策和指令，推动整个工业过程的智能化和优化。

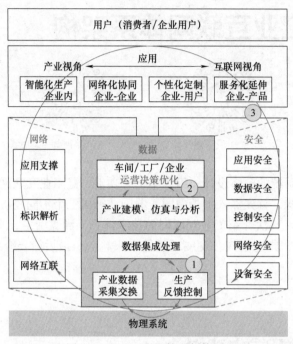

图 2-1　工业互联网体系架构 1.0

3）安全是网络与数据在工业中应用的保障，包括设备安全、网络安全、控制安全、数据安全、应用安全，表现为通过涵盖整个工业系统的安全管理体系，避免网络设施和系统软件受到内部和外部攻击，确保数据传输与存储的安全性，实现对工业生产系统和商业系统的全方位保护。

工业互联网体系架构 1.0 推动了人、机、物全面互联的新型网络基础设施与智能化发展的新兴应用模型，形成了以智能工厂为载体、以生产制造关键环节智能化为核心、以端到端数据流为基础、以全面深度互联为支撑的智能发展工业体系。

新技术要素加入与实施落地需求不断推动着我国工业互联网体系的发展，丰富和多样化的企业实践和各类新技术的应用对工业互联网的体系架构提出了新的需求。随着实践应用的深入，工业互联网体系架构 1.0 暴露出一些短板：虽然具有较强的技术通用性，但制造业特点不够突出，未能充分结合制造业需求与生产工艺等特点；人工智能、边缘计算、5G 等新技术需要进一步结合；技术要素等详细应用实践指导仍待落地等。据此，工业互联网产业联盟进一步推出了《工业互联网体系架构（版本 2.0)》。

工业互联网体系架构 2.0 在工业互联网体系架构 1.0 的基础上进行了全面升级，更加强调技术解决方案的开发和行业应用推广的实操性。它结合工业制造特点、软件和通信架构设计方面的不同方法论，融入网络、数据和安全新技术，并突出数字孪生基本功能，强化数据智能闭环优化在行业应用推广的实操指导性，以此支撑我国工业互联网下一阶段的发展。在工业互联网体系架构 2.0 中，数据依旧扮演着核心要素的角色，其通过智能化闭环的方式发挥核心驱动作用，并在生产管理优化和组织模式变革中起到关键的促进作用。此外，工业互联网体系架构 2.0 整合了前沿技术原理，以深化垂直领域的应用，并通过丰富和细化要素指导各领域的系统化布局。它还提供了详尽的指南，以推动技术的持续发展和落地实施，同时致力于构建完整的体系，以加强国际交流合作，确立了更为系统的顶层设计和更具体的落地执行指导。

如图 2-2 所示，工业互联网体系架构 2.0 由业务视图、功能架构、实施框架三大板块组成，以商业目标和业务需求为牵引，明确系统功能定义与实施部署方式的设计思路。

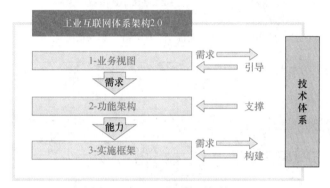

图 2-2　工业互联网体系架构 2.0

1. 业务视图

业务视图明确了企业应用工业互联网实现数字化转型的目标、方向、业务场景及相应的数字化能力。业务视图提出了工业互联网驱动的产业数字化转型的总体目标和方向，以及这一趋势下企业应用工业互联网构建数字化竞争力的愿景、路径和举措。这在企业内部将会进一步细化为若干具体业务的数字化转型策略，以及企业实现数字化转型所需的一系列关键能力。业务视图主要用于指导企业在商业层面明确工业互联网的定位和作用，提出的业务需求和数字化能力需求是后续功能架构设计的重要指引。

如图 2-3 所示，业务视图由产业层、商业层、应用层、能力层组成。其中，产业层作为行业整体数字化转型的宏观视角，商业层、应用层和能力层作为企业数字化转型的微观视角。具体来说，产业层主要定义了工业互联网在促进产业发展方面的主要目标与支撑基础；商业层主要定义了企业应用工业互联网构建数字化转型竞争力的愿景和战略方向；应用层主要定义了工业互联网赋能企业业务转型的重点领域和具体场景；能力层主要定义了企业必须发展的基本数字技能，以利用工业互联网实现其业务发展目标。

2. 功能架构

功能架构明确企业支撑业务实现所需的核心功能、基本原理和关键要素。功能架构提出以数据为驱动的工业互联网功能原理总体视图，形成物理实体与数字空间的全面连接、精准映射与协同优化，并明确这一机理作用于设备到产业等各层级，覆盖制造、医疗等多行业领域的智能分析与决策优化，进而细化分解为网络、平台、安全三大体系的子功能视图，描述构建三大体系所需的功能要素与关系。功能架构主要用于指导企业构建工业互联网的支撑能力与核心功能，并为后续工业互联网实施框架的制定提供参考。

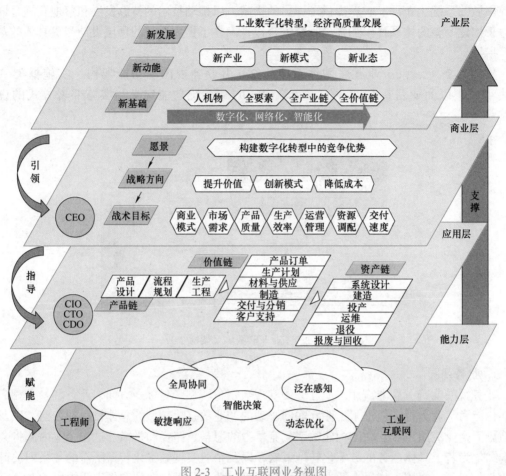

图 2-3　工业互联网业务视图

CEO—首席执行官　CIO—首席信息官　CTO—首席技术官　CDO—首席数据官

工业互联网的核心功能原理是基于数据驱动，实现物理系统与数字空间的全面互联与深度协作，以及在此过程中的智能分析与决策优化。如图 2-4 所示，为了全面打通设备资产、生产系统、管理系统和供应链条，工业互联网通过构建网络、平台、安全三大功能体系，实现 ICT 与 OT 的融合和三大体系的贯通。工业互联网以数据为核心，数据功能体系主要包括感知控制、数字模型、决策优化三个基本层次，以及一个由自下而上的信息流和自上而下的决策流构成的工业数字化应用优化闭环。

3. 实施框架

实施框架描述各项功能在企业落地实施时的层级结构、软硬件系统和部署方式。如图 2-5 所示，实施框架结合当前制造系统与未来发展趋势，由设备层、边缘层、企业层、产业层组成，明确了各层级网络、标识、平台、安全的系统架构、部署方式及不同系统之间的关系。实施框架主要为企业提供工业互联网具体落地的统筹规划与建设方案，可用于进一步指导企业技术选型与系统搭建。

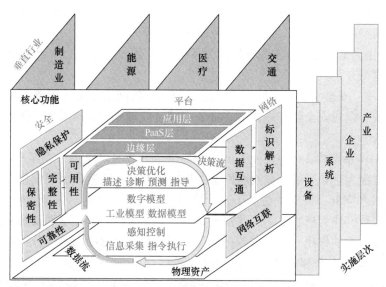

图 2-4　工业互联网功能架构

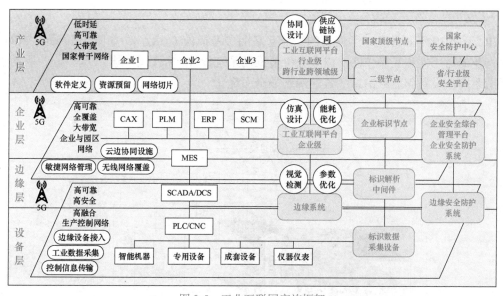

图 2-5　工业互联网实施框架

CAX—计算机辅助技术　PLM—产品生命周期管理　ERP—企业资源计划　SCM—供应链管理

MES—制造执行系统　SCADA—数据采集与监视控制　DCS—分散控制系统

PLC—可编程逻辑控制器　CNC—数控机床

实施框架一方面纵向展开功能架构,体现功能架构在不同制造环节的落地;另一方面呈现出网络、标识、平台、安全之间的协同联动关系。具体介绍如下:

1)网络实施。工业互联网网络建设目标是构建全要素、全系统、全产业链互联互通的新型基础设施,实施架构阐述网络建设在生产控制网络、企业与园区网络、国家骨干网络等不同层级采用的不同方式。

2）标识实施。工业互联网标识实施包括设备层、边缘层、企业层和产业层四个层面的部署，通过标识载体和数采设备可实现对可识别数据对象的管理和流转，建设企业级标识注册解析系统、国家顶级节点、二级节点以及递归节点等。

3）平台实施。平台部署实施形成以边缘系统为基础，企业平台和产业平台交互协同的多层次体系化建设方案。

4）安全实施。安全实施框架解决工业互联网面临的网络攻击等新型安全风险，包括边缘安全防护系统、企业安全防护系统和企业安全综合管理平台，以及省／行业级安全平台和国家级安全平台。

工业互联网体系架构 2.0 为企业开展实践提供了一套更加全面、系统和具体的方法论。它不仅从战略层面为企业开展工业互联网实践指明了方向，还结合了规模化应用需求对功能架构进行了升级和完善，提出了更易于企业应用部署的实施框架。工业互联网体系架构 2.0 仍然突出强调将数据作为核心要素，并强调数据智能化闭环的核心驱动及其在生产管理优化和组织模式变革方面的作用。这意味着企业需要更加注重数据的收集、分析和利用，通过数据驱动的方式来优化生产和管理过程，提高效率和效益。总的来说，工业互联网体系架构 2.0 为企业提供了一个更加明确和实用的指导框架，帮助企业更好地理解和实施工业互联网，以应对日益复杂的全球市场竞争和挑战。

2.1.2 美国 IIRA

IIC 于 2019 年 6 月发布了最新的工业互联网参考架构（IIRA），如图 2-6 所示。IIRA 注重跨行业的通用性和互操作性，以业务价值推动系统设计，把数据分析作为核心，驱动工业互联网系统从设备到业务信息系统的端到端全面优化。

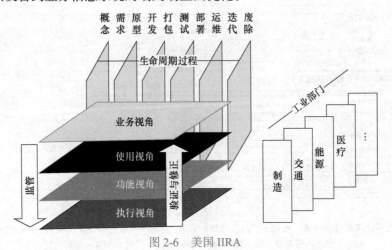

图 2-6　美国 IIRA

美国工业互联网参考架构从系统要实现的目标出发，由业务视角、使用视角、功能视角和执行视角四个层级构成，具体介绍如下：

1. 业务视角

IIRA 的业务视角以企业为主体，从关注利益相关者的企业愿景与价值观出发，通过基本的系统功能与系统建设实现既定目标。业务视角主要包括企业愿景、价值和经验、关键目标、基本能力四个方面，具体介绍如下：

1）企业愿景，为业务的执行提供了方向。企业愿景通常由企业的高级利益相关者策划并提出，给出了一个组织或行业的未来发展状态。

2）价值和经验，对于企业愿景的形成和实现起着关键作用。企业的高级利益相关者的价值和经验有助于确保愿景与企业的长期目标和战略保持一致，并为企业的未来提供清晰的指导。

3）关键目标，是实现企业价值可量化的高层次技术和最终的业务产出目标。关键目标以价值观和经验为基础，是可衡量的、有时限的。在这一阶段，高级利益相关者为关键目标的确定提供指引。

4）基本能力，是系统完成核心商业任务所具备的关键能力。在这一阶段，需要具体化如何执行各项能力。

在企业愿景、价值和经验、关键目标、基本能力共同作用下，企业决策者和工程师需要根据工业互联网系统的价值和以往经验提出系统开发部署的愿景，确定关键目标，并评估企业开发系统的基础能力，进而指导使用系统开发的具体任务和要求。

2. 使用视角

IIRA 的使用视角详细阐述了工业互联网系统的基本能力和操作流程，旨在提供一个全面而实用的框架，以指导系统的实施、部署和操作。使用视角重点关注系统的运行、授权、分工及目标分解，体现出系统操作导向下各系统组件、各单元的协同活动内容，用于指导系统的实施、部署和操作。

3. 功能视角

IIRA 的功能视角着重于对工业互联网功能架构进行描述，可以细分为控制域、操作域、信息域、应用域和业务域五大功能域，具体介绍如下：

1）控制域，负责感知和传递工业控制系统的数据，反馈对工业控制系统的控制等功能。

2）操作域，负责控制域内系统的功能提供、管理、监测及优化的功能合集，包括对工业控制系统的监测和诊断、预测和优化等功能。

3）信息域，主要从其他域获取数据，进行数据的分析与处理，从而获取整个系统的智能信息。

4）应用域，承载和实现特定商业功能的应用逻辑，为工业互联网提供丰富的应用场景和服务。

5）业务域，支持整个商业流程和活动所需的功能，通过集成工业互联网的特定业务功能实现端对端的操作。

4. 执行视角

IIRA 的执行视角用于描述各功能模块的实现要素。工业互联网系统是由边缘层、平台层和企业层构成的三层架构，每层具体介绍如下：

1）边缘层，主要负责从边缘节点收集数据，它的具体应用取决于体系结构的特征、分布的广度、位置、治理范围以及邻近网络的性质。

2）平台层，用于接收、处理并发送企业层到边缘层的控制命令，整合处理和分析边缘层和其他层的数据流，为设备和资产提供管理功能，还提供非特定领域的服务，如数据查询和分析。

3）企业层，用于实施特定功能领域的应用和决策支持系统，并为包括运营专业人员在内的终端用户提供接口，它接收来自边缘层与平台层的数据并向它们发布控制命令。

图 2-7 是 IIRA 三层架构与五大功能域对应关系图。边缘层从工业控制系统收集数据，传输给平台层；平台层中的信息模块是核心驱动和关键要素，其本质是通过数据实现工业系统的智能化；企业层接收平台层转发的边缘层数据，并向平台层发送控制指令。

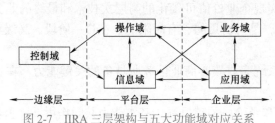

图 2-7　IIRA 三层架构与五大功能域对应关系

2.1.3　德国 RAMI 4.0

2015 年 4 月，德国电工电子与信息技术标准化委员会（DKE）发布的"工业 4.0 参考架构模型"（Reference Architecture Model Industry 4.0，RAMI 4.0），如图 2-8 所示。RAMI 4.0 的核心在于实现工业、产业和服务的全面交叉渗透，其目标在于构建一个分散式的增强型控制模型。该模型综合考虑了多样化的对象和主体，涵盖了工业领域不同标准下的工艺流程，以及信息通信和互联网技术等多个方面，形成了一个错综复杂的工业系统。

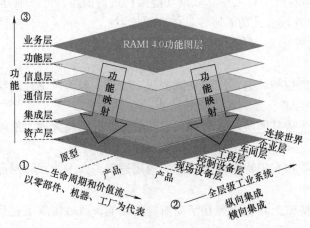

图 2-8　德国 RAMI 4.0

RAMI 4.0 是一个三维模型，通过横轴（生命周期和价值流）、纵轴（全层级工业系统）、竖轴（功能）三个维度，将工业 4.0 涉及的所有关键要素进行了全面的连接。RAMI 4.0 以企业为出发点，理论上任何级别的企业都可以从这个模型中找到适合自己的业务位置。此外，RAMI 4.0 还融合了现有的工业标准，并在产品的全生命周期价值链和全层级工业系统中，映射了以 CPS 为核心的智能化功能。

RAMI 4.0 三个维度具体介绍如下：

1. 生命周期和价值流

第一个维度，生命周期和价值流维度描述了产品全生命周期及其相关价值链。生命周期和价值流描述了以零部件、机器和工厂为典型代表的工业要素从虚拟原型到产品的全过程，具体体现在以下三个方面：

一是划分为模拟原型和实物制造两个阶段，重点强调了虚拟仿真技术在工业4.0中的重要作用。

二是突出零部件、机器和工厂这类工业生产要素中虚拟和现实的两个过程，体现全要素"数字孪生"的特征。

三是在构建价值链的过程中，工业生产要素之间依托数字系统紧密联系，实现工业生产要素的"端到端集成"。

通过横轴的分析，企业和研究人员可以更清晰地看到产品生命周期的全貌，以及各个环节如何相互关联和影响，这有助于他们制定更有效的策略和措施，以提高产品的质量和价值，降低生产成本等。

2. 全层级工业系统

第二个维度，全层级工业系统维度是企业控制系统与管理系统各层级的集成。全层级工业系统在企业系统层级架构的基础上，进一步加入了"产品"和"连接世界"两个层级，从而构建了一个更为全面的工业生态系统。

该维度的标准来自 IEC 62264/IEC 61512，即企业 IT 和控制系统国际标准系统，由单个生产企业扩展至连接世界，增加了产品本身与工厂外部的跨企业协同关系，考虑到了对产品本身及工厂外部的跨企业协同（包括质量链、价值链等协同）制造关系。这种集成和协同关系的建立，有助于提高企业的生产效率和质量，降低成本，提升企业的竞争力。同时，也有利于促进企业之间的合作和交流，推动整个工业生态系统的创新和发展。

"现场设备层—控制设备层—工段层—车间层—企业层"的五层架构体系，体现了从现场设备到企业规划管理的纵向集成；而对"产品"和"连接世界"的拓展，则体现了以企业协同为核心的横向集成。横向集成和纵向集成共同构成了完整的工业系统。

3. 功能

第三个维度，功能维度是信息物理系统的核心功能。功能维度从信息技术角度描述了不同的视角，如业务流程、通信互联等以各层级的功能来具体实现。如图2-9所示，各个层次自上而下分别为：业务层、功能层、信息层、通信层、集成层、资产层。这些层面代表了信息物理系统的不同功能模块和组件，它们共同协作，实现了系统的复杂任务和目标。各层功能具体介绍如下：

1）业务层，制造企业的各类业务活动及相关的业务流程。其作用是确保价值链中各项功能的集成，描述了商业模式及形成全过程、企业业务衔接、任务下发和企业治理与监管，并对功能层的各项功能进行协调，以及对构建系统时必须执行的规则进行建模。

2）功能层，企业运营管理的集成化平台，形式化定义必要的功能。其作用为支持业务流程功能的横向集成，构建数据分析环境，制定必要的规则与实现远程访问，提供相应的运行环境和技术功能。

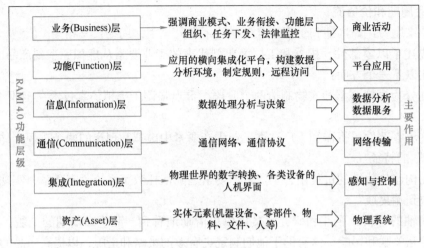

图 2-9　RAMI 4.0 功能层级及主要作用

3）信息层，提供事件处理的运行环境以及对数据进行处理分析与决策的过程，它通过对数据的收集、存储、处理和分析，为企业提供有价值的信息和洞察。

4）通信层，专业化的网络架构、通信协议，以及数据和文件传输，在统一的数据格式下对通信进行标准化并提供控制集成层的功能，保证了数据的准确、安全和高效传输。

5）集成层，将资产层的生产要素互通互联，实现计算机辅助对物理硬件、设备等进行数字转换与过程控制，通过数字化手段实现了对物理世界的精确控制和优化。

6）资产层，代表了物理世界中的硬件、智能设备、人员、环境等，各生产环节的每个单元与虚拟世界通过集成层进行连接，包括了所有的生产要素和资源，是实现生产活动的物质基础。

在 RAMI 4.0 的三维模型中，第三个维度功能维度最能体现工业 4.0 的精髓。如图 2-10 所示，功能维度的六个层级被划分为物理世界中的资产层和一部分集成层，数字世界中的通信层、信息层、功能层、业务层和一部分集成层。

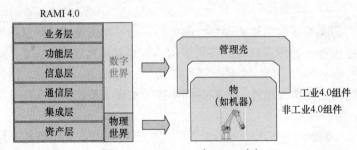

图 2-10　RAMI 4.0 与 CPS 对应

物理世界完成的功能为生产设备的生产过程与这一过程中数据的采集，集成层完成了从真实世界到数字世界的转换，物理世界的构成层级被称为 CPS 的"物"，它是 RAMI 4.0 体系的"非工业 4.0 组件"。数字世界的主要功能则为在数据信息基础上的分析、管理和优化，被称为 CPS 的"管理壳"。对"物"增加一个"管理壳"构成了 RAMI 4.0 体系中的"工业

4.0 组件"，使物理世界的设备封装了自己的各种信息。工业 4.0 组件的构成使"物"能够对外进行有效的交流，"物"与"管理壳"为 RAMI 4.0 的构成奠定了重要的基础。

2.1.4 国内外参考架构的区别与联系

中、美、德三国提出的工业互联网参考架构都面向制造业数字化、网络化和智能化，强调数据在工业智能化中的核心作用。各个国家提出的工业互联网架构虽各有不同，但总体上涵盖了产品、制造、服务全生命周期中所涉及的理论、方法、技术和应用，在发展方向和关注重点上呈现出一定程度的一致性。

1. 立足于通用性参考架构的设计

中国工业互联网体系架构 2.0 旨在定义一个通用化的体系架构，打通各类企业数字化转型、业务体系、商业变革与工业互联网的关系，以支撑丰富和多样化企业实践落地，为实体经济提供新型通用基础设施。

美国工业互联网参考架构 IIRA 立足于通用框架，将概念和模型都高度抽象化，确保其能够广泛应用于各个产业部门的工业互联网应用中。

德国工业互联网参考架构 RAMI 4.0 的基本思路是在一个共同的模型中体现工业系统的不同方面，基于 CPS 的自组织网络可以根据各企业业务过程的不同方面进行动态配置。

2. 融入新一代信息技术创新活力

中国工业互联网体系架构 2.0 提出工业互联网面向企业的活动，一方面支撑计划、供应等全流程互联互通，另一方面通过叠加机器学习、边缘计算等新技术，实现全价值链效率提升和重点业务的价值挖掘。

美国工业互联网参考架构 IIRA 强调人工智能等新技术在数据认知、学习能力等方面的优势，突出了新技术在实现未来工业互联网愿景中所占的重要地位。

德国工业互联网参考架构 RAMI 4.0 的企业纵向层以大数据、网络和海量计算为依托，使计算、通信、控制实现有机融合与深度合作，通过对数据进行长期保存并不断进行智能分析，以获取更高价值的数据信息。

3. 建立标准规则推动工业数据互联互通

中国工业互联网参考架构 2.0 采用通用化和标准化的方法进行模型建立。例如，在架构设计方法论层面以 ISO/IEC/IEEE 系统与软件工程标准为主要方法进行开发设计，同时采用部署网关的方式将传统的工业总线和工业以太网技术转换为统一的标准化网络连接。

美国工业互联网参考架构 IIRA 同样采用 ISO/IEC/IEEE 架构规范和通用方法来定义工业互联网架构框架，通过广泛的行业适用性来实现价值最大化，驱动互操作性、映射适用的技术并指导技术和标准开发。

德国工业互联网参考架构 RAMI 4.0 是以现有国际标准映射为基础进行的顶层设计，包括数字工厂、安全与保障、能效等几个技术领域。

4. 安全防护成为工业互联网部署的关键要素

中国工业互联网参考架构 2.0 安全架构通过网络协议实现数据信息传输安全通道的建立，加强工业互联网标识解析安全机制作为工业互联网应用的基础。同时强调软件功能和人身安全的可靠性，确保生产设备和软件能够按照设计正常工作、并且保证制造设备与产品本身不会对人和环境造成威胁。

美国工业互联网参考架构 IIRA 将安全问题贯穿整个架构模型，即通过安全、可靠的工业互联网系统实现跨行业的通用性和互操作性。

德国工业互联网参考架构 RAMI 4.0 提出以信息物理系统平台为核心的分层次安全管理思路。

2.2 工业互联网技术体系

2.2.1 工业互联网网络技术

1. 工业互联网网络基本概念

工业互联网网络是构建工业环境下人、机、物全面互联的关键基础设施，通过工业互联网网络可以实现工业研发、设计、生产、销售、管理、服务等产业全要素的泛在互联，促进各类工业数据的开放流动和深度融合，推动各类工业资源的优化集成和高效配置，加速制造业数字化、网络化、智能化发展，支撑工业互联网下的各种新兴业态和应用模式，有力推动工业转型升级和提质增效。

2. 工业互联网网络功能架构

工业互联网网络不仅将设备连接起来，还促使人与人、人与信息之间无缝交流和连接。2017 年 11 月，国务院在《关于深化"互联网＋先进制造业"发展工业互联网的指导意见》中，将"夯实网络基础"作为主要任务之一，提出大力推动工厂内外网建设。

根据网络的范围和规模，工业互联网网络可以划分为工厂内网和工厂外网，如图 2-11 所示。

（1）工厂内网　当前，工厂内网络呈现"两层三级"的结构。"两层"是指存在"工厂 IT 网络"和"工厂 OT 网络"两层异构网络；"三级"是指根据目前工厂管理层级的划分，将网络划分为"现场级""车间级""企业级"三个层次，每层之间的网络配置和管理策略相互独立。

具体来说，工厂 IT 网络主要由 IP 网络构成，并通过网关设备实现与互联网和 OT 网络的互联和安全隔离。工厂 OT 网络主要用于连接生产现场的控制器以及传感器、伺服器、监测控制设备等部件。其中，企业级 OT 网络对通信的要求与传统 IT 网络类似，车间级 OT 网络和现场级 OT 网络对通信可靠性和时延有更高的要求。例如，等时运动控制场景中，控制报文通信周期应小于 1ms，网络时延一般不超过 50% 的通信周期且抖动小于 $1\mu s$，丢包率需低于 10^{-6}。

当前，工厂内网融合应用了现场总线、工业以太网、工业无线等多种工业控制网络协议。典型的现场总线协议包括 FF、CAN、Modbus RTU、PROFIBUS、CC-Link、INTERBUS 等；典型的工业以太网协议包括 Modbus TCP、PROFINET、Ethernet/IP、Powerlink、EtherCAT、CC-Link IE 等；典型的工业无线协议包括 WLAN、WirelessHART、ISA100.11a、WIA-PA、WIA-FA 等。表 2-1 总结了典型工厂内网网络协议及性能。

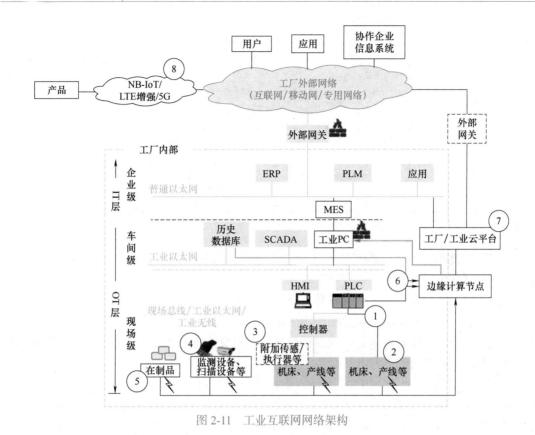

图 2-11　工业互联网网络架构

表 2-1　工厂内网网络技术

典型协议	速率	时延	可靠性
EtherCAT	≤ 100Mbit/s	≥ 1ms	—
Modbus	≥ 10Mbit/s	≤ 100ms	—
PROFIBUS	≤ 1Mbit/s	≤ 10ms	—
PROFINET	≤ 100Mbit/s	≤ 100ms	—
CAN	≤ 1Mbit/s	≤ 1ms	—
FF	31.25kbit/s	≥ 50ms	—
EPA	≥ 10Mbit/s	≤ 10ms	—
Sercos III	≥ 10Mbit/s	≤ 10ms	—
Powerlink	≤ 100Mbit/s	≤ 10ms	—
Ethernet/IP	≤ 100Mbit/s	≤ 10ms	—
WirelessHART	≤ 250kbit/s	≥ 10ms	≥ 99%
ISA100.11a	≤ 250kbit/s	≥ 10ms	≥ 99%
WIA-PA	≤ 250kbit/s	≥ 10ms	≥ 99.3%

（续）

典型协议	速率	时延	可靠性
WIA-FA	≤ 54Mbit/s	≤ 10ms	≥ 99.99%
WISA	≤ 3Mbit/s	≤ 10ms	≥ 99%
WSAN-FA	≤ 3Mbit/s	≤ 10ms	≥ 99%
Bluetooth	≤ 1Mbit/s	≥ 10ms	≥ 99%
ZigBee	≤ 250kbit/s	≤ 100ms	≥ 90%
Wi-Fi	54Mbit/s	≥ 10ms	≥ 90%

注："—"表示未有明确数据支撑，本章余同。

（2）工厂外网 工厂外网以支撑工业全生命周期各项活动为目的，用于连接企业上下游、企业多分支机构、企业与云应用/云业务、企业与智能产品、企业与用户等关系，满足工业数据、应用、业务与云平台或者其他网络互联需求。例如，企业用于开展电子商务业务的公众互联网，租用基础电信企业线路用于异地园区互联的专线等都属于工厂外网范畴。面向工业互联网高质量业务需求，构建多种形式的专网及实现网间互联，打造工业互联网高质量网络平面是工厂外网的重要发展趋势。

工厂外网融合应用了低功耗广域网（Low-Power Wide-Area Network，LPWAN）、移动通信网等网络。典型的低功耗广域网包括远距离无线电（Long Range Radio，LoRa）、窄带物联网（Narrow Band Internet of Things，NB-IoT）等；典型的移动通信网络包括4G、5G等。表2-2总结了典型工厂外网网络协议及性能。

表2-2 工厂外网网络技术

典型协议	速率	时延	可靠性
LoRa	37.5kbit/s	≥ 1s	≥ 90%
NB-IoT	≤ 250kbit/s	≤ 10s	≥ 90%
4G LTE	≥ 10Mbit/s	≥ 10ms	—
5G eMBB	≥ 100Mbit/s	≥ 10ms	—
5G mMTC	—	≤ 10s	—
5G URLLC	—	≥ 1ms	≤ 99.999%

3. 工业互联网网络发展现状

当前，工厂内网主要以有线网络为主要接入方式，辅助以少量无线网络进行数据采集。有线网络需要进行单独布线，大部分网络配置、管理和控制都需要人工完成，一旦建成后，调整、重组或改造的难度和成本都相对较高。与此同时，有线网络可采用工业总线、工业以太网等不同协议标准，存在技术标准繁多、互联性和兼容性较差等问题，限制了大规模网络的互联。根据瑞典 HMS 公司发布的 2023 工业网络市场份额报告，工业以太网市场份额为

68%，现场总线份额为 24%。但是，实际上没有任何一个协议标准的市场份额超过 20%，如图 2-12 所示。这就说明在工业网络领域，当前存多种类型的通信协议，设备之间的互通缺乏统一的标准语言。

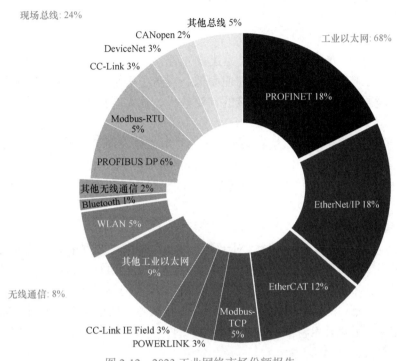

图 2-12　2023 工业网络市场份额报告

工厂外网主要依赖互联网建设，并有多种接入方式。与消费互联网中面向流媒体的概率性时延不同，工业互联网具有确定性时延要求。但是，现有工厂外网仍然以"尽力而为"的方式为主，难以向大量客户提供低延迟、高可靠和高灵活性的转发服务。同时，由于不同工业行业和领域信息化水平的差异，工业企业对工厂外网的利用和业务开发程度也各不相同。一些工业企业仅使用普通的互联网接入，而在一些地区，信息孤岛的现象仍然存在。

4. 工业互联网网络发展趋势

工业互联网业务场景的不断发展与成熟，对网络基础设施提出了更高的要求，也促进了工业互联网网络技术向融合化、无线化、智能化、归一化方向演进发展。

（1）融合化

1）通过算网协同构建端边云网融合新架构。"哑设备"的改造、智能装备的部署，让数据源爆发式增长，而数据流转不畅、数据处理不及时制约着工业大数据、工业智能等创新应用的发展，端边云网融合技术将构建数据采集、传输、汇聚、处理新架构，支撑企业数字化智能化升级。

2）通过确定性网络技术实现跨域端到端可靠传输。远程控制、AR/VR 实时辅助、产线协同等新业务要求端到端网络带宽、时延、抖动、丢包等性能确定可控，确定性网络技术通过有界时延保障、大规模网络控制、端到端服务质量（Quality of Service，QoS）映射等满足跨域工业应用的高精准、高可靠、高可控需要。

3）通过泛在 IP 技术推进工厂内"两层三级"网络融合。在办公网络、生产 IT 网络 IP 化基础上，进一步通过智能、灵活、确定的 IP 技术贯通生产 OT 网络，实现工厂内网络层的融合和数据流转。

（2）无线化

1）高带宽、广覆盖的无线技术成为建设全连接工厂的必要选择。5G、Wi-Fi 6 等新型无线技术弥补了传统工业无线存在的速率低、覆盖小等缺点，成为解决工厂内设备频繁移动、生产环境恶劣等场景下设备连接的首要选择，让无线技术成为工业网络的重要组成部分。

2）高可靠、高确定能力成为无线技术向工业生产核心环节延伸的关键。以 5G 的低延时高可靠通信（ultra-Reliable Low-Latency Communication，URLLC）为代表的高可靠无线技术有望解决传统无线技术可靠性差的问题，推动无线技术逐步向工业生产现场的各个环节全面应用。

（3）智能化

1）边缘智能技术深入工业现场。对于全连接工厂的海量数据采集，传统的集中式数据处理模式难以实现及时和高效，而支持自感知、自学习、自执行、自决策、自适应的边缘智能技术，可提供分布式按需处理能力，将工业智能向生产现场延伸。

2）云化技术消除工业装备硬件能力制约。工业装备一般采用专用硬件，难以满足功能弹性扩展的需求，云化技术将推动装备软硬件解耦，实现计算能力的弹性扩展，提升工业装备的智能化水平。

（4）归一化

1）多种工业以太网技术向时间敏感网络（Time-Sensitive Networking，TSN）演进。传统工业以太网协议众多、兼容性差、互联互通能力弱，难以满足未来工业互联网发展需要。TSN 基于以太网协议，通过时间同步、流量控制、高可靠机制等增强功能，实现数据流确定可靠传输，将成为统一工业以太网技术。

2）多厂家私有工业数据协议向标准化演进。当前多厂家系统之间信息交互、设备上云等场景使用的数据协议众多，导致跨系统信息流动不畅，容易造成信息孤岛。开放式产品通信统一架构（Object Linking and Embedding for Process Control Unified Architecture，OPC UA）、消息队列遥测传输（Message Queuing Telemetry Transport，MQTT）等数据协议，通过协议轻量化、信息模型标准化，实现从现场到云的全面数据互通，将成为建设全连接工厂的关键支撑。

2.2.2 工业互联网平台技术

1. 工业互联网平台基本概念

工业互联网平台是面向制造业数字化、网络化、智能化需求，构建基于海量数据采集、汇聚、分析的服务体系，支撑制造资源泛在连接、弹性供给、高效配置的工业云平台。工业互联网平台向下接入海量设备、自身承载工业知识与微服务，向上支撑工业 APP 开发部署的工业操作系统，是工业全要素全产业链、全价值链全面连接和工业资源配置的中心，是支撑制造资源泛在连接、弹性供给、高效配置的载体。其本质是通过构建精准、实时、高效的数据采集互联体系，建立面向工业大数据存储、集成、访问、分析、管理的开发环境，实现工业技术、经验、知识的模型化、标准化、软件化、复用化，不断优化研发设计、生产制造、运营管理等资源配置效率，形成资源富集、多方参与、合作共赢、协同演进的制造业新生态。

当前，工业互联网平台主要有三个定位：

1）工业互联网平台是传统工业云平台的迭代升级。工业互联网平台在传统工业云平台的软件工具共享、业务系统集成基础上，叠加了制造能力开放、知识经验复用与开发者集聚的功能。

2）工业互联网平台是新工业体系的操作系统。工业互联网平台向下对接海量工业装备、仪器、产品，向上支撑工业智能化应用的快速开发与部署，发挥着类似于操作系统的重要作用，支撑构建了基于软件定义的高度灵活与智能的工业体系。

3）工业互联网平台是资源集聚共享的有效载体。工业互联网平台将工业企业、信息通信企业、互联网企业、第三方开发者等主体在云端集聚，将数据科学、工业科学、管理科学、信息科学、计算机科学在云端融合，形成社会化的协同生产方式和组织模式。

2. 工业互联网平台功能架构

工业互联网平台包括边缘层、基础设施层、平台层、应用层四大核心层级。功能架构如图 2-13 所示。

图 2-13　工业互联网平台功能架构图

第一层是边缘层，负责对海量设备进行连接和管理，实现多维度、深层次的数据采集，利用协议转换实现海量工业数据的互联互通和互操作，借助边缘分析和处理能力，满足工业场景低时延的业务需求，为工业互联网平台构建数据基础。

第二层是基础设施层，云基础设施通过虚拟化技术将计算、存储、网络等资源池化，向用户提供可计量、弹性化的资源服务；工业安全防护设施提供全生命周期的工业安全防护体系。两者共同构成工业互联网平台的基础支撑和重要保障。

第三层是平台层，提供工业数据管理和分析服务、工业微服务组件库和应用开发环境，通过赋能开发者快速构建定制化工业 APP，打造开放、可扩展的工业操作系统。

第四层是应用层，形成满足不同行业、不同场景的工业 SaaS 和 APP，形成工业互联网平台的最终价值。一是提供了设计、生产、管理、服务等一系列创新性业务应用；二是构建了良好的工业 APP 创新环境，使开发者基于平台数据及微服务功能实现应用创新。

3. 工业互联网平台发展现状

工业互联网平台作为工业互联网的核心要素和关键组成，已成为全球工业领军企业抢占数据源头，主导行业发展的重要布局领域，GE、西门子、ABB 等国际工业巨头相继推出 Predix、MindSphere、ABB Ability 等工业互联网平台，成为制造业绿色化、服务化、高端化、智能化转型升级的重要支撑。

我国工业互联网平台市场目前仍处于初步发展期，供给方仍然以规模性的大企业为主。这类企业技术底蕴较深、服务经验丰富、资金雄厚且具有一定行业影响力。占据主要市场份额的企业中，可以根据其内部基因类型分为制造业大厂类、传统软件类、ICT 企业类（包含传统 IT 厂商和电信运营商）、互联网大厂类、泛数据治理类和设备及物联网类六类。不同基因给企业带来的优势和路径各不相同。举例来说，对于制造业大厂，一方面，行业知识理解深，行业经验相对容易沉淀为机理模型；另一方面，企业本身就是需求方，产品及服务可能更容易满足需求方的需求属性。相对来说，互联网企业基础设施底座能力强，而泛数据治理企业垂直深耕能力强。

图 2-14 展示了国内工业互联网平台的产业全景。

1）边缘层由设备制造商和工业企业共同建设，核心是进行设备接入、协议解析和边缘数据处理。主要厂商包括中移物联网、研华科技、寄云科技、网信科技、华为等。

2）基础设施层由信息技术企业主导建设，主要提供云基础设施服务，包括计算、存储、网络和虚拟化等基础资源。主要厂商包括阿里云、腾讯云、百度智能云、浪潮、H3C、CISCO 等。

3）平台层是由工业企业主导建设的，其核心是将工业技术、知识、经验、模型等工业原理封装成微服务功能模块，供工业应用开发者调用。依据企业类型可将其分为六类：

① 制造业大厂类：格创东智、卡奥斯、紫光云引擎、美云智数、航天云网、徐工汉云、树根互联等。

② 传统软件类：朗坤苏畅、中电云网、东方国信、用友、摩尔元数、科大讯飞、宝信软件等。

③ ICT 企业类：华为、浪潮云、中国移动、中国电信、天瑞集团等。

④ 互联网大厂类：阿里云、腾讯云、百度智能云、京东等。

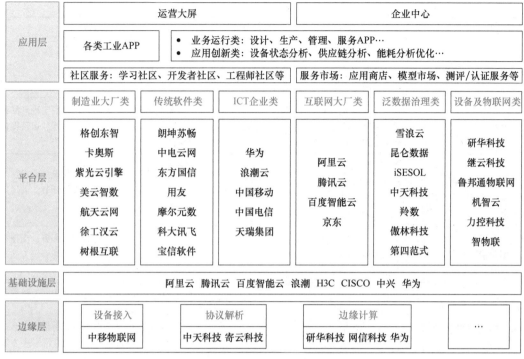

图 2-14　国内工业互联网平台产业全景图

⑤ 泛数据治理类：雪浪云、昆仑数据、iSESOL、中天科技、羚数、傲林科技、第四范式等。

⑥ 设备及物联网类：研华科技、继云科技、鲁邦通物联网、机智云、力控科技、智物联等。

4）应用层由互联网企业、工业企业及众多开发者共同构建，其核心是针对特定行业和场景开发具体的应用服务。为了满足社区服务和市场需求，需要开发各类工业 APP，主要包括业务运行类（如设计、生产、管理和服务 APP）和应用创新类（如设备状态分析、供应链分析和能耗分析优化）。所有信息最终汇集到运营大屏和企业中心进行集中展示和管理。

表 2-3 横向对比了典型工业互联网平台。

表 2-3　工业互联网平台的横向对比

工业互联网平台	平台构成	部署方式	平台特点
和利时 HiaCloud 平台	工业现场层 工业 PaaS 平台层 工业 SaaS 智能应用层	公有云 私有云 混合云	利用现场数据驱动数字模型运行，支持实时监控和数据分析 实现了运营技术（OT）与信息通信技术（ICT）的深度融合
ABB Ability 平台	Ability Edge Ability Cloud	公有云	大数据汇集分析多功能智能仪表盘实时监控设备，实现故障概率分析和智能维护
GE-Predix 平台	边缘连接层 基础设施层 应用服务层	公有云 私有云	支持数字孪生和资产绩效管理服务 实现设备实时监控和故障反馈服务

（续）

工业互联网平台	平台构成	部署方式	平台特点
西门子 MindSphere 平台	边缘连接层 开发运营层 应用服务层	公有云 私有云	实现失效报警和故障预警功能
树根互联根云平台	连接服务层 数据和分析服务层 可重用的行业服务层	混合云	为设备制造商、服务商、运营商实现产品创新、生产优化、资产性能管理和智慧运营提供平台支持
海尔 COSMOPlat 平台	资源层 平台层 应用层 模式层	公有云 私有云	用户可以持续、深度参与产品设计研发、生产制造、物流配送、迭代升级等环节，满足用户个性化定制需求
用友精智平台	平台层 应用层 基础技术支撑层	公有云 私有云	提供基于数据的场景化智能云服务，支撑智能制造创新，驱动企业商业模式与管理方式变革
东方国信 BIOP 平台	PaaS 层 SaaS 层 基础技术支撑层	公有云 私有云	工业 PaaS 层集成了工业微服务、大数据分析、应用开发等功能 工业 SaaS 层面向工业各环节场景向平台内租户提供云化、智能化工业应用及解决方案服务

4. 工业互联网平台发展趋势

工业互联网平台的核心是释放企业经营活动形成的数据资产的价值，其中"数据从哪里来、数据怎么用、数据价值如何构建"等是平台企业需要考虑并解决的主要问题。当前，工业互联网平台服务商已初步形成 PaaS 平台底座、生态共筑、应用 APP、综合解决方案等服务模式。工业互联网平台的未来发展可能趋向于下面三个趋势：

1）服务逻辑多样。同样是工业互联网平台，为满足用户需求，基于企业基因和能力不同，平台的定位有所不同，其所提供的服务逻辑链条有所差异。

2）服务边界拓展。随着工业互联网平台层企业服务客户的经验积累，对市场需求认知加深，平台层企业对自身能力构建的认知相对更加清晰。对外表现为服务能力走向细分的同时，其服务的边界不断拓展，包括行业和目标用户、数据服务能力、技术服务能力等。

3）服务趋于简化。平台由单体架构走向微服务架构，由传统代码开发走向低代码开发。应用开发模式逐渐走向低门槛、高开源、高便捷，平台产品的服务形式相对简化，主要好处有两点：加强产品架构的可扩展性和易维护性；扩大开发者覆盖范围。对于供给方，实现工业机理高效沉淀和调用的同时，还有利于研发人员更好地优化开发和维护；对于需求方，能帮助懂生产制造等核心环节但无编程经验的业务人员实现自主开发，实现需求方的高效应用及管理。

2.2.3 工业互联网安全技术

1. 工业互联网安全基本概念

工业互联网安全泛指工业生产运行过程中的安全，涉及工业领域的各个环节。工业互联网安全不仅要保护智能化生产的连续性、可靠性，关注智能装备、工业控制设备及系统的安全；同时要保障个性化定制、网络化协同及服务化延伸等工业互联网的安全运行，以提供持续的服务，防止重要数据泄露。因此，工业互联网安全包括五大重点，即设备安全、控制安全、网络安全、应用安全和数据安全。其中设备安全包括操作系统、应用软件安全与硬件安全；控制安全包括控制协议安全、控制软件安全和控制功能安全；网络安全包括工厂内外部网络及标识解析系统等安全；应用安全包括工业互联网平台安全与工业应用程序安全；数据安全包括生产操作数据安全、生产管理数据安全，涉及采集、传输、存储、处理等各个环节的数据及用户信息的安全。

工业互联网打破了传统工业相对封闭可信的环境，也将信息技术体系中的安全风险逐步引入工业体系，信息系统与工业系统安全边界的日渐模糊导致攻击面不断加大。因此工业互联网安全较传统的网络安全呈现三大显著特征：

1）安全防护对象扩大，安全场景也更丰富。传统的网络安全更多关注网络设施、信息系统软/硬件及应用数据安全。而工业互联网将安全扩展至企业内部，包含工业智能装备及产品安全、数据采集与监测控制系统安全、企业内外网络安全、平台应用安全、工业生产安全等。

2）连接范围更广，威胁延伸至物理世界。在传统的网络安全中，攻击对象为用户终端、信息服务系统、网站等。而工业互联网连通了工业现场与互联网，网络攻击可直达生产一线。

3）网络安全和生产安全交织，安全事件危害更严重。传统的网络安全事件大多表现为利用病毒、拒绝服务攻击等造成信息泄露或被篡改、服务中断等问题，影响工作生活和社会活动。而工业互联网遭受攻击，不仅会影响工业生产运行，甚至会引发安全生产事故，给人民生命、财产造成严重损失，若攻击发生在能源、航空航天等重要领域，还将危害国家安全。

2. 工业互联网安全功能架构

工业互联网安全功能架构如图 2-15 所示，包括设备安全、控制安全、网络安全、应用安全、数据安全等。

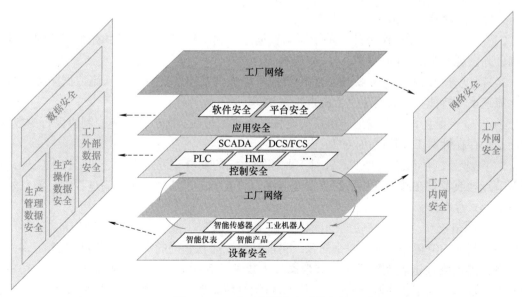

图 2-15　工业互联网安全功能架构

（1）设备安全　工业互联网的设备安全是指工业智能装备和智能产品的安全，包括操作系统与相关应用软件安全及硬件安全等。目前，在大量终端设备中存在命令注入、硬编码等安全漏洞，设备固件可能存在厂商植入的后门，加之大部分组件严重依赖国外厂商，还存在被境外机构操控的风险。此外，部分工业控制设备被部署在野外或某些特殊环境中，面临着高温、高压等特殊环境威胁，以及盗窃、克隆等安全威胁。同时工业控制设备通常持续运行数十年，不能随意进行更换，以及设备本身的老化也进一步增加了安全隐患。针对上述问题，面向设备安全的防御技术主要包括：

1）物理层密钥管理技术。通信双方可以将信道状态作为通信密钥，省去了密钥分发过程和密钥管理过程。

2）安全编码技术。可实现保密容量的信道编码被称为安全编码。低密度奇偶校验码、格型编码等许多信道编码在经过适应性改变后均可达到保密容量。

3）物理层鉴权技术。基于物理层信号的细微特性进行设备识别，完成设备鉴权。

4）故障预测与健康管理技术。以传感器采集的系统数据为基础，依托人工智能等技术手段，监控、诊断、评估系统的健康状况，预测系统故障，并提供系统维护建议。

5）嵌入式安全技术。将物理攻击检测机制、逻辑攻击检测机制集成到嵌入式系统中，用于检测系统安全隐患并采取相应措施。

（2）控制安全　工业互联网的控制安全主要指工业控制协议安全。由于工业控制协议在设计之初的定位是应用于与互联网隔离的环境中，因而缺乏必要的安全防护机制，导致协议本身存在一系列的安全隐患，如缺乏认证授权机制、数据明文传输等。随着技术的进步，越来越多的工业控制协议开始与以太网协议相结合，在提升可用性和易用性的同时，也引入了以太网协议的安全漏洞，而遭受如 Smurf 攻击、Idle Scan 攻击、ARP 攻击、网络窃听攻击、中间人攻击、重放攻击等。针对上述问题，面向控制安全的防御技术主要包括：

1）网络隔离和协议防火墙技术。网络隔离需要取得协议相关的所有设备清单，对其进行安全域划分，具体可划分为外网区、内网区、生产区、非军事区等，在各安全域间部署协议防火墙，隔离外部攻击。

2）工业控制协议漏洞管理。基于漏洞数据库，利用扫描等手段对目标系统或网络进行检测，并发现安全漏洞的一种安全检测技术。

3）深度分组检测技术。深度分组检测技术以流为基本研究对象，从流数据中提取流大小、流速率等特征，从而判断一个流是否正常。

4）工业控制协议安全评估。协议安全评估是指通过收集和分析工业控制协议行为数据，判断是否存在针对工业控制协议的攻击。

5）工业控制协议安全改进。针对工业控制协议的安全改进主要通过加密技术实现，在所有节点处或者只在源节点和目的节点处连接密码装置进行加密，在传输过程中，消息始终以密文形式存在。

（3）网络安全　工业互联网的网络安全主要指承载工业智能生产和应用的工厂内网、工厂外网及标识解析系统等的安全问题。目前针对工业互联网的网络攻击通常结合了多种技术，具体的网络攻击表现形式主要有数据注入攻击、利用 PLC 程序进行病毒攻击、利用勒索病毒的攻击、利用无线网络入侵、高级可持续性威胁攻击等。针对上述问题，面向网络安全的防御技术主要包括：

1）网络流量分析技术。网络流量分析技术属于漏洞挖掘基础技术。具体而言，对网络流量进行抓包，并将其交给分析软件进行分析，获取工业控制系统中各网络节点之间的通信信息，解析当前的网络协议、判断是否有明文传输的数据、提取账号口令等关键信息。

2）网络分区隔离技术。采用网络分区隔离措施尽量减少无关系统和人员对敏感信息的访问，同时确保组织能够继续有效运作。

3）边界保护技术。边界保护设备可控制互相连通的安全域之间的信息流，以保护工业控制网络免受恶意网络攻击和非恶意错误、事故的侵害。

4）入侵检测技术。通过对工业控制系统进行实时监测分析，以发现异常攻击行为的安全技术。

5）工业控制蜜罐技术。蜜罐技术指通过布置诱饵主机或服务，欺骗攻击者对其进行攻击，从而捕获并分析攻击行为，推测攻击意图和威胁源，了解攻击方法和工具，进而探索防御手段，增强安全防护能力。

（4）应用安全　工业互联网的应用安全包括工业互联网平台安全及应用程序安全。目前，工业互联网平台和应用程序面临的安全风险包括账户劫持、应用程序编程接口（Application Programming Interface，API）安全风险、非法设备接入、缺乏代码防篡改机制等。其中，账户劫持是指攻击者利用软件安全漏洞或钓鱼式攻击的手段，劫持账户登录会话，仿冒合法用户获取工业互联网平台的访问权限，盗取平台资源；API 安全风险是指攻击者借助工业互联网平台提供给 IT 人员进行开发、配置、管理等的 API 进行攻击；非法设备接入是指攻击者以未经严格控制的设备为攻击跳板，通过攻击智能设备，进一步发起对工业互联网平台的攻击；缺乏代码防篡改机制是指在应用程序缺乏代码混淆或防篡改机制情况下，攻击者通过逆向工程发现程序代码中的漏洞，植入恶意代码进行攻击。针对上述问题，面向应用安全的防御技术主要包括：

1）安全隔离。安全隔离包括应用程序间的隔离和用户间的隔离。平台上的不同应用程序间采取安全隔离措施，可防止单个应用程序的漏洞扩散影响其他应用程序甚至平台的安全。在平台上的不同用户间采取安全隔离措施，可防止蠕虫病毒等通过平台在不同用户间传播。

2）认证授权。工业互联网平台上有不止一个企业的应用程序和数据，只有采取认证授权机制才能保证用户对应用程序和数据的合法访问。

3）安全监测与审计。实时监测工业互联网平台上应用程序的运行情况、资源使用情况，记录运行参数和日志，自动对其进行分析，实现性能监控、故障检修等，保障工业互联网平台安全平稳地运行。

4）区块链技术。运用区块链技术可保障工业互联网数据安全，实现可信共享协作，支撑安全监测与审计，促进安全事件联动响应，提升网络攻击恢复能力。

（5）数据安全　工业互联网的数据安全是指保护管理数据、操作数据、用户数据等各类数据的安全，包括数据机密性保护、数据完整性保护等。工业互联网数据包括在工业生产及管理过程中所产生、采集、传输、存储和使用的所有数据。工业数据一般具有较高的敏感性，可能涉及商业机密甚至国家机密，黑客对工业数据的破坏或窃取可能造成严重的经济损失甚至威胁国家安全。工业互联网中的数据安全面临数据隐私泄露、虚假数据注入攻击等方面的威胁和挑战。针对上述问题，面向数据安全的防御技术主要包括：

1）匿名化技术。匿名化是通过技术手段隐藏或模糊数据及数据源。在匿名化技术中，常用的操作手段包括抑制、泛化、剖析、切片、分离等。

2）差分隐私技术。通过向数据集中添加噪声来实现对敏感数据的保护，同时又不影响数据的统计特征。

3）数据聚合技术。数据聚合技术是指在一定的规则下利用计算机对采集到的信息进行分析整合，进而辅助决策或评估的一种信息处理技术。

4）数据隔离与权限管理。工业云平台通常会涉及不同业务平台或不同网络间的数据交换，可采用数据交换平台实现异构数据间的安全交换。

5）终端接入管控。对接入工业云的终端实施严格的接入管控，以防止敏感数据的非受控传输等。

3. 工业互联网安全发展现状

随着工业互联网的发展，越来越多的设备和系统被连接到互联网上，增加了潜在的安全风险，工业互联网安全已经成为一个至关重要的问题。

图 2-16 展示了国内工业互联网安全产业的全景。

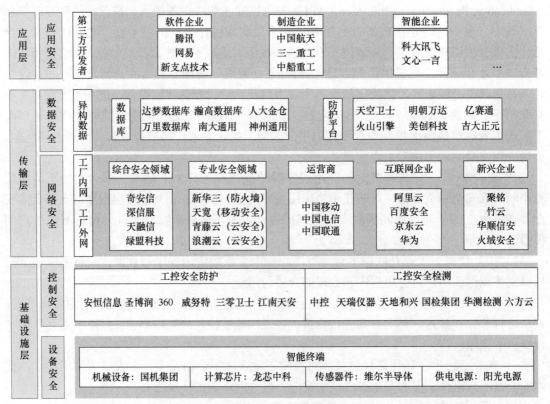

图 2-16　国内工业互联网安全产业全景

（1）基础设施层　工业互联网安全在基础设施层的核心是设备安全和控制安全。设备安全面向智能终端，而控制安全主要针对工业控制安全检测与防护。

1）设备安全。设备安全指的是工业仪表、工业机床、工业传感器以及其他工业设备的安全，包括线路安全、操作安全和功能安全等方面。传统工业设备主要关注物理安全和功能安全。然而，在工业互联网环境中，许多设备集成了嵌入式操作系统和功能软件，这使得设备的安全漏洞暴露于网络环境中，容易受到病毒攻击。为了应对设备安全风险，可以引入设备内生防御机制进行防范。随着工业设备智能化水平的提升，这些防御机制得到了软硬件基础的支持，如植入防御芯片、安全证书、安全模组和可信验证等，旨在降低设备遭受网络病毒攻击或非法访问的风险。

2）控制安全。

① 工业控制安全防护。工业控制安全防护致力于保护工业控制系统免受攻击和伤害，通过实施蜜罐技术、访问控制和物理安全措施等手段实现。其目标是防御和阻止已识别的威胁，确保系统的正常运行。其代表厂商有安恒信息、圣博润、360等公司，提供工业防护、安全隔离、数据保护和主机安全等产品与服务。

② 工业控制安全检测。工业控制安全检测专注于发现和诊断潜在的安全漏洞和威胁，包括对系统弱点的扫描、入侵检测系统的部署以及安全审计的实施。其目的是识别问题，提供必要的数据支持以方便采取相应的防护措施。其代表厂商有中控集团、天瑞仪器、天地和兴等公司提供的服务，包括工业制造安全监测、故障检测以及漏洞扫描等。

（2）传输层　传输层在工业互联网安全中的核心作用是确保信息流的安全，以保障从基础设施层到应用层的服务连续性和完整性。传输层覆盖了数据安全和网络安全两个关键领域，其中数据安全包括数据库的构建与保护，而网络安全则关联到工厂内网和工厂外网。

1）数据安全。

① 数据库建立。数据库确保了数据的一致性和完整性，防止数据在存储和检索过程中出现错误或丢失，保证了工业生产的连续性和质量控制。同时，数据库通过整合和管理工业数据，为工业互联网提供决策支持和运营优化。达梦数据库、人大金仓等国内代表厂商提供的数据库方案能够高效地处理和存储海量的工业数据。

② 数据防护平台。数据防护平台监控数据的流动和使用情况，可以预警系统内外部威胁并采取措施阻断潜在的安全风险，确保数据的合法使用并防止数据泄露。平台还会对敏感数据进行加密处理，并在必要时进行脱敏，以保护个人隐私和企业机密。代表厂商有天空卫士、亿赛通、美创科技等，它们以确保数据在传输和存储过程中的安全为目标。

2）网络安全。网络安全涵盖了工厂内、外网所面临的各种潜在风险与威胁。在防御目标、防护策略和安全管理等多方面，工厂内、外网对网络安全的需求呈现出相似性。当前，网络安全在不同行业中已经获得了广泛研究，并且呈现出"全能型厂商领跑＋小而美型厂商跟跑"的格局。以奇安信为代表的综合性安全企业，已在网络的众多新兴领域进行了全方位的战略布局。而新华三、天宽、浪潮云等公司则将关注点更多聚焦于其专业领域。中国移动、中国电信和中国联通这三大运营商则专注于通信网络安全的各个方面。阿里、百度、腾讯、京东和华为等大型互联网企业，为了维护业务的连续性和创新性，它们的投资范围不仅覆盖了传统的网络安全领域，还扩展到了AI、数字化等新兴技术领域。网络安全的发展潮流也推动了一些新兴企业的发展，如华顺信安、聚铭、火绒安全等。

（3）应用层　工业互联网的应用安全面向第三方开发者。终端用户对应用的需求多样化，平台方自身可能无法全面覆盖，而第三方开发者的参与可以更好地满足这些需求。这种开放和协作的模式有助于促进技术的发展，满足市场的多样化需求，并共同提升整个工业互联网生态的安全性。其中，网易、中兴、腾讯等代表企业逐步完善各式软件的安全性；中国航天、三一重工、中国船舶等代表企业关注于智能制造设备的完善；科大讯飞、文心一言等智能新兴企业将逐步解决模型鲁棒和透明的安全问题。

综上所述，我国当前正致力于构建一个拥有多层次结构、全方位覆盖的工业互联网安全体系。在这个体系中，基础设施层针对智能终端和工业控制安全进行了全面优化；传输层加强了内、外网的安全防护措施，来保障信息流动的安全性和完整性；应用层提供一个开放和协作的平台环境，有利于开发者满足终端用户多样化的应用需求。各个层级之间的互动和整合，促进了技术的快速发展，同时也满足了市场对工业互联网服务的多样化需求，有效地提高了整个工业互联网生态系统的安全水平，为我国工业互联网的健康发展提供了坚实的安全保障。

4. 工业互联网安全发展趋势

工业互联网安全是我国实施制造强国和网络强国战略的重要保障，也是落实总体国家安全观的重要抓手。在 5G、工业互联网等新型基础设施建设加速发展的大背景下，统筹发展与安全将成为我国新时期制造业数字化转型的主旋律。随着技术的快速发展和合规性需求的强化，我国工业互联网安全领域正迎来显著的发展趋势，主要体现在以下几个方面：

（1）网络安全等级保护 2.0 的实施　网络安全等级保护 2.0 的实施不仅拓宽了网络安全保护的范围，更对工业控制系统提出了更高的安全扩展要求。这些新规定与工业控制系统的专有技术和特定应用场景紧密相连，要求工业企业在面临更为严格的安全合规要求时，必须不断增强其安全防护体系，积极担负起保护责任，增加安全投资，并进行系统化的安全规划及布局。

（2）IT 安全与 OT 安全的深度融合　信息技术（Information Technology，IT）安全与OT 安全的深度融合已成为工业互联网安全需求的重要推动力。传统的网络信息安全防护技术已不足以应对现有的挑战，特别是在工业控制系统的"外建"安全防护产品和解决方案方面。因此，我国工业互联网安全的技术体系需要进一步结合内嵌的 OT 安全，以应对来自工业控制系统、智能设备、平台和数据的安全挑战，满足市场对内嵌信息安全功能产品和服务的急剧增长需求。

（3）新技术带来的安全挑战　随着大数据、云计算、人工智能、5G 和边缘计算等新技术在工业互联网中的广泛应用，安全环境变得更为复杂多变。这些技术的发展不仅带来了多元化的安全风险，也提高了安全隐患的发现难度，加剧了安全形势。面对新的技术和形势变化，安全理念和技术也必须不断创新，以适应安全态势感知、可视化、威胁情报和大数据处理等领域的应用突破。

（4）国产化安全产品的需求激增　鉴于许多重要的工业控制系统还依赖于国外技术和设备，存在明显的技术依赖问题，国内企业对于系统的可控性较低，加之缺乏对国外产品和服务的监管机制，这些都增加了安全隐患。国家经济发展和社会稳定都离不开工业互联网的安全，因此，提升信息安全产品的自主可控性，发展具有独立知识产权的安全产品显得尤为重要。在国产化政策的推动下，国产替代的趋势已经显现，这将极大促进我国工业互联网安全产业的健康发展。

中国工业互联网安全正面临关键发展期，对实现智能制造和网络强国战略至关重要。在

5G 和新基建浪潮中，平衡发展与安全成为转型核心。通过政策引导促进企业安全能力的提升，技术的融合和创新有效应对了新技术应用带来的安全挑战，而国产化趋势确保了国家在关键技术和产品上的自主性和控制力。这些发展趋势共同构成了中国工业互联网安全领域的全面、立体化战略布局。因此，中国工业互联网的发展将继续强化安全措施，加大技术创新和投入，推动国产化进程，旨在形成一个更加安全、稳定、高效的工业互联网环境。在政策的引导和市场的需求驱动下，中国的工业互联网安全产业有望迎来更广阔的发展空间，并为制造业的数字化转型提供坚实的安全保障。

2.3　工业互联网的标准体系

工业互联网标准体系包含基础共性、网络、边缘计算、平台、安全、应用六大部分，如图 2-17 所示。

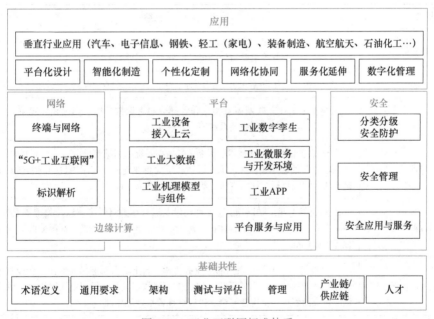

图 2-17　工业互联网标准体系

基础共性标准是其他类标准的基础支撑；网络标准是工业互联网体系的基础；边缘计算标准是工业互联网网络和平台协同的重要支撑和关键枢纽；平台标准是工业互联网体系的中枢；安全标准是工业互联网体系的保障；应用标准面向行业的具体需求，是对其他部分标准的落地细化。

2.3.1　基础共性标准

基础共性标准是指在工业互联网领域，为了确保各方对关键概念、技术和应用有共同的理解和认识，而制定的一系列标准化指导原则。基础共性标准主要规范工业互联网的通用性、指导性标准。如图 2-18 所示，基础共性标准包括术语定义、通用要求、架构、测试与评估、管理、产业链 / 供应链、人才等标准。

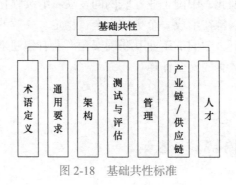

图 2-18　基础共性标准

基础共性标准的具体内容见表 2-4。

表 2-4　基础共性标准

标准	内容
术语定义	主要规范工业互联网相关概念，为其他各部分标准的制定提供支撑，包括工业互联网场景、技术、业务等主要概念的定义、分类、相近概念之间的关系等
通用要求	主要规范工业互联网的通用能力要求，包括业务、功能、性能、安全、可靠性和管理等
架构	主要规范工业互联网体系架构和各部分参考架构，用于明确和界定工业互联网的对象、边界、各部分的层级关系和内在联系等
测试与评估	主要规范工业互联网技术、设备 / 产品和系统的测试要求，以及工业互联网、"5G+ 工业互联网"的应用领域（含工业园区、工业企业等）和应用项目的成熟度要求，包括测试方法、评估指标、评估方法、验收方法、度量、计价等
管理	主要规范工业互联网项目 / 工程建设及运行相关责任主体以及关键要素的管理要求，包括工业互联网项目 / 工程建设、运行、维护、服务、交易、资源分配、绩效、组织流程等方面标准
产业链 / 供应链	主要规范基于工业互联网的产业链协作平台上下游企业供需对接、产业链上下游协同运作、产业链协作平台等标准，以及供应链数据共享、供应链风险管理、供应链性能评估、供应商管理、供应链安全、供应链预警平台等标准
人才	主要规范工业互联网从业人员能力要求、能力培养和能力评价等标准。工业互联网从业人员能力要求包括综合能力、专业知识、技术技能、工程实践能力等。工业互联网人才能力培养包括培养形式、内容、教材、学时等。工业互联网人才能力评价包括评价内容和方法等

2.3.2　网络标准

工业互联网网络标准体系如图 2-19 所示，网络标准主要包括终端与网络标准、"5G+ 工业互联网"标准、标识解析标准等，主要规范工业互联网网络的通信和数据交互机制。

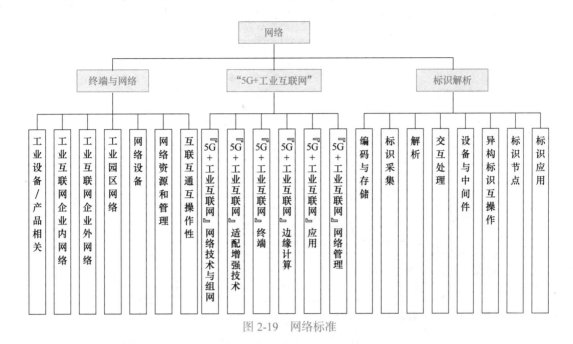

图 2-19　网络标准

网络标准的具体内容见表 2-5。

表 2-5　网络标准

类别	标准	内容
终端与网络	工业设备 / 产品相关	主要规范哑设备网络互联能力改造，工业设备 / 产品相关涉及的功能、接口、参数配置、数据交换、时钟同步、定位、设备协同、远程控制管理等要求
	工业互联网企业内网络	主要规范工业设备 / 产品、控制系统、信息系统之间网络互联要求，规范现场设备级、车间检测级和工厂管理级不同需求的工厂网络标准，包括现场总线、工业以太网、工业光网络、时间敏感网络（TSN）、确定性网络、软件定义网络（SDN）、工业无线、IT/OT 融合组网等关键网络技术标准
	工业互联网企业外网络	主要规范连接生产资源、商业资源以及用户、产品的公共网络（互联网、虚拟专用网络等）和专网要求，包括灵活以太网技术、光传送网、SDN、分段路由 IPv6、移动通信网络、云网融合等关键网络技术标准
	工业园区网络	主要规范工业园区网络相关要求，包括网络架构、功能和性能、组网技术、运营维护等技术标准
	网络设备	主要规范工业互联网内使用的网络设备功能、性能、接口等关键技术要求，包括工业网关、工业交换机、工业路由器、工业光网络单元、工业基站、工业无线访问等标准
	网络资源和管理	主要规范工业互联网涉及的地址、无线频谱等资源使用管理要求以及网络运行管理要求，包括工业互联网 IPv6 地址管理规划、应用和实施等标准，用于工业环境的无线频谱规划等标准，以及工厂内网管理标准、工厂外网管理标准等
	互联互通互操作性	主要规范跨网络、跨领域的网络互联（如工业互联网交换中心等）的技术与管理要求，多源异构数据互通（如接口、协议、信息模型等）的架构和技术要求，跨设备、跨系统的互操作（如协议交互等）规范和指南

（续）

类别	标准	内容
"5G+工业互联网"	"5G+工业互联网"网络技术与组网	主要规范5G与工业互联网融合的关键技术与网络架构，包括面向工业需求的可定制核心网、工业小基站、5G局域网（5G-Local Area Network，5G-LAN）、非公共网络（Non Public Network，NPN），以及面向工业企业的专网架构等标准
	"5G+工业互联网"适配增强技术	主要规范5G面向工业互联网需求的增强型技术要求，包括5G上行增强、高精度时间同步、高精度室内定位、与其他网络协议对接等标准
	"5G+工业互联网"终端	主要规范面向不同行业和场景的融合终端技术要求，包括工业5G通信模组、工业5G通信终端。如仪器仪表传感器、自动导引车（Automated Guided Vehicle，AGV）、监控设备、增强现实/虚拟现实（AR/VR）设备等
	"5G+工业互联网"边缘计算	主要规范5G多接入边缘计算设施的相关要求，包括面向工业场景的部署架构、基础设施（网络、算力、存储等）、平台、接口等标准
	"5G+工业互联网"应用	主要规范面向不同行业的5G与工业互联网融合应用场景和技术要求等，包括采矿、钢铁、石化、建材、电力、装备制造、轻工、电子等行业的融合应用标准
	"5G+工业互联网"网络管理	主要规范5G融合基础网络管理、5G多接入边缘计算管理、5G切片网络管理等要求
标识解析	编码与存储	主要规范工业互联网的编码方案，包括编码规则、注册操作规程等，以及标识编码在被动标识载体（如条码、二维码、射频识别标签等）、主动标识载体（如通用集成电路卡、通信模组、芯片等）及其他标识载体上的存储方式等
	标识采集	主要规范工业互联网各类标识采集实体间的通信协议及接口要求等
	解析	主要规范工业互联网标识解析的分层模型、实现流程、解析查询数据报文格式、响应数据报文格式和通信协议、解析安全等
	交互处理	主要规范标识数据建模方法和交互服务机制，包括数据模型、语义化描述、产品信息元数据，以及交互协议与接口、数据共享与服务、数据安全等标准
	设备与中间件	主要规范工业互联网标识采集设备、解析服务设备、数据交互中间件等涉及的功能、性能、接口、协议、同步等
	异构标识互操作	主要规范不同工业互联网标识解析服务之间的互操作，包括实现方式、交互协议、数据互认等标准
	标识节点	主要规范工业互联网标识解析节点（如国际根节点、国家顶级节点、二级节点、企业节点、递归节点，以及与区块链技术结合的节点等）的系统能力、互通接口、运营与管理、分布式存储与管理等
	标识应用	主要规范基于特定技术（如主动标识载体、区块链等）、特定场景（如产品溯源、仓储物流、供应链金融等）的标识应用技术

目前，网络标准的主要制定组织包括电气和电子工程师协会（Institute of Electrical and Electronics Engineers，IEEE）、ISO和第3代合作伙伴计划（3rd Generation Partnership Project，3GPP）组织等。例如，IEEE 802.3标准工作组定义了以太网的物理层和数据

链路层规范，IEEE 802.11 标准工作组则定义了一系列无线局域网（WLAN）的标准，包括 802.11a、802.11b、802.11n 等多个子标准，分别针对不同频率和传输速率的技术要求；3GPP 标准组织则先后制定 4G、5G 等标准，并正在推进 6G 标准的制定。

2.3.3　边缘计算标准

工业互联网边缘计算标准体系如图 2-20 所示，边缘计算标准包括边缘数据采集与处理、边缘设备、边缘平台、边缘智能、边云协同、算力网络等标准。

图 2-20　边缘计算标准

边缘计算标准的具体内容见表 2-6。

表 2-6　边缘计算标准

标准	内容
边缘数据采集与处理	主要规范各类设备 / 产品的数据采集技术要求，包括协议解析、数据转换、数据边缘处理、数据存储、数据与应用接口、相关应用指南等标准
边缘设备	主要规范边缘计算设备的功能、性能、接口等技术要求，包括边缘服务器 / 一体机、边缘网关、边缘控制器、边缘计算仪表等标准
边缘平台	主要规范边缘云、边缘计算平台等技术要求，包括计算、存储、网络资源管理、设备管理、应用管理、运维管理等标准
边缘智能	主要规范实现边缘计算智能化处理能力技术，包括虚拟化和资源抽象技术、边缘端的智能算法接口、边缘设备智能化控制和管理模型接口、实时数据库管理接口、实时操作系统、分布式计算任务调度策略和技术、开放的边缘智能服务等标准
边云协同	主要规范边云协同架构等技术要求，包括资源协同、应用协同、服务协同、数据协同等接口和协议标准
算力网络	主要规范算力网络架构等技术要求，包括算力溯源、算力度量、算力可信等标准

目前，国内外标准化组织纷纷设立边缘计算相关工作组或研究项目，开展边缘计算及其安全标准化工作。2019 年，ITU 立项了 ITU-TX.5Gsec-netec "Security Capabilities of Network Layer for 5G Edge Computing"、ITU-TX.5Gsec-ecs "Security Framework for 5G

Edge Computing Services"两项边缘计算安全国际标准项目，分别聚焦边缘计算的网络层安全和提出安全计算服务安全框架；2020 年 1 月，ISO/IEC JTC1 SC38 发布 ISO/IEC TR 23188 "Information technology-Cloud computing-Edge computing landscape"，提出了边缘计算应用前景和安全需求。国内由中国信息通信研究院、中国科学院沈阳自动化研究所、中国移动、中国电信、中国联通、中兴、华为等工业互联网产业联盟成员单位在中国通信标准化协会发起多项边缘计算标准，其中涉及制造业领域的边缘计算标准有《工业互联网边缘计算 需求》《工业互联网边缘计算 边缘节点模型与要求 边缘网关》《工业互联网边缘计算 总体架构与要求》《工业互联网边缘计算 边缘节点模型与要求 边缘控制器》等。

2.3.4 平台标准

工业互联网平台标准体系如图 2-21 所示，主要包括工业设备接入上云、工业大数据、工业机理模型与组件、工业数字孪生、工业微服务与开发环境、工业应用程序（工业 APP）、平台服务与应用等标准。

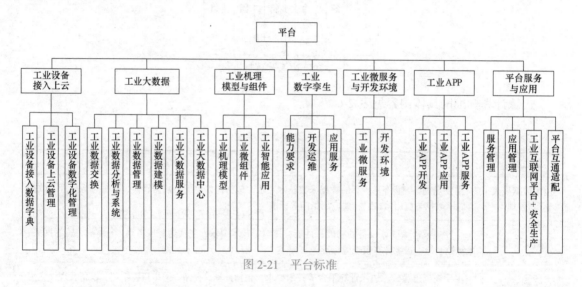

图 2-21 平台标准

工业互联网平台标准的具体内容见表 2-7。

表 2-7 平台标准

类别	标准	内容
工业设备接入上云	工业设备接入数据字典	主要规范工业互联网平台对工业设备接入的相关要求，包括工业设备接入的通用管理要求、基础能力要求、应用场景、实施指南、效果评价等标准
	工业设备上云管理	主要规范工业设备上云管理，为企业基于工业互联网平台开展工业设备上云提供参考指南，指导工业设备接入平台，帮助企业提升工业设备运行效率和综合管控能力
	工业设备数字化管理	主要规范基于工业互联网平台的工业设备数字化管理要求，包括基于工业互联网平台的工业设备运行监控、智能调度、预测性维护、质量全过程管控等标准

（续）

类别	标准	内容
工业大数据	工业数据交换	主要规范工业互联网平台内不同系统之间数据交换体系架构、互操作、性能等要求
	工业数据分析与系统	主要规范工业互联网数据分析的流程及方法，包括一般数据分析流程及典型场景下数据分析使用的工具、大数据系统等标准
	工业数据管理	主要规范工业互联网数据的存储结构、数据字典、元数据、数据质量、数据生命周期管理、数据治理与管理能力成熟度等要求
	工业数据建模	主要规范物理实体（在制品、设备、生产线、产品等）在网络空间中的映像及相互关系，包括静态属性数据描述、运行状态等动态数据描述，以及物理实体之间相互作用及激励关系的规则描述等标准
	工业大数据服务	主要规范工业互联网平台运用大数据能力对外提供的服务，包括大数据存储服务、大数据分析服务、大数据可视化服务、数据建模及数据开放、数据共享等标准
	工业大数据中心	主要规范工业大数据中心的功能架构、基础设施、分中心、资源管理、平台运维、用户授权、数据安全监测、数据汇聚、数据交换共享、数据应用、数据服务、数据互联互通等要求
工业机理模型与组件	工业机理模型	主要规范工业机理模型开发、管理、应用等相关要求，包括工业机理模型开发指南、应用实施、模型分类、模型推荐、模型适配等标准
	工业微组件	主要规范工业微组件的开发、管理、应用等相关要求，包括工业微组件参考架构、开发指南、应用实施、组件分类等标准
	工业智能应用	主要规范工业智能应用的技术、管理、评价等相关要求，包括工业知识库、工业视觉、知识图谱、深度学习、人机交互应用、工业智能场景、功能和性能评估等标准
工业数字孪生	能力要求	主要规范工业数字孪生架构、技术和系统等相关要求，包括工业数字孪生参考架构、开发引擎与管理系统功能要求，数字孪生体在速度、精度、尺度、广度、安全性、可靠性、稳定性等方面的性能要求，以及数字化支撑技术、数字主线、数字孪生建模等标准
	开发运维	主要规范工业数字孪生开发、构建和运维等相关要求，包括产品、设备、生产线、工厂等的工业数字孪生开发流程、开发方法、建设指南、管理运维、数据交互与接口等标准
	应用服务	主要规范工业数字孪生的应用、服务和评价等相关要求，包括产品、设备、生产线、工厂等的工业数字孪生应用场景、数字化仿真、应用实施、服务模式、应用成熟度、管理规范等标准
工业微服务与开发环境	工业微服务	主要规范工业互联网平台微服务功能与接入运行要求，包括架构原则、管理功能、治理功能、应用接入、架构性能等标准
	开发环境	主要规范工业互联网平台的应用开发对接和运行管理技术要求，包括应用开发规范、应用开发接口、服务发布、服务管理、开发和运行资源管理、开源技术等标准
工业应用程序（工业APP）	工业APP开发	主要规范工业APP的参考架构、分类分级、开发方法和过程、开发环境和工具、开发语言和建模语言、接口与集成、组件封装等相关要求
	工业APP应用	主要规范工业APP的应用需求、业务模型、应用模式（包括独立应用模式和组配化应用模式）、应用评价等相关要求
	工业APP服务	主要规范工业APP的知识产权、实施与运维、服务能力、质量保证、流通服务、安全防护、应用商店等相关要求

（续）

类别	标准	内容
平台服务与应用	服务管理	主要规范工业互联网平台的选型、服务、评价等要求，包括体系架构、选型指南、监测分析、解决方案、区域协同、服务商评价、质量管理要求、度量计价等标准
	应用管理	主要规范工业互联网平台的应用、管理、评价等要求，包括应用实施、应用评价，以及基于工业互联网平台的平台化设计、智能化制造、网络化协同、个性化定制、服务化延伸、数字化管理等应用模式标准
	工业互联网平台 + 安全生产	主要规范基于工业互联网平台的安全生产新型基础设施、新型管控能力和新型应用模式，包括数字化管理、网络化协同和智能化管控等"工业互联网平台 + 安全生产"典型融合应用实施方法标准，以及面向矿山、钢铁、石化、化工、石油、建材等重点行业开展"工业互联网平台 + 安全生产"建设规划、特定技术改造、应用解决方案、管控、数据应用等应用标准
	平台互通适配	主要规范不同工业互联网平台之间的数据流转、业务衔接与迁移，包括互通、共享、转换、迁移、集成的数据接口和应用接口，数据及服务流转要求等标准

在具体的标准制定和实施方面，2023 年 12 月，国家市场监督管理总局（国家标准化管理委员会）发布了 2023 年第 20 号中国国家标准公告，其中包括五项工业互联网平台国家标准，分别是《工业互联网平台 应用实施指南 第 2 部分：数字化管理》《工业互联网平台 应用实施指南 第 3 部分：智能化制造》《工业互联网平台 应用实施指南 第 4 部分：网络化协同》《工业互联网平台 应用实施指南 第 5 部分：个性化定制》和《工业互联网平台 应用实施指南 第 6 部分：服务化延伸》。这些标准的发布对于加快工业互联网平台新模式的普及应用，助力制造业数字化转型升级，支撑新型工业化发展具有重要意义。国际上，ISO 和 IEC 等国际组织也在积极推进工业互联网平台标准的制定。

2.3.5　安全标准

工业互联网安全标准体系不仅注重技术层面的规范，还兼顾了管理和应用服务的全方位安全需求，体现了对工业互联网安全的高度重视和系统性考虑。通过这些标准的实施，可以有效提升工业互联网的整体安全防护能力，为工业互联网的健康稳定发展提供坚实的保障。

如图 2-22 所示，安全标准包括分类分级安全防护、安全管理、安全应用与服务等标准，具体内容见表 2-8。

表 2-8　安全标准

类别	标准	内容
分类分级安全防护	分类分级定级指南	主要规范工业互联网企业及关键要素的分类分级要求，包括工业互联网企业分类分级方法、平台及标识解析系统的定级备案要求等标准
	应用工业互联网的工业企业网络安全	主要规范应用工业互联网的工业企业不同级别的安全防护技术要求及其他要求，包括企业在工业互联网相关业务应用过程中应遵循的安全管理及技术要求

（续）

类别	标准	内容
分类分级 安全防护	工业互联网平台 企业网络安全	主要规范工业互联网平台企业不同级别的安全防护技术要求及其他要求，包括企业建设与运营工业互联网平台过程中应遵循的安全管理及技术要求
	工业互联网标识 解析企业网络安全	主要规范工业互联网标识解析企业不同级别的安全防护技术要求及其他要求，包括企业提供工业互联网标识注册服务、解析服务过程中应遵循的安全管理及技术要求
	工业互联网 数据安全	主要规范工业互联网企业在工业互联网这一新模式、新业态下产生或使用的数据安全防护技术要求及其他要求，包括数据分类与分级、全生命周期安全防护等安全管理及技术要求
	工业互联网关键 要素安全	主要规范工业互联网中涉及的关键要素在设计、开发、建设及运行过程中的安全防护技术要求及其他要求，包括设备与控制安全（边缘设备、工业现场设备、数控系统等）、网络及标识解析安全（工厂内外网、工业园区网络、标识载体及终端、标识节点及架构等）、平台与应用安全（边缘平台、云基础设施、应用开发环境、工业 APP 等）标准
安全管理	安全监测	主要规范工业互联网安全监测技术要求，包括应用工业互联网工业企业、标识解析企业、平台企业的安全监测技术要求或接口规范等标准
	安全应急响应	主要规范工业互联网安全应急响应技术要求，包括工业互联网安全应急演练、应急预案等标准
	安全运维	主要规范工业互联网安全运维过程中的安全管理要求，包括工业互联网安全审计、灾难恢复等标准
	安全评估	主要规范工业互联网安全评估流程及方法、测试评估技术要求、评估指标体系等要求，包括工业互联网设备、控制系统、平台、标识解析系统、工业 APP 等安全评估标准
	安全能力评价	主要规范工业互联网企业、关键标识解析节点、平台及数据等的安全能力参考框架、评价模型与指标体系等
安全应用与 服务	工业企业安全上云	主要规范工业企业接入工业互联网平台过程中的安全技术要求及其他要求，包括工业设备、系统、产品、数据等安全上云标准
	安全公共服务	主要规范工业互联网安全公共服务提供方的技术要求及其他要求，包括威胁信息共享、安全众测、安全能力微服务化等标准
	"5G+ 工业互联网"安全	主要规范 5G 与工业互联网融合应用过程中的安全技术要求及其他要求，包括"5G+ 工业互联网"网络技术与组网、"5G+ 工业互联网"适配增强技术、"5G+ 工业互联网"终端、"5G+ 工业互联网"边缘计算、"5G+ 工业互联网"应用、"5G+ 工业互联网"网络管理等安全标准
	密码应用	主要规范工业互联网应用密码过程中的技术要求及其他要求，包括设备、控制系统、标识解析系统、平台等密码应用标准
	安全技术及产品	主要规范边界防护、安全分析、检测与响应、安全审计与运维、内生安全等产品技术标准及人工智能、可信计算、隐私计算等新兴技术应用的安全标准

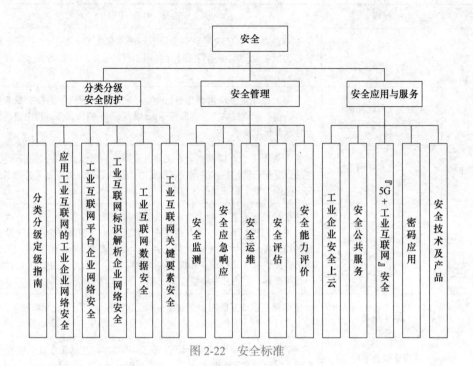

图 2-22 安全标准

2.3.6 应用标准

工业互联网应用标准体系如图 2-23 所示，主要包括典型应用标准和垂直行业应用标准等。应用标准有助于打破行业壁垒，促进工业互联网与制造业、能源、交通等其他产业的深度融合。通过制定统一的标准，可以实现不同产业之间的数据互通和业务协同，加速产业数字化转型的步伐。

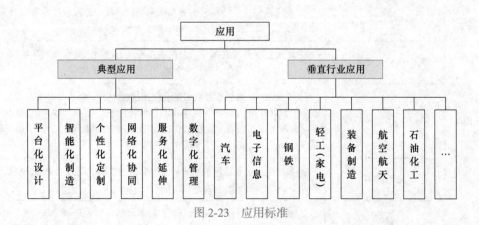

图 2-23 应用标准

应用标准的具体内容见表 2-9。

表 2-9　应用标准

类别	标准	内容
典型应用	平台化设计	主要面向产品设计、仿真验证、工艺设计、样品制造等场景，制定通用业务应用标准
	智能化制造	主要面向工业企业的生产制造环节，制定通用业务应用标准
	个性化定制	主要面向个性化、差异化客户需求等场景，制定通用业务应用标准
	网络化协同	主要面向协同设计、协同制造、供应链协同等场景，制定通用业务应用标准
	服务化延伸	主要面向产品远程运维、预测性维护、基于大数据的增值服务等场景，制定通用业务应用标准
	数字化管理	主要面向企业内部管控可视化、市场变化及时响应、资源动态配置优化等各管理环节，制定通用业务应用标准
垂直行业应用		依据基础共性标准、总体标准和典型应用标准，面向汽车、航空航天、石油化工、机械制造、轻工家电、电子信息等重点行业领域的工业互联网应用，开发行业应用导则、特定技术标准和管理规范，优先在重点行业领域实现突破，同时兼顾传统制造业转型升级的需求，逐步覆盖制造业全应用领域

参 考 文 献

［1］工业互联网产业联盟.工业互联网体系架构（版本 1.0）［R］.2016.
［2］王健全，马彰超，孙雷，等.工业网络体系架构的演进、关键技术及未来展望［J］.工程科学学报，2023，45（8）：1376-1389.
［3］工业互联网产业联盟.工业互联网体系架构（版本 2.0）［R］.2020.
［4］余晓晖，刘默，蒋昕昊，等.工业互联网体系架构 2.0［J］.计算机集成制造系统，2019，25（12）：2983-2996.
［5］Industrial Internet Consortium. The Industrial Internet of Things volume G1：Reference architecture［R］.2019.
［6］李骏，朱洪波，黄罡，等.5G 工业互联网体系：核心技术、平台架构与行业应用［M］.武汉：华中科技大学出版社，2023.
［7］LEITÃO P, KARNOUSKOS S, STRASSER T I, et al. Alignment of the IEEE industrial agents recommended practice standard with the reference architectures RAMI4.0, IIRA, and SGAM［J］. IEEE Open Journal of the Industrial Electronics Society，2023，4：98-111.
［8］LIN S W, MILLER B, DURAND J, et al. Industrial Internet reference architecture［R］. Industrial Internet Consortium（IIC），2019.
［9］BURNS T, COSGROVE J, DOYLE F. A review of interoperability standards for Industry 4. 0［J］. Procedia Manufacturing，2019，38：646-653.
［10］QIN W, CHEN S, PENG M. Recent advances in industrial Internet：Insights and challenges［J］. Digital Communications and Networks，2020，6（1）：1-13.
［11］NAIN G, PATTANAIK K K, SHARMA G K. Towards edge computing in intelligent manufacturing：Past，present and future［J］. Journal of Manufacturing Systems，2022，62：588-611.

［12］ GHOBAKHLOO M. Industry 4. 0, digitization, and opportunities for sustainability ［J］. Journal of Cleaner Production, 2020, 252: 119869.

［13］ PISCHING M A, PESSOA M A O, JUNQUEIRA F, et al. PFS/PN technique to model Industry 4. 0 systems based on RAMI 4. 0 ［C］//2018 IEEE 23rd International Conference on Emerging Technologies and Factory Automation (ETFA). New York: IEEE, 2018: 1153-1156.

［14］ CAVALIERI S, MULÈ S, SALAFIA M G. Enabling OPC UA and oneM2M interworking ［C］//2020 IEEE International Conference on Industrial Technology (ICIT). New York: IEEE, 2020: 278-285.

［15］ FRYSAK J, KAAR C, STARY C. Benefits and pitfalls applying RAMI 4. 0 ［C］//2018 IEEE Industrial Cyber-Physical Systems (ICPS). New York: IEEE, 2018: 32-37.

［16］ MÜLLER A W, GRANGEL-GONZÁLEZ I, LANGE C. An ontological view of the RAMI 4. 0 asset administration shell ［C］//Lisbon: SciTePress, 2020: 165-172.

［17］ SURI K, CADAVID J, ALFEREZ M, et al. Modeling business motivation and underlying processes for RAMI 4. 0-aligned cyber-physical production systems ［C］//2017 22nd IEEE International Conference on Emerging Technologies and Factory Automation (ETFA). New York: IEEE, 2017: 1-6.

［18］ BASTOS A, DE ANDRADE M L S C, YOSHINO R T, et al. Industry 4. 0 readiness assessment method based on RAMI 4. 0 standards ［M］. New York: IEEE, 2021.

［19］ MELO P F S, GODOY E P, FERRARI P, et al. Open source control device for Industry 4. 0 based on RAMI 4. 0 ［J］. Electronics, 2021, 10 (7): 869.

［20］ MOURTZIS D, GARGALLIS A, ZOGOPOULOS V. Modelling of customer oriented applications in product lifecycle using RAMI 4. 0 ［J］. Procedia Manufacturing, 2019, 28: 31-36.

［21］ 工业互联网产业联盟. 工业互联网网络连接白皮书（版本 1.0）［R］.2018.

［22］ 国务院. 关于深化"互联网＋先进制造业"发展工业互联网的指导意见［EB/OL］.［2024-10-09］. https://www. gov. cn/zhengce/content/2017-11/27/content_5242582. htm.

［23］ REZHA F P, SHIN S Y. Performance analysis of ISA100. 11a under interference from an IEEE 802. 11b wireless network ［J］. IEEE Transactions on Industrial Informatics, 2014, 10 (2): 919-927.

［24］ LIANG W, ZHANG J, SHI H, et al. An experimental evaluation of WIA-FA and IEEE 802. 11 networks for discrete manufacturing ［J］. IEEE Transactions on Industrial Informatics, 2021, 17 (9): 6260-6271.

［25］ XU C, YU H B, JIN X, et al. Industrial Internet for intelligent manufacturing: Past, present, and future ［J］. Frontiers of Information Technology & Electronic Engineering, 2024, 25 (9): 1173-1192.

［26］ WOLLSCHLAEGER M, SAUTER T, JASPERNEITE J. The future of industrial communication: Automation networks in the era of the Internet of Things and Industry 4. 0 ［J］. IEEE Industrial Electronics Magazine, 2017, 11: 17-27.

［27］ SCHULZ P, MATTHE M, KLESSIG H, et al. Latency critical IoT applications in 5G: Perspective on the design of radio interface and network architecture ［J］. IEEE Communications Magazine, 2017, 55: 70-78.

［28］ YU H B, ZENG P, XU C. Industrial wireless control networks: From WIA to the future ［J］. Engineering, 2022, 8: 18-24.

［29］ YI X, LU S, LI D, et al. Manufacturing enterprises digital collaboration empowered by industrial Internet platform: A multi-agent stochastic evolutionary game ［J］. Computers & Industrial Engineering, 2024, 194: 110415.

［30］ ZHANG X Y, MING X G. A comprehensive industrial practice for industrial Internet platform (IIP): General model, reference architecture, and industrial verification ［J］. Computers & Industrial Engineering, 2021, 158: 107426.

［31］ 工业互联网产业联盟. 工业互联网平台白皮书［R］.2017.

［32］ WANG J L, XU C Q, ZHANG J, et al. A collaborative architecture of the industrial Internet platform for manufacturing systems［J］. Robotics and Computer-Integrated Manufacturing，2020，61：101854.

［33］ GERRIKAGOITIA J K，UNAMUNO G，URKIA E，et al. Digital manufacturing platforms in the Industry 4. 0 from private and public perspectives［J］. Applied Sciences，2019，9（14）：2934.

［34］ WANG Y L，ZHANG Y P，TAO F，et al. Logistics-aware manufacturing service collaboration optimisation towards industrial Internet platform［J］. International Journal of Production Research，2019，57（12）：4007-4026.

［35］ 艾瑞咨询. 中国工业互联网平台研究报告［R］.2023.

［36］ 刘棣斐，李南，牛芳，等. 工业互联网平台发展与评价［J］. 信息通信技术与政策，2018（10）：1-5.

［37］ WANG Q C，MA G，HE S J，et al. Industrial intelligent optimization system based on industrial Internet platform［C］//2020 IEEE 11th International Conference on Software Engineering and Service Science（ICSESS）. New York：IEEE，2020：523-526.

［38］ 张忠平，刘廉如. 工业互联网导论［M］. 北京：科学出版社，2021.

［39］ LI J Q，YU F R，DENG G，et al. Industrial Internet：A survey on the enabling technologies，applications，and challenges［J］. IEEE Communications Surveys & Tutorials，2017，19（3）：1504-1526.

［40］ 刘韵洁. 工业互联网导论［M］. 北京：中国科学技术出版社，2021.

［41］ 曾衍瀚，顾钊铨，曹忠，等. 工业互联网导论［M］. 北京：人民邮电出版社，2023.

［42］ 刘廉如，张尼，张忠平. 工业互联网安全框架研究［J］. 邮电设计技术，2019，（4）：53-57.

［43］ 工业互联网产业联盟. 工业互联网安全框架［R］.2018.

［44］ TANGE K，DE DONNO M，FAFOUTIS X，et al. A systematic survey of industrial Internet of things security：requirements and fog computing opportunities［J］. IEEE Communications Surveys & Tutorials，2020，22（4）：2489-2520.

［45］ 工业信息安全产业发展联盟. 工业信息安全态势白皮书［R］.2017.

［46］ SERROR M，HACK S，HENZE M，et al. Challenges and opportunities in securing the Industrial Internet of Things［J］. IEEE Transactions on Industrial Informatics，2020，17（5）：2985-2996.

［47］ XIE P S，WANG Z L，LI N N，et al. Industrial Internet security situation prediction based on NDPSO-IAFSA-LSTM［J］. International Journal of Network Security，2023，25（2）：235-244.

［48］ 国家工业信息安全发展研究中心. 工业互联网安全技术与应用白皮书［R］.2020.

［49］ 王秋华，吴国华，魏东晓，等. 工业互联网安全产业发展态势及路径研究［J］. 中国工程科学，2021，23（2）：46-55.

［50］ 董悦，王志勤，田慧蓉，等. 工业互联网安全技术发展研究［J］. 中国工程科学，2021（2）：65-73.

［51］ 赖英旭，刘静，刘增辉，等. 工业控制系统脆弱性分析及漏洞挖掘技术研究综述［J］. 北京工业大学学报，2020，46（6）：571-582.

［52］ 中国工业互联网产业联盟. 工业互联网标准体系（版本3.0）［R］.2021.

［53］ 张小聪，俞正林，陈程，等. 工业互联网标识解析在资产追踪场景下的应用研究［J］. 中国仪器仪表，2023（4）：32-36.

［54］ 3GPP. 3GPP TS 23. 502：Procedures for the 5G system［S］. 3GPP，2023.

［55］ 3GPP. 3GPP TS 24. 526：User equipment policies for 5G system［S］. 3GPP，2022.

［56］ ITU. ITU-TX. 5Gsec-netec security capabilities of network layer for 5G edge computing［S］. 2019.

［57］ ITU. ITU-TX. 5Gsec-ecs security framework for 5G edge computing services［S］. 2019.

［58］ ISO/IEC JTC1. ISO/IEC 23188-information technology-cloud computing-edge computing landscape［S］. Geneva：ISO，2020.

［59］ 工业和信息化部. 工业互联网边缘计算 需求［S］. 北京：人民邮电出版社，2023.

［60］ 工业和信息化部. 工业互联网边缘计算 总体架构与要求［S］. 北京：人民邮电出版社，2024.

［61］ 工业和信息化部. 工业互联网边缘计算 边缘节点模型与要求 边缘网关［S］. 北京：人民邮电出版

社，2023.

［62］中国通信标准化协会.工业互联网边缘计算 边缘节点模型与要求 边缘控制器［S］.北京：人民邮电
出版社，2021.

［63］秦修功，尹作重，黄意，等.边缘计算在工业互联网领域标准体系及应用模式探究［J］.制造业自动
化，2022，44（2）：183-186.

［64］国家标准化管理委员会.工业互联网平台 应用实施指南 第2部分：数字化管理［S］.北京：中国标
准出版社，2023.

［65］国家标准化管理委员会.工业互联网平台 应用实施指南 第3部分：智能化制造［S］.北京：中国标
准出版社，2023.

［66］国家标准化管理委员会.工业互联网平台 应用实施指南 第4部分：网络化协同［S］.北京：中国标
准出版社，2023.

［67］国家标准化管理委员会.工业互联网平台 应用实施指南 第5部分：个性化定制［S］.北京：中国标
准出版社，2023.

［68］国家标准化管理委员会.工业互联网平台 应用实施指南 第6部分：服务化延伸［S］.北京：中国标
准出版社，2023.

［69］李伯虎，柴旭东，侯宝存，等.云制造系统3.0：一种"智能+"时代的新智能制造系统［J］.计算
机集成制造系统，2019，25（12）：2997-3012.

第 3 章

工业互联网网络技术

章知识图谱

说课视频

　　网络是工业互联网的核心基础。本章详细介绍工业互联网的网络技术，包括工厂内外的网络通信技术、标识解析技术、软件定义与集成技术。其中，工厂内外网选取了现场总线、工业以太网、工业无线网络、无源光网络、低功耗广域网以及 5G 等典型协议。

3.1　工厂内网技术

　　工厂内网在整个工业控制系统中的作用就如同人体的中枢神经，为工业控制系统提供了丰富的状态信息，并将完整的控制系统功能彻底分散到现场，打破了信息孤岛，实现了管理控制一体化和远程监控。目前，工厂内网采用的协议包括现场总线、工业以太网、光网络、工业无线网络四类，涉及公有、私有等上百种协议。

　　本节首先介绍目前使用较为广泛的 Modbus 总线协议、PROFINET 和 EtherCAT 工业以太网协议。其次，介绍近年来新兴的两种有线工厂内网技术，即时间敏感网络（TSN）和无源光网络（PON）。最后，介绍两种主流的工业无线技术，即 WIA-PA 和 ISA 100.11a。

3.1.1　Modbus

1. 简介

　　Modbus 是一种串行通信协议，于 1979 年由 Modicon 公司（现为施耐德电气公司的一部分）开发，已成为工业领域通信协议的业界标准。它广泛应用于工业自动化控制、智能仪表、能源管理等领域，实现了不同设备之间的数据交换和控制指令的传输。Modbus 具有开放性和通用性的特点，支持多种物理接口，如串口（RS-232、RS-485 等）和以太网。它的简单性和易用性使得其在各种规模的工业系统中都能得到有效的应用。Modbus 采用主从通信模式，即一个主设备可以与多个从设备进行通信。主设备发起通信请求，从设备根据请求进行响应。这种模式有助于实现集中式的控制系统架构，提高系统的管理和控制效率。

2. 协议

Modbus 协议是应用于 PLC 或其他控制器的一种通用语言。基于 Modbus 协议，不同厂商生产的控制设备能够相互连接形成工业网络，实现集中监控。此协议明确了一个控制器所能识别和使用的消息结构，而不论其通过何种网络进行通信。它详尽地描述了控制器请求访问其他设备的流程、如何回应来自其他设备的请求，以及怎样侦测错误并予以记录。同时，它确立了消息域格式和内容的通用格式。当在 Modbus 网络中进行通信时，该协议规定每个控制器必须知晓自身的设备地址，能够识别依据地址发送而来的消息，并决定应采取何种动作。倘若需要做出响应，控制器将会生成反馈信息，并依照 Modbus 协议予以发送。在其他网络中，包含 Modbus 协议的消息会转换为在此网络中使用的帧或包结构，这种转换也进一步拓展了依据具体网络解决节点地址、路由路径以及错误检测的方法。

Modbus 协议目前存在多个版本。对于串行连接，有 Modbus RTU 和 Modbus ASCII 两种模式。在配置每个控制器时，用户设置需要的模式和串口通信参数（波特率、校验方式等）。Modbus RTU 采用紧凑的二进制表示数据，后续命令/数据带有循环冗余校验的校验和；Modbus ASCII 则是人类可读的冗长表示方式，采用纵向冗余校验的校验和。这两种模式均使用串行通信方式，且被配置为 RTU 变种的节点不能与设置为 ASCII 变种的节点通信，即在同一个 Modbus 网络上的所有设备都必须设置相同的传输模式和串口参数。而对于通过以太网（TCP/IP）的连接，存在多个 Modbus TCP 变种，其不需要校验和计算。图 3-1 和图 3-2 展示了 Modbus 协议中的两种主要传输模式：RTU 模式和 ASCII 模式。

（1）RTU 模式　如图 3-1 所示，当控制器设置为 RTU 模式进行通信时，消息中的每个 8bit 字节包含两个 4bit 的十六进制字符。这种方式的主要优点是在同样的波特率下，能比 ASCII 方式传输更多的数据。

1）代码系统。8 位二进制，十六进制数 0~9，A~F。消息中的每个 8 位域都由两个十六进制字符组成。

2）每个字节的位。1 个起始位；8 个数据位，最低有效位先发送；1 个奇偶校验位，无校验则该位无；1 个停止位（有校验时），2bit（无校验时）。

3）错误检测域：循环冗余校验（Cyclic Redundancy Check，CRC）。

| 地址 | 功能代码 | 数据长度 | 数据1 | … | 数据n | CRC高字节 | CRC低字节 |

图 3-1　RTU 模式

（2）ASCII 模式　如图 3-2 所示，当控制器设置为 ASCII 模式进行通信时，消息中的每个 8bit 字节都作为两个 ASCII 字符发送。这种方式的主要优点是字符发送的时间间隔可达到 1s 并且不产生错误。

1）代码系统。十六进制，ASCII 字符 0~9，A~F。消息中的每个 ASII 字符都由一个十六进制字符组成。

2）每个字节的位。1 个起始位；7 个数据位，最低有效位先发送；1 个奇偶校验位，无校验则该位无；1 个停止位（有校验时），2bit（无校验时）。

3）错误检测域。LRC（纵向冗余检测）。

:	地址	功能代码	数据长度	数据1	…	数据n	LRC高字节	LRC低字节	回车	换行

图 3-2 ASCII 模式

在实际应用中，Modbus RTU 协议较为常用。Modbus RTU 中定义了多种功能码，用于实现不同的操作，如读取输入寄存器、写入保持寄存器、读取线圈状态、写入线圈状态等。例如，功能码 03 用于读取保持寄存器的值，主设备发送包含从设备地址、功能码 03、起始地址和寄存器数量的请求帧，从设备接收到请求后，返回相应寄存器的值作为响应帧。

3. 关键技术

Modbus 总线技术主要包含以下三方面的关键技术：

（1）错误检测和纠错 Modbus 协议采用了多种错误检测机制，如奇偶校验、循环冗余校验和纵向冗余校验。奇偶校验对每个字符进行检测，而帧检测（循环冗余校验或纵向冗余校验）则应用于整个消息。消息在发送前由主设备生成检测码，从设备在接收过程中对每个字符和整个消息帧进行检测。在 RTU 模式下，每个消息帧都包含一个 CRC 值，接收方通过计算接收到的消息帧的 CRC 值，并与发送方发送的 CRC 值进行比较来判断消息是否正确传输。如果 CRC 值不一致，接收方会拒绝该消息并要求发送方重新发送。

（2）主从通信机制 Modbus 的主从通信机制需要合理规划主设备的请求频率和从设备的响应时间，以避免通信冲突和数据延迟。通过优化通信时序和设置合适的超时时间，可以提高系统的通信效率和稳定性。例如，在一个大型工业控制系统中，如果主设备同时向多个从设备发送请求，可能会导致网络拥塞。通过合理安排请求的发送顺序和时间间隔，可以避免这种情况的发生，从而确保通信的顺畅和可靠。

（3）地址映射和数据映射 Modbus 协议需要在主设备和从设备之间建立清晰的地址映射和数据映射关系。主设备需要知道每个从设备的地址以及从设备中各种数据的存储地址和格式，才能准确地发送请求和解析响应。例如，在一个温度监测系统中，从设备中的温度数据可能存储在特定的寄存器地址中，主设备需要知道这些地址才能正确读取温度值。通过合理规划地址映射和数据映射，可以提高数据交换的效率和准确性，并减少错误发生的可能性。

3.1.2 PROFINET

1. 简介

PROFINET 是由 PROFIBUS 国际组织提出的基于实时以太网技术的自动化总线标准，其将工厂自动化和企业信息管理层 IT 技术有机地融为一体。作为一项战略性的技术创新，PROFINET 为自动化通信领域提供了一套完整的网络解决方案，目前在所有工业以太网协议中的市场占有率最高。

PROFINET 符合 IEC 61158 及 IEC 61784 标准，能够采用双绞线或光纤进行传输速率为 100Mbit/s 的全双工通信。PROFINET 支持星形、总线型、环形和树形等多种网络拓扑结构。为了减少布线费用，并保证高度的可用性和灵活性，PROFINET 提供了大量工具帮助用户方便地实现 PROFINET 的安装。特别设计的工业电缆和耐用连接器满足电磁兼容性和温度的要求，并且在 PROFINET 框架内形成标准化，保证了不同制造商设备之间的兼容性。

PROFINET 具有 PROFIBUS 和 IT 标准的开放透明通信，支持从现场级到工厂管理层通信的连续性，从而增加了生产过程的透明度，优化了公司的系统运作。作为开放和透明的概念，PROFINET 也适用于 Ethernet 和任何其他现场总线系统之间的通信，可实现与其他现场总线的无缝集成。PROFINET 实现了分布式自动化系统，提供了独立于制造商的通信、自动化和工程模型，将通信系统、以太网转换为适合于工业应用的系统。

2. 协议

为满足工业场景下的不同功能需求，PROFINET 包括了非实时通信（NRT）、实时通信（RT）和等时同步实时通信（IRT）三种不同实时等级的通信协议。

PROFINET NRT 协议是非实时的通信协议，主要用于兼容 TCP/IP 协议簇。TCP/IP 是用于互联网及其他网络的通信协议，它是 Internet 上使用的主要协议，其响应时间约为 100ms 量级。TCP/IP 只提供了基础通信，用于以太网设备通过面向连接和安全的传输通道在本地分布式网络中进行数据交换，在较高层上则需要其他的规范和协议（也称为应用层协议）。典型的应用层协议有 HTTP（超文本传送协议）、DHCP（动态主机配置协议）和 SNMP（简单网络管理协议）等。此外，控制系统的系统参数、组态数据及诊断数据等与 PROFINET IO 相关的数据也包含在 NRT 协议中。

PROFINET RT 协议是软实时通信协议，响应时间为 1~10ms，可满足大部分工业自动化控制的应用需求。RT 协议通过在数据帧中添加具有优先级的 VLAN（Virtual Local Area Network，虚拟局域网）标识来实现实时通信。VLAN 基于 IEEE 802.1Q 标准设计，可以将同一物理局域网内的不同用户分类，具有相同 VLAN 标识的设备可以相互通信，VLAN 标识不同的设备通信需要通过网络层设备实现。VLAN 标识为数据帧划分了不同的传输优先级，优先级高的数据帧会被交换机优先转发。其中，0 级为最低优先级，7 级为最高优先级。在 PROFINET 网络中，标准的以太网数据帧优先级为 0 级，而 PROFINET 数据帧的优先级为 5 级 ~7 级。因此，PROFINET RT 数据在通信网络中会被优先传输。除了采用 VLAN 标识，PROFINET RT 协议还优化了开放系统互连（Open System Interconnection，OSI）的网络层和传输层，进一步提高通信的实时性。

PROFINET IRT 协议是基于 ASIC（Application Specific Integrated Circuit，专用集成电路）芯片和 PTCP（Precision Transparent Clock Protocol，精确透明时钟协议）实现的硬实时通信协议，响应时间小于 1ms，抖动可降低至 1μs。因此，PROFINET IRT 协议可适用于运动控制等对时间同步有着严格要求的场合。按照实时性等级的高低，IRT 协议又可进一步分为 IRT 高灵活性协议和 IRT 高性能协议。其中，IRT 高灵活性协议不需要在通信网络的组态过程中预先规划通信路径，而 IRT 高性能协议则需要在组态时就预先规划通信路径，以便提前计算出网内数据传输的最短时间。

图 3-3 给出 PROFINET 的通信协议模型。PROFINET 的实时 RT 和 IRT 协议帧不经过网络层和传输层，直接从数据链路层传输到应用层，从而减少了数据的传输时间。当然，由于不经过网络层，数据帧只能直接通过接收设备的 MAC 地址来寻址。

3. 关键技术

PROFINET 主要包含以下三方面的关键技术：

（1）协议栈优化　PROFINET 通过优化标准以太网的协议栈，满足工业控制系统对于实时性和可靠性的确定性要求。一方面，PROFINET 优化了以太网的数据链路层，可以在传统的以太网控制器上实现软实时通道（RT 和 IRT 协议），因此保证了网络中的不同站点能够在一个确定的时间间隔内进行数据传输；另一方面，PROFINET 通过去除网络层和传输层，简化控制器的协议栈结构，不仅缩短了数据帧长度，同时也显著降低了协议栈占用处理器的计算开销。优化后的协议栈极大地提高了自动化数据的更新率，还保持了对 TCP/IP 等其他标准协议的兼容性。

应用层	IT应用（HTTP、DHCP、SNMP）	PROFINET应用	
		标准数据	实时数据
传输层	TCP/UDP	优先级传输	精确时钟同步
网络层	IP		
数据链路层	NRT协议	RT协议	IRT协议
物理层	标准以太网		

图 3-3　PROFINET 的通信协议模型

（2）时钟同步技术　PROFINET 的时钟同步由 PTCP 实现，该协议能准确记录传输链路的所有时间参数。PTCP 由 IEEE 1588 标准中的精确时间协议改进而来，特别设计了透明时钟技术，即直接将主时钟的同步帧发送给从时钟。透明时钟技术避免了与边界时钟同步期间发生的级联效应，提高了时钟同步的精度和稳定性。PTCP 实现了主时钟和同一 PTCP 子域中的从时钟之间至少微秒级别的自动时钟同步，并且对网络设备的内存和处理器性能无特殊要求。

（3）部件对象模型　部件对象模型（Component Object Model，COM）是 PROFINET 中一种用于描述和管理网络中设备属性、参数和功能的关键技术。PROFINET 为工业自动化应用量身定做了基于 COM 的 PROFINET 对象。PROFINET 对象由规范部分和实现部分组成。规范部分定义了设备之间通信的机制，不依赖任何特定的语言和操作系统，具有语言无关性；实现部分为 COM 库，为 COM 规范的具体实现提供了一些核心服务。由于 COM 以客户 / 服务器模型为基础，PROFINET 允许设备之间通过 COM 定义标准化的接口进行通信和交互，从而实现对设备的配置、诊断和控制。

3.1.3　EtherCAT

1. 简介

EtherCAT（Ethernet for Control Automation Technology，以太网控制自动化技术）是一项高性能、低成本、应用简易、拓扑灵活的实时工业以太网技术，由德国 BECKHOFF 自动化公司于 2003 年提出。EtherCAT 可作为现场级的超高速 I/O 网络，它使用标准的以太网物理层和常规的以太网卡，传输介质可为双绞线或光纤。EtherCAT 扩展了 IEEE 802.3 以太网标准，满足了运动控制对数据传输的同步实时要求。它充分利用了以太网的全双工特性，并通过 "on the fly" 模式提高了数据传送的效率。EtherCAT 支持总线型、树形、星形和菊花链形等多种网络拓扑结构。目前，EtherCAT 已经在机器控制、测量设备、医疗设备、汽车和移动设备以及无数的嵌入式系统中得到了广泛应用。

2. 协议

EtherCAT 协议架构如图 3-4 所示。在 EtherCAT 系统中，以太网的功能和传输方式与 IP

兼容，这意味着 EtherCAT 系统可以利用以太网的特性进行实时数据传输，并且可以与其他使用 IP 的设备和系统进行通信。

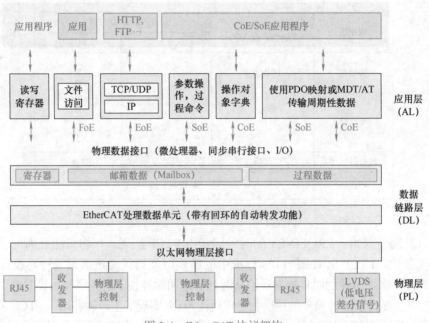

图 3-4　EtherCAT 协议架构

（1）系统组成与工作原理　EtherCAT 系统由一个主站设备和至少一个从站设备组成。EtherCAT 采用主从的模式实现主站设备与各从站设备之间的数据访问，主站和从站间的通信关系是由主站发起。当从站与从站通信时，主站作为路由器进行数据转发。

当主从站进行通信时，主站将数据封装在数据帧里并发送到数据链路中，数据帧根据 EtherCAT 总线的寻址方式先找到对应网段，然后在网段内寻址相应的从站设备。各从站根据协议规则与主站进行数据交换，交换过程结束之后，数据帧返回到主站之中。EtherCAT 主站可以由配备以太网接口的计算机改造而成，是网段内唯一能够主动发送 EtherCAT 数据帧的节点，其他节点仅转发数据帧。从站采用 EtherCAT 从站控制器在硬件中高速动态地处理 EtherCAT 数据帧，不仅使网络性能可预测，而且其性能不受从站设备实施方式影响。EtherCAT 系统组成如图 3-5 所示。

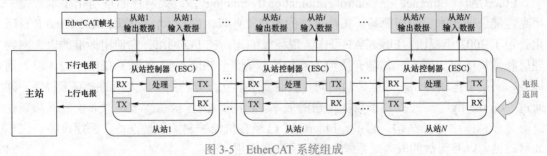

图 3-5　EtherCAT 系统组成

（2）EtherCAT 物理层　EtherCAT 使用标准的以太网物理层作为基础，普通的以太网卡、交换机和路由器等标准组件都可以在 EtherCAT 中使用。EtherCAT 不需要采用专用的电缆连接头，可以选择标准超五类以太网电缆。当使用 100BASE-TX 电缆时，两个设备之间的通信距离可达 100m。当采用 100BASE-FX 模式时，两对光纤在全双工模式下，单模光纤能够达到 40km 的传输距离，多模光纤能够达到 2km 的传输距离。EtherCAT 还能够使用低压差分信号线通信，通信距离能够达到 10m。

（3）EtherCAT 数据链路层

1）EtherCAT 数据帧。EtherCAT 使用以太网帧来传输数据，EtherCAT 数据根据特定的协议标准封装在以太网帧中，EtherCAT 数据帧如图 3-6 所示，EtherCAT 数据被封装在以太网数据帧的数据区。一个 EtherCAT 数据帧由以太网帧头、EtherCAT 部分和帧校验序列（FCS）组成。以太网帧头中有 14B 的空间存储着以太网帧的信息，EtherCAT 部分中有 2B 的空间被 EtherCAT 数据头占用，有 44~1498B 空间供 EtherCAT 数据占用。在 EtherCAT 的数据区域中又包含一个或者多个子报文，子报文中存储着主从站数据交换的内容，每个子报文映射到独立的从站设备存储空间。子报文由子报文头、数据区域、工作计数器组成。

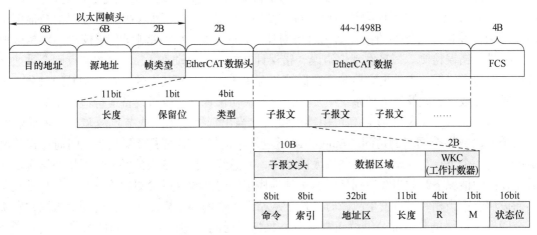

图 3-6　EtherCAT 数据帧

2）寻址方式。EtherCAT 的通信由主站发送 EtherCAT 数据帧，读写从站设备内部的存储区来实现。主站首先根据以太网数据帧头中的 MAC 地址来寻址所在的网段，寻址到第一个从站后，网段内的其他从站设备只需要依据 EtherCAT 子报文头中的 32 位地址去寻址。在一个网段里面，EtherCAT 支持设备寻址和逻辑寻址两种方式。

3）通信模式。EtherCAT 的通信方式分为周期性过程数据通信和非周期性邮箱数据通信。周期性过程数据通信主要用在工业自动化环境中实时性要求高的过程数据传输场合，主站使用逻辑寻址的方式完成从站的读写操作；非周期性邮箱数据通信主要用在对实时性要求不高的场合，如参数交换、配置从站的通信等，主站使用设备寻址的方式完成从站的读写操作。

（4）EtherCAT 应用层　应用层是 EtherCAT 协议最高的一个功能层，是直接面向控制任务的一层。应用层为控制程序访问网络环境提供手段，同时为控制程序提供服务。应用层不包括控制程序，只是定义了控制程序和网络交互的接口，使符合此应用层协议的各种应用程序可以协同工作。EtherCAT 应用层拥有多种协议接口来支持多种工业设备行规，包括 CoE（CANopen over EtherCAT）、SoE（Servo Drive over EtherCAT）、EoE（Ethernet over EtherCAT）和 FoE（File Access over EtherCAT）。对多种行规的支持使得用户和设备制造商很容易从其他现场总线向 EtherCAT 转换。

3. 关键技术

EtherCAT 的关键技术包括以下几个方面：

（1）分布式时钟同步技术　精确时钟同步对于同时动作的分布式过程而言尤为重要。EtherCAT 系统若使用完全同步的通信，通信错误会立即影响同步质量。因此，EtherCAT 采用分布式时钟的方式来同步节点，对于通信系统的抖动具有很好的容错性。各个节点的时钟校准完全基于硬件。第一个具有分布时钟功能的从站设备的时间被周期性地发布给系统中的其他从站，其他从站可以根据收到的参考时钟相应地调整时钟，整个系统的抖动远小于 1μs。分布式时钟同步技术确保了网络中的各个节点能够精确地同步时钟，为更好地实现实时通信和控制奠定基础。

（2）诊断和错误定位技术　诊断能力对于机器的可用性和调试时间起着决定性的作用。在故障排除过程中，错误检测和错误定位非常重要。EtherCAT 可以在启动过程中扫描网络拓扑结构，并将其与预期的拓扑结构进行对比。EtherCAT 从站控制器利用校验码对传输的数据帧进行错误检测。一旦发现位错误，错误计数器就会自动加 1，后面的节点则会被通知数据帧中包含错误。主站也会检测到数据帧包含错误，并摒弃其中的信息。主站通过分析节点的错误计数器，能够检测到系统中发生错误的最初位置，避免对设备运行造成影响。

（3）冗余技术　对于具备高可用性的设备，当出现线缆损坏或节点故障时，不应影响对某个网段或整个网络的访问。EtherCAT 通过简单的措施实现了线缆冗余，即通过连接网络中最后一个节点与主站设备中的以太网端口，将总线型拓扑结构扩展为环形拓扑结构。在需要冗余的情况下，如当线缆损坏时，主站堆栈中的附加软件可检测到该情况。各从站具备热插拔功能，当相邻站点发生故障时，位于从站设备中的链路检测功能会自动地检测并解决冗余问题。网络的其他部分继续正常运行，且恢复时间不超过 15μs，因此最多破坏一个通信周期。这意味着即使是周期很短的运动控制应用，在线缆损坏或站点故障时，EtherCAT 也可以平稳地继续工作。

3.1.4　TSN

1. 简介

传统工业以太网技术在很大程度上已经能够满足数据通信的要求，但随着工业应用场景的多样化和复杂化，具备高实时、高可靠、广覆盖、高安全等特点的新兴工业网络技术正在逐步成为工业网络领域的研究热点。接下来，将介绍一种最具代表性的新兴工业网络技术——TSN（时间敏感网络）。TSN 是 IEEE 802.1 TSN 工作组制定的一套协议标准，用于解决二层网络的确定性保障问题。TSN 技术作为新一代以太网技术，因其符合标准的以太网架构，具有精准的流量调度能力，可保证多种业务流量的共网高质量传输等技术及成本优势，在音视频传输、工业、移动承载、车载网络等多个领域被认可成为下一代网络承载技术的演进方向之一。TSN 通过一系列协议标准实现零拥塞丢包的传输，提供有上界保证的低时延和抖动，为时延敏感流量提供确定性传输保证。

在工业领域，IEC 和 IEEE 针对基于 TSN 工业自动化的应用场景、模式等问题，联合制定了 IEC/IEEE 60802 标准。在移动网络领域，IEEE 802.1CM 制定了基于 TSN 的移动前传应用行规。在电力领域，IEC TR61850-90-13 标准化了 TSN 在智能电网中的应用问题。

2. 协议

TSN 标准体系可以分为时间同步类标准（IEEE 802.1AS/AS-Rev）、有界低时延类标准（IEEE 802.1Qbv、IEEE 802.1Qbu、IEEE 802.1Qch、IEEE 802.1Qcr）、可靠性保障类标准（IEEE 802.1CB、IEEE 802.1Qca、IEEE 802.1Qci）和资源管理类标准（IEEE 802.1Qcc、IEEE 802.1Qcp）。

（1）时间同步类标准　精确时间同步是实现确定性通信的重要前提。IEEE 802.1AS 是 IEEE 1588 PTP 同步协议的简化版，该协议支持不同 TSN 设备之间的同步。在 IEEE 802.1AS 中，时间同步是按照"域"划分的，每个 PTP 域包含多个 PTP 节点。在这些 PTP 节点中，有且仅有一个通过手动选取或最佳主时钟算法选取的全局主节点，其负责提供时钟信息给所有其他从节点。在 IEEE 802.1AS 基础上，IEEE 802.1AS-Rev 增强了容错和多个主动同步主机等机制，要求属于同一域的所有节点在其物理拓扑中必须有直接连接，允许以小于 $1\mu s$ 的精度进行同步，可以在不影响数据包传播延迟的情况下实现长距离同步。

（2）有界低时延类标准　IEEE 802.1Qbv 定义了时间感知调度器。在每个时间窗口，只有规定的队列消息可以传输，其他队列的消息禁止传输。通过提前规定的门控列表，数据包通过每个交换机的延迟是确定性的。采用时分多址（TDMA），将以太网的通信分为固定长度、重复的时间片（称为周期），每个周期再分为固定的时间槽，每个时间槽可以分配给 8 个以太网优先级中的一个或多个，即在特定时间段内形成了虚拟通信信道，使特定的实时数据能够在非实时数据负载中穿插传输，减小了其他突发或异常的发送请求对实时数据传输的影响。

IEEE 802.1Qbu 定义了帧抢占机制，该机制允许中断标准以太网或巨型帧的传输，将数据帧分成低优先级帧和高优先级帧。当某个低优先级帧正在发送的时候，如果出现高优先级的帧，立即中断发送低优先级的帧，并发送高优先级的帧。发送完毕后，再恢复被中断低优先级帧的传输。

IEEE 802.1Qch 定义了循环排队和转发（Cyclic Queuing and Forwarding，CQF）的流量整形方法。CQF 最大的特点是计算和配置简单，可以保证分组端到端交换的确定性延时。循环排队和转发的基本原理是流量以循环的方式沿着网络路径进行传输和排队，CQF 模型将全网时间划分为长度为 d 的连续时间槽，如图 3-7 所示，用 i，$i+1$，$\cdots$，$i+N$ 表示。若交换机在时间槽 i 中的 t_1 时刻从链路上接收到数据帧，则必须在 $i+1$ 时间槽中的某个时刻 t_2 输出到链路上。因此，帧在设备交换的延时 t_2-t_1 上限为 $2d$，下限为 0。基于 CQF 模型，帧在网络中交换的最大延时为 $(h+1)d$，最小延时为 $(h-1)d$，其中 h 为传输路径跳数。该机制是通过配置流门控制机制（IEEE 802.1Qci）和流量调度机制（IEEE 802.1Qbv）的组合来实现的。

IEEE 802.1Qcr 提出了异步整形机制，是对 TSN 调度整形机制的一个延展和增强，该机制是基于紧急程度的调度器，通过速率控制的服务策略来进行数据调度。支持 ATS（异步流量整形）功能的队列都有一个整形机制绑定，整形机制中包含整形算法和本地时钟，基于令牌机制计算数据帧的可调度时间，通过可调度时间控制队列的门控，达到为队列中流量进行整形的目的。该机制操作是异步的，因此网桥和端点不需要及时同步。

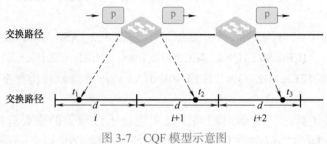

图 3-7　CQF 模型示意图

（3）可靠性保障类标准　IEEE 802.1CB 冗余管理协议，主要定义了帧复制和帧消除机制，FRER 允许终端节点或网络中的交换节点对业务流中的数据包进行排序及编号，并复制相应业务流的数据包，将原有的一条业务流分为多条内容相同的子流并在不同的路径上进行传输，在目的终端节点或其他交换节点进行多条子流的合并，删除重复的数据包，并将重组恢复后的业务流发送给上层应用或下一节点，实现在网络发生局部故障时仍可进行数据传输，从而为业务流传输提供更高的可靠性（即降低包的丢失率）。

IEEE 802.1Qca 路径控制和预留机制为数据流提供显式路径控制、带宽和流预留以及冗余。它通过携带用于时间同步和调度的信息，使用中间系统到中间系统（IS-IS）扩展了最短路径桥接（SPB）的功能，以控制桥接网络。它通过使用路径计算元素（能够根据网络拓扑计算出通过网络的最短路径）提供显式转发路径控制。

IEEE 802.1Qci 工作在交换机（转发引擎）的入口，通过流标识，然后执行相关策略，负责管理控制并防止恶意流程恶化网络性能。该协议对每个数据流采取过滤和控制策略，以确保输入流量符合规范，从而避免由故障或恶意攻击（如 Dos 攻击）引起的异常流量问题。

（4）资源管理类标准　IEEE 802.1Qcc 管理接口和协议的定义，为用户 / 网络接口指定了三种模型：完全分布式、集中式网络 / 分布式用户和完全集中式。每个模型规范都显示了网络中不同实体之间的用户 / 网络配置信息的逻辑流，支持 TSN 调度的离线和在线配置。在全分布模式，包含用户流的终端直接通过 TSN 用户 / 网络协议传达用户需求；在集中式网络 / 分布式用户模型中，配置信息直接指向 / 来自集中式网络配置（CNC）实体，TSN 流的所有网桥配置都是由这个 CNC 使用远程网络管理协议来完成的；完全集中的模型支持集中用户配置（CUC）实体来发现端站、检索端站功能和用户需求，并在端站中配置 TSN 特性。

IEEE 802.1Qcp 标准化了 TSN 的 YANG 模型，为周期性监控和报告以及配置 802.1 网桥和组件提供框架，比如配置媒体接入控制（MAC）网桥、双端口 MAC 中继（TPMR）、虚拟局域网（VLAN）网桥等。

3. 关键技术

为了实现局域网的确定性传输，时间敏感网络实现了精确的网络时间同步机制，调度不同优先级流量的流量整形机制、资源预留机制和时间敏感流量配置机制。图 3-8 展示了 TSN 的技术体系。

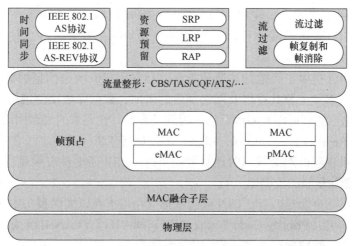

图 3-8 TSN 技术体系

（1）时间同步机制 精准的网络时间同步是实现确定性网络的基础，在 TSN 协议中，IEEE 802.1AS 和更新的修订版本 IEEE 802.1AS-Rev 可以实现亚微秒级的时间同步。IEEE 802.1AS 采用 IEEE 1588-2008 中的通用精确网络时间协议，简称 PTP。PTP 通过 BMCA 算法建立主从结构形成 PTP 域，然后选出最精确的时钟源作为 GrandMaster（GM）时钟。

在 PTP 域内，主时钟和从时钟之间交互同步报文并记录报文的收发时间。通过计算报文在网络链路上的往返时间来计算主、从时钟之间的往返总时延，根据该时延情况测量和计算主、从时钟的时间偏差，从时钟按照该偏差来调整本地时间，实现与 GM 时钟进行同步。即：从时钟本地精确时间 = 从时钟本地当前时间 – 时间偏差。

（2）流量整形机制 为了实现确定延迟，TSN 利用帧抢占和流量整形机制在以太网链路中实现确定性传输。流量整形机制通过为高优先级流量提供确定的传输时隙来提供确定的传输时延，避免突发流量造成的重传和丢包的影响。目前已经发布了几种流控制标准，比如 IEEE 802.1Qav 中的 CBS（基于信用的整形器），IEEE 802.1Qbv 中的 TAS（时间感知整形器），IEEE 802.1Qch 中的 CQF（循环排队和转发）和 IEEE 802.1Qcr 中的 ATS（异步流量整形）。

CBS 主要应用于音视频流量，它利用信用指标将传输时间分为允许高优先级流量和普通优先级流量传输的两个时隙；TAS 要求所有网络节点的时间同步，然后利用门控列表控制不同优先级队列的传输；CQF 可以通过同步入口和出口的队列操作以降低 TAS 配置的复杂性，实现与网络拓扑无关的零拥塞丢失和有界延迟；ATS 基于 UBS，通过在每一跳重塑 TSN 流，提供无须严格时间同步的确定性时延。

（3）资源预留机制 为了实现对时间敏感流量的优先调度，迫切需要 TSN 流的资源预留和准入控制机制。资源预留机制负责路径预留和带宽限制。资源预留机制有分布式和集中式两种。IEEE 802.1Qat 流预留协议基于 TSN 流的资源要求和当前网络可用资源规定了准入控制架构，通过多址注册协议，使用 48 位扩展唯一标识符来识别和注册业务流，为 AVB（以太网音视频桥接技术）流提供足够的资源预留。由于 IEEE 802.1 Qat 采用分布式的注册和预留方式，注册请求的变更有可能使网络过载从而导致关键流量类的延迟。IEEE 802.1Qcc 通过减小预留消息的大小和频率来改善 SRP，使更新仅由链路状态或预留改变触发。

多属性注册协议提供了有效的注册流方法，但它保存流状态信息的数据库限制在大约 1500 字节。随着更多业务流共存以及网络规模的增加，数据库成比例地增加，SRP 和 MRP 由于注册流状态信息的数据库有限而无法扩展到具有实时性要求的大型网络。本地链路预留协议（Link-local Registration Protocol，LRP）在点对点链路的两端之间有效地复制 MRP 数据库，并在网桥报告新的网络状态时逐步复制更改。LRP 还提供清除过程，当此类数据库的源无响应时，删除复制的数据库。

（4）时间敏感流量配置机制　TSN 流会根据应用需求在以太网报头中 802.1Q VLAN 标记中的优先权代码点（Priority Code Point，PCP）和 VID（VLAN ID）定义流的不同优先级。TSN 中有多个流管理标准，包括帧复制和帧消除（Frame Replication and Elimination for Reliablity，FRER）机制、路径控制和预留（Path Control and Reservation，PCR）机制、流过滤和监管（Per-Stream Filtering and Policing，PSFP）机制，负责提供路径冗余、多路径选择以及队列过滤。FRER 在不相交的路径上发送关键流量的重复副本，用于主动实现无缝数据冗余；PCR 提供显式转发路径控制所需要的协议，如预定义的保护路径、带宽预留、数据流冗余、流同步和流控制信息的控制参数的分配；PSFP 对到达网桥入端口的报文，提供流过滤和监管功能，来防止流量过载。PCR 与 FRER、PSFP 结合使用，可实现快速恢复、高效路径冗余和动态流量管理。

3.1.5　PON

1. 简介

无源光网络（Passive Optical Network，PON）是指在光线路终端和光网络单元之间的光分配网，其不含有任何电子器件及电子电源，全部由分光器和耦合器等无源器件组成，如图 3-9 所示。PON 具有大容量、低成本的优势，未来将逐步取代电缆、同轴线缆、双绞线等传统传输媒介，成为接入网的主流媒介。无源光网络解决了"最后一公里"的点到多点问题，为服务提供商和终端用户之间提供了高效的接入方案。

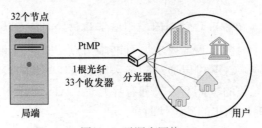

图 3-9　无源光网络

基于时分复用的 PON 一直是多年研究和应用的主流技术，包括 APON（ATM 无源光网络）、BPON（宽带无源光网络）、EPON（以太网无源光网络）、GPON（吉比特无源光网络）等，如图 3-10 所示。考虑到用户对带宽长期持续的增长需求，FSAN 于 2009 年启动了下一代无源光网络（Next Generation PON，NG-PON）的研究和标准化工作，分为 NG-PON1 和 NG-PON2。

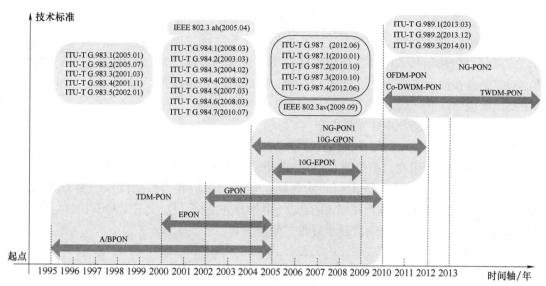

图 3-10　PON 的标准化历程

2. 协议

根据 ITU-T G.983.1 所定义的接入网功能模型可知，PON 由光线路终端（Optical Network Terminal，OLT）、光分配网络（Optical Distribution Network，ODN）和光网络单元（Optical Network Unit，ONU）三部分组成，其功能模型如图 3-11 所示。OLT 位于交换局端，通过业务节点接口与网络相连，并按照一定的帧格式（如以太网帧）实现多业务接入。OLT 可以分离交换业务与非交换业务，为 ONU 提供维护和供给功能，并管理来自 ONU 的各种信令和信息。ONU 位于用户端，主要完成业务复用/解复用和用户网络接口功能。作为接入网中的最终端，ONU 接收来自 ODN 的光信号，同时为用户提供业务接口，从而实现语音信号的模数转换、复用、信令处理和维护管理功能。ODN 作为 OLT 和 ONU 之间的无物理连接共享光纤传输的媒质，由光纤和一个或者多个无源光分路器等无源光器件组成，能够通过无源分光器实现业务的透明传送。下行方向（OLT 到 ONU）为广播选收，上行方向（ONU 到 OLT）采用 TDMA 方式对各 ONU 的数据发送进行调度。

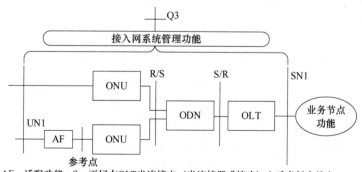

AF—适配功能　S—正好在OLT光连接点（光连接器或接头）之后光纤上的点
R—正好在ONU光连接点（光连接器或接头之后光纤上的点）

图 3-11　PON 的参考配置

（1）光线路终端　OLT 不仅可以位于本地交换局内，还可以位于远端节点，能为 ONU 所需业务提供必要的传输。一方面，各种业务信号通过 OLT 在局端进行汇聚，并按照一定的格式将信号传输至接入网并发送给各终端用户；另一方面，来自各终端用户的业务信号通过 OLT，并按照业务类型进行分类，将其分别传输至所对应的各种业务网中。因而，OLT 的主要功能包括以下三点：

1）以广播的方式向 ONU 发送数据。

2）发起并控制测距过程，同时记录测距信息。

3）为 ONU 分配带宽，即控制 ONU 发送和关闭数据的起始时间和发送窗口大小。

如图 3-12 所示，OLT 一般由核心功能块、业务功能块和公共功能块三部分组成，并提供了一个与 ODN 相连的光接口和至少一个网络业务接口。其中，OCP 加速器（OCP Accelerator Module，OAM）对外提供标准的信号接口。

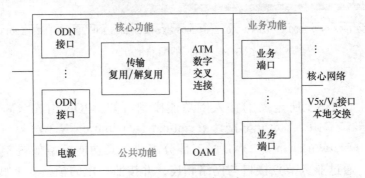

图 3-12　OLT 基本组成

OLT 核心部分包括 ATM 数字交叉连接功能、传输复用 / 解复用功能和 ODN 接口功能。ATM 数字交叉连接功能为 ODN 侧和网络侧的空闲带宽提供交叉连接；传输复用 / 解复用功能提供 ODN 上用于发送 / 接收业务的通道所需要的功能；ODN 接口功能提供一组物理光接口以及用于连接终端的光纤，同时提供光 / 电转换和电 / 光转换功能。

（2）光网络单元　ONU 提供了 ODN 的光接口来实现接入网用户侧的接口功能，其位置不仅可以安置于用户住宅的室内，还可以安置于室外。它提供了传递系统处理的各种业务所需的手段，其主要功能有以下三点：

1）选择接收 OLT 发送的广播数据。

2）响应 OLT 发出的测距及功率控制命令，并进行相应的调整。

3）对用户的数据进行缓存，并在 OLT 分配的发送窗口中向上行方向发送。

ONU 的结构与 OLT 非常类似，一般由核心功能块、业务功能块及公共功能块组成，如图 3-13 所示。

ONU 核心部分包括用户与业务复用 / 解复用功能、传输复用 / 解复用功能和 ODN 接口功能。其中，用户与业务复用 / 解复用功能是将不同用户发送 / 接收的信息进行拆分和组装，然后与各种不同业务的接口相连。传输复用 / 解复用功能是对 ODN 接口输入 / 输出信号进行鉴别和分配，并提前选择与该 ONU 有关的信息。ODN 接口功能是提供一组物理光接口以及用于连接终端的光纤，并提供光 / 电转换和电 / 光转换功能。

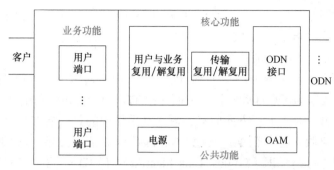

图 3-13　ONU 基本组成

（3）光分配网　ODN 主要为实现 OLT 和 ONU 之间的物理连接提供光传输媒质。图 3-14 描述了一种典型的 ODN 功能模型。ODN 一般位于参考点 S 和参考点 R 之间，参考点 S 是紧靠 OLT 或 ONU 光发射光源的活动连接器上的点，而参考点 R 是紧靠 OLT 或者 ONU 光电转换器的活动连接器上的点。ODN 为 OLT 和一个／多个 ONU 之间提供一条／多条光传输通道，每一条光传输通道对应一个特定的波长窗口。

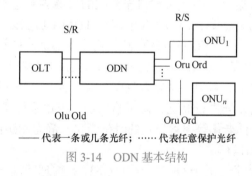

——代表一条或几条光纤；……代表任意保护光纤

图 3-14　ODN 基本结构

在 ODN 中，光传输的两个方向为下行方向和上行方向。上行和下行方向的传输可以在同一光纤和器件上（双重／双向工作），也可以在不同的光纤和器件上（单向工作）。如果为了重新配置 ODN 必须添加连接器或其他无源器件，则它们应位于 S 和 R 之间，它们的损耗应计入任何光损耗的计算之中。ODN 在一个 OLT 和多个 ONU 之间提供一个或几个光通道。每个光通道定义为在特定波长窗口内参考点之间的通道。

图 3-14 中定义了下列光接口：Oru 和 Ord 在 ONU 和 ODN 之间的参考点 R/S 处分别用于上行和下行方向的光接口；Olu 和 Old 在 OLT 和 ODN 之间的参考点 R/S 处分别用于上行和下行方向的光接口。ODN 的光特性应当保证当前可预见到的业务使用，而无须对 ODN 本身有大的修改。这个要求将影响构成 ODN 的无源光器件的特性。一般地，直接影响 ODN 光特性的要求规定如下：

1）光波长透明性。诸如分光器等并不打算完成任何波长选择功能的器件，应当能支持在 1310~1550nm 波段内任何波长的信号传输。

2）可逆性。输入和输出端口互易应当不会使通过该器件的光衰耗有重大变化。

3）光纤兼容性。所有的光部件应当与 ITU-T G.652 建议书规范的单模光纤兼容。

3. 关键技术

基于时分复用无源光网络（TDM-PON）技术可以以较低成本为大量用户提供高速的

语音、数据、视频等业务接入服务。TDM-PON 技术包括 1Gbit/s 速率以下的 APON/BPON、以 1Gbit/s 速率为主的 EPON 和 GPON，以及以 10Gbit/s 速率为主的 10G EPON 和 XG-PON。下面介绍 TDM-PON 的关键技术。

（1）时分复用和时分多址技术　TDM-PON 系统中，通常一个 OLT 连接几十个 ONU，故需要保证上下行数据的可靠准确收发。下面介绍 TDM-PON 如何利用时分复用和时分多址技术来达到这一需求。对于下行方向而言，数据发送采用的是广播方式，每个 ONU 根据下行帧中的标识信息接收自己的数据，其他 ONU 的数据则直接丢弃。以 EPON 为例，EPON 的标识信息就是逻辑链路标识（Logical Link Identifier，LLID）。每个 ONU 必须支持至少一个以上的 LLID，当 ONU 从 OLT 注册过后，就会分配唯一的专属 LLID，OLT 和 ONU 通过 LLID 就可以判断收到的是哪个 ONU 的数据包。此外，部分 EPON 还具有支持多 LLID 的技术，OLT 为每个 ONU 分配一个以上的 LLID，其目的是将物理 ONU 划分为多个逻辑 ONU，以实现基于端口甚至基于业务区分服务的目的。多 LLID 不仅可以对不同的管理和控制提供相应的技术保障，还可以很好地兼容单 LLID，并不会对互通性造成太大的影响。

（2）测距技术　物理距离不同、环境温度变化和光器件老化等因素将会导致传输时延差异。由于时延不同，数据包可能无法在预先分配的时隙内到达 OLT，这将会导致数据包冲突，系统将不能正常工作。TDM-PON 为了确保 TDMA 功能以及整个系统的正常运转，需要利用测距这项关键技术。其原理是 ONU 的数据收发都是通过 OLT 集中调度管理的，所以 OLT 通过将不同物理距离的 ONU 调整到和 OLT 具有相同逻辑距离再进行 TDMA 传输，以此来避免数据冲突的发生。测距程序分为两步：第一步，打开测距窗口为新注册 ONU 进行静态粗测，对物理距离差异进行时延补偿；第二步，根据系统状况进行实时的动态精测，校正因环境温度变化和器件老化等因素导致的时延漂移。静态测距由人工或 OLT 自动进行，动态测距通常由 OLT 自动运行。

（3）突发模式收发技术　由于 OLT 与各个 ONU 的物理距离不相同，因此光信号的衰减对各个 ONU 而言可能是不同的，这将导致 OLT 接收到的功率电平在各个时隙是不相同的，这个问题称为"远近问题"。为了正确接收比特流，降低因"远近问题"导致的误码，OLT 接收机必须在每次突发时隙的开头调整判决电平，这种机制称为自动增益控制，而接收突发时隙功率电平的变化技术被称为突发模式接收技术。值得注意的是，通过调整 ONU 的发送功率，OLT 接收的各 ONU 时隙功率电平近似相等的方法可以放宽对 OLT 接收机 AGC 动态范围的要求。除自动增益控制外，突发模式接收技术还要对接收到的信号进行相位和频率同步处理，即时钟和数据恢复（Clock and Data Recovery，CDR）。快速完成自动增益控制以及时钟和数据恢复是突发模式接收技术极其核心的功能。此外，突发模式接收技术只在 OLT 的接收机中使用，这是由于 ONU 接收连续比特流，不需要快速调整判决电平。采用突发模式接收技术的接收机一般有前馈式与高速自适应式两种。前馈式通过在线路码中加入前置码来决定判决门限，而高速自适应式则由输入信号动态决定判决门限。

3.1.6　WIA-PA

1. 简介

无线技术在工业环境中的应用，不仅能够满足数据传输实时性和可靠性的要求，还具备了抗干扰能力强、灵活部署、易于扩展等优势。同时，它们还支持工业自动化系统中传感器、执行器等设备的无线连接，为工业生产过程的监控、控制和优化提供了更加灵活和便利的手段。

WIA-PA 的发展开始于 2006 年，是由中国工业无线联盟提出的具有自主知识产权的高可靠、超低功耗的智能多跳无线传感器网络技术，它提供了一种具有自组织性和自愈性的智能网络路由机制，可以针对应用条件和环境的动态变化，保持网络性能的高可靠性和强稳定性。2008 年 10 月，WIA-PA 发布成为公共规范 IEC/PAS 62601。2011 年 10 月，WIA-PA 正式成为国际标准 IEC 62601。2015 年 12 月，WIA-PA 经 IEC 和欧洲电工标准化委员会（CENELEC）联合投票，正式发布成为欧洲标准。

2. 协议

WIA-PA 标准主要采用一种两层结构的星 - 网状网络，如图 3-15 所示。它的第一层采用网状结构，由网关设备和路由设备组成；第二层则采用星状结构，是以各路由设备为簇首组成多个星状网络。

WIA-PA 标准分别定义了五种类型的物理设备和逻辑角色。其中，物理设备分别是主控计算机、网关设备、路由设备、现场设备和手持设备，它们统称 WIA-PA 设备；而逻辑角色分别是网关、网络管理者、安全管理者、簇首和簇成员。逻辑角色主要体现了它在 WIA-PA 网络中的功能，需要由具体的物理设备实现。

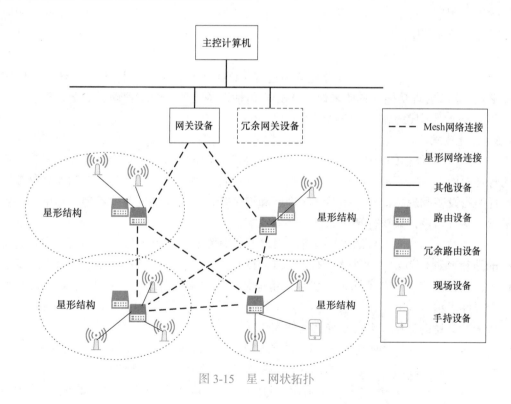

图 3-15　星 - 网状拓扑

WIA-PA 的协议栈共四层，自下而上分别是物理层、数据链路层、网络层、应用层。

（1）物理层　WIA-PA 物理层基于 IEEE STD 802.15.4-2006 标准的物理层，至少支持 2.4GHz 频段的 16 个信道，即信道 1 至信道 16。WIA-PA 在该频段的基本数据传输速率为

250kbit/s。WIA-PA 物理层的主要功能包括启动或关闭无线射频收发器、数据收发、能量探测、信道选择、信道空闲检测等。

（2）数据链路层　WIA-PA 的数据链路层主要基于 IEEE STD 802.15.4-2006 的 MAC 层，并在其上定义了数据链路子层。其中，MAC 层负责数据帧的发送和接收，能够兼容 IEEE STD 802.15.4-2006 的超帧结构。数据链路子层定义了与通信资源分配相关的内容，可以完成时间同步、时隙通信、链路和信道性能度量、服务管理和安全等任务。WIA-PA 数据链路层的最终目的就是确保设备间实时、可靠、安全的数据传输。

WIA-PA 在数据链路层定义了基于时隙的跳频机制、重传机制以及基于 TDMA 和 CSMA（载波侦听多址）的混合信道访问机制，可以确保数据传输的实时可靠。在安全性方面，WIA-PA 除了应用 IEEE STD 802.15.4-2006 标准在 MAC 层的全部安全机制外，还在数据链路子层采用了 MIC（消息完整性校验）机制和数据加密机制。

（3）网络层　WIA-PA 在网络层分别定义了数据实体和管理实体，可以为应用层提供所需要的数据服务和管理服务，这两类服务都是通过相应的服务接入点完成的。

网络层的主要功能包括设备寻址和设备路由、通信资源分配、数据包管理、设备加入和离开、路径健康检查等。WIA-PA 的网络层可以提供面向工业应用的端到端的实时可靠通信。

（4）应用层　WIA-PA 是协议栈的最高层，是与用户交互的接口。WIA-PA 标准的应用层可以分为两个子层：应用子层（ASL）和用户应用进程（UAP）。ASL 层定义了通信模式、聚合和解聚、安全和管理等服务。UAP 是针对不同用户应用对象（UAO）定义的，主要面向不同的工业需求。另外，设备管理应用进程（DMAP）作为一个特殊的 UAP，可以实现 WIA-PA 的系统管理功能。具体来说，DMAP 包括设备管理、网络管理、安全管理、网络管理代理、安全管理代理和管理信息库等。

3. 关键技术

（1）集中式和分布式结合的管理架构　WIA-PA 网络使用集中式管理和分布式管理相结合的管理架构。系统管理由网络管理者和安全管理者集中完成，网络管理者和安全管理者直接管理路由设备和现场设备。在网络管理者和安全管理者对现场设备的管理过程中，路由设备不承担簇首角色，只执行管理信息转发的功能。

（2）虚拟通信关系　WIA-PA 网络使用虚拟通信关系（VCR）区分不同用户应用对象所使用的路径和通信资源。每个 VCR 有 VCR_ID 唯一标识。每个 VCR 由源端用户应用对象标识、目的端用户应用对象标识、源端设备地址、目的端设备地址、VCR 类型、VCR 作用范围等属性表示。

按照所支持的应用，定义三种类型的 VCR：

1）Publisher-Subscriber 类型 VCR。主要用于支持预先配置的、周期数据的发布。

2）Report-Sink 类型 VCR。主要用于支持非周期的事件、趋势报告。

3）Client-Server 类型 VCR。以请求/响应形式支持非周期的、动态的成对单播信息传输。

按照 VCR 的作用，又分为：

1）非聚合 VCR。如果簇成员不支持聚合功能，则簇成员采用非聚合 VCR 将没有聚合的包发送到簇首。如果簇首也不支持聚合功能，则还利用该非聚合 VCR 将簇成员的数据转发给网关。

2）数据聚合 VCR。如果簇成员支持聚合功能，则簇成员采用数据聚合 VCR 将聚合后的包发送到簇首。如果簇首不支持聚合功能，则还利用该数据聚合 VCR 将簇成员的聚合包转发给网关。

3）包聚合 VCR。如果簇首支持聚合功能，则簇首采用包聚合 VCR 将聚合后的包发送到网关。包聚合 VCR 的作用范围是簇首内的聚合对象到网关设备内的解聚对象。

数据 VCR 标识数据服务所用的通信资源。数据 VCR 在应用组态完成后建立。组态结束后，现场设备向网络管理者汇报 UAO，相当于该现场设备向网络管理者发起了 VCR 建立请求，网络管理者建立 VCR，并将 VCR 及其所用的通信资源的信息写入设备，写入的 VCR 包括组态产生的 Publisher-Subscriber 类型的 VCR，以及预留的 Report-Sink 类型和 Client-Server 类型的 VCR。当路由设备或现场设备离开网络时需要释放相应的 VCR。

（3）两层通信资源分配　通信资源包括时隙和信道，资源的分配要在时间、信道二维变量上综合考虑。资源的分配过程为：

1）在网状子网中，由网络管理者为路由设备分配资源，这部分资源包括路由设备用于在网状网络中通信的资源和路由设备可分配给现场设备的资源。

2）在星形子网中，由路由设备为现场设备分配资源，即将路由设备的资源与现场设备绑定。

（4）自适应跳频通信　WIA-PA 技术使用多信道进行通信，在 DSSS（直接序列扩频）的基础上引入 FHSS（跳频扩频）的思想，采用根据信道状态自适应跳频等机制，可以有效地抑制突发性干扰，消除频率选择性衰减。WIA 技术具体支持以下三种跳频机制：

1）自适应频率切换。在 WIA 超帧中，Beacon（信标帧）、CAP（竞争访问阶段）和 CFP（非竞争访问阶段）在同一个超帧周期内使用相同的信道，在不同的超帧周期内根据信道状况切换信道。信道质量差时，设备改变通信信道。信道状况通过丢包率和重传次数进行评价。

2）自适应跳频。在 WIA 超帧的每个时隙，根据信道状况更换通信信道。信道质量差时，设备改变通信信道。信道状况通过丢包率和重传次数进行评价。非活动期的簇内通信段采用自适应跳频机制。跳频序列的结构为：<timeslot 1 channel 1> <timeslot 2 channel 2>…<timeslot n channel n>。

3）时隙跳频。为了避免干扰和衰减，按照一定规律，在每个时隙改变通信信道。非活动期的簇间通信段采用时隙跳频机制。跳频序列的结构同上。

（5）高可靠 Mesh 路由　为了保证端到端可靠传输，WIA-PA 技术在网络层采用智能的 Mesh 技术。每个设备至少有两条可用的通信路径，设备加入网络后，可以自主选择或由网络管理者分配多条数据传输路径。WIA-PA 技术还支持路径的健康检测，当一条路径由于干扰被中断时，设备可以自动切换到其他通信质量较好的路径。

（6）聚合与解聚　WIA-PA 网络提供了簇内报文聚合功能，以减少需要转发报文的数量。簇内报文聚合功能由簇首和簇成员完成，解聚功能由网关完成，网关负责把解聚后的数据分发给不同的应用。

3.1.7　ISA100.11a

1. 简介

ISA100.11a 的发展最早始于国际自动化协会（International Society of Automation，ISA）于 2004 年成立的 ISA100 无线通信标准委员会。ISA100 的成员包括终端设备用户和技术提供商，主要负责制定相关技术标准、提议操作规范和起草技术报告等。2008 年 3 月，ISA100 发布 ISA100.11a 标准草案，并于 2009 年 9 月正式发布成为 ISA 标准。2011 年 5 月，ISA100.11a 获得美国国家标准学会（ANSI）的表决通过，并于 2012 年 1 月正式成为美国国家标准。同期，ISA100 于 2011 年 6 月向 IEC 提交了 IEC/PAS 62734，并于 2011 年 9 月获得IEC 表决通过。2014 年 9 月，ISA100.11a 正式发布成为国际标准 IEC 62734。

2. 协议

ISA100.11a 支持各种类型的网络拓扑结构，在 ISA100.11a-2011 标准中共定义了五种类型的拓扑结构，包括星状、中心辐射状、网状、星—网状及其各种混合结构。因此，采用ISA100.11a 标准的工业无线网络可以满足不同类型的工业需要。具体使用时，只要根据实际需要配置出最满足工业需要的拓扑结构即可。

ISA100.11a 标准将设备在网络中的逻辑功能定义为"角色"，这些逻辑角色主要包括系统管理者、安全管理者、网关、主干路由器、系统时钟源、配置、路由器以及输入输出。ISA100.11a 的网络设备都要充当一个角色，同一设备可以充当多个角色。一台设备充当一个角色的时候就要完成该角色所要求的全部功能。

ISA100.11a 协议栈共五层，自下而上分别是物理层、数据链路层、网络层、传输层和应用层。

（1）物理层　ISA100.11a 的物理层采用 IEEE 802.15.4 的物理层，其主要功能包括信号的转换、调制、解调和收发等。该层提供了数据服务和管理服务两种服务。ISA100.11a 标准采用 2.4GHz 频段的通信信道，至少支持该频段的前 15 个信道（信道 11~ 信道 26），将信道26 作为可选项。

（2）数据链路层　ISA100.11a 标准定义了其特有的数据链路层，可以进一步分为三个子层，分别是 MAC 子层、拓展 MAC 层以及上层数据链路子层。其中，MAC 子层采用IEEE 802.15.4 的 MAC 层标准，主要负责数据帧收发。拓展 MAC 层要实现时间同步、跳信道、CSMA、调度和重传等功能。上层数据链路子层负责处理 MAC 子层以上的链路和网络问题，包括数据帧的处理、DL 子网的路由、邻居发现、入网和信息库管理等。

（3）网络层　网络层的主要功能包括设备寻址、地址转换、PDU（协议数据单元）格式选择、数据报的分装和重组、主干网的路由等。网络层的性能除了影响 ISA100.11a 网络内部的通信性能，也影响着 ISA100.11a 网络与外围工业网络的通信性能。

（4）传输层　传输层为应用层提供服务，包括数据服务和管理服务两类。ISA100.11a负责提供端到端的传输服务，但它是一种无连接服务，并且不支持确认机制。具体来说，其服务包括单播、多播以及广播连接；可选的安全机制，保证机密性、信息完整性和信息源识别；可选的按顺序、不重复的信息传输；信息优先级机制；可选的信息有效时长；可选的周期性调度传输；对大块信息的分割和重组。

（5）应用层　应用层依然是协议栈的最高层，是用户与 ISA100.11a 网络进行通信的接口。ISA100.11a 标准在该层定义了在开放式、可互操作情况下分布式应用所必需的通信服务。应用层可分为两个子层，分别是上层应用（UAL）和应用子层（ASL）。UAL 包含了设备的用户应用进程（UAP），而应用子层提供了实现 UAL 所需的服务，包括面向对象通信、跨网络路由等。

UAP 可以访问在一个特定节点内的通信和功能管理进程，也能够访问外围的接口，如 I/O、存储、通信、用户接口和计算。UAP 的基本功能包括与传感器、执行器或仪表相关的终端设备功能；PC 上的监测应用；现场中控制器的控制应用；用于现场设备的监测和管理的人机界面功能；网桥功能。

3. 关键技术

（1）频谱管理技术　ISA100.11a 支持频谱管理技术，在配置超帧的过程中，避免为设备分配使用容易造成干扰或者质量差的信道。

（2）TDMA/CSMA 混合技术　ISA100.11a 采用 TDMA/CSMA 混合技术进行通信。其中，TDMA 方式可以提高网络的可靠性；CSMA 用于网络中设备的快速加入、命令和告警信息的发送，以及兼容仅采用 CSMA 方式通信的设备。

（3）信道跳频技术　ISA100.11a 采用与 IEEE 802.15.4 兼容的 2.4GHz 频段进行通信。ISA100.11a 采用智能跳频技术，通过屏蔽状况差的信道，避免来自其他设备的干扰和多径效应，以实现与其他网络的共存。智能跳频技术提高了通信的可靠性。

ISA100.11a 的跳频方式包括时隙跳频、慢跳频和混合跳频。在时隙跳频方式中，设备按照跳频序列，在每个时隙使用跳频序列中的下一个信道进行通信；在慢跳频方式中，连续的多个时隙使用一个相同的信道进行通信；在混合跳频方式中，设备交替使用时隙跳频和慢跳频。

（4）隧道技术　ISA100.11a 的隧道技术主要是网关用来将 ISA100.11a 协议转换为非 ISA100.11a 协议，实现与非 ISA100.11a 网络的互联。

3.2　工厂外网技术

工厂外网主要指以支撑工业全生命周期各项活动为目的，用于连接上下游之间、企业与智能产品之间、企业与用户之间的网络。目前的工厂外网技术主要可分为确定性网络和无线广域网络。确定性网络可克服传统网络在满足工业生产对端到端时延、时延抖动和可靠性的高要求方面存在的限制或不足，为工业生产提供了"准时、准确"的数据传输服务质量。无线广域网络则具有广域覆盖、部署灵活、适应性强等特点，更能为工业领域的实时监测、远程控制、设备管理、数据采集等关键功能提供可靠支持。

本节首先介绍两种主要的确定性网络技术 DetNet 和 DIP，再介绍三种常用的无线广域网技术：NB-IoT、LoRa 和 5G。

3.2.1 DetNet

1. 简介

为了在现有的 IP 网络基础之上提供确定性承载能力，满足工业互联网、5G 垂直行业的确定性承载需求，IETF 在 2015 年 10 月成立 DetNet（Deterministic Networking，确定性网络）工作小组。DetNet 是一项帮助实现 IP 网络从"尽力而为"到"准时、准确、快速"，控制并降低端到端时延的技术。DetNet 的目的是实现沿多跳路径转发，具有确定性延迟、可控的低丢包率与高可靠性，侧重于 IP 层调度保障，目标在于将确定性网络通过 IP/MPLS（多协议标记交换）等技术扩展到广域网上。

DetNet 端到端网络架构如图 3-16 所示，关键角色包括终端系统、SDN 控制器和 DetNet 节点。按照不同的网络位置，在转发层面上，可将 DetNet 节点分为三类：入口边缘节点、传输节点和出口边缘节点。

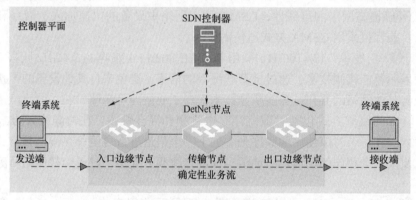

图 3-16　DetNet 端到端网络架构

1）SDN 控制器。作为整个系统的大脑，收集 DetNet 的拓扑信息和时延等信息，计算满足业务端到端时延需求的路径，并建立确定性业务流与转发周期的映射关系。

2）入口边缘节点。基于报文特征决定终端系统的端到端业务流是否被允许进入 DetNet进行确定性转发，并将到达时间不规律的报文按时间划分到不同的转发周期中。进入 DetNet的业务流称为确定性业务流，它可以由 IP 报文的五元组（源 IP 地址、目的 IP 地址、源端口、目的端口、协议类型）和 DSCP（差分服务代码点）等来定义。

3）传输节点和出口边缘节点。将上游节点在某一个周期内发送出来的报文，从本节点的一个指定接口上，在一个指定的周期内排队发送出去。

目前，关于 DetNet 架构、用例、安全、信息模型和 IP/MPLS 及 TSN 互通相关数据面等标准已制定完成，已发布 RFC（征求意见稿）13 篇。当前的重点工作组草案是 DetNet OAM和管控面标准。2022 年 7 月，Rechart 已通过申请正式改为报文处理，大规模组网及时延队列等技术标准已作为增强转发面需求及方案写入工作组计划。

Comware 以 IETF DetNet 标准为基础，提出了基于弹性周期排队转发（Resilient Cycle Queuing and Forwarding，RCQF）技术的端到端确定性数据传输方案。DetNet 编制的标准文件将兼容在 IEEE 802.1 TSN 工作组和其他 IETF 工作组的相关确定性网络的底层协议中。

2. 协议

DetNet 规范提供了正确的端到端传输和封装，包括 DetNet 数据平面和整个 DetNet 架构，采用了相关兼容性强且稳定的标准，即 IETF RFC 和 IEEE 标准。由于 DetNet 工作组成立时间较短，目前仅形成部分 IETF RFC 文件，以及 IETF 草案。本节仅对部分 RFC 文档进行介绍，而尚未形成 RFC 文档的草案不在这里进行过多叙述。

1）RFC 8557（Deterministic Networking Problem Statement）。该文件主要阐述了各行业领域对具有确定性保障的业务流建立多跳路由路径需求的建议。其强调确定性转发只能应用于具有周期性和突发性等明确定义特征的流，在建立一条为它们服务的路径之前，必须指定这些特征的表达，以及网络如何为它们服务。

2）RFC 8578（Deterministic Networking Use Cases）。该文件对在多跳路径上"确定性业务流"有共同需求的不同行业的用例进行了概述说明，这些用例在网络拓扑和特定应用领域方面有明显的不同，为 DetNet 提供了一个广泛的行业环境。DetNet 流可以从二层或三层接口建立，并且这种流可以与尽力而为（BE）共存在 IP 网络上。DetNet 还通过提供冗余路径来保证高度可靠的流。

3）RFC 8655（Deterministic Networking Architecture）。该文件提供了 DetNet 的总体架构，它提供了低丢包率、有限端到端延迟的数据传输能力，用于承载实时应用的单播或多播数据流。DetNet 在 IP 层运行，并通过 MPLS 等较低层技术提供服务。DetNet 通过将网络资源（如链路带宽和缓冲区空间）专用于 DetNet 流或 DetNet 流类别，并通过在多个路径上复制数据包来提供可靠且可用的服务。只要满足所有保证，未使用的保留资源就可用于非 DetNet 数据包。任何可表示为最大带宽的数据流的应用程序都应该能够利用 DetNet，只要能够预留必要的资源。

4）RFC 8938（DetNet Data Plane Framework）。该文件提供了 DetNet 数据平面的总体框架，它涵盖了任何 DetNet 数据平面规范通用的概念和注意事项。它还描述了相关的控制器平面注意事项。DetNet 相关数据平面功能建模分解为两个子层：服务子层和转发子层。DetNet 转发子层可以由 DetNet 服务子层直接提供，如通过 IP 隧道或 MPLS 提供。或者，可以使用一种叠加方法，其中数据包在 DetNet 内的关键节点之间（如在 PREOF 节点之间）本地传输，并且子层用于提供到达叠加中的下一个跃点所需的信息。转发子层提供 DetNet 流所需的 QoS 相关功能，服务子层提供了转发子层的连接功能之外的额外支持。从 DetNet 数据平面的角度来看，分布式信令或集中式配置的结果都是等效的实例化流，确定显式路由，保留资源，并使用 DetNet 数据平面通过域转发数据包。

5）RFC 8939（DetNet Data Plane：IP）。该文件建立在 DetNet 体系结构（RFC 8655）和数据平面框架（RFC 8938）上，指定了对 IP 封装数据提供 DetNet 服务的 IP 主机和路由器的数据平面操作方式。DetNet IP 数据平面主要使用基于 6 元组（目标地址、源地址、IP、源端口、目标端口和 DSCP）的流标识。DetNet IP 数据平面处理分为以下几个方面：流量识别、转发和流量处理。流量识别包括将 IP 层和更高层协议标头信息与 DetNet 流（状态）信息和服务要求相匹配相关的过程；转发包括与下一跃点选择和传递相关的过程；流量处理包括与提供具有所需 DetNet 服务的已识别流相关的过程。

6）RFC 8964（DetNet Data Plane：MPLS）。该文件指定在 MPLS 报文交换网络上运行时的 DetNet 数据平面，主要利用伪线路封装、MPLS 流量工程封装以及相关机制。DetNet

MPLS 数据平面的服务子层包括一个 DetNet 控制字和一个标识服务标签。聚合标签是用于聚合的 S 标签的特例。DetNet 序列号在 DetNet 控制字中携带，该控制字还携带 Data/OAM 鉴别器。

7）RFC 9055（DetNet Security Considerations）。该文件考虑 DetNet 组件设计和系统设计的部分。后者包括对威胁、威胁影响和缓解措施的分类和分析，特定于 IP 和 MPLS 数据平面技术的安全注意事项。

3. 关键技术

（1）DetNet 确定性保障机制　DetNet 通过以下机制，为三层网络提供确定性的延迟、抖动、零丢包以及高可靠的保障：

1）拥塞保护。拥塞丢失是尽力而为网络中丢包的主要原因。DetNet 通过划分转发时隙、资源预留（包括链路带宽预留、节点缓存预留等）和包抢占实现超低延迟和零拥塞损失。

2）可靠交付。丢包的另外一个重要原因是设备或链路故障。DetNet 通过包复制和冗余消除技术，保证确定性业务流的可靠交付。DetNet 在入口边缘节点上通过数据包复制和编码技术，将确定性业务流的多个副本在多个路径发送出去，每个被复制的数据包都被转发到或接近其目的地，并由网络边缘节点通过冗余消除、包排序、数据解码技术进行冗余副本的消除和原始数据包的还原。

3）显式路径。为了消除协议收敛时间的影响，保持转发路径的稳定，DetNet 通过特定的协议或者集中控制单元计算出确定性业务流的最佳路径，并能够依靠冗余路径保证个别链路发生故障时业务不中断。

4）弹性调度。DetNet 在确定性业务流和非确定性业务流之间强制区分带宽资源。为了保持较高的带宽利用率，DetNet 允许在每个调度周期内，将确定性流的空闲资源调度给非确定性流使用。

（2）DetNet 确定性转发　如图 3-17 所示，确定性业务流的整体转发流程如下：

1）DetNet 内的所有网络设备采用精确时间协议（Precision Time Protocol，PTP）、同步以太网（SyncE）等技术，实现纳秒级的频率同步。

2）各节点通过 DetNet OAM 等技术精准测量出单个节点内以及上下游间的时延和抖动。

3）SDN 控制器根据配置的策略计算出满足确定性时延的 SRv6 显式路径和队列映射信息，然后下发给入口边缘节点。

4）入口边缘节点基于流特征对进入指定接口的报文进行识别与过滤，然后对允许进入确定性转发路径的报文进行 SRv6 封装，封装在 SRH（段路由报文头）内的 SID（系统标识码）列表附加了各转发节点的周期属性。

5）封装后的数据报文在入口边缘节点上进行整形，按照周期排队进入相应的队列，并在指定的周期内进行转发。

6）当数据报文抵达下游的转发节点时，转发节点依据报文头中携带的周期属性将报文送入相应的队列，然后等待周期性的调度转发。

（3）RCQF 技术　弹性周期排队转发（RCQF）是一种实现端到端确定性数据传输的技术，RCQF 技术对周期排队转发（Cycle Queuing and Forwarding，CQF）技术进行了扩展，重点解决了端到端确定性传输过程中的"低抖动"需求，同时增加了弹性能力使其适用于广域网。RCQF 的弹性能力包括弹性适应传输时延、传输抖动、大带宽、大包长、接口速率以及频率同步等。RCQF 的技术如下：

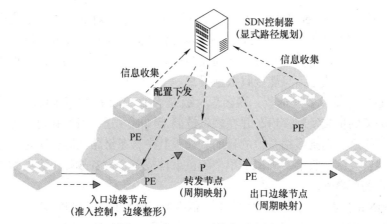

图 3-17　DetNet 再转发过程图

1）精准频率同步。确定性转发路径需要所有转发网元基于同一个时间标识，各个转发网元基于全局统一的时间基准选择报文转发时机，进而达到确定时延与抖动的效果。DetNet内，指定满足要求的时钟源后，所有网络设备采用 PTP、SyncE 等技术，实现纳秒级的频率同步。

2）测量与标定。DetNet 中，确定性路径上的各节点使用 DetNet OAM 等技术精准测量出每个节点内以及上下游间的时延与抖动，并将测量结果上报给 SDN 控制器，SDN 控制器精确计算得出各节点之间的周期映射关系，并向入口边缘节点下发该周期映射信息。入口边缘节点基于下发的周期映射信息，将不同的确定性业务流映射到不同的接口队列中，并将该路径的队列映射信息标识到报文头中指导后续节点进行确定性转发。

3）确定性协同。每条确定性流在正式发送数据报文之前，DetNet 系统都需要为其规划确定的传输路径、预留沿途的所有资源，这个过程需要 SDN 控制器与 DetNet 节点之间协作完成。SDN 控制器收集 DetNet 中的全局拓扑和设备的能力集（支持确定性转发的接口、接口带宽、接口队列），并实时掌握业务对应的路径、接口、带宽、队列等信息。在 SDN 控制器上为指定的业务流部署确定性转发策略，明确业务流的网络入口、网络出口、确定性 QoS要求等。SDN 控制器结合收集到的路径状态信息和测量信息，动态计算网络中是否存在满足条件的路径，包括路径的端到端时延和抖动要求，各设备接口剩余带宽是否充足。若存在满足条件的路径，SDN 控制器将规划出业务流对应的 SRv6 显式路径信息。SDN 控制器将计算得到的业务流识别信息、周期映射信息以及 SRv6 显式路径信息下发给入口边缘节点，业务流进入网络后，将从入口边缘节点出发，沿着指定的路径进行转发。

4）周期映射。周期映射的核心思想为：保证一条流的多个数据报文在各节点发送时，都可以进入某一个确定的发送周期。每个转发节点需要将各自的时间以 T 为单位划分为等长的周期，并为每个数据报文合理安排进入和离开本节点的周期。入口边缘节点按照事先下发的流识别信息、周期映射信息，将不同的确定性业务流的报文映射到不同的接口转发队列中，并将路径的周期映射信息嵌入 SRv6 报文头的 SID 列表中。中间转发节点基于报文中携带的周期映射关系，将某周期内从上游节点收到的所有确定性业务流的报文，统一调度到本节点指定的一个周期内进行转发，每一跳都做类似的周期映射处理，直到报文从出口边缘节点发出。

5）确定性调度。DetNet 节点上划分微秒级的等长周期，对确定性业务流进行严格的循环周期性调度，使得每个数据报文可以按照周期排队进入相应的队列，并在指定的周期内进行转发。在一个周期内，只有对应的队列才会打开，存储于该队列中的数据报文才得以发送，其余队列处于关闭状态，只能接收数据报文。

（4）多发选收技术　多发选收，顾名思义就是当 DetNet 存在多条传输链路时，首节点会将确定性业务流的报文复制多份，并在多条链路上同时发送，然后在尾节点上进行冗余副本的消除和重新排序，达到多路备份的目的。如果其中某条链路故障，确定性业务流的报文仍能从其他链路转发到接收端，确保了单个随机事件或单个设备故障不会导致丢包，大大提升了确定性网络的可靠性。

在支持 DetNet 多发选收功能的网络中，需要在 DetNet 路径的首节点上通过 DetNet 路径组将互为备份的两条 DetNet 路径进行绑定。配置了 DetNet 路径组的首节点上，由同一个源接口进入 DetNet 的确定性业务流，将自动由属于同一个 DetNet 路径组的两条 DetNet 路径进行复制后转发。同时，为了保证尾节点可以区分哪些报文属于同一条确定性业务流，首节点上还需要指定被复制转发的报文中要携带的流 ID 和设备 ID。

同一个 DetNet 路径组内不同路径的时延可能不同，为了保证尾节点上发出报文的时间可控，需要在首节点上为重新组织后的报文指定它们在尾节点上发送的统一延迟时间。当尾节点收到来自不同路径的同一条确定性业务流的报文后，首先基于报文中携带的标识（时间戳、流 ID、序列号、统一延迟时间等）对其去重以及重新排序，然后在这个指定的统一延迟时间到达后将其转发出去。

3.2.2　DIP

1. 简介

确定性 IP（Deterministic IP，DIP）在传统 IP 网络的基础之上引入周期转发的思想，通过控制每个数据包在每跳的转发时机来减少微突发，消除长尾效应，最终实现端到端时延确定性。在核心节点上进行标签交换和周期转发聚合调度，解决了传统 IP 网络的突发累积问题，实现了 IP 网络的端到端确定性低时延和微秒级抖动。此外，DIP 技术中的核心节点无逐流状态，设备之间不需要精准时间同步，因此具有良好的网络可扩展性。

确定性 IP 网络的总体架构由边缘整形、门控调度、周期映射、SRv6 承载网络四部分组成，如图 3-18 所示。DIP 技术是 IPv6 包头中唯一新增的 Flow Label（流标签）字段，为基于流差异化服务提供了更方便的网络层识别方式，使得路由器对流的识别不再依赖传统的五元组，可以在不解析 TCP/UDP 四层传输层包头的条件下，实现对流的精准识别，并匹配相应的流转发策略。

IP 最初的"尽力而为"已满足不了新应用场景中差异化服务的需求，DIP 能够通过确定性的报文调度和核心无状态的网络架构，同时实现三层大网端到端时延确定性和大规模可扩展性，在 IP 网络中可以为高优先级别的流提供确定性的转发服务。

如图 3-19 所示，DIP 参考模型，分为应用层、服务层、转发层及底层（通常为物理层和链路层），分别为 DIP 网络技术提供相应的功能。

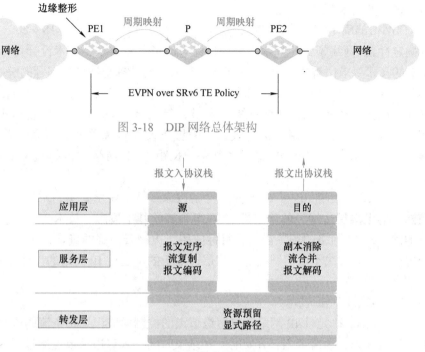

图 3-18　DIP 网络总体架构

图 3-19　DIP 网络参考层次模型

　　DIP 相关技术标准最先在中国通信标准化协会（China Communications Standards Association，CCSA）由中国移动、中国联通、中国电信、华为等单位推动。与此同时，DIP 技术相关的周期缓存队列机制、网络架构等内容，也在 IETF 相关工作组（如 DetNet WG）中同步进行推动，与业界共同讨论数据面国际技术标准。

2. 协议

　　DIP 相关行业标准和研究报告内容见表 3-1。

表 3-1　DIP 相关行业标准和研究报告（含暂定）

序号	标准或报告名称	目标工作组
1	面向工业互联网的端到端确定性网络技术	ST8/WG2
2	确定性 IP 网络协议规范	TC3/WG2
3	确定性 IP 网络设备技术要求	TC3/WG2
4	确定性 IP 网络的技术测试要求	TC3/WG2
5	电信网络的确定性 IP 网络控制面技术要求	TC3/WG1
6	电信网络的确定性 IP 网络面向汇聚层边缘云的技术要求	TC3/WG1
7	电信网络的确定性 IP 网络总体架构和技术要求	TC3/WG1
8	工业互联网企业确定性网络关键技术及自运营系统研究	ST8/WG2
9	面向物联网应用的确定性网络技术需求分析研究	TC10/WG3

目前现行的技术要求如下：

《电信网络的确定性 IP 网络的总体架构和技术要求》（YD/T 4418—2023），规定了电信网络的确定性 IP 网络领域的基本概念、目标应用场景及需求、技术设计目标、总体技术架构和相应的技术要求。解决了电信 IP 网络中数据端到端确定性传送问题的解决。

《电信网络的确定性 IP 网络 控制面技术要求》（YD/T 4470—2023），规定了面向电信网络的确定性 IP 网络控制面的技术要求，针对典型的 DIP 的业务模式和组网形式，制定了 DIP 的信息通告、用户信息表达、配置下发、资源预留、可靠性保障等控制面相关的技术要求。解决了中小规模、大规模、长距离 IP 网络的数据流端到端确定性传送问题。

《电信网络的确定性 IP 网络 面向汇聚层边缘云技术要求》（YD/T 4471—2023），规定了电信网络的汇聚层边缘云的确定性 IP 网络领域的基本概念、技术要求，包括面向多业务边缘云的确定性 IP 网络的场景需求及目标应用、边缘云内部的确定性传输技术要求以及云外部的传输要求。解决了电信网络的汇聚层边缘云的确定性 IP 网络的设计、开发和测试。

3. 关键技术

（1）DIP 网络控制面技术

1）准入控制。确定性 IP 网络入口边缘节点的控制面应记录每条流的资源预留状态，状态信息包括流标识、预留带宽、开始时间和结束时间。入口边缘节点通过资源预留结果，可以决定确定性流是否被允许进入网络进行确定性转发。数据流的资源预留状态可以动态地刷新，实现资源预留续期。当数据流超出了准入条件时，入口边缘节点必须能够阻止该数据流的报文进入确定性传输流程，可以直接丢弃相关报文或者将报文按照尽力而为的优先级进行传输。

2）路径规划和资源预留。数据流传输确定性路径规划实现，可基于分布式路由算法或集中式路径计算预先沿途进行必要的确定性资源预留。资源预留包括静态资源预留和动态资源预留。静态资源预留实现方式有两种：通过集中控制单元，为沿途转发节点下发资源需求，由各节点根据下发的信息，为对应的业务流进行资源预留或者相应的映射建立；通过信令，由入口边缘节点发送携带了数据流信息的资源预留/映射建立信令，信令中可包含流标识、数据流需求带宽、预留资源的起始周期号和需要预留的周期数量、周期映射及周期窗口等。

（2）DIP 网络数据面技术　基于数据分组和存储转发的 IP 网络具有资源统计复用的特点是提升吞吐和降低成本的同时，给数据报文的传输时延带来高度的不确定性。

DIP 技术使用一种可扩展的、易实现的、小缓存的稳定低排队时延的转发面架构。其技术要求为：①网络设备需将时间划分为等长的周期，数据包按照周期进行排队和转发，即被指定在同一周期从发送节点发送出去的报文，在接收节点被调度到指定的同一周期进行下一跳转发；②对某周期的报文，首节点和尾节点上的发送周期的时间差应保持稳定，即周期编号差值保持固定，但具体报文在周期内被发送的确切时间可以不固定。为确定性流预留资源后，需要在数据面完成路径绑定和确定性周期转发功能。

1）路径绑定。确定性 IP 传输的资源预留体现在数据转发路径的节点上。因此，后续的数据报文传输需要绑定该路径。路径绑定技术可以与标签携带技术耦合。

2）确定性周期转发。入口边缘节点根据数据报文被发出的时间，将时间周期编号嵌入报文中。中间节点收到报文后，依据周期映射进行确定性周期转发，使得数据报文发出时携带本地时间周期编号，直到数据报文被送达出口边缘节点。

从时延角度看，该框架功能拥有控制时延抖动上限的效果。首节点在某周期末尾发送的报文可能在尾节点中所对应周期的开始被发送出去；反之，首节点某周期开始发送的报文可能在尾节点中所对应周期的末尾才被发送出去。上述最好情况和最差情况的时延差值为 2 个调度周期长度。

在 IP 网络中报文的处理和链路传输时延相对固定，上下游相邻节点可以维持稳定的周期映射关系。确定性 IP 网络节点可以为每个周期进行编号，上游节点从本周期发送出去的报文中携带该编号标签，下游节点解析该标签值用于确定数据报文被发送的周期。

3.2.3　NB-IoT

1. 简介

NB-IoT 是窄带物联网的简称，是一种针对大规模机器类型通信（mMTC）场景设计的低功耗无线广域网技术。它采用了窄带通信技术，为物联网设备提供了更广阔的覆盖范围和更低的功耗。NB-IoT 自身具备低功耗、广覆盖、低成本、大容量等优势，使其可以广泛应用于多种垂直行业，如远程抄表、资产跟踪、智能停车、智慧农业等。2015 年 9 月，NB-IoT 被确立为窄带蜂窝物联网的 3GPP 唯一标准。2016 年 6 月，NB-IoT 核心标准正式在 3GPP R13 中确定。

2. 协议

NB-IoT 协议架构从下到上依次由物理层（Physical Layer，PHY）、介质访问控制（Medium Access Control，MAC）层、无线链路控制（Radio-Link Control，RLC）层、分组数据汇聚协议（Packet Data Convergence Protocol，PDCP）层和无线资源控制（Radio Resource Control，RRC）层组成。PHY 负责信道编码和调制，MAC 层负责调度和分配资源，RLC 层负责无线链路的可靠传输，PDCP 层负责对 IP 数据包进行压缩和加密处理，RRC 层负责控制连接的建立与释放。

NB-IoT 协议是一种基于 LTE 的新空口协议，它根据物联网的需求，去掉了一些不必要的功能，同时重新定义了 LTE 的某些协议栈功能。图 3-20 给出了 NB-IoT 和 LTE 的协议比较。

1）PHY 层。NB-IoT 取消了物理上行链路控制信道、物理控制格式指示信道（PCFICH）和物理混合自动重传指示信道等信道。此外，NB-IoT 取消了探测参考信号。

2）MAC 层。NB-IoT 旨在降低协议栈处理流程上的开销。它只支持单进程的混合自动重传请求（HARQ）。相比之下，传统的 LTE 最多支持 8 个 HARQ 进程。此外，NB-IoT 仅支持开环功率控制，不再支持闭环功率控制（CLPC）。

3）RLC 层。NB-IoT 不再支持透传模式和非确认模式，只支持确认模式。

4）PDCP 层。NB-IoT 做了很大的修改，原始的安全性和报头压缩等功能被完全删除。

5）RRC 层。最大的变化是去掉了移动性管理，这意味着 NB-IoT 将不支持切换。此外，NB-IoT 中增加了节电模式、扩展非连续接收等功能，减少耗电。

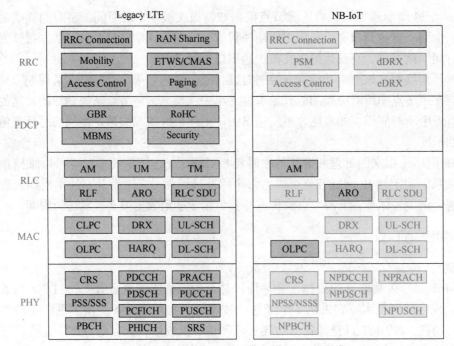

图 3-20　NB-IoT 和 LTE 的协议比较

3. 关键技术

（1）窄带发射技术　NB-IoT 通过重新定义上下行物理信道的格式，使得上下行数据可以在比 LTE 更窄的带宽中发送，提高功率谱密度增益。通过增加功率谱密度，更利于网络接收端的信号解调，提升无线信号在空中的穿透能力，从而提供更大的覆盖范围。NB-IoT 的载波带宽为 180kHz，下行采用正交频分多址技术，子载波间隔为 15kHz；上行采用单载波频分多址技术，包含单子载波和多子载波两种，单子载波技术的子载波间隔为 3.75kHz 和 15kHz 两种，多子载波技术的子载波间隔为 15kHz。

（2）重复传输　重复传输是发送方主动把一个信息包在时域上重复发送一定次数，以提高接收方解码成功率。在 NB-IoT 中，网络系统通过重复向终端发送控制、业务消息，再由终端对重复接收的数据进行合并以提高数据通信的质量。重传增益 $G_r=10\lg（T_r）$，其中 T_r 为重传次数。重传 2 次，增益就可以提升 3dB。NB-IoT 最大可支持下行 2048 次重传，上行 128 次重传，相当于增加 30dB 下行处理增益和 21dB 的上行处理增益。

（3）节电模式　用户终端设备完成上行数据传输后进入空闲态，同时开启激活定时器。激活定时器超时后，用户终端设备进入节电模式。在该状态下，用户终端设备深度休眠，关闭射频接收，不再接收下行数据。大多数情况下，采用节电模式的终端，超过 99% 的时间都处于休眠状态，处于休眠状态的用户终端耗电量约为空闲态的 1/200。

（4）扩展非连续接收　扩展非连续接收的核心思想是支持周期更长的寻呼监听，达到节电的目的。传统 IoT 的寻呼周期为 2.56s，对用户终端设备的消耗较大。在下行数据发送频率较低时，用户终端设备可与基站核心网协商确定一个扩展非连续接收周期（最短 20.48s，最长可达 2.92h）。在每个扩展非连续接收周期内，用户终端设备只在寻呼时间窗口内监听寻呼信道，其他时间深度休眠，以此实现较低的功耗。

3.2.4　LoRa

1. 简介

LoRa 是远距离无线电的简称,是一种用于低功耗、长距离无线通信的调制技术。LoRa 技术是一种扩频调制技术,也称为 Chirp 调制,这种调制技术是 Semtech 公司独有的知识产权。扩频技术是一种用带宽换取灵敏度的技术,Wi-Fi、ZigBee 等技术都使用了扩频技术,但是 LoRa 调制的特点是可以最大效率地提高灵敏度,以至于接近香农定理的极限。尤其是在低速率通信系统中,打破了传统的 FSK(频移键控)窄带系统的实施极限。它主要用于物联网设备之间的通信,特别是在需要远距离传输数据并保持低功耗的场景中表现出色。LoRa 联盟成立于 2015 年,通过合作制定了 LoRa 标准。

2. 协议

如图 3-21 所示,LoRa 协议分为基础类别 Class A 和可选功能类别 Class B、Class C。Class A 是最基本的终端类型,所有 LoRa 终端都必须满足 Class A 的规定。终端可以根据实际需求切换到 Class B 或 Class C,但必须满足 Class A 定义的所有功能。

图 3-21　LoRa 协议架构

(1) **Class A**　Class A 的终端设备允许双向通信,是能耗最低的一种模式。终端发送一个上行传输信号后打开接收窗口。终端只能在与服务器进行上行通信之后才能进行下行通信。终端会根据自身的通信需求,基于 ALOHA 协议来调整传输时隙。图 3-22 为一个 Class A 终端的时序图,每个上行传输后终端都要开两个短的接收窗口(RX1 和 RX2),接收下行链路的数据。接收窗口的开始时间是以传输结束时间为参考的。接收窗口 RX1 使用的频率和数据速率与上行通信有关,在上行链路调制结束 1s 后打开。接收窗口 RX2 使用一个固定可配置的频率和数据速率,在上行链路调制结束 2s 后打开。可以通过 MAC 命令对频率和数据速率进行修改。

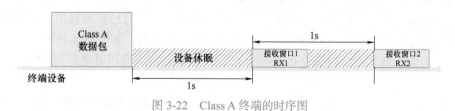

图 3-22　Class A 终端的时序图

(2) **Class B**　Class B 的目的就是在 Class A 终端随机上行后的接收窗口之外,让终端也能在可预见的时间内开启接收。图 3-23 为 Class B 终端的时序图，Class B 是让网关周期发送信标来同步网络中的所有终端，以便终端能够在周期时隙的确定时间点打开一个称为"Ping 时隙"的接收窗口。对于一个支持 Class B 的网络，所有网关必须同步广播一个信标，为所有终端提供一个参考时间。基于这个参考时间，终端可以周期性地打开"Ping 时隙"用来发起下行通信。网络服务器根据终端最近一次上行包的信号传输质量来选择通过哪个网关来发起下行通信。基于此，如果终端根据广播的信标发现网络发生了切换，它就必须向网络服务器发送上行帧，使服务器端能够及时更新下行路径的数据库。

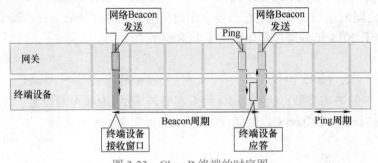

图 3-23　Class B 终端的时序图

（3）Class C　Class C 的接收窗口是一直打开的，只有正在发送上行帧时会关闭。因此 Class C 是最耗能的，但它能提供最小的传输延迟。它适用于功率足够大且不需要最小化接收时间的应用。Class C 并不兼容 Class B。图 3-24 为 Class C 终端的时序图，Class C 终端会在上行发送结束和 RX1 开启之间打开一个 RX2 窗口，RX1 关闭后，会立即切换到 RX2 接收状态，除了终端需要发送其他消息之外，它会一直处于打开状态。

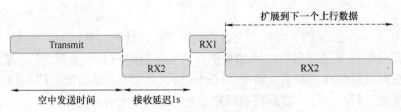

图 3-24　Class C 终端的时序图

3. 关键技术

（1）扩频调制技术　扩频调制技术也称为 Chirp 调制，在每个周期内，使得信号载波频率在较宽的频带内线性变化，展宽了信号的频带。扩频调制技术的主要参数包括带宽、扩频因子和码率。带宽决定了信号的频谱占用，扩频因子决定了信号的扩展程度，码率决定了信息传输的速率。合理选择这些参数可以优化 LoRa 系统的性能。扩频调制技术可以给通信系统带来抗干扰能力强、隐蔽性强、抗多径干扰、扩频多址、频谱利用率高和精确定位测距等优点。

（2）信道活动检测　LoRa 具有信道活动检测功能，即短时间监听附近是否有指定频率和扩频因子的 LoRa 信号，且这个唤醒的信号可以低于噪声，这样就不会像传统的 FSK 经常被误唤醒，从而保持更低的功耗。信道活动检测功能的整个过程需要约 2 个码元的时间，其中约 1 个码元的时间接收，接收电流为 4.6mA，1 个码元的时间计算，电流为接收模式的 50% 左右。

（3）自适应数据速率选择　LoRa 网关收到终端节点的数据后，可以获得该数据的信噪比和信号强度，通过这两个参数可以估算出节点与网关之间的链路余量。当发现链路余量比较大时，网关可以发送命令让终端节点以更高的速率和更小的发射功率工作；当终端节点上行命令未得到应答时，可以自动调节其发射功率和扩频因子，增加其信号传输距离实现与网关通信。在实际应用中，自适应数据速率选择是一个可选配置，用户可以根据终端设备应用的不同配置该功能，从而实现信道容量提升，网络干扰降低，设备功耗降低。

3.2.5　5G

1. 简介

2015 年底，国际电信联盟（ITU）确定 IMT-2020 系统命名，完成《IMT 愿景：5G 架构和总体目标》。ITU 鼓励成员国和相关国际组织提交 5G 的候选技术方案。ITU 收到候选技术方案以后，将组织公开的技术评估。2017 年 6 月，ITU 完成了一系列支持 IMT-2020 候选技术提交以及技术评估工作的关键文件，拉开了评估工作的序幕，并为后续候选技术方案提交和独立技术评估奠定了基础。2019 年 12 月至 2020 年 6 月，ITU 对满足最小性能要求和评估流程的候选技术进行评判。2019 年 12 月至 2020 年年底，ITU 开展 5G 技术标准建议书的制定。

3GPP 标准是唯一被 ITU 认可的 5G 标准，3GPP 制定的标准规范以 Release 作为版本进行管理。Release15 作为第一个版本的 5G 标准，满足部分 5G 需求，于 2018 年 6 月完成并发布；2020 年 7 月 3 日，3GPP 宣布 Release16 标准冻结，这标志 5G 第一个演进版本标准完成；2022 年 6 月完成了 Release17 版本协议冻结。

5G 覆盖了三种应用场景：增强移动宽带通信（eMBB）、大规模机器类通信（mMTC），以及超可靠性和低时延通信（URLLC）。eMBB 主要面向移动互联网流量爆炸式增长，为移动互联网用户提供更加极致的应用体验；大规模机器类通信主要面向智慧城市、智能家居、环境监测等以传感和数据采集为目标的应用需求；超可靠低时延通信主要面向工业控制、远程医疗、自动驾驶等对时延和可靠性具有极高要求的垂直行业应用需求。

2. 协议

5G 无线协议分为两个平面：用户面和控制面。用户面是指传输用户数据的协议栈及相关流程，控制面指传输控制信令的协议栈及相关流程。

（1）用户面协议　如图 3-25 所示，用户面协议架构从上到下依次是：

服务数据适配协议（SDAP）层：负责根据服务质量（Quality of Service，QoS）要求将 QoS 承载映射到无线承载。LTE 中不存在该协议层，但在 NR 中当连接到 5G 核心网时，新的 QoS 处理需要这一协议实体。

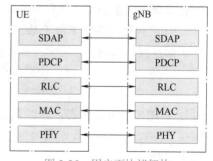

图 3-25　用户面协议架构

分组数据汇聚协议（PDCP）层：实现数据包的头压缩、加密和完整性保护。在切换时，PDCP 还执行数据包重传、按序递交和删除重复数据等操作。在双连接的承载分离情况下，PDCP 可以提供数据包路由和复制。来自不同小区的数据包的复制和传输可以为可靠性要求很高的业务提供服务分集。终端的每个无线承载都配置一个 PDCP 实体。

无线链路控制（RLC）层：负责数据分段和重传。RLC 层以 RLC 信道的形式向 PDCP 层提供服务。终端配置的每个 RLC 信道（对应每个无线承载）都有一个 RLC 实体。与 LTE 相比，NR 中的 RLC 层不支持数据按序递交给更高的协议层，这个改进是为了减少时延。

介质访问控制（MAC）层：负责逻辑信道复用、HARQ 重传以及调度和调度相关的功能。基站中的上下行调度功能位于 MAC 层。MAC 层以逻辑信道的形式向 RLC 层提供服务。NR 改变了 MAC 层的报头结构，从而相对于 LTE 来说可以更有效地支持低时延的处理。

物理（PHY）层：负责编解码、调制、解调、多天线映射以及其他典型的物理层功能。物理层以传输信道的形式向 MAC 层提供服务。

（2）控制面协议　控制面协议架构如图 3-26 所示，与用户面协议架构相比，控制面协议架构不包含 SDAP 层，多了非接入层（Non-Access Stratum，NAS）和无线资源控制（Radio Resource Control，RRC）层。

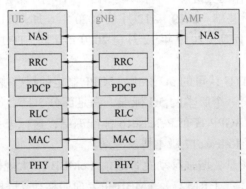

图 3-26　控制面协议架构

NAS 控制面功能位于核心网的接入和移动性管理功能（Access and Mobility Management Function，AMF）与终端之间，包括鉴权、安全性、注册管理和移动性管理等功能。另外作为会话管理功能的一部分，它还负责为终端分配 IP 地址。

RRC 控制面功能工作于基站的 RRC 层和终端之间。RRC 负责处理与无线接入网相关的控制面过程，包括：

1）系统信息的广播，使终端得到与小区通信的必要信息。

2）发送核心网发起的寻呼消息，以通知终端收到入呼连接请求。当终端未连接到小区时处于 RRC_IDLE 状态，此时系统会使用寻呼机制。当终端处于非激活态时，也可以从无线接入网发起寻呼。发送系统信息更新指示是寻呼机制的另一种用途，公共告警系统也可以使用寻呼。

3）连接管理，包括建立 RRC 上下文，也就是为终端和无线接入网之间的通信配置所需的参数。

4）移动性功能，比如小区（重）选择。

5）测量配置和报告。

6）终端能力的处理。当连接建立后，终端在进行网络请求时将告知网络它具有哪些能力，因为并非所有终端都能支持 3GPP 标准中描述的所有功能。

RRC 消息通过信令无线承载（Signaling Radio Bearer，SRB）发送给终端，经过 PDCP、RLC、MAC 和 PHY 协议层。在连接建立过程中，SRB 被映射到公共控制信道（CCCH），一旦连接建立起来，则被映射到专用控制信道（DCCH）。MAC 层可以复用控制面数据和用户面数据，并且这些数据可以在同一个传输时间间隔中传送给终端。

3. 关键技术

（1）毫米波技术　以往移动通信的传统工作频段主要集中在 3GHz 以下，这使得频谱资源十分拥挤，然而，高频段（如毫米波、厘米波频段）可用频谱资源丰富，能够有效缓解频谱资源紧张的现状，可以实现极高速短距离通信，能满足 5G 大容量和高速率等方面的需求。

高频段在移动通信中的应用是未来的发展趋势，业界对此高度关注。高频段毫米波移动通信具有足够量的可用带宽、小型化的天线和设备、较高的天线增益、绕射能力好等优点。但高频段毫米波移动通信也存在传输距离短、穿透能力差、容易受气候环境影响等缺点。射频器件、系统设计等方面的问题也有待进一步研究和解决。

（2）大规模天线阵列　多天线技术经历了从无源到有源、从二维（2D）到三维（3D）、从高阶 MIMO（多进多出）到大规模 MIMO 的发展，将有望实现频谱效率提升数十倍甚至更高，是目前 5G 技术重要的研究方向之一。

由于引入了有源天线阵列和毫米波技术，基站侧同样大小的物理空间可支持的协作天线数量将达到 128 根甚至更多。此外，原来的 2D 天线阵列拓展成为 3D 天线阵列，形成新颖的 3D-MIMO 即立体多维 MIMO 技术，支持多用户波束智能赋型，减少用户间干扰，结合高频段毫米波技术，将进一步改善无线信号覆盖性能。

（3）新型调制编码技术　调制编码技术是移动通信的核心技术。5G 所采用的新型调制编码技术主要包括 256QAM 高阶调制和 Polar 编解码技术，Polar 码作为控制信道即短码块的编码方案。

Polar 码由 E.Arikan 教授于 2007 年基于信道极化理论提出，是一种全新的线性信道编码方法，该码字是迄今发现的唯一一类能够达到香农极限的编码方法，并且具有较低的编译码复杂度，当编码长度为 N 时，复杂度大小为 $O(N\log N)$。Polar 码自从提出以来，就吸引了众多学者的兴趣，是这几年信息编码领域研究的热点。

（4）多载波聚合　5G 将扩展到支持 32 个载波聚合，包括不同类型的无线链路间的载波聚合技术：① LTE 内多达 32 载波的聚合；②系统间与 3G-HSPA+ 无线链路的载波聚合；③支持 FDD+TDD 链路聚合，即上下行非对称的载波聚合；④支持 LTE 授权频谱辅助接入（LAA/eLAA），即支持与非授权频谱比如 Wi-Fi 无线链路之间的载波聚合。

（5）网络切片技术　网络切片技术，最简单的理解就是将一个物理网络切割成多个虚拟的端到端的网络。每个虚拟网络之间，包括网络内的设备、接入、传输和核心网，都是逻辑独立的，任何一个虚拟网络发生故障都不会影响到其他虚拟网络。每个虚拟网络具备不同的功能、特点，面向不同的需求和服务，可以灵活配置调整，甚至可以由用户定制网络功能与服务，实现网络即服务。

（6）设备到设备直接通信　传统的蜂窝通信系统的组网方式是以基站为中心实现小区覆盖，而基站及中继站无法移动，其网络结构在灵活度上有一定的限制。随着无线多媒体业务的不断增多，传统的以基站为中心的业务提供方式已无法满足海量用户在不同环境下的业务需求。

设备到设备直接通信（D2D）技术无须借助基站的帮助就能够实现通信终端之间的直接通信，拓展网络连接和接入方式，因此 D2D 通信具备以下优点：①由于短距离直接通信，信道质量高，D2D 能够实现较高的数据速率、较低的时延和较低的功耗；②通过广泛分布的终端，能够改善覆盖，实现频谱资源的高效利用；③支持更灵活的网络架构和连接方法，提升链路灵活性和网络可靠性。

（7）超密集异构网络　在未来的 5G 通信中，无线通信网络正朝着网络多元化、宽带化、综合化、智能化的方向演进。随着各种智能终端的普及，数据流量将出现井喷式的增长。未来数据业务将主要分布在室内和热点地区，这使得超密集异构网络成为实现未来 5G 的 1000 倍容量需求的主要手段之一。

未来 5G 网络将采用立体分层超密集异构网络，在宏蜂窝网络层中部署大量微蜂窝小区、微微蜂窝小区、毫微微蜂窝小区，覆盖范围从几百米到十几米。超密集网络能够改善网络覆盖，大幅度提升系统容量，并且对业务进行分流，具有更灵活的网络部署和更高效的频率复用。未来，面向高频段、大带宽，将采用更加密集的网络方案，部署小区 / 扇区将多达 100 个以上。

3.3　标识解析技术

标识解析是指将对象标识映射至实际信息服务所需信息的过程，传统互联网的标识解析体系 DNS 实现标识到计算机的映射，物联网标识解析体系实现标识到人 - 机 - 物的映射，工业互联网标识解析体系需要具有标识到工业全要素映射的能力。工业互联网通过建立统一的标识体系将工业中的设备、机器和物料等一切生产要素连接起来，通过解析体系连接割裂的数据和应用，实现对数据的来源、流动过程、用途等信息的掌握。本节将首先回顾互联网标识解析和物联网标识解析体系，最后详细介绍工业互联网标识解析体系。

3.3.1　互联网标识解析

在互联网中，连接上层业务和底层物理基础设施的就是 DNS 标识体系。互联网中的标识服务涉及域名、IP 地址、MAC 地址实现互联网的标识管理。互联网标识解析服务 DNS 经过 40 多年的发展已经成为互联网中最核心的公共基础服务，因此现有的主流标识解析体系，如 EPC、OID 等均是基于 DNS 架构的物联网标识解析服务。随着时代的发展，DNS 有单点故障、缓存病毒以及域名欺骗等弊端，已经无法满足物联网以及移动互联网的发展需求，因此一些改进的标识解析体系应运而生，主要包括：

1）Handle 标识，是互联网中另一个主要的标识体系。Handle 是全球范围分布式通用标识服务系统，由互联网之父 Robert Kahn 于 1994 年提出，旨在提供高效、可扩展、安全的全局标识解析服务，目前由 DONA 基金会负责运营、管理、维护以及协调。Handle 系统采用分层服务模型，无单根节点。顶层为数个平行的全局 Handle 注册表（Global Handle Registry，GHR），下层为本地 Handle 服务（Local Handle Service，LHS）。GHR 与 LHS 均由一个或多个平行的服务站点组成，每个服务站点又由多个 Handle 服务器组成。Handle 允许通过公共网络进行分布式管理，顶层节点平等互通，支持用户自定义编码，适用于工业互联网场景。同时，Handle 还具备唯一性、永久性、可扩展性强以及兼容其他标识等优点，目前已得到工业、医药等领域的广泛应用。

2）Web Service，是一种平台独立的、面向服务的网络应用，目前已经有广泛的应用场景和技术成熟度。Web Service 包括 SOAP、WSDL 和 UDDI 方法，三者均为 XML（可扩展标记语言）格式。SOAP 即简单对象访问协议，其定义了一系列规则和框架，是一种执行 RPC（远程过程调用）的约定；WSDL 是该技术的描述语言，实现了对调用方法及返回值的定义；UDDI 则致力于建立一种网络分布式的注册中心标准，提供发布服务、查找服务描述的方法。

3）Sensor Web Enablement（SWE），是由开放地理空间联盟（OGC）以及 W3C 组织于 2005 年提出来的，SWE 为了实现传感器的 Web 互联以及传感器资源的有效访问而提出来的。在 SWE 框架中，定义了七种 Web 服务，包括传感器规划服务、传感器观测服务、传感器告警服务、Web 通知服务、观测和测量服务、传感器模型语言以及转换器标记语言。通过 SWE 架构为异构传感器网络提供一个即插即用的互操作平台，解决异构传感器网络不同和数据无法有效互通等问题。

3.3.2　物联网标识解析

物联网标识是识别各种物理和逻辑实体的方法，并且在识别后进行信息查询、管理和控制。现有主流的标识解析体系采用主动/被动标签标识为主，标识的应用形式侧重接口功能。

1）EPC 编码标识体系由 EPCglobal（全球产品电子编码组织）提出，根据 GS1 条形码扩展的编码标准，其最终目的是为物联网中的所有实体提供有效且唯一的标识。其编码内容包括了 EPC 头字段、EPC 管理者字段、对象分类字段和序列号字段。目前 EPC 编码分为 EPC-64、EPC-96、EPC-256 三种类型。目前 EPC 编码主要用于医疗、物流以及产品溯源等应用领域。

2）RFID 标准体系作为物联网发展的关键技术正不断发展。RFID 主要利用无线电信号识别特定的目标，可以在无机械或光学接触的条件下进行数据读写。RFID 标准体系主要分为四大类：RFID 技术标准、RFID 数据内容标准、RFID 性能标准和 RFID 应用标准。RFID 技术标准面向基础属性、物理参数、通信协议和相关设备的空中接口制定。RFID 数据内容标准包括数据协议、编码标准，涉及数据符号、数据对象、编码格式等。RFID 性能标准包括设备性能和一致性测试方法，主要是数据结构和内存分配以及数据编码格式。RFID 应用标准主要在特定应用领域构建规则，主要包括仓储管理、交通运输、工业制造等领域的有关识别的标准与规范。

3）uCode（泛在标识编码）标识解析体系由 UID Center 提出，UID 通过 uCode 标识客观实体、空间、地址、概念等物理或逻辑对象，并通过 uCode 关系模型为 uCode 间建立关联。uCode 标识解析体系于 2012 年 10 月被写入 ITU-T 国际标准，通过该标识体系可以保证任意对象经由互联网进行识别和通信。该标识体系在位置识别、环境理解、对象跨应用、跨组织信息交互等方面有着广泛的应用。

4）Ecode 标识解析体系于 2011 年由中国物品编码中心提出，具有我国自主的知识产权，该标识适用于任何物联网对象。Ecode 标识解析体系定义了编码规则、解析架构和解析服务要求，由 Ecode 编码、数据标识、中间件、解析系统、信息查询和发现服务、安全机制等部分组成。Ecode 采用了一物一码的标识理念，可以兼容条形码、二维码等异构标识的介入，同时在应用层实现了 OID 与 Handle 标识编码的兼容。目前 Ecode 在我国工业生产、产品溯源、防伪查验等领域有着广泛的应用。

5）OID 标识解析体系由 ISO/IEC 与 ITU-T 国际标准化组织于 19 世纪 80 年代联合提出，旨在识别物联网环境中的各种对象和服务。OID 采用分层树形结构，其编码由一系列数字、字符或符号组成，支持对任何类型的对象（包括用户、网络元件、网络服务及其他物理或逻辑对象等）进行全球无歧义命名，且一旦命名该名称终生有效。同时 OID 实现自主管理，可以自由地添加节点并且不受底层设备的影响。目前，OID 已经在信息安全、医疗以及物流等领域得到广泛的应用。

3.3.3 工业互联网标识解析

工业互联网标识是实现全球供应链系统和企业生产系统间精准对接，以及跨企业、跨地区、跨行业的产品全生命周期管理的重要技术支撑。现有的工业互联网标识解析工作主要集中在工业领域标识解析和数据语义标识系统两方面。

1. 工业领域标识解析

在工业领域，标识体系的应用形式更多侧重于数据字典的定义，主要指国内外标准化组织提供给每个细分行业的统一数据描述方法，包括 IEC 提出的 IEC 61360、IEC 61970、EDDL 以及 AutomationML 等，这些标识更倾向于对企业的数据信息进行统一的描述，形成行业内的数据字典。

1）IEC 61360 即《电气元器件的标准数据元素类型及相关分类模式》分为六个部分，IEC 61360 是电工设备和系统用电气 / 电子元器件、材料的分类和相关特性参数的数据库以及数据字典，主要包括了层次和继承方式的元器件分类数及与分类相关的特征属性，并且可以对类别和属性进行查询。

2）IEC 61970 由国际电工委员会提出，该系列标准主要应用于电力自动化方向，其目的是为能源管理系统的应用程序定义数据格式和接口规范，从而促进电力企业应用集成。现阶段，该标准已广泛应用于电力企业。

3）ISO 13584 即《工业自动化系统与集成 零件库》，是关于零件库数据的、计算机可以理解的表达与交换的系列国际标准，其目的是提供一种能传递零件库数据的、独立于使用零件库数据系统的中性机制。该标准不仅适用于零件库的数据交换，同时支持共享零件库的数据等内容。

4）EDDL 即电子设备描述语言，定义了制造商在编写设备的 EDD 文件时需要遵循的语言规范、词法和语法要素、数据类型长度以及保留关键字等详细描述和规范。EDDL 技术将不同类型、不同制造商的智能设备接口描述统一，使得现场总线设备可以集成到一个软件平台上，实现了现场总线设备的无缝集成。

5）AutomationML 是戴勒姆集团在对已有数据交换格式评估的基础上，联合库卡公司、西门子以及其他一些研究机构和大学，在 2006 年共同确定开发和标准化的，目的是将其作为数字化制造中的标准化数据交换格式。AutomationML 是一种中立、开放且可自由访问的数据交换格式，可实现高质量数据交换，作为集中式数据管理系统，实现不同人员和不同工具之间的交互。

6）InstrumentML 是一种仪器仪表描述语言，为仪器仪表提供统一的信息模型框架，具体包括身份属性（仪表的身份标识）、结构属性（仪表的结构属性）、功能属性（仪表的功能属性）、性能属性、位置属性、商业属性。

2. 数据语义标识系统

为解决工业生产关键过程所面临的异构元数据、设计数据、生产运行数据、管理数据的统一语义标识映射，跨系统数据无歧义解析，面向业务关联的标识解析等问题，必须引入语义技术将工业互联网数据信息进行语义标识。

工业互联网数据语义标识系统能够将异构的数据信息进行统一的标识并且解析，而且将各类标识解析通过语义分析技术建立关联关系，结合企业的自身数据信息将这些关联关系实例化，用于信息检索。同时作为企业应用的标识信息管理平台，能够兼容市场中主流的标识编码并且进行解析，能够与工业互联网标识解析国家节点进行数据对接与同步，使得企业和用户在国家节点上进行信息检索，方便用户使用。因此，工业互联网数据语义标识系统需要标识数据语义管理功能、语义分析功能、检索功能以及对接兼容功能这四类功能，具体如图 3-27 所示。

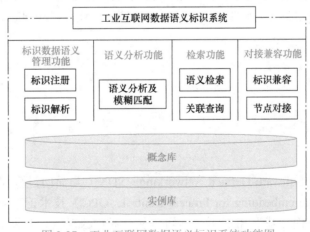

图 3-27　工业互联网数据语义标识系统功能图

1）标识数据语义管理功能主要用于数据信息的标识注册，并且将注册的数据信息进行存储；标识解析主要用于对用户需要检索的标识信息进行检索。如果该标识在管理系统中，返回标识所表述的数据信息和含义；如果该类标识信息不符合系统认定标准，则解析该标识的类型，并访问该类标识的数据库 API，查询该类标识返回数据信息。

2）语义分析功能实现语义分析及模糊匹配，该功能将数据注册的标识信息进行语义分析，通过数据去重、映射等方式将该数据信息分为类、属性以及实例，并且将数据信息建立关联关系进行存储。模糊匹配通过词元扩展将用户输入的数据信息进行词义扩展，来丰富检索的内容，实现模糊匹配。图 3-28 为语义数据映射流程图。

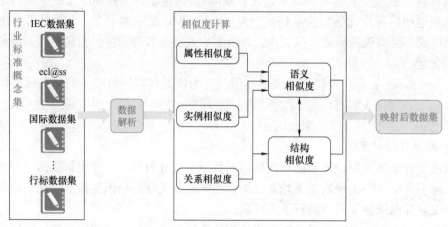

图 3-28　语义数据映射流程图

3）检索功能包括语义检索和关联查询。语义检索用于标识信息的数据检索以及数据信息的标识检索；关联查询则是通过工业互联网生产数据的时空关联性特征，提出了面向时空关联的语义化检索技术，针对互联生产过程数据的时空及业务关系进行信息的索引构建并支持语义化检索，提升信息使用效率和综合应用开发速度，为智能服务提供支持。

4）对接兼容功能包括标识兼容和节点对接。标识兼容用于对现有的流行标识信息进行兼容，如 Handle、OID 以及 Ecode 等标识体系；节点对接是将该平台的数据信息与标识解析国家级节点进行数据对接与同步，通过该子系统使得企业可以在国家级标识管理平台上进行标识解析。

3.4　软件定义与集成技术

软件定义网络（Software-Defined Networking，SDN）与面向过程控制的对象链接和嵌入（Object linking and embedding for Process Control，OPC）技术正逐渐成为工业互联网领域的研究焦点。一方面，基于 SDN 技术，可以从全局化的视角对工业互联网进行集中管理和灵活配置，从而保障数据传输的实时和可靠传输；另一方面，OPC 则为工业互联网设备和系统之间的数据交换和通信提供了统一的接口和协议，实现了跨厂商、跨平台的数据互通和集成。SDN 和 OPC 技术的出现极大地推动了工业互联网的发展。

本节首先介绍 SDN 技术，随后介绍 OPC 技术，具体包括 OPC DA（Data Access）和 OPC UA（Unified Architecture）等标准。

3.4.1　SDN

1. 简介

SDN 是一种网络管理方法，支持动态可编程的网络配置，提高了网络性能和管理效率，使网络服务能够像云计算一样提供灵活的定制能力。SDN 将网络设备的转发面与控制面解耦，通过控制器负责网络设备的管理、网络业务的编排和业务流量的调度。SDN 标准确立于 2008 年，OpenFlow 协议的提出奠定了 SDN 的基础。随后，2011 年 ONF（开放网络基金会）的成立以及 2012 年后的标准制定进程，包括南向和北向接口的定义，推动了 SDN 技术的发展。2013 年启动的 OpenDaylight 项目进一步促进了 SDN 标准的制定和开源实现，使其成为网络架构领域的重要标准，并在全球范围内推动了 SDN 的广泛应用。

如图 3-29 所示，一个 SDN 可以被划分为应用平面、控制平面以及数据平面。应用平面和控制平面通过北向接口连接，控制平面及数据平面通过南向接口连接。

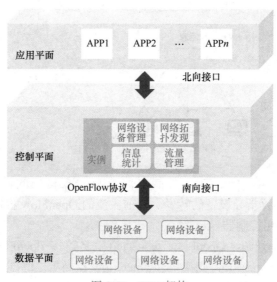

图 3-29　SDN 架构

1）应用平面。包含体现用户意图及需求的上层应用，它通过北向接口与控制平面连接。用户通过使用特定的应用，可以调用控制平面的 API 对整个网络的资源进行控制及管理。

2）控制平面。由一组控制器实例组成，将传统网络中转发设备运行的控制功能集中在一起，实现高效的管理。**主要负责拓扑发现、网络设备管理、信息统计、流量管理等功能。**

3）数据平面。负责数据流的转发，主要由 SDN 交换机以及连接它们的数据链路构成。SDN 交换机从功能上被简化，将传统网络设备中的拓扑发现、路由等功能剥离出来，只负责根据控制平面安装的流表项规则进行转发。

4）北向接口。应用平面和控制平面的接口。

5）南向接口。数据平面和控制平面的接口。

在 SDN 中，有几种常见的协议，包括 OpenFlow、OF-Config、NETCONF、OVSDB、

XMPP 和 PCEP 等。尽管有多种协议可供选择，但目前 OpenFlow 协议依然是最受青睐的协议。

2. 协议

如图 3-30 所示，整个 OpenFlow 协议架构由 OpenFlow 控制器、OpenFlow 交换机以及 OpenFlow 安全通道组成。OpenFlow 控制器对网络进行集中控制，实现控制层的功能；OpenFlow 交换机负责数据层的转发，与 OpenFlow 控制器之间通过 OpenFlow 安全通道进行消息交互，实现表项下发、状态上报等功能。

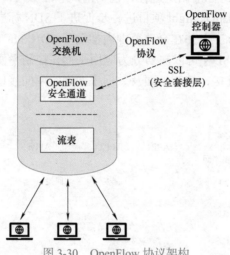

图 3-30 OpenFlow 协议架构

（1）OpenFlow 控制器 OpenFlow 控制器位于 SDN 架构中的控制层，是 SDN 的"大脑"，通过 OpenFlow 协议指导设备的转发。目前主流的 OpenFlow 控制器分为两大类：开源控制器和厂商开发的商用控制器。

（2）OpenFlow 安全通道 OpenFlow 安全通道就是连接 OpenFlow 交换机与 OpenFlow 控制器的信道，负责在 OpenFlow 交换机和 OpenFlow 控制器之间建立安全链接。控制器通过这个通道来控制和管理交换机，同时接收来自交换机的反馈。

通过 OpenFlow 安全通道进行信息交互，必须按照 OpenFlow 协议规定的格式来执行，通常采用 TLS（Transport Layer Security，传输层安全协议）加密，在一些 OpenFlow 版本中，有时也会通过 TCP 明文来实现。通道中传输的 OpenFlow 消息类型包括以下三种：

1）Controller-to-Switch 消息。由控制器发出、OpenFlow 交换机接收并处理的消息，主要用来管理或获取 OpenFlow 交换机状态。

2）Asynchronous 消息。由 OpenFlow 交换机发给控制器，用来将网络事件或者交换机状态变化更新到控制器中。

3）Symmetric 消息。可由 OpenFlow 交换机发出也可由控制器发出，不必通过请求建立，主要用来建立连接、检测对方是否在线等。

（3）OpenFlow 交换机 OpenFlow 交换机是整个 OpenFlow 网络的核心部件，主要负责数据层的转发。OpenFlow 交换机可以是物理的交换机/路由器，也可以是虚拟化的交换机/路由器。按照对 OpenFlow 的支持程度，OpenFlow 交换机可以分为两类：

1）OpenFlow 专用交换机。一个标准的 OpenFlow 设备，仅支持 OpenFlow 转发。它不支持现有商用交换机上的正常处理流程，所有经过该交换机的数据都按照 OpenFlow 的模式进行转发。

2）OpenFlow 兼容型交换机。既支持 OpenFlow 转发，也支持正常二、三层转发。这是在商业交换机的基础上添加流表、安全通道和 OpenFlow 协议来获得 OpenFlow 特性的交换机。

OpenFlow 交换机在实际转发过程中依赖于流表（Flow Table）。流表是 OpenFlow 交换机进行数据转发的策略表项集合，指示交换机如何处理流量，所有进入交换机的报文都按照流表进行转发。流表本身的生成、维护、下发完全由控制器来实现。

（4）流表项的组成　在传统网络设备中，交换机 / 路由器的数据转发需要依赖设备中保存的二层 MAC 地址转发表、三层 IP 地址路由表以及传输层的端口号等。OpenFlow 交换机中使用的"流表"也是如此，不过它的表项并非指普通的 IP 五元组，而是整合了网络中各个层次的网络配置信息，由一些关键字和执行动作组成灵活规则。

OpenFlow 流表的每个流表项都由匹配域（Match Fields）、处理指令（Instructions）等部分组成。流表项中最为重要的部分就是匹配域和指令，当 OpenFlow 交换机收到一个数据包，将包头解析后与流表中流表项的匹配域进行匹配，匹配成功则执行指令。

（5）多级流表与流水线处理　OpenFlow v1.0 采用单流表匹配模式，这种模式虽然简单，但是当网络需求越来越复杂时，各种策略放在同一张表中显得十分臃肿。这使得控制平面的管理变得十分困难，而且随着流表长度与数目的增加，对硬件性能的要求也越来越高。

从 OpenFlow v1.1 开始引入了多级流表和流水线处理机制，处理流程如图 3-31 所示。当报文进入交换机后，从序号最小的流表开始依次匹配，报文通过跳转指令跳转至后续某一流表继续进行匹配，这样就构成了一条流水线。多级流表的出现一方面能够实现对数据包的复杂处理，另一方面又能有效降低单张流表的长度，提高查表效率。

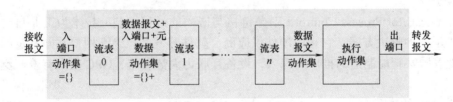

图 3-31　多级流表处理流程

（6）流表下发方式　OpenFlow 流表的下发可以是主动（Proactive）的，也可以是被动（Reactive）的：

1）主动模式下，控制器将自己收集的流表信息主动下发给 OpenFlow 交换机，随后交换机可以直接根据流表进行转发。

2）被动模式下，OpenFlow 交换机收到一个报文而查流表失败时，会发送消息询问控制器，由控制器进行决策该如何转发，并计算、下发相应的流表。被动模式的好处是交换机无须维护全部的流表，只有当实际的流量产生时才向控制器获取流表记录并存储，当老化定时器超时后可以删除相应的流表，因此可以大大节省交换机芯片空间。

3. 关键技术

（1）南北向接口技术　南北向接口技术的重要性在于它提供了一个标准化的接口，使得 SDN 控制器能够与各种类型、各种厂商的网络设备和应用程序进行通信和交互。通过开放的南、北向接口能够实现应用和网络的无缝集成，使得应用能告知网络如何运行才能更好地满足应用的需求，比如业务的带宽、时延需求和计费对路由的影响等。另外，支持用户基于开放接口自行开发网络业务并调用资源，加快新业务的上线周期。

（2）链路发现技术　SDN 控制器主要使用链路层发现协议（LLDP）进行链路发现，该协议提供了一种标准的链路发现方式，可以将本端设备的主要能力、管理地址、设备标识、接口标识等信息组织成不同的 TLV（Type-Length-Value），并封装在链路层发现协议数据单元（LLDPDU）中，发布给与自己直连的邻居。邻居收到这些信息后将其以标准管理信息库（MIB）的形式保存起来，以供网络管理系统查询及判断链路的通信状况。

（3）策略制定和表项下发技术　控制器需要针对不同层次上的网络传输需求，制定相应的转发策略并生成对应的流表项下发给交换机。具体思路如下：

1）二层网络数据转发。在 SDN 中，MAC 地址学习已经在控制器的链路发现过程中实现，只需要控制器以目的 MAC 地址为依据将对应的交换机转发端口号写入相应交换机的流表项中即可。

2）三层网络数据转发。在 SDN 中，其核心是控制器利用相关的路由算法计算出源和目的之间的路由信息，并以 IP 地址、MAC 地址为依据将对应的交换机转发端口号写入相应交换机的流表项中。

3）四层网络数据转发。在 SDN 中，四层网络数据解析将在控制器中完成，并以 TCP/UDP 端口号、IP 地址和 MAC 地址为依据将对应的交换机转发端口号写入相应交换机的流表项中。

3.4.2　OPC

1. 简介

OPC（OLE for Process Control，对象链接与嵌入的过程控制）技术为工业自动化数据交换提供了一种解决方案，它是由硬件供应商、软件开发者、终端用户共同制定的一整套规范。随着国家智能制造的推广和深入，设备互联是大势所趋，OPC 技术有着广泛的应用前景。

OPC 技术的发展经历了几个阶段。最初，OPC 是一种由 Microsoft 提出的基于 OLE（Object Linking and Embedding，对象链接和嵌入）技术的标准。后来，OPC 演变成一组独立的标准，包括 OPC Data Access（OPC DA）、OPC Alarms and Events（OPC AE）、OPC Unified Architecture（OPC UA）、OPC Historical Data Access（OPC HDA）等。这些标准定义了通信协议和数据交换格式，确保不同制造商的设备和软件可以在同一网络中相互通信和交换数据。OPC 基金会负责 OPC 标准的开发与维护。由于 OPC UA 技术的发展，OPC 现已变成"开放平台通信（Open Platform Communications）"的缩写。

2. 协议

OPC 协议是一组用于在工业自动化系统中实现设备和软件互操作性的规范，建立在通用的网络协议上。最初，OPC 协议基于现代的通信技术，如 COM（Component Object Model，组件对象模型）和 DCOM（Distributed Component Object Model，分布式组件对象模型），后来演化为独立的协议体系。几种典型的 OPC 协议如下：

1）OPC DA 是一种用于工业自动化和控制系统的通信协议，旨在实现不同厂商的设备和软件之间的数据交换与共享。OPC DA 协议的核心思想是通过服务器—客户端架构实现数据的读取和写入，其中服务器负责管理实时数据源，而客户端则负责向服务器请求数据或将数据写入数据源中。OPC DA 协议的主要特点包括高度的互操作性、灵活性和可扩展性。由于采用了标准化的对象模型和通信机制，不同厂商的设备和软件可以遵循相同的规范进行开发，从而实现了设备间的互操作性。此外，OPC DA 还支持异步通信、数据缓存和数据订阅等功能，使得用户可以根据实际需求灵活地配置和管理数据通信。在工业自动化领域，OPC DA 协议被广泛应用于监控、控制和数据采集等方面。通过与各种传感器、仪器、控制器和 SCADA 系统等设备进行集成，用户可以实时地监测和控制生产过程中的各种参数和变量，从而提高生产效率、降低成本并确保生产质量。总的来说，OPC DA 协议为工业自动化领域的设备互联提供了一种简单、可靠且高效的解决方案，促进了工业信息化水平的提升和产业的发展。

2）OPC AE 是一种用于工业自动化和控制系统的通信协议，专门设计用于管理和处理设备产生的报警和事件信息。该协议建立在 OPC DA 协议的基础上，通过定义一套标准化的对象模型和通信机制，使得设备产生的报警和事件信息可以被统一记录、处理和传输。OPC AE 协议的核心思想是通过事件服务器（Event Server）和事件订阅器（Event Subscription）之间的交互，实现报警和事件信息的传递和处理。事件服务器负责管理设备产生的各种报警和事件信息，并向事件订阅器发送相应的通知；而事件订阅器则负责订阅感兴趣的报警和事件信息，并进行相应的处理和响应。OPC AE 协议的主要特点包括灵活性、可扩展性和实时性。通过定义标准化的事件模型和通信接口，不同厂商的设备和软件可以遵循相同的规范进行开发，从而实现了设备间的互操作性。此外，OPC AE 还支持灵活的事件过滤和订阅机制，使得用户可以根据实际需求订阅感兴趣的报警和事件信息，并进行实时的处理和响应。

3）OPC UA。相比于早期的 OPC 协议，OPC UA 具有更强大的功能和更广泛的应用范围。OPC UA 提供了一种统一的通信框架，是一种更现代、开放、跨平台的 OPC 协议。它不再依赖于 DCOM，而是支持多种不同的传输协议，包括 TCP/IP、HTTP 和 AMQP 等，使得设备之间能够以安全、可靠的方式进行通信。它还支持各种不同的数据模型，包括面向对象的模型和信息模型，这使得不同类型的设备能够以统一的方式交换数据，并且可以轻松地扩展和定制。OPC UA 提供了丰富的安全性功能，包括身份验证、加密和完整性检查，确保通信过程中的数据安全。此外，它还提供了灵活的发布—订阅模式，使得设备能够按需获取数据，降低了网络负载和数据处理压力。OPC UA 为各种设备和系统之间的互操作性提供了关键的解决方案，推动了工业自动化和物联网技术的发展。

4）OPC HDA 协议是用于访问历史过程数据的开放性标准之一。它旨在为工业自动化和控制系统提供一种通用的方式来检索历史数据，以便进行分析、报告和决策支持。通过 OPC HDA 协议，客户端应用程序可以向历史数据存储服务器发送查询请求，以获取特定时间范围内的过程数据。这些数据可以是传感器测量值、生产指标、设备状态等，具体取决于系统的配置和部署。协议支持各种查询操作，包括按时间、标签、采样间隔等条件进行过滤和排序。一些关键特性使 OPC HDA 协议成为工业应用中的重要工具。首先，它提供了一种跨平台的标准化解决方案，允许不同厂商的设备和软件之间进行无缝集成。其次，它支持高效的数据传输和存储，能够处理大规模的历史数据。最后，协议还提供了安全性和权限管理机制，确保数据的保密性和完整性。OPC HDA 协议为工业领域提供了一种方便、可靠的方式来访问和管理历史过程数据，为工程师和决策者提供了重要的信息支持，助力他们进行数据驱动的生产优化和决策制定。

3. 关键技术

OPC 技术提供了一种方法，使得不同的硬件和软件系统之间进行数据交换变得更加简便。通过 OPC 技术，设备和控制系统可以实现实时的数据共享、监控和控制。这有助于提高工业自动化系统的效率、可靠性和灵活性。以下介绍 OPC 的关键技术：

1）OLE 技术是微软公司开发的一种基于对象的通信和数据交换技术，它在 OPC 中发挥着至关重要的作用。OLE 技术允许不同的应用程序之间共享数据，并支持将一个应用程序的对象嵌入另一个应用程序中，从而实现了跨应用程序的数据交换和共享。在 OPC 中，OLE 技术为工业自动化领域提供了一种标准化的数据交换方式。例如，传感器、执行器、PLC（Programmable Logic Controller，可编程逻辑控制器）等设备可以作为对象，通过 OPC 服务器提供的接口，将它们的数据暴露给监控软件或控制系统。这样，监控软件就可以轻松地获取并处理来自各种设备的数据，实现对生产过程的监控和控制。此外，OLE 技术还支持对象链接和嵌入，使得监控软件可以直接在其界面中嵌入控制系统或设备的控制界面，获得更直观、集成的操作体验。通过 OLE 技术，工程师可以在监控软件的界面上直接操作设备，而无须打开额外的控制界面，提升了操作效率和用户体验。

2）COM/DCOM 技术作为 OPC 的基础，为工业控制系统提供了可靠的数据通信和设备集成解决方案。COM 是一种面向对象的编程模型，它允许软件组件在同一计算机上进行通信和交互。COM 组件可以是可执行文件、动态链接库（DLL）或者是可以在不同进程中运行的独立实体。COM 组件之间的通信是通过接口来实现的，每个 COM 组件都实现了一个或多个接口，其他组件通过调用这些接口来与之通信。DCOM 是 COM 的分布式版本，它扩展了 COM 的功能，使得 COM 组件可以在网络上进行通信。DCOM 使用远程过程调用（RPC）来实现跨网络的对象通信，这使得工业控制系统中的各种设备和软件可以在分布式环境中进行集成和通信。通过使用 COM/DCOM 技术，OPC 实现了设备和软件之间的互操作性，使得工业控制系统可以更加灵活地进行配置和管理。同时，COM/DCOM 技术的成熟性和稳定性也为 OPC 提供了可靠的基础，确保了数据通信的稳定性和安全性。

3）XML Web 服务技术被视为 COM/DCOM 的继任者，并且可能在过程工业中成为 OPC 连接和微软的 .NET 技术的同义词。XML Web 服务基于 XML，在不同的标准组织中非常流行。XML Web 服务技术易于理解，并且独立于特定的操作系统。开发人员不受限于任何编程语言来实现 Web 服务。应用程序开发人员可以使用现有的工具和框架快速创建和使用 XML Web 服务。Web 服务器提供了利用 XML Web 服务的基本基础设施。XML Web 服务技术在实践中获得了工业界和商业界的一致接受。目前，XML Web 服务仍然存在一些缺点。使用 XML Web 服务无法创建"异常报告"，只能提供"轮询异常报告"。这种方法适用于不需要实时信息的远程数据收集，但不适用于监控系统或控制设备等实时应用程序。与 DCOM 创建的消息相比，XML 消息体积较大，尚不适用于过程实时应用程序。然而，XML Web 服务是用于过程和自动化应用程序的一种非常新的技术，这些问题有望在不久的将来得到解决。

参 考 文 献

［1］ Xu C，YU H B，JIN X，et al. Industrial Internet for intelligent manufacturing：past，present，and future ［J］. Frontiers of Information Technology & Electronic Engineering，2024，25（9）：1173-1192.

［2］ 李正军，李潇然 . 现场总线及其应用技术［M］. 北京：机械工业出版社，2016.

［3］ DUTERTRE B. Formal modeling and analysis of the Modbus protocol［C］//International Conference on Critical Infrastructure Protection. Boston：Springer，2007：189-204.

［4］ 李正军，李潇然 . 现场总线与工业以太网及其应用技术［M］. 北京：机械工业出版社，2023.

［5］ FELD J. Profinet-scalable factory communication for all applications［C］//IEEE International Workshop on Factory Communication Systems，2004. Proceedings. New York：IEEE，2004：33-38.

［6］ FERRARI P，FLAMMINI A，VENTURINI F，et al. Large Profinet IO RT networks for factory automation：A case study［C］//ETFA2011. New York：IEEE，2011：1-4.

［7］ 黄子涵 . Profinet 在加速器控制系统中的应用研究［D］. 合肥：中国科学技术大学，2019.

［8］ JANSEN D，BUTTNER H. Real-time Ethernet：The EtherCAT solution［J］. Computing and Control Engineering，2004，15（1）：16-21.

［9］ 单春荣，刘艳强，郇极 . 工业以太网现场总线 EtherCAT 及驱动程序设计［J］. 制造业自动化，2007（11）：79-82.

［10］ 缪京霖，李念军 . 一种 EtherCAT 与 TSN 网络互通的实现方法［J］. 电子设计工程，2020，28（3）：84-88.

［11］ 潘治杭 . 基于 EtherCAT 总线的超精密运动控制系统设计［D］. 哈尔滨：哈尔滨工业大学，2022.

［12］ 工业互联网产业联盟 . 工业网络 3.0 白皮书［R/OL］.［2024-10-09］. https：//www.aii-alliance.org/uploads/1/20230619/c9414670235324ba4bd053a1a83deddb. pdf.

［13］ 工业互联网产业联盟 . 时间敏感网络（TSN）产业白皮书［R/OL］.［2024-10-09］.https：//aii-alliance. org/upload/202009/0901_165010_961. pdf.

［14］ 工业互联网产业联盟 . 时间敏感网络（TSN）产业发展报告：产业测试报告［R/OL］.［2024-10-09］. https：//aii-alliance.org/upload/202012/1225_154509_761.pdf.

［15］ 丛培壮，田野，龚向阳，等 . 时间敏感网络的关键协议及应用场景综述［J］. 电信科学，2019，35（10）：31-42.

［16］ 新华三集团 . 确定性网络技术白皮书［R/OL］.［2024-10-09］.https：//www. h3c. com/cn/Service/Document_Software/Document_Center/Home/Routers/00-Public/Learn_Technologies/White_Paper/WP-16049/？CHID=957334.

［17］ 黄韬，汪硕，黄玉栋，等 . 确定性网络研究综述［J］. 通信学报，2019，40（6）：160-176.

［18］ 蔡岳平，李栋，许驰，等 . 面向工业互联网的 5G-U 与时间敏感网络融合架构与技术［J］. 通信学报，2021，42（10）：43-54.

［19］ 国家标准化管理委员会 . 工业互联网　时间敏感网络与移动前传网络融合部署技术要求［S］. 北京：中国标准出版社，2024.

［20］ 第五届未来网络发展大会组委会 . 未来网络白皮书：确定性网络技术体系白皮书　2021 版［R/OL］.［2024-10-09］.https：//www-file. huawei. com/-/media/corporate/pdf/news/future-network-whitepaper. pdf？la=zh.

［21］ 熊余 . 下一代无源光网络［M］. 北京：科学出版社，2016.

［22］ 工业互联网产业联盟 . 高性能工业 PON 白皮书［R/OL］.［2024-10-09］. https：//aii-alliance. org/uploads/1/20230627/57f76803206912880207437ba5078aa7. pdf.

［23］ International Electrotechnical Commission. Industrial networks-wireless communication network and communication profile-WIA-PA［S］. 2011.

［24］ International Electrotechnical Commission. Industrial networks-wireless communication network and communication profile-ISA100［S］. 2014.

［25］ Xu C，YU H B，ZENG P，et al. Towards critical industrial wireless control：prototype implementation and experimental evaluation on URLLC［J］. IEEE Communications Magazine，2023，61（9）：193-199.

［26］ YU H B，ZENG P，XU C.Industrial Wireless control networks：From WIA to the future［J］. Engineering，2022，8（1）：18-24.

［27］ Xu C，ZENG P，YU H B，et al. WIA-NR：ultra-reliable low-latency communication for industrial wireless control networks over unlicensed bands［J］. IEEE Network，2021，35（1）：258-265.

［28］ 梁炜，张晓玲.第十四章 WIA-PA：用于过程自动化的工业无线网络系统结构与通信规范［J］.仪器仪表标准化与计量，2009（2）：30-36.

［29］ 于海斌，曾鹏，梁炜，等.无线化工业控制系统：架构、关键技术及应用［J］.自动化学报，2023，49（3）：540-549.

［30］ 熊泉.IETF DetNet 工作组标准进展［R/OL］.［2024-10-09］.https：//www. ipv6plus. net/resources/IP_Hordes/Chinese_2nd_IETF_Meetup/5_IETF_DetNet%E5%B7%A5%E4%BD%9C%E7%BB%84%E6%A0%87%E5%87%86%E8%BF%9B%E5%B1%95. pdf.

［31］ ADDANKI V，IANNONE L. Moving a step forward in the quest for Deterministic Networks（DetNet）［C］//2020 IFIP Networking Conference（Networking）. New York：IEEE，2020：458-466.

［32］ 中国通信标准化协会.YD/T 4418-2023：电信网络的确定性 IP 网络的总体架构和技术要求［S］.2023.

［33］ 中国通信标准化协会.YD/T 4470-2023：电信网络的确定性 IP 网络控制面技术要求［S］.2023.

［34］ 中国通信标准化协会.YD/T 4471-2023：电信网络的确定性 IP 网络面向汇聚层边缘云技术要求［S］.2023.

［35］ 3rd Generation Partnership Project. Cellular system support for ultra low complexity and low throughput Internet of Things［S/OL］.［2024-10-09］. https：//portal. 3gpp. org/desktopmodules/Specifications/SpecificationDetails. aspx？specificationId=2719.

［36］ LoRa Alliance. LoRa Specification V1. 0［S/OL］.［2024-10-09］. https：//resources. lora-alliance. org/technical-specifications/lorawan-specification-v1-0.

［37］ MUMFORD R.IMT-2020 makes progress in developing 5G standard［J］.Microwave Journal，2016，59（4）：85-86.

［38］ 王迎.面向工业互联网的 5G-PROFIBUS-DP 网络接入方法研究与实现［D］.长春：吉林大学，2021.

［39］ 3rd Generation Partnership Project. NR and NG-RAN overall description；stage 2（Release 15）［S/OL］.［2024-10-09］. https：//portal. 3gpp. org/desktopmodules/Specifications/SpecificationDetails. aspx？specificationId=3191.

［40］ 3rd Generation Partnership Project. Non-Access Stratum（NAS）protocol for 5G system（5GS）［S/OL］.［2024-10-09］. https：//portal. 3gpp. org/desktopmodules/Specifications/SpecificationDetails. aspx？specificationId=3370.

［41］ 3rd Generation Partnership Project. Radio Resource Control（RRC）protocol specification V15. 8. 0［S/OL］.［2024-10-09］. https：//portal. 3gpp. org/desktopmodules/Specifications/SpecificationDetails. aspx？specificationId=3197.

［42］ ARIKAN E. Channel polarization：A method for constructing capacity-achieving codes for symmetric binary-input memoryless channels［J］. IEEE Transactions on Information Theory，2009，55（7）：3051-3073.

［43］ 刁俊武，汪谷银，邱斌.工业互联网标识解析体系在石化行业的应用研究［J］.物联网技术，2022，12（12）：89-92.

［44］ 任语铮，谢人超，曾诗钦，等.工业互联网标识解析体系综述［J］.通信学报，2019，40（11）：138-155.

［45］田野，刘佳，申杰．物联网标识技术发展与趋势［J］.物联网学报，2018，2（2）：8-17.

［46］刘阳，张天石，李栋．第十九讲：工业互联网数据语义标识与应用［J］.仪器仪表标准化与计量，2023（1）：7-11.

［47］胡亨汶，孟祥印，李丹，等．基于 RESTful Web Services 的云边数据交换设计与实现［J］.现代制造工程，2022（8）：25-32.

［48］张二锋，田改玲．基于语义的传感观测服务系统［J］.西安邮电大学学报，2014，19（4）：63-69.

［49］MCKEOWN N，ANDERSON T，BALAKRISHNAN H，et al. OpenFlow：Enabling innovation in campus networks［J］. Computer Communication Review，2008，38（2）：69-74.

［50］张朝昆，崔勇，唐翯翯，等．软件定义网络（SDN）研究进展［J］.软件学报，2015，26（1）：62-81.

［51］国家标准化管理委员会.OPC 统一架构与 5G 集成技术规范　第 1 部分：通用要求［S］.北京：中国标准出版社，2024.

［52］SCHWARZ M H，BOERCSOEK J. A survey on OLE for process control（OPC）［C］//Proceedings of the 7th Conference on 7th WSEAS International Conference on Applied Computer Science．Stevens Point：WSEAS，2007（7）：186-191.

第 4 章

工业互联网平台技术

章知识图谱

平台是工业互联网的核心。本章将深入探讨工业互联网平台的技术、特点及其应用。首先给出了工业互联网的平台架构，将之分为边缘层、IaaS 层、PaaS 层和 SaaS 层；然后依次介绍各层的核心技术、功能特点等知识点。

4.1 工业互联网平台架构

图 4-1 展示了经典的工业互联网平台架构，主要包括边缘层、基础设施即服务（Infrastructure as a Service，IaaS）层、平台即服务（Platform as a Service，PaaS）层、软件即服务（Software as a Service，SaaS）层。

4.1.1 边缘层

边缘层基于物联网（Internet of Things，IoT）能力、系统对接能力，与工业现场的传感器、分布式控制系统（Distributed Control System，DCS）、数据采集与监视控制（Supervisory Control And Data Acquisition，SCADA）系统、可编程逻辑控制器（Programmable Logic Controller，PLC）、制造执行系统（Manufacturing Execution System，MES）、仓库管理系统（Warehouse Management System，WMS）、质量管理体系（Quality Management System，QMS）等系统进行集成。

边缘层通过大范围、深层次的数据采集，以及异构数据的协议转换与边缘处理，构建了工业互联网平台的数据基础。边缘层在工业互联网中起承上启下的作用，向上对接工业互联网云平台，向下对接工厂的具体硬件设备。它的主要任务包括：

1）设备接入。负责连接各种异构的工业设备，涵盖了各种有线和无线连接技术，在工业互联网的边缘层扮演着至关重要的角色，决定了工业生产的网络化、智能化程度。

2）协议解析。负责解析和处理各种传感器、控制器等工业设备发送的数据。协议解析需要充分理解工业设备使用的通信协议，包括物理层、数据链路层、网络层和应用层协议，以确保数据的正确解析和处理。

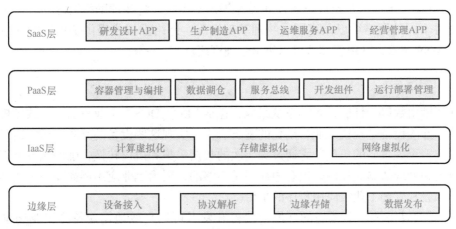

图 4-1　工业互联网平台架构

3）边缘存储。负责将设备采集到的数据进行边缘端缓存或永久存储。其中，根据数据使用频率的不同，可以将实时应用数据缓存在内存中，将不常用或者需要永久记录的数据存储在磁盘中。

4）数据发布。负责将边缘端处理完的数据进行二次封装，用于支撑云端的数据结构和通信协议，实现边云协同。其中，封装要符合现有互联网架构下的常用通信技术。

4.1.2　IaaS 层

企业系统应用部署的基础是充分利用计算、存储、网络等资源。传统的软件部署运维模式是企业投入大量的资金来购买和维护昂贵的硬件设备。工业互联网平台 IaaS 层通过虚拟化技术将计算、存储、网络等资源池化，利用基础设施管理平台对资源进行统一管理，为工业互联网平台提供了强大的基础设施支持。其中，基础设施管理平台是一个集成化的系统，它涵盖了资源管理平台与业务服务管理平台两大核心组件。资源管理平台通过统一管理和调度基础设施资源，如服务器、存储和网络，确保这些资源的可管可控，提升资源的利用效率。而业务服务管理平台则负责将基础设施资源封装成各种服务，并以用户友好的方式提供，确保服务的正常运营。IaaS 层的目标就是解决企业基础设施资源成本高、资源浪费的痛点，企业利用工业互联网平台可以根据实际需求弹性地租用基础设施资源，从而大大降低了初期投资成本和日常运维成本，这使得企业可以更加专注于自身的核心业务，而不必将精力分散在基础设施的管理和维护上。

IaaS 层的核心是对各类资源进行虚拟化，包括：

1）计算虚拟化技术是一种将物理计算资源（如 CPU、IO 设备和 GPU）抽象和隔离，形成多个独立虚拟计算环境的技术，主要涉及 CPU 虚拟化、GPU 虚拟化、IO 虚拟化等。

2）存储虚拟化技术是一种将多个存储资源（如硬盘、RAID 等）集中起来，通过一定的技术将它们组成一个存储池并进行统一管理的方法，包括内存级存储虚拟化、主机级虚拟化、存储设备级虚拟化、存储网络级虚拟化等。

3）网络虚拟化技术是指通过软件和硬件等技术手段，将物理网络资源划分为多个逻辑网络，使得不同的网络可以共享同一物理基础设施。网络虚拟化提供了更好的网络管理能力，通过 SDN 技术，网络管理者可以集中管理网络。

4.1.3　PaaS 层

工业环境由数以千计的设备和系统组成，包括 PLC、DCS、工业机器人、数控机床和仪器仪表等，这些设备是现代工业自动化的基石。为了实现这些设备的互联互通，边缘层在此过程中扮演着至关重要的角色，它通过深层次的数据采集和协议转换，确保从各类工业资产中有效收集和处理数据。然而，仅有边缘层是不够的，因为工业应用还需要一个能够支持快速开发、部署和管理工业级应用程序的平台。

PaaS 层可以提供一个理想的环境，使得开发者可以高效地构建符合工业场景需求的定制化应用。它利用 Open API、MES、办公自动化（Office Automation，OA）、WMS、供应链管理、客户关系管理、企业资源计划（Enterprise Resource Planning，ERP）集成。通过工业互联网平台的系统集成能力，利用其松耦合、快速迭代、独特资源共享的设计方式，解决传统工业信息软件遗留下来的数据信息孤岛等问题。PaaS 层的自动化部署、容器化技术提供了一种轻量级、可移植、可扩展的应用程序打包和部署解决方案，可以实现快速启动和停止，更加灵活地进行开发、测试和部署。在工业 PaaS 层的支持下，开发者可以利用它提供的各种开发工具和服务，以及运行时环境，创建出能够在复杂的工业环境中稳定运行的应用程序。这种平台服务不仅简化了开发流程，还优化了资源管理，如根据工业应用的负载波动进行弹性资源分配，确保资源得到最优使用。此外，PaaS 层的自动化运维功能提高了系统的可靠性和稳定性，同时其多租户架构允许不同部门或子公司在同一平台上独立运行各自的应用，保证了数据隔离和安全性。PaaS 层的主要功能包括：

1）容器管理与编排服务为开发者提供了具有自动化、可移植性和可扩展性的开发方式，简化了应用程序的部署、配置和管理，提高了效率，使得应用程序能够在不同环境和规模下运行和扩展。

2）数据湖仓服务为企业提供了数据存储、建模、大数据处理分析服务。底层支持多种数据类型并存，能实现数据间的相互共享，上层可以通过统一封装的接口进行访问，可同时支持实时查询和分析，为企业进行数据治理带来了更多的便利性。

3）服务总线服务通过构建以 API 为中心的持续集成平台，能够对散落在各系统的 API 进行全面的管控和治理，帮助企业构造良好的 API 管理体系，API 管理能力得到大幅提升，实现自助式业务系统接入能力，全面提升集成效率。

4）开发组件服务降低企业对工业应用程序的集成研发难度和开发时间，减少企业开发工业应用程序的资源投入，帮助企业快速高效实现工业应用程序研发。

5）运行部署管理服务帮助企业实现工业应用程序的快速部署、运维、管理，使得企业可以基于 PaaS 层平台快速构建和部署工业互联网应用。

4.1.4　SaaS 层

在工业场景中，工业企业通常面临着复杂的生产流程、多样化的设备管理和数据分析需求，不同生产过程的管理软件之间需要进行多种类数据交互。工业软件涵盖了计算机辅助设计（Computer Aided Design，CAD）、计算机辅助工程（Computer Aided Engineering，CAE）、计算机辅助制造（Computer Aided Manufacturing，CAM）、计算机辅助工艺过程管理（Computer Aided Process Planning，CAPP）等多个方面，是现代产品研发过程中不可或缺的工具。

工业互联网平台的 SaaS 层提供了统一的工业软件平台，使得企业可以轻松地部署、管理和使用各种工业应用软件，无须在每个设备或生产线上单独安装和维护软件。这种集中化的管理模式极大地提高了企业的运营效率，降低了维护成本。工业互联网平台的 SaaS 层 APP，包括研发设计类 APP、生产制造类 APP、运维服务类 APP 以及经营管理类 APP。

1）研发设计类 APP，包括云化计算机辅助设计（Cloud-based Computer Aided Design，CCAD）、云化计算机辅助制造（Cloud-based Computer Aided Manufacturing，CCAM）、云化计算机辅助工程（Cloud-based Computer Aided Engineering，CCAE）和云化计算机辅助工艺过程管理（Cloud-based Computer Aided Process Planning，CCAPP）软件，通过工业互联网技术实现计算机辅助设计、制造、工程和工艺规划等功能。工业互联网平台的研发设计类 APP 的特点在于，它们将传统的设计、制造和工程软件迁移到云端，使得用户无须在本地安装复杂的软件即可通过网络访问和使用这些高级功能。其不仅提供了跨平台协作、实时数据共享和版本控制等便利，还通过云端的高性能计算和存储资源极大地提高了设计、分析和制造的效率和精度。

2）生产制造类 APP，如 SCADA 系统和 MES，是专为工业制造领域设计的软件应用。这些 APP 通过集成先进的监控、控制和管理功能，实现了对生产过程的全面数字化和智能化管理。SCADA 系统能够实时监测生产参数，提供智能诊断和预警，确保生产线的稳定运行；而 MES 则侧重于生产执行层面的管理，包括质量控制、物料管理、设备监控等，通过实时数据采集和分析，优化生产计划，提高生产效率。这些系统广泛应用于制造业，如汽车、电子、化工等，帮助企业实现精益生产和智能化转型。

3）运维服务类 APP，包括系统运维、网络运维、应用运维和数据运维等多个方面，用于监控、管理和维护企业 IT 基础设施和应用的软件工具。运维服务类 APP 通过实时监控和自动化管理，确保系统的稳定运行和性能优化。其具备故障预警、性能分析、安全监控等功能，能够及时发现并解决问题，提高运维效率。运维服务类 APP 广泛应用于各类工业企业的 IT 部门，是企业保障 IT 服务质量和业务连续性的重要支撑工具。

4）经营管理类 APP，如 ERP、SCM、OA 和 CRM，提高了企业运营效率和管理水平。其通过集成企业内部的各个业务环节，实现信息的共享和流程的自动化，从而提升企业的决策效率和响应速度。ERP 侧重于企业内部资源的整合和优化，SCM 则关注供应链的协同管理，OA 注重办公流程的自动化和协作，CRM 则聚焦于客户关系的维护和发展，帮助企业实现资源的优化配置、业务流程的规范化、客户服务的个性化，从而增强企业的市场竞争力。

4.2 边缘层：边云协同

边缘层的主要任务是实现设备的接入、协议解析、数据存储以及数据发布的功能。边缘层的主要软硬件载体是边缘网关。其中，边缘网关向上层应用提供标准北向服务接口，上层应用通过调用这些统一接口实现对底层硬件设备的监测、控制以及复杂操作的功能，这些接口要具备功能覆盖全面、调用简单易行的特点。同时，边缘网关能够兼容下层硬件异构设备，对于不同硬件设备的不同通信协议进行自动解析，将二进制数据报文与有实际意义的可用数据进行自动化转化。

4.2.1 设备接入

设备接入技术根据设备使用的通信协议的不同可划分为两类，即设备长连接和短连接技术。针对两种连接方式建立不同的连接抽象方法，并采用连接池技术对所有连接进行统一管理。

1. 典型设备连接方式

（1）长连接　在客户端与服务器之间建立的持久性连接，使得客户端与服务器之间可以持续交换数据，而无须频繁地重新建立连接。在一个连接上可以连续发送多个数据包，连接保持期间，如果没有数据包发送，需要双方发链路检测包。其多用于操作频繁、点对点的通信，且连接数不能太多的情况。例如，机器人虚实联动的连接常用长连接，因为如果用短连接频繁通信会造成机器人通信错误，而且频繁的短连接创建也是对资源的浪费。因此，建立长连接，代码级需为每个 TCP 实现"三次握手"，同时，建立客户端和服务器端的双向通信信道。

（2）短连接　每次有数据交互时，就建立一个连接，数据发送完成后，则断开此连接，即每次连接只完成一项业务的发送。其适用于一对多场景，如能源仪表汇聚场景，能源数据时效性要求较低，因此采集频率低，此时可以在每次上传数据时重新建立连接，服务器端能够完成连接负载。因此，建立短连接，代码级需要为每种通信协议建立连接过程，并且在接收完成数据后，实现连接的断开，最大限度地释放带宽。

2. 设备连接池技术

连接池是预先创建并维护一定数量的设备连接，当有连接请求时，直接从连接池中获取一个已建立的连接，而不是每次需要访问设备时都重新建立一个新的连接。连接池技术的核心思想是连接复用，分为三个步骤：

（1）连接池的建立　在系统初始化时，连接池会根据系统配置建立，并在池中创建几个连接对象，以便使用时从连接池中获取。连接池中的连接不能随意地创建和关闭，以避免不必要的系统开销。

（2）连接池使用管理　当客户请求设备连接时，首先查看连接池中是否有空闲连接。如果存在空闲连接，就分配给客户使用；如果没有空闲连接，则查看当前所开的连接数是否已经达到最大连接数。如果没达到就重新创建一个连接给请求用户，如果达到就按设定的最大等待时间进行等待，如果超出最大等待时间，则抛出异常给客户。当客户释放设备连接时，连接池会判断该连接的引用次数是否超过了规定值，如果超过就从连接池中删除该连接，否则保留给其他用户服务。

（3）连接池的关闭　当应用程序退出时，关闭连接池中的所有连接，释放连接池相关的资源。

4.2.2　协议解析

工业互联网边缘层的协议解析技术在工业自动化领域扮演着至关重要的角色。它负责解析和处理从各种传感器、控制器等工业设备发送过来的数据，以便进行进一步的处理、分析和应用。

1. 模块化公有流程协议配置技术

因为边缘层要处理大量协议配置信息，所以这些协议配置必须具备公有的配置流程，针对每个协议建立驱动运行时，对协议的配置提供统一配置接口，包含驱动上传、驱动安装、驱动配置和驱动卸载。也就是说，边缘层中必须包含若干驱动包，每个驱动包包含这四个接口。其中，边缘网关系统负责管理所有驱动包，在管理页面中使用哪个协议则上传哪个驱动包，并安装启动驱动包，不再使用则卸载驱动。在驱动配置页面中，首先对该协议下的所有设备进行配置，如 IP、端口号等；其次，对该设备下所采集的变量进行配置，如采集变量的协议地址等。

2. 字节流解析技术

字节流解析技术主要是将连续的字节数据转换成可理解的格式或结构。在网络通信和文件处理中，数据经常以字节流的形式传输和存储。字节流解析的目标是从这些原始的字节数据中提取有意义的信息，如命令、参数、数据结构等。字节流解析的步骤如下：

1）数据捕获。从数据源（如网络接口、文件等）捕获原始的字节流数据。

2）预处理。对捕获到的数据进行必要的预处理，如去除噪声、进行数据同步等。

3）协议识别。根据字节流的特征识别出所使用的协议类型。这通常依赖于对特定协议的报文格式、特征字段或序列的识别。

4）字段提取。根据协议的规范从字节流中提取出各个字段的值。这可能需要解码、解压缩或进行其他转换操作。

5）语义解析。将提取出的字段值映射到具体的语义上，从而理解数据的含义和上下文。

6）应用层处理。根据解析出的数据和语义进行相应的应用层处理，如执行命令、更新状态、存储数据等。

4.2.3　数据存储

边缘网关存储技术涉及历史数据库与实时数据库的实现原理，以及工业互联网网关如何基于报表和数据模型等导出方式对海量工业异构数据进行分析与查询。

1. 边缘网关存储库配置实现技术

存储库包括历史数据库与实时数据库。在数据库中，若主体对象的数据库时间都有大于实际时间的情形，则可称此数据库为历史数据库。实时数据库为最终用户提供快捷、高效的工厂信息，由于工厂实时数据存放在统一的数据库中，因此工厂中的所有人无论在什么地方都可以看到和分析相同的信息。客户端的应用程序可使用户很容易对工厂实施管理，诸如工艺改进、质量控制、故障预防维护等。通过实时数据库可集成产品计划、维护管理、专家系统、化验室信息系统、模拟与优化等应用程序，它在业务管理和实时生产之间起到桥梁作用。

2. 异构工业数据分析与查询技术

在工业信息化建设过程中，由于各业务系统建设和实施数据管理系统的阶段性、技术性以及其他经济和人为因素等的影响，导致在发展过程中积累了大量不同结构、不同存储方式的业务数据，包括采用的数据管理系统也大不相同，从简单的数据库到复杂的各类业务信息网，都是工业异构数据源。

海量工业异构数据的分析与查询处理方法，包括以下步骤：

1）通过数据库转换工具进行类型转换，访问源数据库系统。

2）进行数据重组，将源数据库的数据定义模型转换为目标数据库的数据定义模型，达到了用户可以利用自己熟悉的数据库系统和熟悉的查询语言实现数据共享的目标。

3）在进行数据转换后，一方面源数据库模式中所有需要共享的信息都转换到目标数据库中，另一方面这种转换又不能包含冗余的关联信息，目数据库中的数据可通过报表进行导出。

4）采用数据库转换工具构建的异构数据库系统实现不同数据库之间的数据信息、设备资源和人力资源的合并和共享。

5）采用多数据库管理系统运维数据库系统。

海量工业异构数据的分析与查询处理方法，解决了现有工业领域面临的异构大数据处理难题，保证了数据处理的可靠性和可扩展性。为应对工业控制领域的海量数据存储，边缘网关采用了多级数据存储架构，该架构由两级内存缓存和两级硬盘系统构成，多级的结构设计保证了数据在完成最终硬盘归档前具备充分的时间和空间进行重组，可以充分发挥硬盘的最高读写性能，从而大大提高系统的整体处理性能。同时为了提高对海量数据的检索能力，边缘网关设计了一套高效索引系统。该索引体系对内存数据采取 Hash 索引算法，从而大幅提升了海量数据存储及检索性能，可以保证在秒级时间查询数年的历史数据。

4.2.4 数据发布

数据发布技术就是针对包括 MQTT、OPC UA、HTTP 等各类北向物联接口进行设计与实现，将数据发布到平台端，实现边云协同。这一过程中，主要涉及如下两方面技术：

1. 北向物联接口的设计与实现

1）MQTT 是 ISO 标准（ISO/IEC PRF 20922）下基于客户端 - 服务器的消息发布 / 订阅传输协议。它工作在 TCP/IP 协议族上，是为硬件性能低下的远程设备以及网络状况糟糕的情况而设计的发布 / 订阅型消息协议。MQTT 协议是轻量、简单、开放和易于实现的，这些特点使它的适用范围非常广。边缘网关可以通过 MQTT 中间件进行数据发布，数据使用者以订阅的模式获取数据，实现北向物联接口。

2）OPC UA 不再依靠分布式组件对象模型（Distributed Component Object Model,

DCOM），而是基于面向服务的架构，其使用更简便，边缘网关可作为 OPC UA 的服务端，对数据进行发布。

3）HTTP 是一个简单的请求—响应协议，它通常运行在 TCP 之上，它指定了客户端可能发送给服务器什么样的消息以及得到什么样的响应。边缘网关提供 HTTP 接口，方便用户调用，从而实现北向数据发布。

2. 数据级格式的自由配置

数据级格式配置是指对一个多维数据集中度量值的编码、发布格式进行设置。度量值在多维数据库中有其默认的编码格式，但对于一些业务需要的特殊格式（如数据范围和精度都比较高的数据），可以选择一些自定义的格式。设置数据格式是对多维分析数据进行设置，前提是了解边缘网关中已经定制好各数据类型的数据格式。目前其可以针对度量维或指标维进行设置，设置数据格式并不会对多维数据库中的数据集产生影响。

4.3 IaaS 层：基础设施即服务

IaaS 通过互联网向客户提供基本的计算、存储和网络资源，企业不用自己构建一个数据中心，而是通过租用方式使用工业互联网平台的基础设施服务，包括计算、存储和网络等。IaaS 与传统的主机托管有相似之处，但是在服务的灵活性、扩展性和成本等方面 IaaS 具有很大的优势，可以使最终用户能够根据需要扩展和缩减资源。

图 4-2 是 IaaS 基础架构。

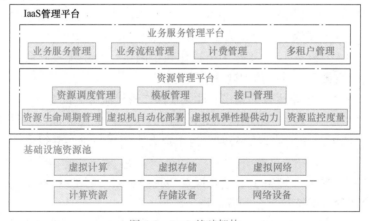

图 4-2　IaaS 基础架构

IaaS 的底层是为利用虚拟化技术构建的基础设施资源池，硬件设备包括计算资源、存储设备、网络设备，利用计算虚拟化、存储虚拟化、网络虚拟化技术将各种设备资源统一虚拟化为基础设施资源池中的资源。

上层为 IaaS 管理平台，利用 IaaS 管理平台对资源池进行统一管理。IaaS 管理平台包括资源管理平台和业务服务管理平台。资源管理平台负责对物理资源和虚拟化资源进行统一的管理和调度，实现 IaaS 服务的可管、可控，其核心是对每个基础资源单位的生命周期进行管理和对资源进行管理调度。业务服务管理平台负责将资源封装成各种服务，以方便易用的方式对外提供给客户，实现 IaaS 的可运营，包括业务服务管理、业务流程管理、计费管理以及多租户管理。

4.3.1　计算虚拟化技术

计算虚拟化是一种通过软件技术将物理计算资源（如 CPU、GPU、I/O）划分为多个虚拟资源的技术。在计算虚拟化中，物理计算资源被抽象成虚拟资源，可以按需分配给各个虚拟机或应用程序。计算虚拟化能够提高资源利用率、简化管理、提高灵活性和可靠性。

1. CPU 虚拟化

CPU 虚拟化是指多个虚拟机共享 CPU 资源，对虚拟机中的敏感指令进行截获并模拟执行。在介绍 vCPU 技术之前，需要先学习两个知识点，虚拟化 CPU（Virtual CPU，vCPU）和 CPU 的关系，以及 CPU 的 Ring 级别。

（1）vCPU 和 CPU 的关系　一个物理 CPU 有多个内核，每个内核可以有多个线程。如果物理 CPU 没有超线程技术，一个内核同时只能处理一个任务，即一个内核对应一个vCPU，将一个内核虚拟为一个 vCPU，为虚拟机提供 CPU 资源。

如果物理 CPU 有超线程技术，一个内核若有两个线程，就可以同时处理两个任务，即一个线程对应一个 vCPU，将一个线程虚拟为一个 vCPU，为虚拟机提供 CPU 资源，所以多台虚拟机之间可以复用同一个物理 CPU。vCPU 分配给虚拟机时，其分配的 vCPU 的数量不能超过单台物理节点所能提供的 vCPU 数量，所以计算虚拟化的关键是 vCPU 的分配。

（2）CPU 的 Ring 级别　现代计算机的 CPU 技术有个核心特点，根据指令的敏感程度分为不同的权限级别来实现运行，避免了用户与应用程序层面的错误导致整个系统崩溃。不同类型的 CPU 会有不同的权限级别，以下我们主要将 X86 的 CPU 作为代表来讲解 CPU 的虚拟化。X86 CPU 分为四个级别，分别为 Ring0、Ring1、Ring2、Ring3。

1）Ring0 级别（内核态）。直接作用于操作系统内核，给系统核心命令的使用权限，调用系统资源，优先级最高，可以访问内存的所有数据。

2）Ring1~2 级别。主要运行的是设备驱动（操作系统服务）的命令。

3）Ring3 级别（用户态）。应用程序 APP 使用的权限，优先级最低；只能受限地访问内存，并且 CPU 资源可以被其他程序获取。当用户态直接执行 Ring0 权限的指令时，会被系统显示为非法指令，会报错。

（3）CPU 虚拟化技术　理解了上述知识点，我们再来学习 CPU 虚拟化技术。操作系统发出的指令分为两种，即特权指令和普通指令。

1）特权指令，是指用于操作和管理关键系统资源的指令，这些指令只在最高特权级权限下才能够运行，即必须在 Ring 0 级别上才能运行。

2）普通指令，与特权指令相对，这些指令在 CPU 普通权限级别下就能够运行，即在 Ring 3 级别及以上就可以运行。

在虚拟化环境中，还有一种特殊指令被称为敏感指令，是指修改虚拟机的运行模式或宿主状态的指令，指 Guest OS（客户操作系统）中原本需要在 Ring0 模式下才能运行的特权指令剥夺特权后，交给 VMM（Virtual Machine Monitor，虚拟机监视器）来执行的指令。

针对 X86 架构的 CPU 虚拟化技术分为全虚拟化技术、半虚拟化技术以及硬件厂商提出的硬件辅助虚拟化技术。

1）全虚拟化技术。将所有虚拟机发出的操作系统请求转发到 VMM，VMM 对请求进行二进制翻译。如果发现是特权指令或敏感指令，则由 VMM 模拟执行，然后调度到 CPU 特权级别下执行；如果只是应用程序指令，则直接在 CPU 非特权级别下执行。这种方法由于需要过滤所有虚拟机发出的请求指令，因而被称为全虚拟化方式。

2）半虚拟化技术。半虚拟化技术是修改虚拟机操作系统，让虚拟机操作系统能够意识到自己是被虚拟化的，虚拟机操作系统会"超级调用（Hypercall）"管理程序（Hypervisor）来替换虚拟化中的敏感指令，从而实现虚拟化，而其他应用程序等的非敏感或非特权请求则直接在 CPU 非特权级别下执行。

半虚拟化所具有的优点是：半虚拟化中的 Guest OS 可以同时支持多个不同的操作系统，并提供与原始系统相近的性能。但半虚拟化中的 Host OS（主机操作系统）只支持修改开源的操作系统（如 Linux），而对于未开源的操作系统（如 Windows 系统），则无法实现半虚拟化。此外，被修改过的虚拟机操作系统可移植性较差。

3）硬件辅助虚拟化技术。目前主流的 X86 架构的 CPU 都支持硬件虚拟化技术，例如 Intel 推出了 VT-x CPU，AMD 也推出了 AMD-V CPU。VT-x 和 AMD-V 这两种技术都为 CPU 增加了新的执行模式——Root 模式，可以让 VMM 运行在 Root 模式下，而 Root 模式位于 CPU 指令级别 Ring0 下。特权和敏感指令自动在 Hypervisor 上执行，所以无需全虚拟化或半虚拟化技术。这种方法通过硬件辅助虚拟化技术解决虚拟化漏洞，简化 VMM 的工作，不需要进行半虚拟化和二进制翻译。

表 4-1 是上述三种技术的对比。

表 4-1　三种虚拟化技术对比

对比项	全虚拟化技术	半虚拟化技术	硬件辅助虚拟化技术
实现技术	通过二进制转换、翻译实现	通过超级调用实现	通过将特权指令转到 Root 模式实现
性能	差	最好，几乎与物理主机性能相同	CPU 需要在两种模式之间切换，带来额外开销，不过其性能正逐渐逼近半虚拟化
兼容性	最佳兼容性	需要修改操作系统，兼容性差	最佳兼容性

2. GPU 虚拟化

在传统的虚拟化环境中，虚拟机往往无法直接访问物理 GPU，导致图形处理能力受限。为了解决这个问题，虚拟化 GPU（Virtual GPU，vGPU）技术应运而生。vGPU 通过物理将 GPU 虚拟化，为虚拟机提供与物理机相似的图形处理性能和功能。

vGPU 的实现原理涉及以下几个核心组件和概念：

（1）GPU 虚拟化　vGPU 通过在物理 GPU 上创建多个虚拟 GPU 实例，将物理 GPU 资源划分为多个虚拟切片。每个虚拟切片被分配给一个虚拟机，使其能够独立地访问和利用

GPU 资源。

（2）GPU 调度器　GPU 调度器负责管理和调度虚拟 GPU 实例的资源分配。它根据虚拟机的需求和物理 GPU 的可用资源，动态地分配和调度 vGPU 切片，以确保每个虚拟机获得适当的 GPU 性能。

（3）GPU 驱动程序　每个虚拟机都需要安装相应的 GPU 驱动程序，以便与虚拟 GPU 实例进行通信。GPU 驱动程序负责将虚拟机的图形指令转发给相应的 vGPU 切片，并将处理结果返回给虚拟机。

（4）帧缓冲传输　当虚拟机产生图形输出时，vGPU 切片将渲染的图像存储在帧缓冲中，并通过虚拟化协议将帧缓冲传输给虚拟机。

vGPU 技术具有以下几个优势：

（1）提供高性能的图形处理能力　通过将物理 GPU 虚拟化，vGPU 为虚拟机提供了与物理机相似的图形处理性能和功能，使虚拟机能够运行图形密集型应用程序。

（2）提高资源利用率　vGPU 技术允许多个虚拟机共享物理 GPU 资源，提高了 GPU 的利用率。通过动态调度和分配 vGPU 切片，可以确保每个虚拟机获得适当的 GPU 性能，避免资源浪费。

（3）支持多租户环境　vGPU 技术允许在多租户环境中同时运行多个虚拟机，并为每个虚拟机提供独立的图形处理能力。这为云计算、虚拟桌面基础设施等场景提供了更好的性能和用户体验。

vGPU 技术在虚拟化领域有广泛的应用。它可以帮助用户充分利用 GPU 资源，提供高性能的图形处理能力，为虚拟机提供更好的用户体验。

3. I/O 虚拟化

物理服务器上会创建出许许多多的虚拟机，并且每台虚拟机都需要访问物理主机的 I/O 设备。但 I/O 设备的数量毕竟是有限的，为了满足多个虚拟机共同使用 I/O 设备的需求，就需要 VMM 的参与。I/O 虚拟化同样分为全虚拟化、半虚拟化以及硬件辅助虚拟化。

（1）全虚拟化　通过 VMM 为虚拟机模拟出一个与真实设备类似的虚拟 I/O 设备，当虚拟机对 I/O 设备发起 I/O 请求时，VMM 截获虚拟机下发的 I/O 访问请求，再由 VMM 将真实的访问请求发送到物理设备进行处理。

（2）半虚拟化　它需要建立一个特权级别的虚拟机，即特权虚拟机。半虚拟化要求各个虚拟机运行前端驱动程序，当需要访问 I/O 设备时，虚拟机通过前端驱动程序把 I/O 请求发送给特权虚拟机，由特权虚拟机的后端驱动收集每个虚拟机发出的 I/O 请求，再由后端驱动对多个 I/O 请求进行分时分通道处理。特权虚拟机运行真实的物理 I/O 设备驱动，将 I/O 请求发送给物理 I/O 设备，I/O 设备处理完成后再将结果返回给虚拟机。

（3）硬件辅助虚拟化　直接安装 I/O 设备驱动。在虚拟机操作系统中，不需要对操作系统做任何修改即可使用，这就使得虚拟机访问 I/O 硬件所需的时间与传统 PC 的访问时间相同。硬件辅助虚拟化就相当于一个智能的信息收集、处理平台，用户的意见请求可以直接向该平台提交，并自助完成业务处理，无须人工干预。因此硬件辅助虚拟化在 I/O 性能上远远超过全虚拟化和半虚拟化，但硬件辅助虚拟化需要特殊的硬件支持。

4.3.2　存储虚拟化技术

存储虚拟化是指把多种多个存储介质通过一定的技术集中起来，组成一个存储池并进行统一管理，为用户提供大容量、高数据传输性能的存储系统称为虚拟化存储。与传统存储相比，虚拟化存储的优点主要体现在：磁盘利用率高，传统存储技术的磁盘利用率一般只有 30% ～ 70%，而采用虚拟化技术后的磁盘利用率高达 70% ～ 90%；存储灵活，可以适应不同厂商、不同类别的异构存储平台，为存储资源管理提供了更好的灵活性；管理方便，提供了一种大容量存储系统集中管理手段，避免了由于存储设备扩充所带来的管理方面的麻烦；性能更好，虚拟化存储系统可以很好地进行负载均衡，把每一次数据访问所需的带宽合理地分配到各个存储模块上，提高了系统的整体访问带宽。根据存储虚拟化的实现方式不同，可以分为内存级存储虚拟化、基于主机的存储虚拟化、存储设备级的存储虚拟化、存储网络级的存储虚拟化。

1. 内存级存储虚拟化

内存级存储虚拟化就是把物理机的真实物理内存统一管理，包装成多份虚拟的内存给若干虚拟机使用。内存级存储虚拟化技术的核心在于引入一层新的地址空间——客户机物理地址空间，Guest 以为自己运行在真实的物理地址空间中，实际上它是通过 VMM 访问真实的物理地址，VMM 中保存的是客户机地址空间和物理机地址空间之间的映射表。在内存虚拟化中，进行内存地址转换涉及三种内存地址，即虚拟机内存地址（Virtual Memory Address，VA）、物理内存地址（Physical Memory Address，PA）和机器内存地址（Machine Memory Address，MA）。Guest OS 控制虚拟机内存地址到客户机物理内存地址的映射（VA → PA），但是 Guest OS 不能直接访问实际机器内存，因此 Hypervisor 需要负责映射客户机物理内存地址到实际机器内存地址（PA → MA）。

2. 基于主机的存储虚拟化

当仅需要单个主机服务器（或单个集群）访问多个磁盘阵列时，可以使用基于主机的存储虚拟化技术。这种技术又称为逻辑卷管理，通常由主机操作系统下的逻辑卷管理软件实现。

逻辑卷管理软件把多个不同的磁盘阵列映射成一个虚拟的逻辑块空间。当存储需求增加时，逻辑卷管理软件能把部分逻辑空间映射到新增的磁盘阵列，因此可以在不中断运行的情况下增加或减少物理存储设备。图 4-3 是基于主机的存储虚拟化示意图。主机 1 可以使用磁盘阵列 1 和磁盘阵列 2 上的存储空间，主机 2 可以使用磁盘阵列 2 上的存储空间，主机 3 和主机 4 均可使用磁盘阵列 3 和磁盘阵列 4 上的存储空间。

基于主机的存储虚拟化的优点是支持异构的存储系统；缺点是占用主机资源，转发性能差，与主机操作系统兼容性差，数据迁移复杂。

3. 存储设备级存储虚拟化

当有多个主机服务器需要访问同一个磁盘阵列时，可以使用存储设备级的存储虚拟化技术。该技术通过在存储控制器上添加虚拟机实现，构建存储区域网络（Storage Area Network，SAN）可以将一个阵列上的存储容量进行划分并标上多个逻辑单元号（Logical Unit Number，LUN），供不同的主机系统访问。图 4-4 是存储设备级的存储虚拟化示意图。

磁盘阵列 1 的存储空间可以提供给主机 1 和主机 2 使用，磁盘阵列 2 的存储空间可以提供给主机 2~4 使用。

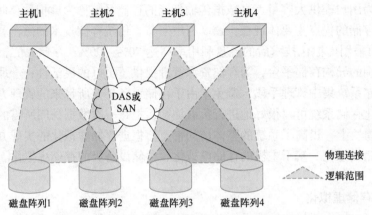

图 4-3　基于主机的存储虚拟化示意图

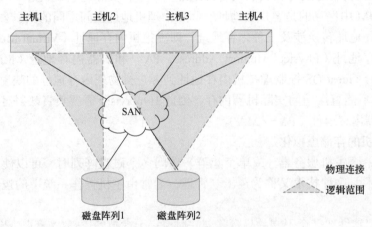

图 4-4　存储设备级的存储虚拟化示意图

存储设备级的存储虚拟化的优点是与主机无关，不占用主机资源，数据管理功能丰富；缺点是只能对本设备内的磁盘虚拟化，厂商绑定不能异构，多套存储设备之间不兼容，成本高。

4. 存储网络级存储虚拟化

当多个主机服务器需要访问多个异构存储设备时，可以使用存储网络级存储虚拟化技术。该技术通过在存储区域网络（Storage Area Network，SAN）中添加虚拟化引擎实现。图 4-5 是存储网络级的存储虚拟化示意图。主机 1~4 可以使用磁盘阵列 1~4 上的存储空间。

存储网络级的存储虚拟化的优点是与主机无关，性能好，能够使用异构主机和存储设备，管理统一，功能丰富；缺点是各厂商产品质量参差不齐，部分产品兼容性差。

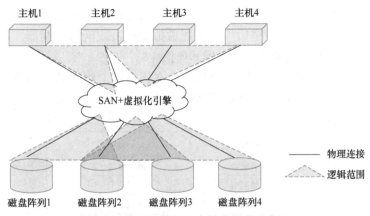

图 4-5　存储网络级的存储虚拟化示意图

图中标注：主机1　主机2　主机3　主机4　SAN+虚拟化引擎　磁盘阵列1　磁盘阵列2　磁盘阵列3　磁盘阵列4　物理连接　逻辑范围

4.3.3　网络虚拟化技术

网络虚拟化是指将物理网络虚拟出多个相互隔离的虚拟网络，从而使得不同用户之间使用不同的网络资源，提高网络资源利用率，实现弹性网络。

1. 网络虚拟化分类

网络虚拟化技术可以根据实现方式的不同进行分类，主要包括：

1）虚拟局域网（Virtual Local Area Network，VLAN）可以将物理局域网划分为多个虚拟局域网，不同的虚拟局域网之间相互隔离，从而实现多个逻辑网络的并行运行。

2）虚拟专用网络（Vortual Private Network，VPN）在公共网络上建立安全的通信隧道，将多个远程用户连接在一起，形成一个虚拟的专用网络。

3）虚拟交换机（Virtual Switch）在物理交换机的基础上，使用软件技术将交换机的功能虚拟化，使得多个虚拟局域网之间可以独立配置和管理，提高网络的可扩展性和灵活性。

4）虚拟路由器（Virtual Router）在物理路由器的基础上，使用软件技术将路由器的功能虚拟化，实现多个逻辑网络的并行运行。通过虚拟路由器技术，可以提高网络的性能和可靠性。

2. 网络虚拟化的实现方式

网络虚拟化技术可以通过软件定义网络（SDN）、网络功能虚拟化（Network Functions Virtualization，NFV）等方式实现。

（1）软件定义网络　SDN 通过将网络控制平面和数据平面进行分离，实现对网络的中央控制和管理。通过 SDN 技术，可以实现对网络虚拟化的灵活配置和管理。

（2）网络功能虚拟化　NFV 通过软件化的方式实现网络功能虚拟化的技术，将传统的网络设备（如防火墙、路由器等）通过虚拟化的方式部署在通用硬件上。通过 NFV 技术，可以实现对网络功能的灵活配置和管理。

网络虚拟化的通用流程如图 4-6 所示。

（1）I/O 虚拟化　配置虚拟化软件，以便虚拟机能够通过虚拟网卡利用物理 I/O 资源。

（2）虚拟网卡提供驱动　创建虚拟网卡并配置相应驱动，使虚拟机能够进行网络通信。

（3）连接　将虚拟网卡连接至虚拟交换机，确保它们可以接收和发送数据包。

（4）虚拟网络连接到物理网络边界　配置虚拟交换机或网络控制器，以便虚拟网络接口能够与物理网络设备（如交换机和路由器）通信。

（5）物理网卡发送到物理交换机　物理网卡在服务器上将虚拟网络流量封装并通过物理网络传输到物理交换机，完成虚拟到物理的网络连接。

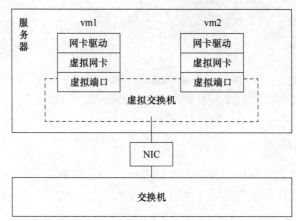

图 4-6　网络虚拟化的通用流程

4.3.4　基础设施管理平台

虚拟化技术实现了对底层物理资源的抽象，使其成为一个个可以被灵活生成、调度、管理的基础资源单位。而要将这些资源进行有效的整合，形成一个可统一管理、灵活分配调度、动态迁移的基础设施资源池，并按需向用户提供自动化的基础设施服务，还需要构建一个 IaaS 管理平台。图 4-7 是 IaaS 管理平台架构。

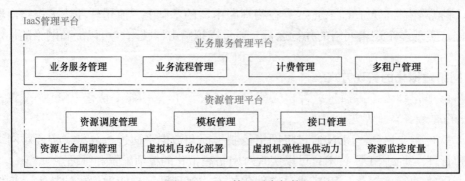

图 4-7　IaaS 管理平台架构

1）资源管理平台负责对物理设备和虚拟化资源进行统一的管理和调度，形成统一的资源池，实现 IaaS 层服务的可管、可控，其核心是实现对每个资源单位的生命周期管理和对资源的管理调度。对资源的生命周期管理，就是对资源的生成、分配、扩展、迁移、回收的全流程管理，关键基础包括虚拟机自动化部署，虚拟机弹性提供动力，资源状态监控、度量和资源的回收等。资源的管理调度能力则是指对资源的全局性管理与调度，包括模板管理、接口管理、调度策略管理、资源使用量的采集和度量等。

2）业务服务管理平台的职责是将资源封装成各种服务，以方便易用的方式对外提供给用户，实现 IaaS 层的运营。其中，业务服务管理主要是将底层资源进行组合和打包，形成供最终用户购买的业务和服务；业务流程管理用于实现对用户注册、认证、服务开通以及使用、计费、结算等流程的配置与管理；计费管理根据资源监控与度量采集的历史数据，统计用户对资源的使用量，并根据计费策略生成计费账单；多租户管理主要负责用户的身份认证、业务订购关系管理等工作。

典型的 IaaS 管理平台是 OpenStack。OpenStack 是一个开源的云计算管理平台，用于大规模部署虚拟私有服务器和其他云服务。OpenStack 项目始于 2010 年，由 NASA（美国国家航空航天局）和 Rackspace 合作启动，目的是创建一个开源的云平台，让任何人都能在自己的数据中心内部署云服务。OpenStack 的架构是模块化的，由多个相互独立但又紧密协作的组件构成，每个组件负责不同的云计算功能。图 4-8 是 OpenStack 的架构图。

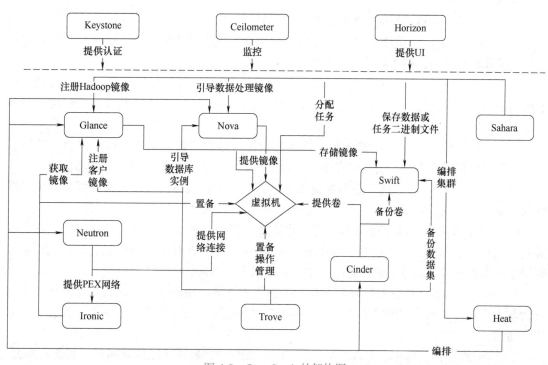

图 4-8　OpenStack 的架构图

OpenStack 的组件分为以下几部分：

1）全局组件，包括身份服务组件（Keystone）、计量服务组件（Ceilometer）、控制面板组件（Horizon），负责全局的认证、监控、控制台管理。

2）核心组件，包括镜像服务组件（Glance）、计算服务组件（Nova）、对象存储服务组件（Swift）、网络服务组件（Neutron）、块存储服务组件（Cinder），负责创建虚拟机需要的网络资源、镜像资源和存储资源。

3）辅助组件，包括裸金属管理组件（Ironic）、数据库管理组件（Trove）、编排组件（Heat）、大数据项目组件（Sahara），负责提供必要的管理与服务。

4.4 PaaS层：平台即服务

工业互联网平台 PaaS 层提供了计算、存储、网络和软件开发平台等资源，使得开发者可以构建、部署和管理应用，而无须管理底层基础设施。PaaS 层的主要功能包括容器管理与编排、数据湖仓、服务总线、平台开发组件、平台运行部署管理组件。

4.4.1 容器管理与编排服务

容器是一种轻量级、可移植且一致的计算环境，专为在不同的计算机或服务器上运行的应用程序而设计。容器的组成主要包括以下几方面：

1）镜像（Image）。镜像是容器的模板，它包含了应用程序的代码、运行时、库和配置文件。镜像是只读的，用于创建容器实例。

2）容器（Container）。容器是镜像的一个运行实例。每个容器都是独立的运行环境，基于相同的镜像可以运行多个容器。容器可以动态创建和销毁，非常适合用于弹性扩展和负载均衡。

3）存储卷（Volume）。存储卷用于持久化数据，独立于容器生命周期。即使容器被删除，数据仍然保存在卷中。卷可以在多个容器之间共享，方便数据的持久存储和管理。

4）网络（Network）。网络为容器提供通信，包括多种网络模式，如桥接网络、主机网络和覆盖网络，支持容器之间以及容器与外部世界的网络连接。

通过操作系统级的虚拟化技术，容器将应用程序及其所有依赖项（包括库、配置文件等）打包在一个标准化的单元中，以确保应用程序在不同环境中的一致性运行，而无须担心底层系统的差异性。总结来说，容器的用途包括以下几方面：

1）开发和测试。开发人员可以在容器中创建和测试应用程序，确保其在开发环境中的行为与生产环境一致。这消除了"开发环境和生产环境不一致"的问题，提升了开发效率和代码质量。

2）持续集成和持续部署（CI/CD）。在 CI/CD 流程中，容器可以快速创建、测试和部署，极大地缩短了交付周期。每次代码更改后，新的容器可以自动构建并部署到测试环境，经过验证后再推广到生产环境。这种自动化流程提高了软件发布的速度和可靠性。

3）微服务。容器非常适合微服务架构，每个微服务可以运行在独立的容器中。这不仅简化了服务的部署和管理，还提高了系统的可扩展性和弹性。服务之间通过容器化技术进行隔离，确保彼此独立运行，不会因为某个服务的问题影响到整个系统。

4）跨平台部署。无论是在本地数据中心，还是在各种云平台上，容器都能无缝运行。这种跨平台的特性使得企业可以灵活选择和迁移运行环境，优化资源使用和成本控制。

容器化技术的优点主要为以下几方面：

1）跨平台性。容器提供了一种跨平台的部署方式，使得应用程序可以在不同的操作系统和环境中运行，从开发环境到生产环境都可以保持一致。

2）轻量级。容器与虚拟机相比，更加轻量级。它们共享主机操作系统的内核，因此在启动和运行时消耗的资源更少，更快速。

3）快速部署。容器可以快速部署，几乎可以瞬间启动。这种快速部署可以极大地提高开发和部署的效率，有助于实现持续集成和持续部署。

4）隔离性。容器提供了隔离应用程序的环境，每个容器都有自己的文件系统、进程空间和网络空间。这种隔离性使得应用程序之间不会相互干扰，更安全可靠。

5）可扩展性。容器可以根据需要进行水平扩展，快速复制和部署多个实例，以应对流量高峰或负载增加的情况。

6）版本控制和回滚。容器可以轻松地进行版本控制，将应用程序和其依赖项打包到一个统一的镜像中。此外，容器还支持快速的回滚，如果出现问题，可以迅速还原到之前的版本。

7）资源利用率高。由于容器共享主机操作系统的内核，并且可以在同一台物理机器上运行多个容器，因此可以更有效地利用硬件资源。

目前，代表性的容器包括 Docker、Linux Containers（LXC）。相应地，代表性的容器管理与编排服务工具包括 Docker Compose、Kubernetes（K8s）。

4.4.2　数据湖仓

数据湖仓是一种存储系统或存储方式，用于保存数据的原始格式。在工业领域，数据湖仓通常作为工业全量数据的存储库，不仅包括原始系统所产生的原始数据复制，也包含各类任务产生的转换数据，这些任务可能涉及生产报表、设备状态可视化、高级分析和机器学习等。

工业数据湖仓的构建基于分布式存储系统、大数据处理引擎和数据管理平台，形成一个综合性的数据管理体系。分布式存储系统如 HDFS、Amazon S3 等，负责提供高扩展性和高容错性的数据存储基础设施。数据处理利用 Apache Spark 或 Apache Flink 等引擎，实现对大规模数据集的高效并行处理，涵盖从批量作业到实时数据流处理的各种需求。数据管理平台，则通过引入结构化数据模型、SQL 查询接口及元数据管理工具（如 Apache Hive、Apache HBase 及 Delta Lake 等），增强了数据的组织、查询性能和可管理性。

在工业场景下，数据湖仓面临的挑战是数据的多元性和格式不统一。随着工业自动化和智能化水平的提高，生产环境中的装备和系统会持续生成大量数据。这些数据通常是时间序列数据，即按时间顺序产生的数据点，时序数据库特别适合存储和管理时间序列数据，这对于监控工业设备和流程至关重要，同时为优化数据处理和分析提供良好的存储媒介。

工业数据湖仓的核心功能包括数据接入、数据清洗、数据转换和数据存储四个方面。首先，数据接入支持从结构化、半结构化和非结构化数据源中接入数据，并通过实时数据流处理引擎（如 Apache Kafka、Apache Flink）实现实时数据的采集和处理，同时通过 ETL（抽取、转换、装载）工具或批处理框架（如 Apache Spark）实现大规模历史数据的批量导入。其次，通过数据清洗提高数据质量，去除噪声和错误数据。再次，数据转换将数据整理为统

一、可用的格式，便于后续分析和处理。最后，数据存储利用高扩展性和高容错性的分布式存储系统（如 HDFS、Amazon S3）安全高效地存储数据，形成一个综合性的数据管理体系，支持复杂的数据分析应用。

数据湖仓基础架构如图 4-9 所示，数据湖仓与大数据平台相同的地方在于也具备处理超大规模数据所需的存储和计算能力，能提供多模式的数据处理能力；增强点在于数据湖仓提供了更为完善的数据管理能力，具体体现在以下几方面：

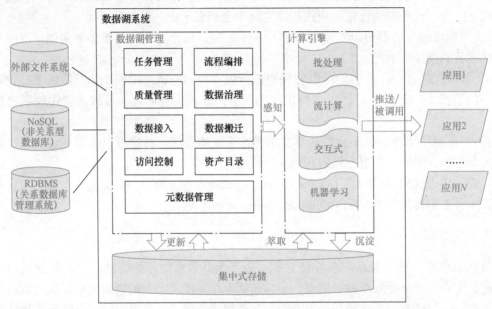

图 4-9　数据湖仓基础架构

1）更强大的数据接入能力。数据接入能力体现在对各类外部异构数据源的定义管理能力，以及对外部数据源相关数据的抽取迁移能力。抽取迁移的数据包括外部数据源的元数据与实际存储的数据。

2）更强大的数据管理能力。管理能力具体又可分为基本管理能力和扩展管理能力。基本管理能力包括对各类元数据的管理、数据访问控制、数据资产管理能力。扩展管理能力包括任务管理、流程编排以及与数据质量和数据治理相关的能力。任务管理和流程编排主要用来管理、编排、调度、监测在数据湖仓系统中处理数据的各类任务，通常情况下，数据湖仓构建者会通过购买 / 研制定制的数据集成或数据开发子系统 / 模块来提供此类能力，定制的系统 / 模块可以通过读取数据湖仓的相关元数据，来实现与数据湖仓系统的融合。而数据质量和数据治理则是更为复杂的问题，一般情况下，数据湖仓系统不会直接提供相关功能，但是会开放各类接口或者元数据，供有能力的企业 / 组织与已有的数据治理软件集成或者做定制开发。

3）可共享的元数据。数据湖仓中的各类计算引擎会与数据湖仓中的数据深度融合，而融合的基础就是数据湖仓的元数据。好的数据湖仓系统，计算引擎在处理数据时，能从元数据中直接获取数据存储位置、数据格式、数据模式、数据分布等信息，然后直接进行数据处理，而无须进行人工 / 编程干预。更进一步，好的数据湖仓系统还可以对数据湖仓中的数据进行访问控制，控制的力度可以做到"库表列行"等不同级别。

4.4.3　服务总线

服务总线是一种基于消息传递的通信中间件，它为工业企业内部的各种服务、应用和数据提供统一的连接、管理和监控平台。工业服务总线通过标准化的接口和协议，实现不同系统之间的数据交换和业务流程集成，从而打破信息孤岛，提高业务响应速度，降低 IT 成本，实现系统集成。

如图 4-10 所示，在当前业务流程下，订单开始且客户首件试制完成后，通过报价平台和销售一体化平台挂在自己的网站上。在系统幕后，工艺协同平台和 OA（Office Automation）系统主导后续生产内容，由工程全生命周期管理（Engineering Lifecycle Management，ELM）和 ERP 系统分别对产品相关资源以及产品的生命周期进行管控。随后由智能专家系统、系统外协平台（Supplier Relationship Management，SRM）、采购平台以及大规模的"数据湖"，为实际生产做准备。在实际的生产过程中由 MES 软件系统管理和监控制造过程。后续生产完的产品配合仓储一体化准备后续进行销售、发货，以及用户使用小程序签收。可见流程复杂度高，存在诸多的反复交互，接口众多造成生产上的不便。

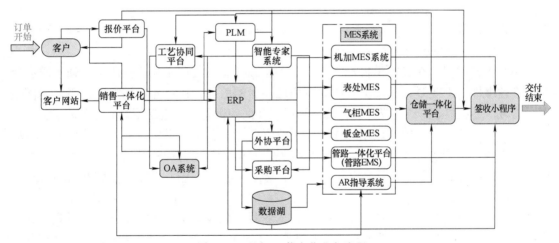

图 4-10　现有 IT 信息化业务流程

在引入服务总线后，如图 4-11 所示，订单开始后进入流程——报价平台、ERP、工艺协同平台、PLM、APS、MES、PLM、WMS 等。在保证应用系统不变的情况下，显著减少了通信接口，有效降低了系统的复杂度。进一步，在总线引入 AI 后，订单开始后只需按照既定流程执行，其余修改内容均通过服务总线进行操作。服务总线和 AI 数据湖进行交互，给 EMQX 装上 AI 控制的包含大量生产相关知识库的"大脑"，让 AI 接入生产的全流程，从安全、信息提取、方案排期参数设计、工艺升级、故障分析等多方面对生产进行辅助，实际应用诸如 AI 图样标注、AI 动态排程、AI 创成式设计、AI 生产故障根因分析、AI 生成工艺规程等。工业服务总线同时提供了强大的服务管理、监控和治理功能，确保服务的可靠性和稳定性。

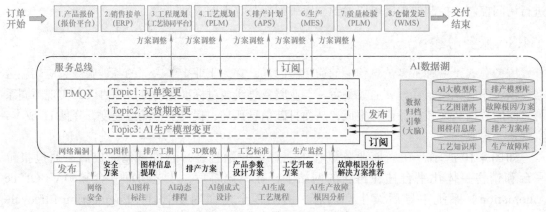

图4-11　AI生产模型服务总线演示

工业服务总线的工作机制可以概括为以下几方面：

（1）消息接收　通过消息传递引擎接收来自不同系统或服务的消息。这些消息可以是请求、响应或事件通知等。在接收消息时，工业服务总线会对消息进行初步的处理和验证，以确保消息的合法性和有效性。

（2）消息处理　在接收到消息后，工业服务总线会对消息进行进一步的处理。这个过程包括消息转换、映射、路由等。通过消息转换和映射，可以将不同格式和协议的消息转换为统一的格式和协议，以便进行后续的处理和传递。而服务路由则根据消息的属性和业务需求，将消息路由到指定的服务或系统。

（3）服务调用　在确定了目标服务后，工业服务总线会调用相应的服务。通过服务注册与管理组件，工业服务总线会查找并调用已注册的服务，执行相应的业务逻辑并返回结果。同时，工业服务总线还支持服务的异步调用和回调机制，以满足不同的业务需求。

（4）消息传递　在服务调用完成后，工业服务总线会将结果以消息的形式传递给目标系统或服务。在传递过程中，工业服务总线可以根据需要进行加密解密、压缩解压缩等操作，以确保消息的安全性和可靠性。同时，工业服务总线还支持多种传输协议和消息格式，以满足不同系统的需求。

（5）服务监控与管理　在整个过程中，工业服务总线会实时监控服务的运行状态和性能指标。如果服务出现异常或性能下降等问题，工业服务总线会自动进行故障排查和恢复操作，以确保系统的稳定性和可用性。同时，工业服务总线还支持服务治理和策略管理等功能，可以根据业务需求对服务进行配置和管理。

4.4.4　平台开发组件

工业互联网平台PaaS层提供了开发组件，包括低代码开发平台、工业知识服务、算子库、工业大模型、微服务以及工业实时数据库服务，为企业提供工业互联网应用程序研发支撑环境。

1. 低代码开发平台

传统的程序开发模式过程固定，方式方法固化严重，无法满足企业客户需求的高效、灵敏的开发流程，同时由于其开发周期长、交付时间久且定制能力不足，不足以满足市场和客户需求。低代码开发平台的本质是尽可能地减少人工编码来简化应用程序的构建过程，降低数字化转型中的成本投入。在此背景下，PaaS 层的低代码开发平台降低了应用的搭建门槛，核心目标是实现简便、高研发速度和高灵活性。在图形化的研发界面中，通过拖拉相关工具的方式实现可视化的研发过程，能够有效缩短研发周期，从而提升研发效率，提升了软件应用的开发效率，可以让相关业务部门用简单的方式完成应用程序平台搭建，满足业务部门对于个性化应用设计的需求；同时使业务部门可以更轻松地参与到应用程序开发的过程中，减少业务与开发者之间的沟通成本。

随着工业互联网平台技术的发展，工业低代码开发平台不断涌现，包括企业生产系统低代码开发平台、数字孪生低代码开发平台、大屏商业智能（Business Intelligence，BI）系统低代码开发平台等，如图 4-12 和图 4-13 所示。

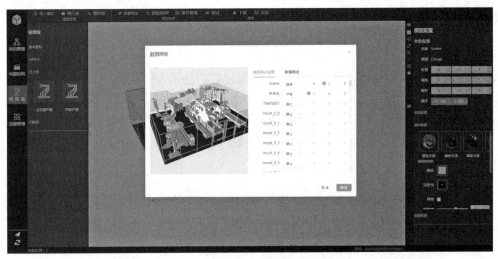

图 4-12　数字孪生低代码开发平台

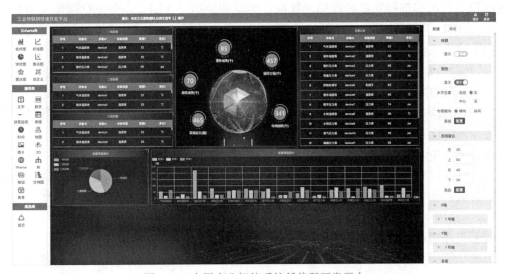

图 4-13　大屏商业智能系统低代码开发平台

除此之外，平台还提供以下几种服务：

1）工业服务基础组件，为构建工业应用程序提供了强大的支持。这些组件包括定制化的工业审批流程、详尽的日志记录功能、精确的数据映射操作、稳定的循环控制结构以及高效的异常处理机制，确保了工业应用的快速开发与可靠性。

2）工业 IT 连接器，为工业低代码开发平台提供了与工业 IT 组件的集成能力。支持的连接包含但不限于通用的 HTTP、SOAP、MySQL、Oracle 等数据库连接，以及 MQTT 等工业物联网发布订阅服务，实现与现有工业 IT 组件的无缝集成。

3）工业信息化应用连接器，强化了低代码开发平台与工业信息化系统的连接能力，实现了与 SAP、ERP 和 MES 等系统的集成，进而能够通过工业低代码开发平台去调用连接或注册上来的信息化系统服务，增强了平台的集成能力和扩展性。

4）工业算法服务，专为工业数据处理设计，包括工业图像识别、机器视觉、自然语言处理（NLP）用于工业文档分析，以及大语言模型（LLM）用于复杂的工业决策支持系统，使开发者能够在应用程序中嵌入先进的工业算法逻辑。

5）工业仿真服务，在工业低代码开发平台中扮演着至关重要的角色，提供数字孪生生成和虚拟调试服务，使平台能够模拟工业系统和过程，为工业产品设计、系统动态分析和操作员培训提供了强大的工具。

6）工业资源调度服务，针对工业应用进行了优化，涉及平台中计算资源、存储资源和网络资源的管理和分配，确保了资源在工业环境中的有效利用，并支持工业应用程序的高性能和稳定运行。

2. 工业知识服务

随着人工智能和数据科学的飞速发展，工业智能化正成为制造业转型升级的重要战略方向。而在实现工业智能化的过程中，全面、高效的工业知识服务扮演着重要角色，已成为推动制造业智能化的核心资源。

工业知识服务是指集成了制造业相关领域知识的数字化平台。它汇聚了来自各个环节的数据、模型、算法和经验，构建了一个以知识为核心的信息库。通过智能化技术的支持，工业知识服务能够进行知识的存储、管理、共享和应用，为制造企业提供智能决策和优化方案。

（1）建设工业知识服务的方法

1）数据收集与清洗。从制造业生产环节中收集各类数据，包括生产过程数据、传感器数据、质量检测数据等，并对数据进行清洗和预处理，确保数据质量和准确性。

2）知识抽取与表示。运用自然语言处理和机器学习等技术，对文本信息进行抽取和分析，将知识转化为结构化的形式。同时，采用图谱技术构建知识之间的关系网络，以便更好地表达和推理知识。

3）知识共享与应用。建立智能化的知识访问接口，提供灵活、高效的查询和检索功能。同时，为制造企业提供基于知识的智能决策支持和优化方案，帮助其提升生产效率和产品质量。

（2）工业知识服务的应用场景

1）智能决策支持。通过工业知识服务，制造企业可以从海量的知识中获得准确、实时的信息，辅助决策者做出合理的决策。无论是生产调度、质量控制还是供应链管理，都能够借助知识服务中的智能化技术进行优化和改进。

2）生产智能优化。工业知识服务利用数据驱动的方法，对生产过程进行实时监测和分析，发现问题并提供相应的解决方案。通过持续改进和优化，制造企业能够提高生产效率、降低成本，实现智能化的生产管理。

3）知识共享与创新。工业知识服务为制造企业提供了一个共享经验和知识的平台，促进了行业间的合作和创新。企业可以从知识服务中学习借鉴最佳实践，并将自身经验贡献给知识服务，形成良性循环，推动整个制造业的智能化发展。

工业知识服务作为推动制造业智能化发展的核心资源，对于提升生产效率、降低成本、优化决策具有重要作用。通过构建全面、高效的工业知识服务，制造企业能够更好地应对市场变化，实现智能化转型，提高竞争力。随着人工智能和数据科学的不断进步，工业知识服务将发挥越来越重要的作用，引领制造业向智能化、数字化的新时代迈进。

3. 算子库

算子服务在企业智能制造发展中扮演着至关重要的角色，它不仅是基础运算单元的集合，更是支撑算法实现、提高计算效率、支持硬件适配、支撑二次开发与多场景应用、为企业应用程序的研发提供灵活性与扩展性以及发挥承上启下作用的重要基础设施。基础算子库的架构如图 4-14 所示，包含机器学习、深度学习、统计分析、图谱推理、科学计算、领域机理计算等核心算子库，同时提供算子工作流服务，帮助企业以低成本快速实现算法研发应用。

图 4-14　算子库架构

4. 工业大模型

随着大语言模型（Large Language Model，LLM）、生成扩散模型（Generative Diffusion Model，GDM）、多模态大模型（Large Multimodal Model，LMM）等技术的高速井喷式发展，让人们看到过往技术无法比拟的理解能力、推理能力、分析能力、生成能力，大模型技术引领人工智能进行新一轮技术革命，并为各行各业的智能技术应用落地提供了全新的可能性。大模型的主要特点是"大"，体现为以下几方面：

（1）参数数量多　大模型参数量级是十亿（1 Billion，1B）。以 OpenAI 的 GPT-4 模型为例，参数量估计为 1800B。

（2）数据需求量大　GPT-4 模型预估使用了 13 万亿个令牌的数据量。

（3）计算资源消耗大　训练和运行大模型通常需要高性能 GPU 或者 TPU 等计算硬件，且往往采用并行计算的训练和推理方式，需要使用大量的计算资源。GPT-4 模型的训练预估使用了 25000 个高性能 GPU，训练了约 90~100 天。同等量级的云化 GPU 训练成本约为 2150 万美元。

（4）模型复杂　大模型结构非常复杂，包含多个层次和不同类型的神经网络组件。例如，大语言模型往往会使用混合专家模型，包含几个至十几个专家模型，并由混合专家模型路由算法选择每个令牌路由到哪个专家模型。

（5）应用范围广 大模型由于学习海量数据并且涌现了理解、认知、推理能力，所以大模型可以胜任多种任务场景，很容易面向全行业进行应用扩展推广。

由于大模型涌现出的理解、认知、推理能力，并对文本、视觉、语音等输入的多模态支持，因此大模型赋能制造行业具备非常广阔的前景。大模型赋能工业的主要优势包括：

（1）研发效率的提升 受限于人工智能前期算力和算法的发展水平，工业企业辅助设计的工具只能完成一些非智能化的任务。工业大模型通过海量专业工业数据训练和企业私有化部署，可对工业企业产品设计进行认知理解和创新性优化，从而缩短交互周期、提升团队协同效率、减少研发投入。

（2）制造质量的提升 传统的工业管理思路都是先设计流程、固化标准，再由人员严格执行。而工业大模型通过学习大量生产环节的数据和经验，能形成精准的生产质量模型，对人为因素导致的质量波动起到及时校正作用。通过算法连续迭代和模型的自我进化，工业大模型可以帮助企业不断优化产品生产工艺流程，提高一致性和稳定性。未来，生产质量将不再依赖人工经验积累，而是通过数据模型驱动实现自动化管理。

（3）运维效率的提升 工业互联网平台上汇聚了大量生产设备运行参数和状态，通过工业大模型可以对这些多源异构数据进行分析建模，可实现对设备的全生命周期智能管理。工业大模型不仅能预测设备故障风险、优化维护策略，还可在故障发生后进行故障定界和诊断，极大缩减停机维修时间。

（4）供应链效率的提升 供给质量、成本节约和交付时效一直是制约工业供应链运作效率的关键痛点。工业大模型可以对工业企业历史积累的供应链数据进行多维度关联分析，可优化企业内部的生产和库存策略、物流配送方案，降低运营成本；同时指导上游企业进行预测性能源采购、原料配送，以及下游客户达成定制化组装和按需交付。

（5）企业创新动能的激发 工业企业新质生产力形成一个循序渐进的过程。这其中一个关键点就是需要将大量分散的数据整合，在此基础上寻找业务优化的新思路。工业大模型可以为企业搭建自有的"专家系统"，通过知识挖掘功能，工业大模型对企业内部生产数据、产品使用记录、产品使用手册等信息进行处理，发现其隐藏的趋势和规律性知识，制定一些超前布局和战略举措，从而助推企业生产力持续革新，加速形成新质生产力。

当然，工业大模型的应用落地也面临着多项挑战：

（1）领域知识集成的挑战 制造业具有学科覆盖全面、行业专业性强、知识壁垒高、经验流通性差等特点。通用大模型的学习数据无法涵盖设计研发、生产制造、质量质检、物流调度等方方面面，造成大模型生成的内容专业性有待提升。大模型需要集成制造业特定场景的知识与经验，提高在实际应用中的有效性。

（2）大模型幻觉问题 生产制造过程是十分严格的，绝大多数场景无法接受大模型在知识准确性不确定前提下做出的推断和指导。

（3）缺乏高质量数据 面向制造业场景训练和微调的大模型需要大量的高质量数据，而获取高质量数据对于制造行业是非常大的挑战，特别是在特定领域和细分市场中。

（4）行业标准和评估机制挑战 制造业缺乏明确的行业标准和评估机制来衡量大模型在制造业中的性能和效益。

（5）计算资源需求量大　大模型训练与部署推理需要大量的计算资源，主要是 GPU 硬件资源。

（6）数据隐私与安全挑战　在处理敏感的制造数据时，确保数据的隐私和安全是一个重要问题。

（7）技术门槛高和人才短缺　针对特定制造业应用场景的模型训练、微调和部署是一个复杂的过程，需要专业知识和资源。对于非技术背景的制造业企业来说，理解和应用大语言模型可能存在一定的技术门槛。因此，需要具备人工智能和制造业知识的跨学科人才，人才缺乏会限制大模型在制造业的广泛应用。

工业大模型的应用技术主要包括以下几方面：

1）制造行业大模型预训练技术，主要包括分词技术、嵌入技术、位置编码技术、Transformer 网络构建、监督微调（SFT）技术、人类反馈强化学习（RLHF）、分布式并行计算技术等。可使用的开源工具包括英伟达的 Megatron-LM、微软的 DeepSpeed Zero 等。该阶段需要整合全行业数据资源、知识资源，构建大规模高质量数据集合；需要解决使用大型计算集群的应用难题；需要面对训练的高昂资金成本；需要在人类反馈强化学习微调阶段使用大量人力资源。因此，该阶段的实施难度最高。

2）领域大模型微调技术。该阶段具有多种技术选型，包括 Prompt Tuning、P-Tuning、P-Tuning V2、Adapter、LoRA 等，可使用的开源工具主要包括 Hugging Face 的 PEFT、LLaMA-Factory 等。该阶段对计算资源的需求量和对高质量数据的需求量相比预训练降低很多，具备较高的可实施性。

3）专业任务提示词工程。构建细分任务的提示词工程，使用上下文让工业大模型更容易理解和处理任务。使用提示词工程需要注意内容明确具体、提供上下文、语法正确、分步提问、对输出进行要求等事项。

4）检索增强生成技术。检索增强生成（Retrieval-Augmented Generation，RAG）技术，其核心优势是可使用向量数据库为制造企业构建私有化知识库，将企业的各类文档存储至向量知识库中，并在使用工业大模型时调用知识库对外提供高质量专业化知识，克服大模型的领域知识不足、数据幻觉等问题。在检索阶段，系统接收到用户的查询后，使用检索机制（如搜索引擎或数据库查询）从大量文档或其他数据源中检索出与查询相关的信息；在增强阶段，检索到的信息作为上下文补充，与用户的原始查询一起被输入语言模型中，增强模型对问题的理解；在生成阶段，利用增强后的信息，语言模型生成回答或完成其他文本生成任务。

5）AI Agent 技术。AI Agent 技术通过构建 AI 智能体模拟人类智能行为，执行特定的任务或服务。AI Agent 可以根据其设计和功能范围，具有不同的能力和应用场景。AI Agent 技术具有自主性、交互性、学习能力、决策能力、感知能力、适应性、自动化执行任务等多种优势。AI Agent 包括记忆、规划、行为、工具四大功能模块。其中，记忆模块包含短期记忆和长期记忆；规划模块能巩固实现反射、自我反思、思维链、子目标拆解等能力；行为模块根据规划模块的指令，调动记忆与工具资源，精准无误地执行每一步操作；工具模块可以调用各类工具，扩展 AI Agent 的能力边界。AI Agent 包括单智能体应用和多智能体协作应用。在多智能体协作应用中，每个智能体扮演不同的角色，多智能体协同工作。例如，在软件开发任务中，可以设计项目经理、产品经理、前端工程师、后端工程师、测试工程师等多种智能体。使用工业大模型配合 AI Agent 技术，可以赋能多种制造业场景，例如：

① 生产计划与调度。AI Agent 可以分析历史数据和实时数据来优化生产计划和调度，确保生产流程的高效性。

② 质量控制。利用机器学习模型，AI Agent 能够监测生产线上的产品，实时检测和分类缺陷，提高产品质量。

③ 预测性维护。通过分析设备数据，AI Agent 可以预测设备故障，提前安排维护，减少意外停机时间。

④ 库存管理。AI Agent 可以预测需求波动，自动调整库存水平，减少库存积压和缺货情况。

⑤ 供应链优化。AI Agent 能够分析供应链数据，优化物流和配送，降低成本并提高供应链的响应速度。

⑥ 自动化生产线。AI Agent 可以协调和管理自动化生产线，实现更灵活的生产流程。

⑦ 能源管理。通过监控和分析能源消耗数据，AI Agent 有助于优化能源使用，实现成本节约和环境效益。

⑧ 需求预测。AI Agent 可以分析市场趋势和消费者行为，预测产品需求，帮助企业制定生产计划。

⑨ 客户服务与支持。AI Agent 能够提供定制化的客户服务和售后支持，提高客户满意度。

⑩ 数据集成与分析。AI Agent 能够集成和分析不同来源的制造数据，提供深入的业务洞察和决策支持。

⑪ 智能决策支持系统。AI Agent 可以作为智能决策支持系统，辅助管理层进行战略规划和运营决策。

⑫ 自动化任务执行。AI Agent 能够自动执行复杂的任务，减少人工干预，提高生产效率。

⑬ 实时监控与响应。AI Agent 可以实时监控生产线状态，在检测到问题时迅速响应。

5. 微服务

微服务开发作为一种现代软件架构模式，在业界得到了广泛的应用和认可。它通过将一个大型的、复杂的应用拆分成多个小的、独立的服务来运行，每个服务负责一个特定的功能且互不影响，这些服务可以独立开发、部署和扩展。微服务开发机制主要包含微服务注册中心、微服务 API 网关中心、微服务配置中心和微服务前后端分离开发模式。

1）微服务注册中心相当于一个中转站。微服务在水平方向上将项目按不同功能划分为不同部分，服务客户端（服务消费者以及服务提供者）将提供的服务注册到注册中心，当其他客户端需要该功能时通过注册中心调用服务。示例如图 4-15 所示。

2）微服务 API 网关中心是一个服务器，是系统唯一的入口。它负责身份验证、监控、负载均衡、缓存和流控等非业务功能。所有客户端通过此网关访问微服务，它通常提供 REST/HTTP API 的统一访问接口。服务端通过 API-GW 注册和管理服务。微服务 API 网关服务分配调用流向图如图 4-16 所示。

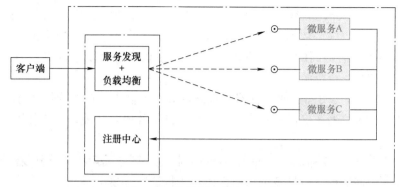

图 4-15　微服务注册中心流程

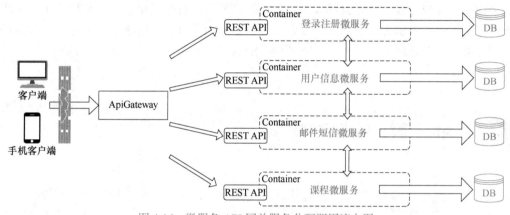

图 4-16　微服务 API 网关服务分配调用流向图

3）微服务配置中心是关键组件，提供集中的外部配置支持。它包括服务端和客户端，服务端连接仓库并提供配置接口，客户端从指定地址获取并加载配置到应用上下文。

4.4.5　平台运行部署管理组件

平台运行部署管理组件主要用于管理平台的运行部署环境。确保平台部署环境的一致性对微服务部署至关重要，涉及微服务部署环境、容器级部署、标准化版本控制以及测试环境的各方面。比如，JDK 版本、数据库版本、Spring Boot 版本以及服务之间的调用机制和返回结果格式等。通过确保这些方面的一致性，可以避免在开发环境中程序正常运行，但在部署环境中出现问题的情况。

一个微服务应用由上百个服务构成，服务可以采用不同语言和框架分别写就。每个服务都是一个单一应用，可以有自己的部署、资源、扩展和监控需求。例如，可以根据服务需求运行若干个服务实例。除此之外，每个实例必须有自己的 CPU、内存和 I/O 资源。举例来说，单主机多服务实例模式需要提供若干台物理或者虚拟机，每台机器上运行多个服务实例。这种模式的主要优点在于多服务实例共享服务器和操作系统，提高资源利用率。

微服务部署有以下特点：

1）易用性强。只需要几分钟，就可以把自己的程序"容器化"。典型的 Docker 容器依赖于"写时复制"（Copy-on-Write）模型，修改应用程序非常迅速。随后，就可以创建容器来运行应用程序了。大多数 Docker 容器只需要不到 1s 即可启动。由于去除了管理程序的开销，Docker 容器拥有很高的性能，同时同一台宿主机中也可以运行更多的容器，我们可以尽可能地充分利用系统资源。

2）职责的逻辑分类明确。使用容器，只需要关心容器中运行的应用程序，而运维人员只需要关心如何管理容器。确保开发人员写代码的开发环境与应用程序要部署的生产环境的一致性。

3）快速高效的开发生命周期。使用容器的目标之一就是缩短代码从开发、测试到部署、上线运行的周期，使应用程序具备可移植性，易于构建，并易于协作。

4）使用面向微服务的架构。容器是面向服务的体系结构和微服务架构。单个容器只运行一个应用程序或进程，这样就形成了一个分布式的应用程序模型。在这种模型下，应用程序或者服务都可以表示为一系列内部互联的容器，从而使分布式部署应用程序、扩展或调试应用程序都变得非常简单，同时也提高了程序的内省性。

4.5 SaaS 层：软件即服务

工业互联网平台 SaaS 层，即工业领域的软件即服务，是一种专为工业领域设计的基于 SaaS 模式的软件解决方案。在这种模式下，软件供应商将工业应用软件统一部署在云端服务器上，工业用户可以通过互联网访问这些软件，并根据实际需求订购所需的服务。用户无须购买、安装和维护软件，而是通过订阅的方式获得软件的访问权限和使用服务。

工业 SaaS 层与 SaaS 层相比，更加专注于工业领域，如制造业、能源、化工等，提供与工业过程、设备、供应链等紧密相关的应用和服务。在功能特点方面，通常包含与工业过程控制、设备监控、数据分析、预测性维护等相关的功能，以满足工业用户的特定需求。在技术要求方面，由于需要处理大量的实时数据、与工业设备进行通信等，因此对系统的稳定性、可靠性和安全性有更高的要求。在软件成本方面，由于具有更高的技术要求和更专业的服务支持，因此成本可能会相对较高。

4.5.1 研发设计类 APP

研发设计类工业 APP 是专门用于支持产品研发和设计过程的计算机应用程序。这类软件集成了各种设计工具、分析方法和数据管理功能，帮助工程师和设计师在计算机环境中进行产品的概念设计、详细设计、仿真分析、工艺规划等工作。研发设计类工业 APP 能够提高设计效率、缩短产品开发周期、降低设计成本，并确保设计结果的准确性和可靠性。

1. CCAD 软件

CCAD 软件是指 CAD 软件及服务通过云端技术实现的一种模式，即将原本安装在本地计算机上的 CAD 应用及其相关数据存储、计算和处理能力迁移至云端服务器上运行，并通过网络（如互联网）为用户提供访问接口。

1）绘图与编辑模块提供了丰富的绘图工具，允许用户创建、编辑和修改二维和三维 CAD 模型。用户可以利用直线、圆、圆弧等基本绘图工具进行精确绘图，同时支持对已有图形的编辑操作，如移动、旋转、缩放等，以满足不同设计需求。

工业互联网平台能够提供稳定的网络连接，确保绘图与编辑过程中数据的实时传输，减少延迟和错误。利用工业互联网平台的计算资源，快速处理复杂的绘图和编辑操作，提高软件响应速度。

2）参数化与仿真模块允许用户通过定义设计参数和变量来快速修改设计。仿真模块则提供了对设计进行运动仿真和有限元分析（Finite Element Analysis，FEA）等功能，帮助用户预测产品的性能和行为，确保设计的可行性和可靠性。

工业互联网平台能够收集和分析大量设计参数和仿真数据，为参数化和仿真提供准确的数据支持。利用工业互联网平台的强大计算能力，进行复杂的仿真分析如 FEA 等，确保分析的准确性和效率。

3）装配与仿真模块。装配模块支持用户将多个零部件组装成一个完整的装配体，并提供装配体的可视化展示和分析功能。仿真模块则可以对装配体进行运动仿真，检查干涉和碰撞等问题，确保装配体的正确性和可靠性。

工业互联网平台能够支持多用户实时协同工作，确保装配和仿真过程中团队成员之间的顺畅沟通。结合工业互联网平台的可视化技术，提供更直观的装配和仿真结果展示，帮助用户更好地理解设计。

4）分析与优化模块提供了强大的分析和优化工具，如 FEA 和拓扑优化等，帮助用户对设计进行结构分析和强度校核。通过分析和优化，用户可以找到最佳的设计方案，提高产品的性能和降低成本。

工业互联网平台能够提供先进的算法支持，如机器学习、深度学习等，用于分析设计数据，找到最佳的设计方案。利用工业互联网平台的海量存储能力，保存大量的分析数据和优化结果，为后续的设计提供参考。

5）数据管理与版本控制模块负责集中存储和管理设计数据，确保数据的安全性和可追溯性。版本控制模块则提供了对设计数据的版本管理功能，支持多人同时编辑和协作，确保设计数据的一致性和准确性。

工业互联网平台能够提供强大的数据安全保障措施，确保设计数据在传输和存储过程中的安全性。利用工业互联网平台的版本控制机制，确保设计数据的一致性和可追溯性，避免数据混乱和冲突。

6）协作与共享模块支持多用户同时在线编辑和协作，实时共享设计更改和注释。用户可以通过云端协作平台，与团队成员进行实时交流和讨论，提高设计效率和质量。同时，模块还提供了权限管理和访问控制功能，确保设计数据的安全性和隐私性。

工业互联网平台提供实时通信技术，支持团队成员之间的即时交流和讨论，提高协作效率。确保设计数据的安全性和隐私性，通过工业互联网平台的权限管理功能，控制不同用户对设计数据的访问权限。

7）云端存储与备份模块利用云计算技术，提供海量的云端存储空间，用于存储设计数据和文件。用户可以随时随地访问和编辑设计数据，无须担心数据丢失或损坏。同时，模块还提供了自动备份功能，确保设计数据的安全性和可靠性。

工业互联网平台提供海量的云端存储空间，满足设计数据和文件的大量存储需求。确保设计数据的安全性和可靠性，通过工业互联网平台的数据备份和恢复机制，防止数据丢失或损坏。

2. CCAM 软件

CCAM 软件是基于云计算技术，将 CAM 软件的功能和计算能力部署在云端服务器上的软件。通过 CCAM 软件，制造商可以远程控制和监控制造设备（如数控机床、机器人等），实现自动化加工和生产。CCAM 软件能够将 CAD 设计数据转化为机器可读的指令，并通过互联网传输到制造设备上，实现精确的加工和制造。它具备强大的编程能力、工艺规划功能和设备仿真能力，能够帮助制造商提高生产效率、降低成本并改善产品质量。CCAM 软件的应用使得制造业更加灵活、智能和高效。

（1）云端制造过程管理　CCAM 软件提供了一套完整的云端制造过程管理工具，包括生产计划、物料管理、设备监控等。通过实时数据收集和分析，软件能够自动调整生产计划、优化物料分配，确保制造过程的顺利进行。其支持多用户同时在线编辑和协作，实时共享制造过程中的更改和注释。团队成员可以通过云端协作平台实时交流和讨论，提高制造效率和质量。

工业互联网平台能够提供稳定、高效的数据传输能力，确保 CCAM 软件能够实时收集和分析制造过程中的数据。同时，平台需要具备强大的数据处理能力，支持大规模数据的实时分析和处理，保障数据的安全性和隐私性。根据制造过程的需求，工业互联网平台能够动态调整计算、存储和网络资源，提供弹性化的资源服务，确保 CCAM 软件能够高效运行。

（2）制造过程优化　CCAM 软件利用云计算技术，提供了强大的数据分析和优化工具。通过对制造过程中的数据进行深度挖掘和分析，软件能够发现潜在的瓶颈和问题，并提供相应的优化建议。其支持多种优化算法和模型，如机器学习、仿真分析等，帮助用户找到最佳的制造方案，提高生产效率和产品质量。

在数据分析和优化的过程中，工业互联网平台需要提供高级的数据加密和存储机制，确保数据的安全性和可靠性，避免数据泄露和丢失。

（3）制造过程监控与报警　CCAM 软件能够对制造过程进行实时监控，包括设备状态、生产进度、质量数据等。通过直观的图形化界面，用户可以随时了解制造过程的实时情况。当制造过程中出现异常情况时，软件能够自动触发报警机制，并通过邮件、短信等方式及时通知相关人员，确保问题得到及时处理。

3. CCAE 软件

CCAE 软件利用云计算技术和数值分析方法，将 CAE 软件的功能和计算能力部署在云端服务器上。它能够帮助工程师在设计阶段预测产品的性能、可靠性和耐久性，发现潜在问题并进行改进。CCAE 软件具备强大的分析能力，可以模拟各种复杂工况下的产品行为，并将分析结果通过互联网实时反馈给设计师。通过 CCAE 软件，工程师可以更加深入地了解产品的性能特点，优化设计方案，提高产品质量和可靠性。CCAE 软件的应用使得产品研发过程更加快速、准确和高效。

（1）仿真建模与分析　CCAE 软件的核心功能是提供高精度的仿真建模工具，支持用户根据工程需求快速构建复杂的物理模型。通过内置的仿真算法和分析工具，软件能够模拟各种工程场景下的物理行为，如结构力学、流体动力学、热传导等，以预测产品的性能和可靠性。

工业互联网平台能够实时收集生产现场的数据，CCAE 软件需要能够接入这些数据，以便进行更准确的仿真建模和分析。随着生产数据的不断增长，CCAE 软件需要能够处理和分析大规模的数据集，工业互联网平台提供的高性能数据处理能力能够满足这一需求。工业互联网平台可以集成各种行业标准和最佳实践的模型库与算法库，CCAE 软件可以从中获取并使用这些资源，提高仿真建模的准确性和效率。

（2）高性能计算与并行处理　CCAE 软件利用云计算平台的高性能计算能力，支持大规模的仿真计算任务。通过并行处理和分布式计算技术，软件能够显著提高仿真计算的速度和效率，缩短产品开发周期。

工业互联网平台能够根据仿真计算任务的需求，动态分配计算资源，确保 CCAE 软件在需要时能够获得足够的计算能力。工业互联网平台支持分布式计算架构，CCAE 软件可以利用这一架构进行高效的并行处理和大规模计算。工业互联网平台提供的高可靠性和容错机制能够确保 CCAE 软件在进行高性能计算时不会因为单点故障而中断。

（3）优化设计与决策支持　CCAE 软件结合优化算法和工程知识，支持用户进行产品的优化设计。通过自动调整设计参数、评估设计方案，软件能够找到满足工程需求的最优解，提供决策支持，帮助用户做出更明智的决策。

工业互联网平台可以实时收集生产过程中的数据，CCAE 软件可以基于这些数据进行实时反馈和优化设计，提高产品开发的迭代速度和效率。工业互联网平台可以集成各种智能算法和机器学习模型，CCAE 软件可以利用这些算法进行更智能的优化设计和决策支持。工业互联网平台可以提供可视化的决策支持系统，CCAE 软件可以将优化结果和决策建议以直观的方式展示给用户，帮助用户做出更明智的决策。

（4）数据管理　CCAE 软件提供完善的数据管理功能，支持用户管理各种仿真数据和结果。通过直观的数据可视化工具，用户能够轻松查看和理解仿真结果，如等值线图、云图、动画等，帮助用户快速发现问题和优化设计。

工业互联网平台提供强大的数据安全和隐私保护机制，确保 CCAE 软件管理的数据不会被非法访问或泄露。工业互联网平台支持丰富的数据可视化工具和交互界面，CCAE 软件可以利用这些工具将仿真结果以更直观的方式展示给用户，提高用户的使用体验。工业互联网平台支持多源数据的集成和共享，CCAE 软件可以与其他系统或平台进行数据交换和共享，实现更广泛的数据利用和协作。

4. CCAPP 软件

CCAPP（Cloud-based Computer Aided Process Planning）软件基于云计算技术，将 CAPP 软件的功能和数据部署在云端服务器上。CCAPP 软件能够将产品设计数据与制造工艺数据相结合，并通过互联网实现工艺路线的自动生成、工艺参数的优化和工艺文档的管理。它具备强大的数据处理能力、工艺规划能力和仿真验证能力，可以帮助企业提高工艺设计的准确性和效率，降低生产成本和制造风险。通过 CCAPP 软件，企业可以更加灵活地应对市场需求的变化，提高产品的竞争力和市场占有率。CCAPP 软件的应用使得制造业的工艺管理更加智能、便捷和高效。

1）工艺设计模块支持工艺数据的创建、编辑、查询和修改，确保工艺数据的准确性和完整性。CCAPP 的工艺设计模块能够实时接入工业互联网平台采集的生产现场数据，如设备状态、材料特性等，以便在工艺设计中准确反映实际生产情况。

工业互联网平台提供的云计算能力可以支持 CCAPP 构建基于云的协同设计环境，使多工艺部门/人员能够跨平台、跨地域进行协同工作，提高工艺设计的效率。工业互联网平台可以集成先进的智能算法和模型，CCAPP 的工艺设计模块可以调用这些算法进行工艺设计的智能优化与调整，提升设计水平。

2）工艺管理模块提供工艺审批流程，确保工艺设计的合规性和准确性。支持工艺任务的分配、进度监控和完成情况评估，确保工艺设计的及时性和有效性。其 CCAPP 的工艺管理模块可以实时监控工艺任务的进度，并根据需要动态调度，确保工艺设计的及时性和有效性。

工业互联网平台可以支持 CCAPP 的工艺管理模块实现审批流程的自动化，通过预设的规则和条件自动触发审批流程，减少人工干预，提高审批效率。同时，工业互联网平台提供强大的任务监控与调度能力，工业互联网平台提供高可靠性、高可扩展性的数据存储服务，CCAPP 的工艺管理模块可以利用这些服务实现工艺数据的可靠存储和高效查询。

3）工艺知识库模块收集、整理和管理各类工艺知识，为工艺设计提供强大的知识支持。运用先进算法对工艺设计进行优化与调整，提高工艺设计的智能化水平。

工业互联网平台可以集成各类工艺知识库，CCAPP 的工艺知识库模块可以从中获取和更新工艺知识，为工艺设计提供最新、最全面的知识支持。工业互联网平台支持智能优化算法的开发和部署，CCAPP 的工艺知识库模块可以利用这些算法对工艺设计进行优化与调整，提高设计的智能化水平。

4）制造资源管理模块对制造资源进行统一管理和调度，确保资源的有效利用。其实时监控制造过程，确保制造过程的顺利进行和产品质量。

工业互联网平台通过实时监控生产现场的设备、物料等资源的使用情况，CCAPP 的制造资源管理模块可以根据这些信息对制造资源进行统一管理和调度，确保资源的有效利用。工业互联网平台提供的生产过程监控功能可以帮助 CCAPP 的制造资源管理模块实时监控制造过程，确保制造过程的顺利进行和产品质量。工业互联网平台可以集成来自不同系统和设备的数据，CCAPP 的制造资源管理模块可以利用这些数据进行深入的分析和挖掘，为制造资源的优化管理提供决策支持。

4.5.2 生产制造类 APP

生产制造类工业 APP 包括生产控制类和制造执行类，主要是在工业产品生产和制造过程中进行数据采集、分析和决策，负责生产管理、物料管理、质量管理、设备管理、能耗管理等。众多生产制造类 APP 中，有的系统因为时延、可靠性的要求，无法实现平台化，目前可以利用工业互联网平台进行研发部署。实现云化的生产制造类 APP 有两个典型系统，分别是数据采集与监视控制系统以及制造执行系统。

1. 数据采集与监视控制系统

数据采集与监视控制（SCADA）系统对分布距离远、生产单位分散的工业现场运行设备进行监视和控制。工业互联网平台的 SCADA 系统与传统的 SCADA 系统应用模式不同，它利用 PaaS 层的数据集成，以研发组件为基础，实现数据采集、设备控制、测量、参数调节以及各类信号报警等各项功能。通过网络，它能将生产现场状态传输到不同的监控平台，并以声音、图形、图像等形式展示。

SCADA 系统属于现代工业互联网系统架构的物联集成层，定位为数据的采集与监控、提供开放的协议与第三方系统互联、数据存储和分布式计算等，它是设备层与运营管理层的桥梁，构建车间级、厂级的数据集成平台，为上层应用提供统一的数据采集服务、统一的数据存储服务和数据查询服务。工业互联网平台的 SCADA 系统具备如下能力：

1）设备接入。可以将边缘层的工厂、车间、产线、设备的各维度数据进行充分的集成，构建工厂数字化物联基础。

2）统一的数据集成平台。以 PaaS 层的数据湖仓为基础，提供数据存储支撑，完成现场数据管理；并以统一的标准接口，实现与上层信息系统的数据交互。

3）生产监控。利用 PaaS 层的低代码开发工具，将采集到的实时数据进行可视化展示，真实地反映工厂生产过程。

4）系统联动。以 PaaS 层的服务总线为基础，建立设备与设备、事件与事件之间的桥梁，实现设备和系统间的联动控制，满足产线级协同生产、跨系统协同管理的要求。

5）数据分析。利用 PaaS 层的数据湖仓分析组件，将工业数据进行预处理与分析，辅助生产管理的决策。

图 4-17 展示了 SCADA 系统的应用流程，客户可利用图形开发工具实现状态图、趋势图、报警显示、事件显示等自定义前端开发展示，可利用数据库组态工具实现与控制器的数据打通，包括数据处理、报警检查、控制运算、事件记录、历史存储。SCADA 系统对外部可提供 OPC 等外部接口。

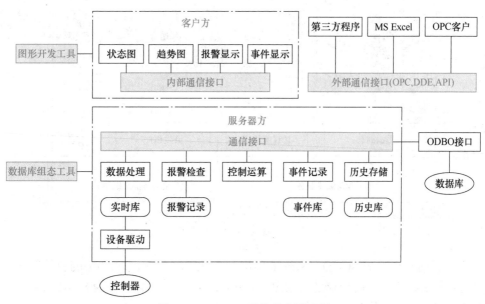

图 4-17 SCADA 系统的应用流程

1）图形化界面。SCADA 系统考虑整体工艺流程，数据点与界面紧密关联，利用 PaaS 层的低代码配置工具，图形化展示工厂的生产工艺过程，并与机台指标挂钩及实时展示以方便人们可以直观地监视整个系统，查看采集上来的数据。整体界面加入了设备形象化处理元素，达到看图便知的作用。

2）系统状态动态模拟。SCADA 系统软件一般都是实时性地把数据传送到工业互联网平台的数据湖仓，利用动态模拟可以很直观地监测系统。

3）实时资料和历史趋势。SCADA 系统软件对各个数据点进行历史记录，记录频次达到秒级。将数据存储至工业互联网的数据湖仓，利用数据湖仓的分析能力进行历史趋势分析。

4）报警处理系统。当系统出现异常情况时，系统可以发出告警信息，以及时处理相关问题。

5）数据采集及记录。系统通过相关数据采集设备将分布在各个地点的数据采集到数据湖仓，并且记录下来供系统使用，还能将其形成数据表格及曲线走势，帮助用户更好地分析指标的稳定性和是否存在异常。

6）数据分析。SCADA 系统软件利用 PaaS 层的数据分析组件，将数据进行相关分析，分析后数据可供管理者决策数据支持。

7）报表或图表输出。对采集数据及分析数据进行图表化或报表化展现。

传统 SCADA 系统的架构最早是单体架构模式，之后逐步完善发展成为分布式应用。分布式应用是单体架构模式的扩展，降低了应用的耦合度，责任清晰，扩展方便，提高了代码复用性，但是系统之间的交互要使用远程通信，接口开发量大。在现代工业互联网平台的模式下，SCADA 系统的研发基于 PaaS 平台服务，利用微服务的架构模式，能够实现快速开发部署。图 4-18 展示了基于 PaaS 的 SCADA 系统平台架构。

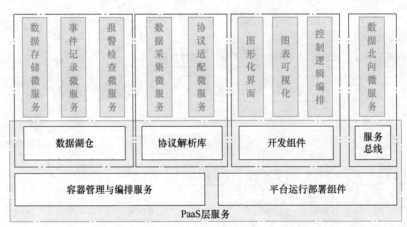

图 4-18　基于 PaaS 的 SCADA 系统平台架构

工业互联网平台下的 SCADA 系统采用微服务的架构模式，PaaS 层的容器管理与编排服务为研发人员提供了一套便捷的开发测试环境，平台运行部署组件为 SCADA 系统提供了一套快速部署、高效运维的服务组件。

1）数据存储微服务、事件记录微服务以及报警检查微服务基于 PaaS 层的数据湖仓进行研发，调用数据湖仓中的数据存储服务、解析服务、分析处理服务。

2）以 PaaS 层的协议解析库为基础，研发数据采集协议服务、协议适配微服务，能够帮助企业快速实现 SCADA 系统的核心业务数据采集功能。

3）应用 PaaS 层开发组件，如低代码平台，可以快速实现 SCADA 系统的图形化界面、图表可视化以及控制逻辑编排功能。

4）以 PaaS 层的服务总线为基础，调用服务总线服务，实现 SCADA 系统北向微服务的研发。

2. 制造执行系统

制造执行系统（MES）是针对智能工厂的制造执行过程进行优化的系统。工业互联网平台的 MES，通过边缘层集成生产设备、传感器、执行器等硬件，利用 PaaS 层的服务总线，实现 ERP、PLM、SCM 等软件系统集成，实现对生产过程的实时监控、数据采集、分析、诊断和预测。

（1）工艺数据管理　工艺数据管理模块实现从客户订单、设计、工艺到供应、制造、包装的全流程管理，与云 PLM 软件集成交互，包括产品物料清单（Bill of Materials，BOM）管理、供应商供货 BOM 维护、过程潜在失效模式及影响分析（PFMEA）文件管理、设备工艺参数管理以及工艺文件编制 / 签收等功能。实现真正的产品全生命周期管理，实现知识的集中管理与充分共享，实现产品工艺信息的集中管理。

（2）生产计划管理　与云 ERP 系统对接，接收销售部门的营销订单，构建月周日高级排产计划，生成操作详细计划，提供基于指定生产单元相关的优先级、属性、特征、方法等的作业排序功能，确定各项生产活动的顺序和时间，实现资源约束条件下的绩效优化。同时还可以实现物料、产能分析。生产计划管理的具体功能包括车间计划接收、高级计划与排程、物料预计可用量（ATP）分析以及产能 ATP 分析。

（3）过程监控管理　基于 PaaS 层等数据湖仓、数据分析组件，构建基于计划和实际产品制造活动来指导工厂的工作流程，监控生产过程，自动修正生产中的错误，提高加工效率和质量，或者向用户提供纠正错误并提高在制行为的决策支持。通过监视工件在任意时刻的位置和状态来获取每一个产品的历史记录，该记录向用户提供产品组及每个最终产品使用情况的可追溯性。过程监控管理的具体功能包括作业计划下发、生产资源状态监控、在制品进度监控、工序流转、上线条码绑定、质量报警管理、缺料报警管理、设备报警管理等。

（4）车间设备管理　除基础的设备台账信息维护外，还可实现跟踪和指导企业维护设备和道具，以保证制造过程的顺利进行，并制定除报警外的阶段性、周期性和预防性的维护计划，对直接需要维护的问题进行响应，以保证它们的可用状态以实现工厂的执行目标。车间设备管理的具体功能包括设备档案管理、设备状态监控、设备点检 / 巡检管理、设备维修 / 保养管理以及设备分析报表。

（5）质量管理分析　根据工程目标来实时记录、跟踪和分析产品和加工过程的质量，以保证产品的质量控制和确定生产中需要注意的问题，对制造过程中的采集信息进行分析，实现产品质量的控制。通过多条件组合、过滤，实现正向 / 反向质量数据追溯。质量管理分析的具体功能包括质量控制计划、报检单、检验统计过程控制（SPC）、正 / 反向追溯以及质量分析报表。

（6）车间物料管理　物料管理模块是 MES 中用于管理和控制生产过程中所需物料的模块，其主要功能是实现物料的采购、入库、出库和库存管理。该功能需要利用 PaaS 层的服务总线与云 WMS 集成对接，帮助企业做好物料的管理，减少物料浪费和库存积压，提高物料利用率和生产效率。车间物料管理的具体功能包括物料入库管理、进货检验管理、物料配送/签收、库存盘点、工废/料废管理以及缺料/用料/补料管理。

（7）车间人员管理　MES 的人员信息管理模块是该系统的基础模块，所有其他模块都依赖于该模块进行操作。通过该模块可实现对人员信息的录入、修改和查询等操作。同时该模块还可以记录人员的基本信息，如姓名、性别、出生年月、籍贯等，方便企业进行绩效考核和人事管理。此外，该模块还可以输入人员的工作经历、学历、培训情况等详细信息，企业人事部门可以通过这些信息进行分析和定制人才培养计划。车间人员管理的具体功能包括人员考勤、人员工时、设备使用授权、出勤与工时关联、作业绩效以及员工技能评定。

MES 位于计划管理层与底层控制之间，在整个企业信息集成模型中起承上启下的作用。利用 PaaS 层的服务总线，实现与云 ERP 和底层控制系统的对接。计划层的操作指令可以直接下达给控制层，反过来控制层的各种生产数据可以快速地反馈给计划层。同时，一个企业的制造车间也是物流与信息流的交汇点，企业的经济效益最终体现于此，而 MES 所处的位置正是企业的车间层，因此，MES 处于一个十分重要的位置。车间实时信息的掌握与反馈是 MES 对上层计划系统正常运行的保证。车间的生产管理是 MES 的根本任务，而对底层控制的支持则是 MES 的特色。

图 4-19 是 MES 与上层计划管理层和底层控制层之间的业务流程示意图。

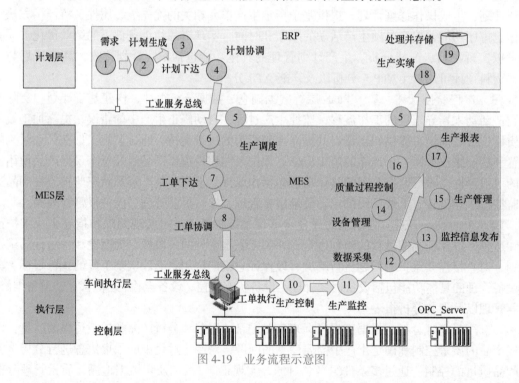

图 4-19　业务流程示意图

基于工业互联网平台的 MES 区别于传统的 MES 架构：传统的 MES 是单体架构模式的应用系统，需要在企业内部架设服务器和软件；而工业互联网平台的 MES 基于 PaaS 层进行研发，工业互联网 MES 则将这些工作全部转移到云平台上，用户只需要通过互联网访问 MES 即可，PaaS 层为开发人员提供开发环境、组件库以及运行环境。

图 4-20 展示了 PaaS 层为 MES 应用的各个模块研发提供基础支撑和服务调用。

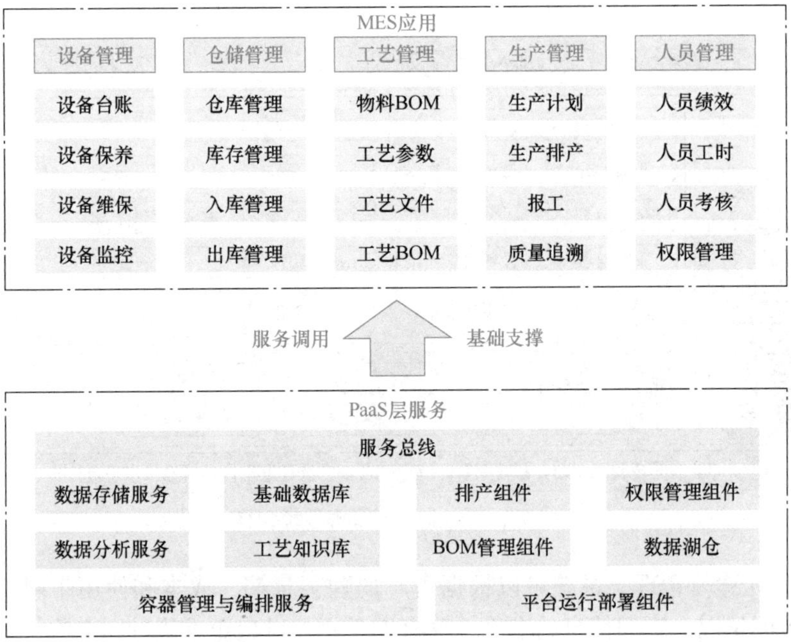

图 4-20　工业互联网平台 MES 研发

4.5.3　运维服务类 APP

企业运维服务类 APP 代表了一种理念的转变，是装备管理从事后处置、被动维护，到定期检查、主动防护，再到事先预测、综合管理不断深入的结果，旨在实现从基于传感器的诊断向基于智能系统的预测转变，从忽略对象性能退化的控制调节向考虑性能退化的控制调节转变，从静态任务规划向动态任务规划转变，从定期维修到视情况维修转变，从被动保障到主动保障转变。

运维服务类 APP 按照运营维护的基本单位可分为两大类：企业资产管理（Enterprise Asset Management，EAM）系统以及设备故障预测与健康管理（Prognostics and Health Management，PHM）系统。前者对企业基本资产进行统一管理，完成入库、出库等功能；后者则针对生产或产品的关键设备进行预测性维护，下面分别介绍。

1. 企业资产管理系统

企业资产管理系统是一种通过计算机系统和相关软件，对企业内部资产管理进行可视化管理的系统，旨在帮助企业有效地管理、跟踪和维护其物理资产。该系统可以对企业资产进行全生命周期管理，包括资产的采购、入库、领用、维修、报废等各个环节。通过对资产的有效管理，企业可以加强对资产的监控和维护，提高资产的使用效率，降低运营成本，从而实现更高的经济效益。

典型的 EAM 架构如图 4-21 所示。

（1）资产登记与分类　系统支持资产的详细登记，包括资产的名称、型号、规格、购买日期、成本等信息。用户可以根据需要设定分类体系，对资产进行有序的分类和整理。

（2）资产追踪与位置管理　系统可以实时追踪资产的位置和移动情况，确保资产的准确性和可追溯性。通过资产的位置信息，企业可以优化资源配置，提高资产的使用效率。

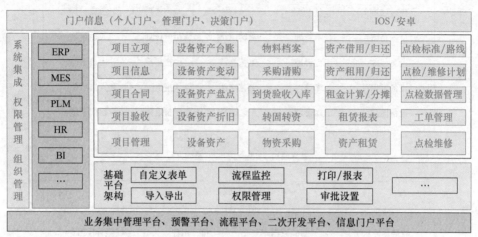

图 4-21　企业资产管理系统架构

（3）折旧计算与管理　系统可以根据资产的购买日期、成本和使用年限等信息，自动计算资产的折旧情况。折旧信息的准确计算有助于企业做出更准确的财务决策。

（4）维护与保养管理　系统可以记录资产的每一次维护和维修情况，包括维护时间、维护内容、维护人员等信息。系统还可以设定定期的保养计划，确保资产始终保持良好的运行状态。

（5）借用与归还管理　对于资产的借用和归还情况，系统可以进行详细的记录和管理。这有助于企业更好地掌握资产的使用情况，避免资产的流失和浪费。

（6）报废与处置管理　当资产达到报废条件时，系统可以记录报废的原因、方式和时间等信息。系统还可以协助企业制定合适的资产处置方案，确保资产的合规处理。

（7）文档与附件管理　系统支持附加与资产相关的各类文件，如购买发票、保修凭证、使用说明书等。这些文档可以为企业的资产管理提供重要的参考依据。

（8）提醒与通知　系统可以生成各类提醒和通知，如维护计划、保修到期等，确保企业能够及时处理相关事务。

（9）报表与分析　系统能够灵活生成各种报表和分析报告，如资产价值报告、维护历史汇总等。这些报告有助于企业更好地了解资产状况，做出明智的决策。

EAM 系统具备集成能力，企业资产管理系统可以与其他系统（如财务系统、采购系统）进行无缝集成，确保数据的完整性和流动性。支持移动端，部分系统还提供移动应用，方便用户随时随地获取资产信息。支持云端部署，许多系统支持云端部署，降低企业的硬件和维护成本。通过实施企业资产管理系统，企业可以实现资产的全面管理和监控，提高资产的使用效率和经济效益。同时，系统还可以帮助企业降低运营成本，提高管理效率，从而提升企业的竞争力和市场地位。

2. 设备故障预测与健康管理系统

设备故障预测与健康管理系统，是一种综合运用现代信息技术和人工智能技术的管理健康状态的解决方案。该系统旨在通过对设备或系统的状态进行实时监测、预测和健康管理，提高设备或系统的可靠性、安全性和维修性，降低全寿命周期费用。

PHM 系统从工程领域提炼，不断系统化、体系化，聚焦于复杂工程健康状态的监测、预测和管理。该系统通过收集和分析设备或系统的运行数据，运用先进的算法和模型，实现对设备或系统状态的实时监测、故障预测和健康评估。PHM 系统已成为现代武器装备实现自主式后勤、提高系统"六性"（可靠性、安全性、维修性、测试性、保障性、环境适应性）和降低全寿命周期费用的关键核心技术。

典型的 PHM 系统的基本架构如图 4-22 所示。

（1）状态监测　通过传感器等设备实时采集设备或系统的运行数据，包括性能指标、监测参数等，实现对其状态的实时监控。

（2）故障诊断/预测　根据历史数据和当前运行状态，运用预测算法和模型，预测设备或系统未来可能发生的故障，为预防性维护提供决策依据。

（3）寿命预测　根据实时监测数据和故障预测结果，对设备或系统的健康状态进行评估，包括性能趋势、使用寿命等。

（4）维修决策　根据寿命预测结果，结合维修资源和设备使用要求，对维修与保障等活动做出适当规划、决策、计划与协调。

（5）装备管理　包括备品备件、保障设备等维修保障资源的管理，确保在需要时能够及时提供所需的资源。

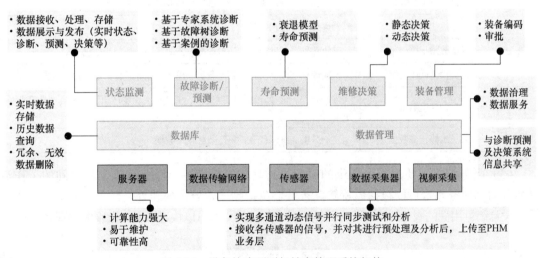

图 4-22　设备故障预测与健康管理系统架构

PHM 系统具备海量数据分析能力。PHM 系统依赖于大量的运行数据和监测数据，通过先进的数据分析技术和算法，提取有价值的信息，为故障预测和健康评估提供有力支持。PHM 系统的核心是预测模型，该模型需要不断根据新的数据和经验进行更新和优化，以提高预测的准确性和可靠性。除了数据分析和建模能力外，PHM 系统还需要具备工程实现能力，将预测结果和健康评估结果转化为实际的维修和保障计划。

PHM 系统已在多个行业领域得到了广泛应用，包括机械、电子、航空、航天、船舶、汽车、石化、冶金和电力等领域。随着人工智能、大数据和物联网等技术的不断发展，PHM 系统将迎来更多的发展机遇和挑战。未来的 PHM 系统将更加智能化、集成化和定制化，能够更好地适应不同行业和领域的需求，为企业的设备管理和维护提供更加全面、高效和智能的解决方案。

工业互联网平台提供了一个集成的环境，使各种服务运维类软件能够相互连接和通信，需要通过以下四个步骤来实现：

（1）注册和接入　将每个服务运维类软件注册到工业互联网平台，确保所有工具都能够在平台上被识别和管理。这可能包括创建 API 密钥、配置访问权限等。

根据平台的要求，对每个工具进行必要的配置，以便它们能够通过平台的接口进行通信。这可能包括设置网络参数、安全协议等。

（2）数据集成　利用平台提供的数据集成工具，将来自不同服务运维工具的数据整合到一个中央数据库或数据湖仓中。

建立数据格式和传输协议的标准化，确保不同系统间的兼容性和互操作性。运维服务类 APP 集成的数据见表 4-2。

表 4-2　运维服务类 APP 集成的数据

序号	数据类	备注
1	外部传感器实时数据	实时监控业务、健康评估设计业务操作基本单位
2	专有设备运行数据	实时监控业务、资产分类、健康评估业务操作基本单位
3	设备过往维护记录	健康评估等使用数据
4	设备故障报警记录	健康评估、辅助决策、巡检业务、能源管理业务使用数据
5	设备供应商主数据	健康评估、辅助决策、资产分类、出入库业务、排产业务使用数据
6	生产环境数据	资产追踪、健康评估、辅助决策、资产分类、资产出入库、资产核算业务使用数据
7	人员维修任务数据	资产分类、维保任务、资产追踪使用数据

（3）服务编排　使用平台提供的服务编排功能，定义各个服务运维工具之间的工作流程和自动化任务。这可能包括设置触发条件、执行顺序、异常处理等。

设计高可用性的服务架构，确保关键服务在故障发生时可以快速恢复。微服务类别见表 4-3。

表 4-3　微服务类别

序号	微服务类	备注
1	外部传感器实时数据增删改查微服务	实时监控业务、健康评估设计业务操作基本微服务
2	专有设备运行数据增删改查微服务	实时监控业务、资产分类、健康评估业务操作基本微服务
3	设备过往维护记录增删改查微服务	健康评估等使用微服务

（续）

序号	微服务类	备注
4	设备故障报警记录增删改查微服务	健康评估、辅助决策、巡检业务、能源管理业务使用微服务
5	设备供应商主数据增删改查微服务	健康评估、辅助决策、资产分类、出入库业务、排产业务使用微服务
6	生产环境数据增删改查微服务	资产追踪、健康评估、辅助决策、资产分类、资产出入库、资产核算业务使用微服务
7	人员维修任务数据增删改查微服务	资产分类、维保任务、资产追踪使用微服务

（4）监控和管理　利用工业互联网平台提供的运行时工具，实时监控运维服务系统的性能和健康状况，及时发现并解决问题。

4.5.4　经营管理类 APP

经营管理类 APP 用于企业产品制造、营销和内部管理等各种活动，可以提高制造企业经营管理能力和资源配置效率。由于经营管理覆盖范围非常广泛，除了与工业产品制造相关的一些管理活动之外，还有一般企业通用的经营活动，所以此处经营管理类 APP 重点关注前一种 APP，如企业决策支持、产品质量管理、制造风险管控、产业链协同和供应链管理等。管理与管理对象需要紧密结合，所以经营管理类 APP 需要与全生命周期研发设计类 APP、生产制造类 APP、运维服务类 APP 之间开展统筹规划、合理选配、协调设计与协同应用，才可以避免形成管理和执行两层皮。经营管理类 APP 包含企业资源计划系统、供应链管理系统、办公自动化系统、客户关系管理系统。

1. 企业资源计划系统

企业资源计划（ERP）系统是指建立在信息技术基础上，利用现代企业的先进管理思想全面集成企业资源信息（物流、资金流、信息流），为企业提供决策、计划、控制与经营业绩评估的全方位和系统化管理平台。ERP 系统集信息技术与先进的管理思想于一身，成为现代企业的运行模式，反映时代对企业合理调配资源，最大化地创造社会财富的要求，成为企业在信息时代生存发展的基石。

在企业中，一般的管理主要包括四方面的内容：生产控制（计划、制造）、物流管理（分销、采购、库存管理）、财务管理（会计核算、财务管理）以及人力资源管理。典型的 ERP 架构如图 4-23 所示。

（1）财务模块　出样对账处理样品设计与生产过程中的成本核算；销售对账对销售订单进行财务结算，记录收入；生产成本跟踪生产过程中的各类成本，包括原材料、人工等；采购对账记录采购原材料和外发的成本；外发对账核算外包生产的相关费用。

（2）销售模块　意向客户表示潜在客户的信息管理，用于跟踪可能的销售机会；报价表示销售人员根据客户的需求进行产品或服务的报价；样品确认表示在某些行业，客户需要先确认样品，销售人员需要将确认的样品信息反馈给生产或其他相关部门；销售订单表示客户确认购买后，生成正式的销售订单；销售出货表示产品生产完成后，安排发货给客户；销售投诉表示如果客户对产品或服务有不满，可以通过投诉进行反馈。

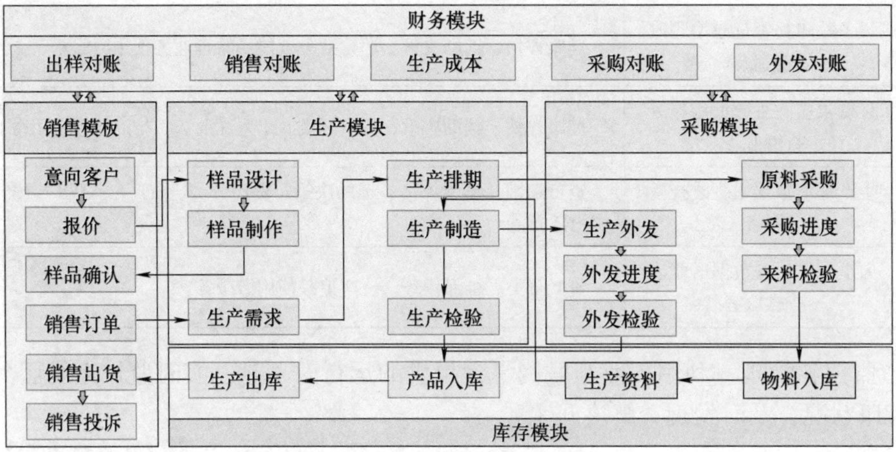

图 4-23　ERP 架构图

（3）生产模块　样品设计代表根据客户需求设计产品的样品，通常与销售模块的样品确认对应；样品制作代表样品设计完成后，进行样品的实际生产；生产需求代表根据销售订单，生成具体的生产需求，安排生产计划；生产排期代表根据生产需求，确定生产的时间表；生产制造代表实际的生产过程，制造产品；生产检验代表产品制造完成后进行质量检验，确保符合标准。

（4）采购模块　原料采购代表根据生产需求采购所需的原材料；采购进度代表跟踪采购的过程，确保原材料按时到达；来料检验代表对采购回来的原材料进行质量检验，确保原料符合要求；生产外发代表有些生产可能需要外包，外发给其他厂家完成；外发进度代表跟踪外发生产的进度，确保按时完成；外发检验代表外发回来的产品需要进行质量检验。

（5）库存模块　物料入库代表原材料通过检验后，进入库存；生产资料代表从原材料到生产所需的所有资源；产品入库代表生产合格的产品检验通过后，入库等待销售或发货；生产出库代表产品通过检验后，从库存发货给客户或用于内部使用。

2. 供应链管理系统

供应链管理（Supply Chain Management，SCM）系统是全方位的企业管理应用软件，可以帮助企业实现整个业务运作的全面自动化。业界分析家认为，SCM 软件将是具有前途的热门商用软件，因为它的主要作用是将企业与外界供应商和制造商联系起来，与 CRM、ERP 一起构成网络时代企业核心竞争力的引擎。SCM 基于协同供应链管理的思想，配合供应链中各实体的业务需求，使操作流程和信息系统紧密配合，做到各环节无缝链接，形成物流、信息流、单证流、商流和资金流五流合一的领先模式，实现整体供应链可视化、管理信息化、整体利益最大化、管理成本最小化，从而提高总体水平。供应链管理系统的价值体现在：

（1）数据传输安全，保证随时掌握情况　系统将企业管理与外围企业管理有机结合在一起，解决了因供应商分散不集中、产品品种太多、订单过于频繁等情况而导致的品牌营运商与供应商之间存在的沟通问题、数据传输及时性问题、数据安全性问题、数据完整性问题等，整合品牌运营商与上游资源，实现效率的极大提升。

（2）信息沟通及时，生产发货完美整合　品牌营运商通过供应链管理系统发布需求信息，从而使供应商能及时组织生产、发货等工作；能通过供应链管理系统知道货品从供应商到门店的整个物流过程；同时供应商也能通过供应链管理系统了解自己所生产货品在门店的库存及销售情况，从而达到了供应商与营运商之间的互动。

（3）缩短生产周期，降低企业运营成本　企业采用供应链管理系统可以缩短与供应商的业务洽谈时间，大幅度减少采购成本。供应商也能通过系统了解自己的产品应用情况，做出合理的补货策略。

（4）促进愉快合作，建立良好的供应商关系　通过改善与供应商的业务处理流程，与供应商进行协同办公，进行密切的信息交换，加强了对例外事件管理的能力和响应速度，与供应商建立稳固、长期的伙伴关系。

为了使整个供应链系统成本达到最小，SCM 系统把供应商、制造商、仓库、配送中心和渠道商等有效地组织在一起来进行产品制造、转运、分销及销售。供应链管理包括供应链管理模块、供应商协同模块、采购管理模块、基础数据库管理模块、报表分析模块五大基本内容。

典型的 SCM 架构如图 4-24 所示。

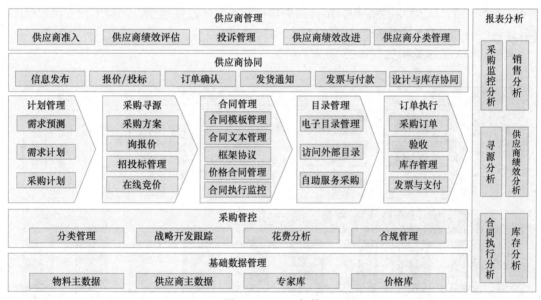

图 4-24　SCM 架构

1）供应商管理模块。管理与供应商的关系，包括供应商的选择、评估、维护和发展。对供应商进行分类和评级，确保供应商能满足企业的质量、成本、交货等要求。监控供应商的绩效，实施供应商发展计划，提高供应链整体效率。

2）供应商协同模块。通过信息共享和合作策略，加强与供应商的合作关系。实现信息的实时共享，如库存水平、生产计划和需求预测等，以促进供应链的透明度。通过协同工作平台，供应商可以直接参与到生产计划的调整和优化中。

3）采购管控模块。控制采购活动，确保采购过程的规范和效率。设定采购策略和流程，包括采购订单的生成、审批和执行。管理采购合同，监控订单履行情况，确保供应及时和符合规定的质量标准。

4）基础数据管理模块。作为 SCM 架构的数据中心，管理所有相关数据。维护产品数据、供应商信息、客户信息及库存数据等。确保数据准确性和一致性，支持其他模块的数据需求。

5）报表分析模块。提供决策支持，通过数据分析帮助管理层进行战略规划。自动生成各种运营报表，如销售分析、库存分析、供应商绩效分析等；提供数据可视化工具，帮助识别趋势、异常和机会，支持决策制定。

3. 办公自动化系统

办公自动化（OA）系统利用计算机、通信、系统科学、管理科学等先进科学技术，将传统办公方式物化于人以外的各种现代化办公设备中，以最大限度地提高办公效率，改进办公质量，改善办公环境和条件，缩短办公周期，并利用科学的管理方法辅助决策，提高管理和决策的科学化水平，以实现办公活动的科学化和自动化。

OA 系统的主要功能包括文件管理、流程管理、公文管理、通信管理、考勤管理、报表管理、数据管理等，旨在帮助用户提高办公效率，规范工作流程，优化信息管理。OA 系统通过提供良好的机制，保留现存的 IT 资产，支持各种异构环境，使用浏览器 / 服务器（Browser/Server，B/S）多层架构，结合数据缓存和数据库连接模型，支持多种主流数据库，充分提高性能和效率，大大降低企业的 IT 设备运营成本。

典型的 OA 系统架构如图 4-25 所示。

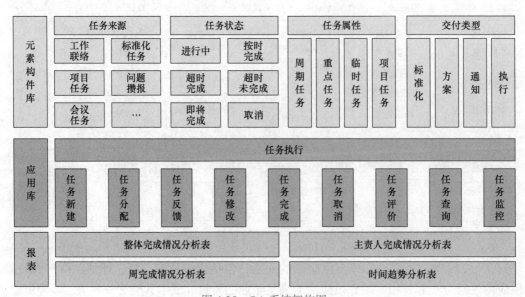

图 4-25　OA 系统架构图

OA 系统的操作具体流程通常涉及员工及管理者使用频率最高的日常管理规范化、增加企业的可控性、提高企业运转效率的基本问题，范围涉及日常行政管理、各种事项的审批、办公资源的管理、多人多部门的协同办公，以及各种信息的沟通与传递。

OA 系统的发展趋势包括平台化、网络化、智能化，强调办公的便捷方便、效率提高，作为办公软件应具备易用性、健壮性、开放性、严密、实用等特性。随着技术的发展和管理理念的创新，OA 系统不仅限于传统的办公自动化工具，而是发展成为一种有思想、有模式的管理软件，将最新的管理思想、管理理念植入其中，提升企业的整体竞争力和前进速度。

4. 客户关系管理系统

客户关系管理（Customer Relationship Management，CRM）系统是指企业为提高核心竞争力，利用相应的信息技术和互联网技术协调企业与顾客间在销售、营销和服务上的交互，从而提升其管理方式，向客户提供创新式个性化的客户交互和服务过程。其最终目标是吸引新客户、保留老客户以及将已有客户转为忠实客户，扩大市场。

CRM 概念引入中国已有数年，其字面意思是客户关系管理，但其深层的内涵却有许多的解释。CRM 是一个获取、保持和增加可获利客户的方法和过程。CRM 既是一种崭新的、以客户为中心的企业管理理论、商业理念和商业运作模式，也是一种以信息技术为手段，有效提高企业收益、客户满意度、雇员生产力的具体软件和实现方法。

工业互联网平台提供了一个集成开发环境，给企业经营管理类 APP 提供数据支撑和业务实现支撑，这需要通过以下四个步骤来实现。

（1）数据接入　边缘侧首先通过驱动管理配置经营管理类 APP 需要的数据源，其次绑定具体设备或信息化系统，再次完成数据的接入、边缘缓存，最后通过平台侧需要的数据格式完成数据的上传。

经营管理类 APP 需要接入的数据见表 4-4。

表 4-4　经营管理类 APP 需要接入的数据

序号	数据类	备注
1	物料数据	生产业务、设计业务、采购业务、财务业务操作基本单位
2	产品 / 半成品数据	市场业务、供应链业务、财务业务操作基本单位
3	人员数据	人力资源业务数据
4	设备数据	质检业务、排产业务、后勤管理业务使用数据
5	订单数据	项目管理业务、排产业务、财务核算业务使用数据
6	合同数据	业绩统计业务、成本核算业务使用数据
7	供应商数据	采购业务使用数据

（2）数据存储和转发　边缘侧将数据汇聚到平台基础设施服务层。平台利用提供的数据集成工具，将来自不同边缘侧的数据整合到一个中央数据库或数据湖中。建立数据格式和传输协议的标准化，确保不同系统间的兼容性和互操作性。通过消息总线将数据转发给微服务开发模块。

（3）微服务开发和编排　基于经营管理类 APP 的基础功能模块设计对应微服务，包含执行条件、功能函数、跳转路径等。设计高可用性的服务架构，将每个经营管理微服务注册到工业互联网平台，确保所有工具都能够在平台上被识别和管理。这包括创建 API 密钥、配置访问权限等。根据平台的要求，对每个工具进行必要的配置，以便它们能够通过平台的接口进行通信。这可能包括设置网络参数、安全协议等。

经营管理类 APP 需要编排的典型微服务见表 4-5。

（4）APP 运行　将经营管理类微服务打包进容器，通过平台微服务运行时对 APP 统一进行管理，包括启动、停止、更新等操作。

表 4-5　经营管理类 APP 需要编排的典型微服务

序号	微服务类	备注
1	物料数据增删改查微服务	生产业务、设计业务、采购业务、财务业务操作基本微服务
2	产品 / 半成品数据增删改查微服务	市场业务、供应链、财务业务操作基本微服务
3	人员数据增删改查微服务	人力资源业务微服务
4	设备数据增删改查微服务	质检业务、排产业务、后勤管理业务使用微服务
5	订单数据增删改查微服务	项目管理业务、排产业务、财务核算业务使用微服务
6	合同数据增删改查微服务	业绩统计业务、成本核算业务使用微服务
7	供应商数据增删改查微服务	采购业务使用微服务

参 考 文 献

［1］工业互联网产业联盟 . 工业互联网平台白皮书 2021：平台价值篇［R］.2021.

［2］工业互联网产业联盟 . 工业互联网平台白皮书［R］.2017.

［3］艾瑞咨询 . 中国工业互联网平台研究报告［R］.2023.

［4］WANG J L, XU C Q, ZHANG J, et al. A collaborative architecture of the industrial Internet platform for manufacturing systems［J］. Robotics and Computer-Integrated Manufacturing, 2020, 61：101854.

［5］LI J, QIU J J, ZHOU Y, et al. Study on the reference architecture and assessment framework of industrial Internet platform［J］. IEEE Access, 2020, 8：164950-164971.

［6］PIVOTO D G S, DE ALMEIDA L F F, DA ROSA R R, et al. Cyber-physical systems architectures for Industrial Internet of Things applications in Industry 4.0：A literature review［J］. Journal of Manufacturing Systems, 2021, 58：176-192.

［7］张忠平, 刘廉如 . 工业互联网导论［M］. 北京：科学出版社, 2021.

［8］亓晋, 王微, 陈孟玺, 等 . 工业互联网的概念、体系架构及关键技术［J］. 物联网学报, 2022, 6（2）：38-49.

［9］王晨, 宋亮, 李少昆 . 工业互联网平台：发展趋势与挑战［J］. 中国工程科学, 2018, 20（2）：15-19.

［10］周志勇, 任涛林, 孙明, 等 . 工业互联网平台体系架构及应用研究［J］. 中国仪器仪表, 2021（6）：45-50.

［11］LEILA H. OptiCom：A joint optimization and compliance assurance method for resource management at SaaS level［J］. International Journal of System Assurance Engineering and Management, 2023, 15（3）:1109-1118.

［12］LIU H, NIU Z C, WU T C, et al. A performance evaluation method of load balancing capability in SaaS layer of cloud platform［J］. Journal of Physics：Conference Series, 2021, 1856（1）：012065.

［13］佟兴, 张召, 金澈清, 等 . 面向端边云协同架构的区块链技术综述［J］. 计算机学报, 2021, 44（12）：2345-2366.

［14］肖迁，李天翔，贾宏杰，等.面向区域能源互联网的边云协同架构及其优化策略研究［J］.中国电机工程学报，2023，43（6）：2248-2263.

［15］汪沄，汤冬劼，郭开诚，等.gEdge：基于容器技术的云边协同的异构计算框架［J］.计算机学报，2024，47（8）：1883-1900.

［16］赵思成.面向软件定义网络虚拟化的切片重配置技术的研究［D］.合肥：中国科学技术大学，2021.

［17］HAN B，GOPALAKRISHNAN V，JI L，et al. Network function virtualization：Challenges and opportunities for innovations［J］. IEEE Communications Magazine，2015，53（2）：90-97.

［18］YANG W，FUNG C. A survey on security in network functions virtualization［C］//2016 IEEE NetSoft Conference and Workshops（NetSoft）. New York：IEEE，2016：15-19.

［19］MIJUMBI R，SERRAT J，GORRICHO J L，et al. Management and orchestration challenges in network functions virtualization［J］. IEEE Communications Magazine，2016，54（1）：98-105.

［20］李飞，代向东.工业互联网数据资产安全管理平台［J］.自动化博览，2024，41（1）：68-71.

［21］任磊，贾子翟，赖李媛君，等.数据驱动的工业智能：现状与展望［J］.计算机集成制造系统，2022，28（7）：1913-1939.

［22］沈昕炎，林亚捷，许方敏，等.面向工业大模型的算力网络架构与关键技术［J］.自动化博览，2024，41（2）：43-47.

［23］YADAV G，PAUL K. Architecture and security of SCADA systems：A review［J］. International Journal of Critical Infrastructure Protection，2021，34：100433.

［24］PLIATSIOS D，SARIGIANNIDIS P，LAGKAS T，et al. A survey on SCADA systems：Secure protocols，incidents，threats and tactics［J］. IEEE Communications Surveys & Tutorials，2020，22（3）：1942-1976.

［25］GHOSH S，SAMPALLI S. A survey of security in SCADA networks：Current issues and future challenges［J］. IEEE Access，2019，7：135812-135831.

［26］曾玲.SCADA 系统在智能工厂的典型应用［J］.自动化博览，2019（9）：82-86.

［27］李永章，薛美娜，马平.智能 ERP 系统研究应用［J］.中国科技信息，2023（16）：61-62.

［28］PAYNE A，Frow P. Customer relationship management：Strategy and implementation［M］. London：Routledge，2016.

［29］BUTTLE F，Maklan S. Customer relationship management：Concepts and technologies［M］. London：Routledge，2019.

［30］WINER R S. A framework for customer relationship management［J］.California Management Review，2001，43（4）：89-105.

第5章

工业互联网安全技术

章知识图谱

安全是工业互联网的保障。本章从典型的工业互联网安全框架入手，首先介绍了中国、美国、德国等国家的安全框架，给出了工业互联网安全防护内容；其次，重点对安全框架中的设备安全、控制安全、网络安全、平台安全和数据安全五大重要问题进行详细介绍，包括安全风险、安全防护技术等；最后，介绍典型的安全专用设备。

5.1 工业互联网安全框架

工业互联网具备开放、互联、跨域、融合等新特征，打通了原本孤立的工业设备和系统之间的壁垒，通过网络实现互联互通，极大地改善了生产效率，但也带来了更严峻的安全风险。工业互联网体系的多元异质特性，导致威胁对象及类型分布更为广泛；工业互联网系统集成众多组件，导致安全风险因素更为繁杂；工业互联网异质和层次结构特性，导致攻击模式更为复杂和多样。

近年来，工业互联网安全事件呈明显上升趋势，尤其针对工业控制系统的网络攻击组织化趋势明显，网络攻击破坏力不断扩大，轻则造成企业生产中断，重则危及人身安全。对于多样化重要应用行业，比如电力、交通、石化、核工业等行业，工业互联网的攻击行为所造成的安全事故对社会的影响更为严重。仅 2022 年公开披露的工业互联网安全事件就超过 312 起；制造业勒索事件数量增长至 89 起，相较 2021 年增长了 78%，导致严重经济损失；而制造业数据泄露事件同样呈上升趋势，超 338 起，相比 2021 年增长 25.2%。安全事件中涉及的攻击方式多样，包括恶意软件、拒绝服务（Denial of Service，DoS）、网络钓鱼等，攻击呈现目标多元化、手段复杂化、影响扩大化。

影响大的安全事故也层出不穷：2000 年，澳大利亚昆士兰新建的马卢奇污水处理厂出现故障，无线信号丢失，污水泵工作异常，报警器却未报警，其原因竟然是该厂前工程师因不满被辞而通过一台手提计算机和一个无线发射器控制了 150 个污水泵站，造成 100 万公升的污水排入自然水系，导致当地环境遭到严重破坏；2010 年，由美国军方和以色列军方共同策划的伊朗布什尔核电站发生震网病毒事件，他们利用 Windows 和西门子 WinCC 的漏洞，对 PLC 系统进行了逻辑炸弹攻击，使得布什尔核电站离心机控制系统遭受破坏，导致核电站延期运行；2015 年乌克兰电网攻击事件，由于缺乏有效的设备管理，黑客通过钓鱼手段获取了操作员凭证并远程控制电网设备；2022 年台达电子遭 Conti 勒索软件攻击，暴露了工业控制系统硬件安全防护的不足，使得攻击者能够植入恶意软件并索要赎金。

相较于传统工业控制系统和互联网，工业互联网面临更加严峻的安全挑战。工业领域的安全一般分为三类，即功能安全、物理安全和信息安全。传统工业控制系统安全最初多关注功能安全与物理安全，即防止工业安全相关系统或设备的功能失效，并在失效或故障发生时，保证工业设备或系统仍能保持安全条件或进入安全状态。而传统的互联网领域则更多地关心信息安全，即信息系统不因偶然的或者恶意的原因而遭到破坏、更改、泄露，系统能够连续可靠正常运行，信息服务不中断，最终实现业务连续性。近年来，随着工业控制系统数字化、信息化程度的不断提升，工业控制系统的信息安全问题不断凸显，业界对信息安全的重视程度逐步提高。因此，工业互联网安全框架需要统筹考虑功能安全、物理安全和信息安全，主要解决工业互联网面临的网络攻击等新型风险所带来的信息安全问题和功能安全问题，并考虑其信息安全防护措施的部署可能对功能安全和物理安全带来的影响。

5.1.1　典型工业互联网安全防护框架

目前，世界主要国家已经相继发布了工业互联网参考框架，包括我国工业互联网产业联盟的《工业互联网体系架构（版本 2.0）》、美国的 IIRA 和德国的 RAMI 4.0。相应地，我国工业互联网产业联盟于 2018 年发布了《工业互联网安全框架》；美国基于 IIRA 于 2016 年提出了工业互联网安全框架（Industrial Internet Security Framework，IISF）；德国则基于 RAMI 4.0 相继发布了《工业 4.0 安全指南》《工业 4.0 中的 IT 安全》《安全身份标识》等指导性文件。

1. 中国工业互联网产业联盟安全框架

中国工业互联网产业联盟发布的《工业互联网安全框架》，是在充分借鉴传统网络安全框架和国外相关工业互联网安全框架基础上提出的。工业互联网安全框架提出了不同层级中重点建设的内容，包括设备层、边缘层、企业层和产业层，对应边缘侧安全防护、企业安全防护、省/行业级安全平台和国家级安全平台四个层面。从明确安全防护对象、落实安全防护措施、提升安全防护管理这三方面构建我国工业互联网安全防护体系。

图 5-1 展示了中国工业互联网产业联盟的安全框架。

1）安全防护对象是开展工业互联网安全防护工作的基础，旨在明确防护的范围和方向，重点包括设备安全、控制安全、网络安全、平台安全以及数据安全。

2）安全防护措施重点关注威胁防护、监测感知和处置恢复三大环节。采用静态被动防护与动态主动防护相结合的方式，形成动态、闭环的机制，当预先设定的安全事件规则触发时，能够及时响应并加以处置，避免安全风险影响范围的扩散。

3）安全防护管理则是技术手段和管理手段并用，根据工业互联网安全目标对其面临的安全风险和威胁进行分析和评估，制定安全管理原则，配合安全管理方法，搭建科学完备的安全管理流程，配置适当的安全策略，实现防护措施的有效部署。

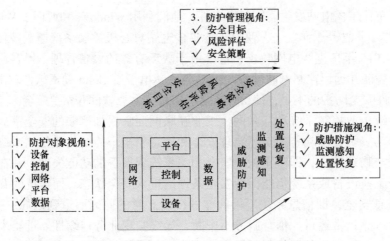

图 5-1 中国工业互联网产业联盟的安全框架

2. 美国工业互联网安全框架——IISF 安全框架

美国工业互联网联盟发布 *Industrial Internet of Things Volume G4：Security Framework*，包括实现、功能、使用和商业等多维视角，如图 5-2 所示。

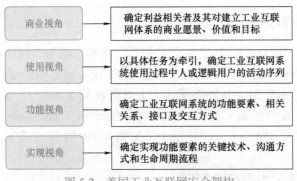

商业视角	确定利益相关者及其对建立工业互联网体系的商业愿景、价值和目标
使用视角	以具体任务为牵引，确定工业互联网系统使用过程中人或逻辑用户的活动序列
功能视角	确定工业互联网系统的功能要素、相关关系、接口及交互方式
实现视角	确定实现功能要素的关键技术、沟通方式和生命周期流程

图 5-2 美国工业互联网安全架构

从功能视角出发，重点包括三层六大功能，如图 5-3 所示。

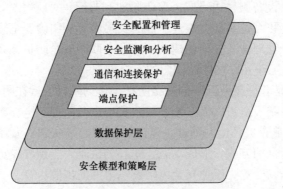

图 5-3 美国工业互联网安全架构六大功能

1）顶层主要包含端点保护、通信和连接保护、安全监测和分析以及安全配置和管理四个核心安全功能模块，定义安全防护机制，实现工业互联网安全防护。

2）中间层是数据保护层，为通用安全技术，提供了数据的安全防护能力。

3）底层覆盖整个工业互联网安全模型和策略，将顶层和中间层的五大安全功能紧密结合起来，实现端到端安全防护。

总体上说，美国 IISF 主要聚焦于信息安全、系统供应链和资源利用等智能制造目标，侧重于安全实施，明确了具体的安全措施。在安全框架的基础上，美国工业互联网联盟发布了《物联网安全成熟度模型：描述与预期用途》，旨在基于治理、支持和强化三大核心要素，提供一套通用的物联网安全成熟度模型用于安全评估，并帮助工业互联网企业设定预期达到的安全成熟目标。

3. 德国工业互联网安全框架——德国工业 4.0 安全框架

德国从信息物理系统功能视角、全生命周期价值链视角和全层级工业控制系统视角构建了工业 4.0 参考框架 RAMI 4.0。RAMI 4.0 采用了分层管理的策略对防护对象进行保护和管理，安全框架在 RAMI 4.0 中起到了承载和连接所有结构元素的骨架作用，可应用于所有层次。RAMI 4.0 的安全框架在分层架构上关注不同层面的安全风险，在产品生命周期上关注不同环节的安全边界，在工厂层级上关注物理和数据资产跨域的安全防护。因此，RAMI 4.0 建议对安全风险必须做整体考虑，对象的所有者应充分考虑全生命周期的安全性，并对所有资产进行安全风险分析，对资产所有者提供实时保护措施。总体来说，德国的安全相关框架采用了分层的基本安全管理思路，侧重于防护对象的管理，以及信息物理融合系统的应用及生产新业态。

德国的网络安全组牵头出版了《工业 4.0 安全指南》《跨企业安全通信》《安全身份标识》等一系列指导性文件，指导企业加强安全防护。未来工业 4.0 的安全防护框架将采用纵深防御与区域防御相结合、动态主动防御和静态被动防御相结合、预测式防御和响应式防御相结合的方式，以实现数据驱动的多维立体安全防御目标。

5.1.2　工业互联网安全防护内容

工业互联网具有数字化、网络化、智能化等新特征，使得工业互联网安全也被赋予了新的特征。

（1）涵盖主体多　工业互联网安全从工厂外部互联网一直扩展延伸至工厂内部的工业现场，涵盖所涉及的所有具有安全需求的主体，包含设备安全、网络安全、控制安全、数据安全以及应用安全。

（2）技术内涵和外延均已改变　工业互联网安全已不再是传统意义上的信息安全，而是工业生产运行过程中物理安全、功能安全和信息安全等安全技术的融合，需要准确把握各种安全主体的内涵和关系，尤其要把握信息流的不安全性对于物理安全和功能安全等的冲击，这本身蕴含着巨大的挑战。

（3）影响范围广　工业互联网联通了工业现场与互联网，使得传统在纯信息域的网络攻击可以跨域直接到达生产现场，一旦发生安全事故，其影响范围可以覆盖工业生产和运营的全生命周期。

（4）造成损失大　工业互联网安全直接关系生产安全和人身安全。工业互联网一旦遭受攻击，不仅影响工业生产的正常运行，甚至会引发安全生产事故，给人民生命财产造成严重损失。若攻击发生在能源、航空航天等重要领域，还将危害国家总体安全。

正因为这些新特征，工业互联网安全也正从传统"打补丁式"的建设模式走向"建制化"的建设模式，迫切需要建立工业互联网安全框架，全面覆盖工业互联网防护对象、全产业链的安全体系，完善满足工业需求的安全技术能力和相应管理机制，才能有效识别和抵御安全威胁，化解安全风险，进而确保工业互联网健康有序发展。

为了更清楚明晰地介绍工业互联网安全，本书基于中国工业互联网产业联盟发布的《工业互联网安全框架》，从防护对象的角度梳理工业互联网设备安全、控制安全、网络安全、平台安全和数据安全五个安全层级的内容、范围和关系，如图 5-4 所示。

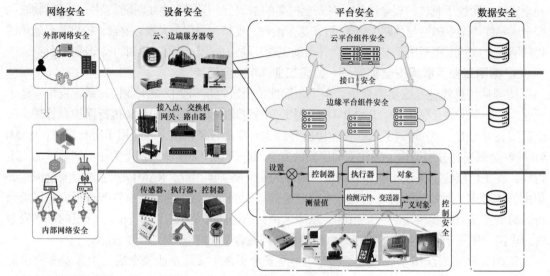

图 5-4 工业互联网安全防护场景

1）工业互联网设备安全包括工厂内应用的智能器件、智能终端等设备的安全，重点关注现场设备的管理安全和智能设备本身安全，具体包括设备运行的操作系统的安全、应用软件的安全、设备硬件的安全。

2）工业互联网控制安全是指对工业控制软件功能进行安全分析与防护，也可以称之为生产控制安全，具体包括三方面的内容：首先，将安全风险归结为系统中影响控制逻辑和控制决策的安全风险；其次，涉及对应这些安全风险的典型控制系统安全防御方法，包括工业控制协议安全、访问控制、逻辑隔离和容错控制等；最后，对控制系统的安全评估也是至关重要的。

3）工业互联网网络安全重点关注工业互联网的全互联网络的安全问题，主要包括工厂内部、工厂外部的有线网络和无线网络的安全，也包括全互联网络所涉及的安全域划分、网络标识解析等特殊问题。

4）工业互联网平台安全主要侧重面向工业互联网云、边、端的新计算架构，关注计算平台本身及其所提供服务的安全，主要从设备接入、平台组件和服务安全三个层次着手进行安全防护。

5）工业互联网数据安全关注工业互联网中所涉及的所有数据的全生命周期安全，包括数据采集、数据存储、数据处理、数据共享和数据销毁各个环节的安全问题。

当前，新技术的融合使得工业互联网呈现出以下特点：现场设备越来越智能化，各类工业数据呈指数级暴涨，工业控制系统趋于扁平化、开放化，工业内外网边界模糊化，工业互联网平台复杂化等，这些变化都增加了工业互联网安全防护的难度。因此，工业互联网作为仍在发展中的新事物，其安全防护体系需要持续优化和不断完善。

5.2 工业互联网设备安全

　　工业互联网设备指工厂内单点智能器件和成套智能终端等智能设备，是构成工业互联网的基础设施，因此确保工业互联网设备的安全性至关重要。随着工业互联网的发展，现场设备由机械化向数字化、高度智能化方向转变，形成了"微处理器＋嵌入式操作系统＋应用软件"的新模式，这使得未来海量智能设备可能会直接暴露在网络攻击之下，面临攻击范围扩大、扩散速度加快、漏洞影响增大的威胁。

　　工业互联网设备的安全面临着资源限制问题，计算能力、存储能力和能源都非常有限，限制了安全防护措施在这些设备上的部署。此外，工业互联网设备与工业生产紧密结合，许多设备都被安装在无人值守的环境下，且工作的物理环境又比较恶劣，增加了安全管控的难度。从核心用途角度来看，工业互联网设备主要分为三类：

　　1）控制系统设备，包括传感器、执行器和控制器等设备，实现对工业过程的监测、控制和管理。

　　2）网络连接设备，包括交换机、路由器、网络和接入点等设备，构成了整个工业通信的骨架，确保了信息在各个组件和系统之间流动的高效性和准确性。

　　3）计算平台设备，包括边缘服务器和云服务器等，实现生产、运行、维护等过程的智能管理和复杂生产过程的优化。

　　这些设备不仅构成了智能制造的基石，也成为网络安全威胁的重要目标。安全威胁的存在不仅可能导致关键基础设施的运行中断，还可能引发数据泄露、知识产权被盗用，甚至危及人身安全等问题。

　　工业互联网设备所面临的典型安全风险如图 5-5 所示。

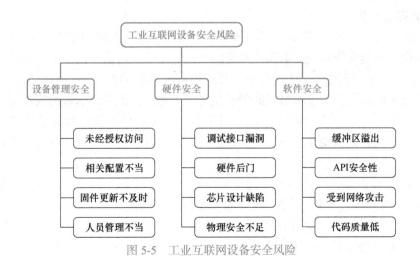

图 5-5　工业互联网设备安全风险

相应地，工业互联网设备的典型安全防护方法如图 5-6 所示。

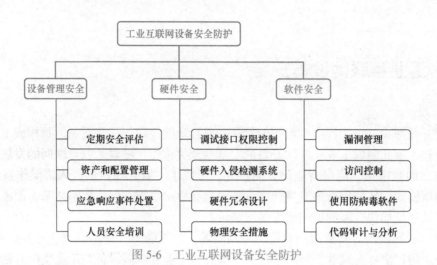

图 5-6　工业互联网设备安全防护

因此，设备管理安全、硬件安全和软件安全各部分对应的安全风险与安全防护都需要被严肃对待。

5.2.1　工业互联网设备管理安全

随着工业互联网的快速发展，越来越多的设备被连接到互联网上，这为工业生产带来了便利和效率的提升。然而，设备数量的增长也带来了新的挑战，尤其是设备管理方面的安全威胁。在传统的设备管理模式中，设备通常由专业的技术人员进行维护和管理。但随着设备的激增，这种模式已经无法满足当前的需求。首先，设备的多样性和复杂性使得管理变得更加困难。其次，设备的分布广泛，可能分布在不同的地理位置，这使得集中式的管理变得不切实际。最后，设备的更新和维护需要大量的时间和资源，而这在传统的管理模式下往往难以实现。设备管理的不完备可能导致未授权访问、配置错误、固件更新不及时等一系列问题，从而为攻击者提供了可乘之机。

1. 主要安全威胁

（1）未经授权的访问　设备管理不严格可能导致未授权用户获取访问权限，包括使用默认或弱密码、未能实施有效的访问控制策略，或者未能及时撤销离职员工的访问权限。

（2）配置错误　配置错误是指设备配置不当可能导致的安全漏洞。例如，不必要的开放端口、未加密的通信协议、不恰当的服务配置等，都可能成为攻击者的攻击途径。

（3）固件更新管理不足　由于未能及时更新固件或软件，设备容易受到已知漏洞的攻击。这可能是因为缺乏自动化的更新机制，忽视了安全补丁的重要性，或者更新过程复杂导致延迟部署。

（4）资产管理混乱　管理员不清楚网络中存在哪些设备，哪些设备需要更新，哪些设备已经过时。这种"影子 IT"问题可能导致安全漏洞被忽视。

（5）日志和监控不足　由于缺乏有效的日志记录和监控机制，安全事件难以被及时发现和响应。这可能是由于没有部署日志系统，或者日志数据未被适当分析。

（6）供应链风险高　设备在生产、部署过程中可能被植入恶意软件，如果供应链管理不严格，这些风险就难以被识别和控制。

（7）存在物理安全威胁　设备物理位置不安全，可能被物理接触和篡改，尤其在未对设备进行物理安全加固的情况下。

（8）生命周期管理不当　设备在其生命周期内未能得到适当的安全管理，包括采购、部署、运行、维护直至退役的每个阶段。

（9）法规遵从性问题　员工未能遵守相关的法律法规和标准，导致安全措施不符合行业要求，增加了法律和财务风险。

（10）安全意识不足　员工对设备安全的重要性认识不足，可能导致安全政策执行不到位，如未能定期进行安全培训和演练。

2. 现场管理方法

面对上述设备管理的安全威胁，现场管理方法成为维护工业控制系统安全的第一道防线。这些方法聚焦于人员、政策和流程的综合管理，以创建一个安全稳固的物理和逻辑环境。针对工业互联网设备管理的安全威胁，现场管理方法的关键在于建立和维护一套全面的设备安全管理体系，主要有以下几方面：

（1）设备全生命周期管理　设备从采购、部署、使用、维护到淘汰的每个环节都应有明确的安全管理措施。这包括对设备的定期安全评估、维护记录和退役处理。

（2）设备资产管理　管理员需要进行全面的设备资产梳理，包括 PLC、DCS、SCADA 系统等，建立资产清单，并明确资产管理的责任部门和责任人。

（3）配置管理　管理员强化账户和口令管理，避免使用默认或弱口令，并定期更新。实施最小授权原则，合理设置账户权限，并及时清理过期账户。

（4）供应链安全管理　工厂与供应商签订包含安全相关责任和义务的协议，确保所使用的 PLC 等关键设备通过安全认证。

（5）安全意识教育　定期对员工进行工业互联网安全相关的法律法规、政策标准教育，提高员工的网络安全意识。

（6）安全监测与预警　在工业互联网部署监测审计设备或平台，及时发现和预警系统漏洞、恶意软件、网络攻击等安全风险。

（7）应急响应与事件处置　制定工业控制安全事件应急预案，明确报告和处置流程，并定期开展应急演练。

（8）安全评估　对新建或升级的工业控制系统进行安全风险评估，定期开展漏洞排查，并及时采取升级措施。

5.2.2　工业互联网设备硬件安全

在工业互联网中，设备的硬件组成包括传感器、处理器、存储器、通信接口等，它们是实现设备功能的基础。然而，由于设计、制造或配置上的缺陷和不足，这些硬件部分可能成为攻击者的目标。设计缺陷可能是由于对安全性考虑不充分，导致硬件存在固有漏洞；制造缺陷可能源于生产过程中的质量控制问题，导致物理或逻辑故障；配置不足可能是由于默认设置不当或更新不及时，使得设备的防护能力降低。这些问题导致设备可能遭受未授权访问、数据泄露或被恶意控制等安全风险。

1. 主要安全威胁

（1）存在调试接口漏洞　许多设备保留了硬件调试接口，如 JTAG（联合测试工作小组）或 UART（通用异步收发器），这些接口可能未设置适当的安全措施，使得攻击者可以通过这些接口获取设备控制权，进而导致设备密钥、认证等信息泄露。

（2）存在硬件后门　硬件在生产过程中可能被植入后门，使得攻击者能够在设备投入使用后进行非法访问和控制。由于这种威胁隐藏在硬件层面，通常难以实现。

（3）物理绕过　攻击者可能通过物理手段绕过安全芯片等硬件安全措施，直接对设备进行篡改或数据提取。例如，通过旁路攻击绕过安全机制访问敏感信息。

（4）存在芯片安全风险　工业设备中的微控制单元、数字信号处理器等核心元器件可能存在设计缺陷，导致设备易受攻击。例如，芯片在设计时可能未充分考虑抵抗侧信道攻击的能力。

（5）存在硬件损坏风险　硬件设备可能因为环境因素（如过热、振动）或使用寿命到期而损坏，从而影响整体系统的安全性和可靠性。

（6）存在固件安全风险　固件更新缓慢或厂商对已知漏洞的忽视，导致固件安全风险增加，可能成为攻击的突破口。攻击者通过分析固件中存在的第三方库版本信息并查询相应版本漏洞库信息，就能获得潜在的固件安全风险。

（7）开发人员安全意识不足　开发人员在设计硬件时可能缺乏足够的安全意识，如使用弱口令、硬编码密钥等，这些都可能成为设备安全的风险点。

（8）硬件安全更新困难　相比软件，硬件设备的更新和补丁部署更为困难，使得已知的硬件漏洞可能长时间得不到修复，增加了设备被攻击的风险。

（9）物理安全措施不足　工业设备可能缺乏足够的物理安全保护措施，使得攻击者能够物理接触并操纵设备，如通过插入恶意硬件设备进行攻击。

2. 硬件安全防护方法

针对上述由于设备硬件导致的安全威胁，硬件安全防护方法作为物理安全层面的防御手段，对抵御外部攻击和内部威胁至关重要。硬件安全侧重于保护物理设备免受直接损害，以及防止通过硬件途径的数据泄露或非法访问。工业互联网设备的硬件安全防护方法主要关注于设备本身的物理安全和硬件层面的保护措施，以防止硬件威胁产生影响。以下是一些具体的硬件安全防护方法：

（1）设备调试接口权限控制　确保设备调试接口仅对授权人员开放，防止未授权的物理接触和操作。可以通过设置权限，确保只有具备相应权限的人员才能进行设备的调试和维护工作。

（2）芯片安全保护　采用安全芯片或加密芯片来存储密钥和敏感数据等关键信息，防止通过物理手段获取这些信息。

（3）防范设备功率信息泄漏　通过对设备的功耗进行监控和管理，防止攻击者通过分析功耗模式来推断设备的运行状态或窃取关键信息。

（4）物理安全措施　确保工业互联网设备所在的物理环境安全，如使用防盗锁、监控摄像头等手段防止物理盗窃或篡改。

（5）硬件冗余设计　采用硬件冗余设计，如双系统或多系统备份，确保在关键硬件组件发生故障时，系统能够无缝切换到备用系统，保障设备稳定运行。

（6）硬件入侵检测系统　部署硬件入侵检测系统，如温度传感器、振动传感器等，以监测可能的物理入侵行为。

（7）硬件安全审计　定期对硬件组件进行安全审计，检查是否存在潜在的硬件漏洞或被篡改的迹象。

（8）供应链安全　确保供应链的安全性，从可信的供应商采购硬件组件，并在设备制造过程中实施严格的安全控制措施，以防止在生产阶段就被植入后门或恶意硬件。

5.2.3　工业互联网设备软件安全

在工业互联网的环境下，设备软件安全是确保生产系统可靠性和数据安全的关键环节。软件安全漏洞通常源于设计、开发或部署阶段的缺陷。在设计阶段，如果安全需求没有得到充分的考虑，可能会导致软件存在结构性的安全弱点。开发阶段可能会因为编码错误、测试不充分或者使用第三方组件而引入漏洞。部署阶段的配置不当或更新不及时也可能导致软件容易受到攻击。攻击者可以利用这些漏洞进行未授权访问、数据篡改、拒绝服务攻击等。

1. 主要安全威胁

（1）缓冲区溢出　当程序尝试向一个缓冲区内写入过多数据时，超出的数据会覆盖相邻的内存空间，可能导致程序崩溃或执行任意代码。

（2）注入攻击　如 SQL 注入，若应用程序允许攻击者将恶意 SQL 代码注入数据库查询中，攻击者就可以获取、篡改或删除数据库中的数据。

（3）跨站脚本攻击　软件未能正确处理用户输入，使得攻击者能够注入恶意脚本，这些脚本在其他用户的浏览器中执行，可能导致会话劫持或信息泄露。

（4）不安全的反序列化　软件在处理序列化数据时未采取适当的安全措施，攻击者可以利用这一点执行任意代码或进行权限提升。

（5）使用有漏洞的第三方库　软件使用了包含已知安全漏洞的第三方库，如果没有及时更新，可能会使整个系统暴露于这些已知风险之下。

（6）不安全的 API　软件提供的 API 如果配置不当或未进行适当的认证和授权，可能会允许未授权的访问进而暴露敏感信息等。

（7）密码管理不当　软件中如果密码存储或传输的方式不安全，如使用明文或弱加密算法，攻击者可能会截获并破解密码。

（8）配置错误　软件配置不当，如开放了不必要的端口或服务，或未关闭调试模式，可能会成为攻击者的入口。

（9）存在代码质量问题　其主要为编程错误，如空指针解引用、整数溢出等，可能导致程序异常行为，被攻击者利用。

2. 软件安全防护方法

针对上述设备软件层面导致的安全威胁，软件安全防护措施是维护工业互联网设备安全的关键环节，专注于保护设备上运行的软件系统不受网络攻击和内部威胁的侵害。这些措施确保了数据在存储、处理和传输过程中的完整性与保密性，同时保障了软件应用能够抵抗恶意软件和其他安全威胁，以下是一些具体的软件安全防护方法：

（1）定期更新与补丁管理　确保所有工业互联网设备上的软件都是最新版本，并且已经应用了所有的安全补丁，这有助于减少已知漏洞被利用的风险。

（2）使用防病毒软件 在工业主机上部署防病毒软件，并定期进行病毒库升级和查杀，以防止恶意软件的传播。

（3）应用软件白名单技术 只允许运行经过企业授权和安全评估的应用软件，对未知或未授权的软件进行阻止。

（4）强化账号及口令管理 避免使用默认或弱口令，并定期更新口令，同时遵循最小授权原则，合理设置账户权限。

（5）访问控制与身份验证 对于访问工业互联网设备的软件，实施严格的用户身份认证机制，尤其是对于关键应用服务，应采用双因子认证。

（6）漏洞管理 定期开展漏洞排查，一旦发现重大安全漏洞，应立即采取措施进行修复或加固。

（7）代码审计与静态分析 对工业互联网中使用的自定义或第三方软件进行定期的代码审计和静态安全分析，以识别和修复潜在的安全漏洞。

（8）软件供应链安全 确保所有软件和应用程序都来自可信的源，并通过安全的供应链管理实践，减少恶意软件通过供应链潜入系统的风险。

（9）远程访问安全 对于远程访问工业互联网设备的情况，使用安全的远程访问解决方案，如虚拟专用网络（Virtual Private Network，VPN），并实施严格的访问控制和审计。

5.3 工业互联网控制安全

工业互联网使得工业控制系统由分层、封闭、局部逐步向扁平、开放、全局发展。其中，在控制环境方面表现为 IT 与 OT 融合，工业控制网络由封闭走向开放；在控制布局方面表现为控制范围从局部扩展至全局，并伴随着控制监测上移与实时控制下移，从而拓展了工业控制系统的发展空间，为工业控制系统带来新的发展机遇。但同时我们应该看到，这些变化改变了传统生产控制过程封闭、可信的特点，带来了信息安全等问题，具体表现为安全事件危害范围扩大、危害程度加深、信息安全与功能安全问题交织等问题。下面从工业互联网控制安全风险、安全防护与安全评估三个方面进行介绍，如图 5-7 所示。

5.3.1 工业互联网控制安全风险

针对工业控制系统的攻击往往具有高度隐蔽性和未知性，这使得它们能够轻易地对工业现场的正常运行造成严重破坏，有时后果甚至是灾难性的。按照攻击实施具体对象的不同，工业控制系统攻击可分为上位机攻击、工业控制网络协议攻击、控制逻辑攻击、虚假数据注入攻击等。这些攻击手段的最终目的都是实现对工业控制系统的控制，进而阻碍工业生产的正常运行。

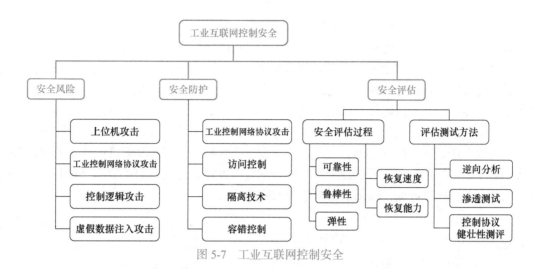

图 5-7 工业互联网控制安全

1. 上位机攻击

上位机通常指工程师站、操作员站等计算机，作为工业控制系统的人机接口，能够实现控制系统的组态、监视、控制等功能，也通常是最可能接入互联网的设备，所以也是最容易遭受安全攻击的设备。一般性的上位机攻击过程如图 5-8 所示。由于工业控制系统通常处于内网，攻击者通过社会工程学攻击和渗透等手段进入上位机，利用已知漏洞或零日漏洞对上位机发起攻击，进而实现非法控制。一旦上位机被控制，攻击者可直接向工业控制设备发送控制命令或注入恶意控制逻辑，从而操控或破坏工业生产过程。同时，为了隐蔽，攻击者还可能篡改或注入工业现场数据，使管理者误以为工业现场运行正常。我们在日常生活中使用计算机的安全问题基本都能在上位机发生，代表性的上位机攻击包括震网攻击、黑色能量病毒攻击和 Triton 攻击等。

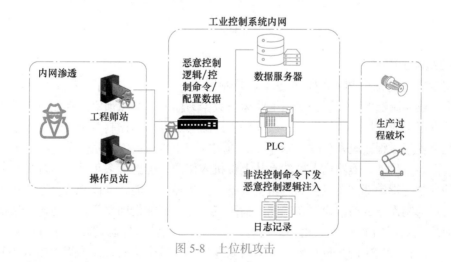

图 5-8 上位机攻击

2. 工业控制网络协议攻击

工业控制网络协议是工业控制系统内部数据或控制命令传输的标准，上位机、控制设备按照协议规范来交换信息。工业控制网络协议多为工业控制设备厂商的私有协议且缺乏安全考虑，大量工业控制协议缺少有效认证、加密等安全机制。

通常，工业控制网络协议攻击会首先进行协议逆向解析，以获取协议格式及语义，然后结合漏洞挖掘方法进一步发现工业控制协议的安全漏洞，如缺乏写保护、用明文发送密码、小密钥空间和单向认证等。攻击者构造恶意客户端，利用协议漏洞绕过控制器安全校验并与控制器建立连接，从而获取控制器的控制权。典型的工业控制网络协议攻击方法有中间人攻击、重放攻击、命令注入攻击、拒绝服务攻击、数据篡改攻击等。其中，中间人攻击是一种典型的协议攻击，一般性的中间人攻击过程如图 5-9 所示。中间人攻击通过截获上位机与控制器间的通信，伪装成上位机或控制器，并分别与对方建立连接，向控制器下达非法命令或攻击负载，并使用篡改或伪造的协议响应报文隐藏攻击。

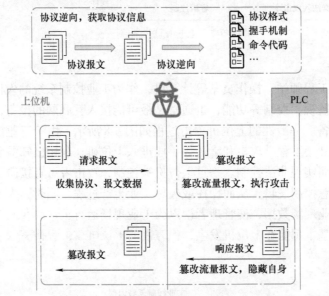

图 5-9　工业控制网络协议的中间人攻击

3. 控制逻辑攻击

控制逻辑指的是在 PLC、DCS 等工业控制器上运行的控制程序，由工程师编写、编译后下载至工业控制器上。控制程序以工业运行数据为输入，按照预定的控制逻辑输出控制指令，并下发至工业现场的执行设备，以确保生产的稳定运行。控制逻辑攻击通常通过植入恶意控制逻辑程序或程序段来篡改控制过程。典型的控制逻辑攻击包括逻辑炸弹、时间中断控制逻辑攻击等。另外，震网病毒虽然是从上位机入侵的，但潜伏多年后，破坏的最终目标是离心机的控制逻辑。部分恶意控制逻辑也具备内网传播的功能，具体来说，采用类似病毒的方式，通过控制设备的通信模块在内网传播恶意程序，比如借助恶意控制逻辑构造的非法网关、带有蠕虫病毒的 PLC 等。此外，还有一些攻击方法针对控制逻辑程序进行逆向分析和建模，通过对控制逻辑的分析找到更多针对工业现场的攻击策略，以增强攻击效果和提高隐蔽性，如控制流攻击、过程感知攻击等。

4. 虚假数据注入攻击

虚假数据注入攻击通过篡改工业控制系统内的数据，欺骗上位机或控制器等工业互联网设备，从而影响工业控制决策。如图 5-10 所示，一旦攻击者入侵工业传感器，就可以通过传感器向工业控制系统注入虚假工业现场数据。控制器和上位机均以采集的数据为输入，基于控制逻辑或状态估计算法进行控制或决策。如果部分数据被注入虚假值，将导致控制器或上位机的控制和决策错误，直接影响工业生产。虚假数据注入攻击的效果取决于攻击者对工业控制系统拓扑及重要数据的掌握程度。虚假数据注入攻击可分为控制回路参数注入攻击、工艺流程注入攻击和状态获取注入攻击。

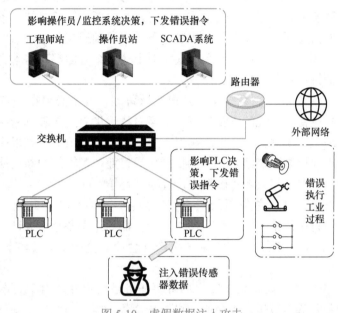

图 5-10　虚假数据注入攻击

（1）控制回路参数注入　对系统中控制回路的设定参数进行未授权的改动，这些参数通常控制机械或控制过程的关键行为，如温度、压力、流速等。错误的参数设定可能导致系统运行不稳定或安全事故。例如，在一个制药工厂的发酵过程中，温度控制是关键参数。如果黑客通过网络攻击篡改了温度控制回路的设定值，比如将正常的控制温度从 37℃ 修改为 45℃，可能导致微生物死亡或产品质量不合格，严重影响生产效率和产品安全。

（2）工艺流程注入　对生产或处理过程中的步骤、顺序或条件进行未经授权的更改。这种虚假数据注入可能导致生产流程中断、产品质量下降或安全风险增加。例如，在一个化工厂中，原料的混合顺序和比例是关键工艺参数。如果攻击者或内部人员修改了工业控制系统中的工艺流程，比如改变了化学反应的添加剂顺序，可能会引发危险的化学反应，造成设备损坏甚至发生爆炸。

（3）状态获取注入　涉及对系统状态数据的篡改，这些数据用于监测和控制系统的当前运行状态。通过修改这些状态数据，攻击者可以迷惑操作员，掩盖系统实际的运行状况，从而实施进一步的恶意操作。例如，在电力监控系统中，如果攻击者修改了输电线路的负载状态数据，操作员基于错误信息切断正常运行的输电线路或者未能及时处理实际存在的过载问题，就会导致大面积停电或设备损坏。

综上所述，工业控制系统攻击技术多以控制或破坏工业生产过程为目的，结合渗透攻击、隐藏攻击等手段，相关攻击更具有隐蔽性和威胁性。对工业控制系统攻击的前提是需要掌握大量背景知识和安全情报，如网络拓扑、工业控制协议、已知漏洞、Zero-day 漏洞、隐藏后门、控制流程等。

5.3.2　工业互联网控制安全防护

工业控制系统中对安全的理解与信息技术系统有本质的区别。ANSI/ISA-99 和 IEC-62443 等早期国际工业控制系统标准对安全的理解是功能安全，即主要考虑由于随机硬件故障所导致的组件或系统失效对健康、安全或环境的影响。而传统信息技术系统中认为一系列包含敏感和有价值的信息和服务的进程和机制，不被未得到授权和不被信任的个人、团体或事件公开、修改或损坏。现有工业控制系统安全对上述两个方面都有需求，具体来说，工业控制系统的安全防护特点和要求如下：

（1）高实时性　在工业控制系统中，延迟要求苛刻，设备必须在确定的时间内完成特定任务，否则会影响设备和系统的正常运行，甚至对物理世界造成破坏。由于工业控制系统通常按固定逻辑处理生产流程，一旦出现延迟，容易引发突发情况，难以应对，导致业务逻辑中断；同时由于工业控制系统涉及真实的物理世界，业务逻辑的中断可能会损坏设备，造成巨大的资源和时间浪费，甚至严重破坏生产和生态环境。

（2）业务逻辑固定　工业控制系统具有特定的生产目标，并为此制定了明确的生产业务逻辑，并在实际运行中严格遵守。修改操作流程可能导致设备超出设计的安全参数，导致关键服务（如电力供应）中断，或引发威胁生产和生命安全的事故（如有害物质泄漏），甚至可能威胁国家安全。

（3）运行时间长　工业控制系统发展的首要任务是稳定性。由于成本昂贵，工业控制系统通常连续运行数月甚至数年，生命周期可能长达数十年。因此，目前运行的工业控制系统中存在大量陈旧的遗留设备，这些设备本身存在安全问题，对当前检测技术也构成障碍。例如，许多遗留设备缺少日志文件，当系统异常时，安全系统无法通过日志分析，从而无法确定系统异常的原因。

（4）私有协议安全措施差　传统工业控制系统通常与互联网隔离，并使用私有协议保证机密性。控制领域的人员认为，私有协议能完全保障数据的机密性，无需其他安全措施。然而，随着工业控制系统开放性提高以及协议逆向技术的发展，原本安全的私有协议逐渐变得无安全保护机制，容易受到攻击，使整个系统及其机密信息暴露在网络上。

根据工业互联网控制系统安全防护特点和要求以及工业互联网控制安全风险，主要有以下四种典型的防御方法：工业控制网络协议安全、访问控制、隔离技术、容错控制。

1. 工业控制网络协议安全

由于目前很多工业控制网络协议都在使用中，更新升级较为困难，所以现有解决工业控制网络协议安全问题最常用的方法是检测，另外也可以通过添加外部加密协议来保护工业通信协议，从而实现工业现场数据的安全传输。

1）检测机制。针对通用开放工业控制网络协议的检测机制。在工业控制系统中，少量协议是公开的，研究人员可以直接获得这些协议的规范。在规范中详细定义了其自身的报文格式和通信模式。因此研究人员可依据规范制定检测规则，对协议进行检测。

2）安全通信协议。工业控制网络协议是为了提高效率和可靠性而设计的，旨在满足工业控制系统的经济性和运行需求。早期的工业控制网络协议为了提升效率，通常不考虑非必需的特性和功能。因此，这些通信协议缺乏身份认证保护机制，传输的数据是明文的，使得非法入侵者能够轻易地利用协议的漏洞。为了保护工业通信协议的安全性，可以通过添加外部加密协议来实现。比如，使用 SSL/TLS（安全套接层/传输层安全）协议对 Modbus/TCP 应用层数据进行封装保护。SSL/TLS 协议位于 TCP 连接之上，为双方提供透明和安全的传输通道，确保端到端的安全通信。SSL/TLS 协议不仅包含加密机制，还包括证书认证机制，能够为上层协议提供全面的安全保护。通过 SSL/TLS 协议，工业控制网络可以实现端到端的身份认证和数据加密传输。这样，传输过程中的数据得到了有效保护，防止了非法入侵者的窃取和篡改。引入这些安全机制，不仅增强了工业数据在传输过程中的安全性，还提升了整个工业控制系统的可靠性和稳定性。

2. 访问控制

访问控制是工业控制系统安全防护中的一个关键组成部分。它涉及对用户访问权限的严格管理和控制，以防止未授权的访问和潜在的安全威胁。访问控制不仅是保护关键基础设施免受未授权访问的基本要求，也是确保系统运行安全与数据完整性的关键环节。有效的访问控制策略能够防止恶意攻击并减少人为错误，从而保护整个工业环境。访问控制大体分为物理访问控制、网络访问控制和密码访问控制三类。

1）物理访问控制可以有效提升 PLC 和其他工业控制系统设备的安全性，避免受到内部或外部的安全威胁。物理访问控制主要包括区域和管道两部分。其目标是将子系统和组件分离，并将具有相同安全需求的设备放置在相同的逻辑或物理组中。设备间的通信通过管道进行，尽量保护网络流量的机密性和完整性，防止 DoS 攻击并过滤恶意流量。此外，系统控制管理方面，无论从物理层面还是逻辑层面，访问权限都应限制为获得授权的个体。

2）网络访问控制通常在不同层面实施，如防火墙和 VPN 等安全技术。所有控制器设备，特别是 PLC，必须位于防火墙之后，不能直接连接到网络。关键设备不能直接暴露在公网上，远程访问必须通过 VPN 等隧道技术实现。此外，即使完全部署了网络访问控制，配置和过滤规则不够严密可能仍会导致漏洞。

3）密码访问控制是目前最常用的访问控制类型。大多数 PLC 设备都内置密码保护功能，以防未经授权的访问和篡改。有效的密码访问控制需要满足以下要求：必须启用；必须正确配置；密码必须加密存储且加密算法不易破解；加密步骤必须简单易操作；不得使用硬编码；密码必须定期更改。

3. 隔离技术

隔离技术是一种重要的安全防护方法，它在不同网络区域或系统组件之间建立隔离措施，有助于限制攻击者的横向移动，防止潜在的威胁传播和数据泄露。实际应用中，隔离技术通常涉及物理隔离、网络隔离、逻辑隔离等技术手段。

（1）物理隔离　通过实际的物理手段将关键的控制系统部件与其他系统或网络分隔开的安全策略。这种隔离措施包括使用独立的物理设施、专用的硬件设备和隔离的通信基础设施。物理隔离可以有效阻止外部攻击者和内部威胁通过网络连接访问关键系统，从而减少系统遭受攻击的风险。物理隔离的重要性在于其提供了最根本的安全屏障。它不依赖于软件防护或网络安全策略，通过物理上的隔离，即使是高级持续性威胁也难以直接侵入这些关键系统。

（2）网络隔离 在不同的网络区域之间设立控制点，以管理和监控数据的流动和访问权限。这种隔离防止未授权的访问，并且可以有效地隔离潜在的网络攻击，从而保护关键的系统和数据不受损害。在工业控制系统中，网络隔离尤为重要，因为这些系统往往控制着关键基础设施，其安全性直接关系到公共安全和企业运营的稳定性。防火墙和网闸是常用的网络隔离手段。

1）防火墙是网络隔离中最常用的技术之一。其工作在网络的入口处，根据预设的安全规则审查所有进出的数据包。防火墙规则可以基于源地址、目的地址、端口号和协议类型等信息来允许或拒绝流量。此外，现代防火墙还具备深度包检测功能，可以进一步分析数据包内容，识别和阻断恶意软件和应用层攻击。

2）网闸提供了一种更为严格的网络隔离手段，特别是在需要高安全级别的环境中。与防火墙的双向流量控制不同，网闸仅允许数据在一个方向上流动，这样可以阻断潜在的反向攻击路径。网闸常用于隔离敏感的生产网络与外部网络，确保敏感信息的输出而不允许任何外部输入。

（3）逻辑隔离 利用软件配置和策略控制在同一物理设施内实现的隔离方法。这种隔离方式允许在不增加额外物理硬件的情况下，在同一网络基础设施中创建多个独立的网络环境。逻辑隔离提供了极大的灵活性和成本效益，使得网络管理员可以轻松地调整和优化网络架构，以应对不断变化的业务需求和安全挑战。逻辑隔离的重要性在于：其能够有效地控制和限制不同网络区域之间的数据流动，从而减少了跨网络传播的风险，并提高了系统的整体安全性。它特别适用于需要严格数据和资源隔离的环境，如包含敏感信息或关键操作的工业控制系统。VLAN 和应用白名单是常用的逻辑隔离手段。

1）虚拟局域网。通过在交换机层面上配置实现，它可以将一个物理网络划分成多个逻辑上独立的子网。每个 VLAN 有其自己的网络地址空间，可以独立控制访问权限和策略。VLAN 的配置允许网络流量在不同的虚拟网络间隔离传输，增强了网络的安全性和可管理性。

2）应用白名单。用于控制哪些应用程序可以在系统上运行，是一种安全策略。通过只允许经过认证的和可信的软件执行，可以有效防止恶意软件入侵和未授权的应用访问敏感数据。这种方法在需要极高安全标准的工业控制环境中尤为重要，因为它确保只有合法和安全的操作被执行。

4. 容错控制

容错控制在工业控制系统中是一项至关重要的安全措施，旨在提高系统的可靠性和鲁棒性，以应对硬件故障、软件错误、人为失误以及恶意攻击等不可预见的事件。通过容错控制技术，工业控制系统可以在出现故障或异常情况时继续稳定运行，从而确保生产过程的持续性和安全性。容错控制技术主要包括以下几个方面：

（1）独立容错 重要的容错控制技术，它通过调节单个子系统来实现容错目标。这种方法旨在快速检测到系统中某个子系统的故障，并采取相应的措施，以确保系统的稳定性和安全性。在工业控制系统中，独立容错机制的应用非常广泛。举例来说，假设工业控制系统中的某个传感器出现了故障，导致传感器输出的数据不准确或无法正常获取。这可能会对系统的运行产生负面影响，甚至可能导致生产过程中断。为了解决这一问题，独立容错机制可以通过以下方式实现：

1）传感器数据修正。独立容错控制器可以实时监测传感器输出的数据，并对数据进行修正或校正。例如，检测到传感器输出的数据偏离了预期范围，控制器可以根据预先设定的修正算法，对数据进行修正，使其符合实际情况。

2）备用传感器切换。除了数据修正外，独立容错机制还可以实现备用传感器的自动切换。当主要传感器发生故障时，控制器可以立即切换到备用传感器，并开始使用备用传感器提供的数据。这种方式可以确保系统在传感器故障时仍能够继续正常运行，从而保证生产过程的连续性。

（2）协同容错　与独立容错不同，协同容错不仅仅是调节单个子系统或耦合机制的控制器，也是综合调节整个系统的控制器，以实现容错目标。这种方法利用了系统内部各个组件之间的互联和协作特性，从而提高了系统的整体容错能力。

举例来说，在一个工业控制系统中，如果某个执行器出现了故障，协同容错机制可以通过以下方式应对：

1）调节其他执行器的控制器。当一个执行器故障时，协同容错系统可以立即检测到这一情况，并调节其他执行器的控制器，以平衡系统的输出。这意味着系统可以通过增加其他执行器的任务来弥补故障执行器的缺失，从而保持系统的整体性能稳定。

2）调整系统运行模式。协同容错系统还可以通过调节控制器来调整系统的运行模式，以适应执行器故障带来的变化。例如，可以调整系统的控制算法或工作策略，以确保系统在故障情况下仍能够正常运行，并尽可能降低故障对系统性能的影响。

通过以上方式，协同容错方法能够使工业控制系统更加健壮和可靠。它不仅能够及时应对单个组件的故障，还能够在系统整体水平上进行调节和优化，以保证系统在面对各种异常情况时仍能够正常运行。这种协同作用提高了工业控制系统的容错性，从而降低了系统故障对生产过程造成的影响，并确保了工业生产的连续性和稳定性。

（3）系统重构　重要的容错控制方法，适用于系统中发生严重故障或彻底损坏的情况。在这种情况下，需要对系统的组成进行重构，以消除故障并恢复系统的功能和稳定。在工业控制系统中，系统重构可以采取以下措施：

1）组件替换。当系统中的某个关键组件发生故障时，可以通过替换故障组件来进行系统重构。例如，当某个控制器彻底损坏时，可以将其替换为新的控制器，以恢复系统的正常运行。这种替换通常需要在系统停机期间进行，并且需要确保新组件与原有系统兼容，并能够正确集成到系统中。

2）重新设计控制逻辑。在某些情况下，系统重构可能需要重新设计系统的控制逻辑，以适应新的组件或系统结构。例如，替换了控制器，可能需要重新编写控制程序或修改控制逻辑，以确保新控制器与原有系统的交互和功能一致。

3）系统架构优化。在进行系统重构时，还可以考虑对系统的整体架构进行优化。通过重新设计系统的结构和组件布局，可以提高系统的性能、稳定性和容错能力。例如，可以引入更先进的控制算法或优化系统的通信结构，以提高系统的响应速度和抗干扰能力。

系统重构是一项复杂而重要的任务，需要充分考虑系统的整体架构和运行环境，以确保重构后的系统能够满足生产需求并保持稳定运行。通过系统重构，工业控制系统可以及时应对组件故障或系统失效的情况，保障生产过程的连续性和稳定性，提高系统的可靠性和安全性。

（4）冗余配置　通过增加备用组件或系统来提高系统的容错能力，以在部分组件发生故障时仍能够保证系统的正常工作。在工业控制系统中，冗余配置通常涉及对以下关键系统资产进行备份：

1）主机设备。工业控制系统中的主机设备承担着关键的计算和处理任务。为了确保系统的稳定性，可以对主机设备进行冗余配置。当主要主机设备发生故障时，系统可以自动切换到备用主机设备，以保证系统的连续性和正常运行。

2）网络设备。网络设备在工业控制系统中起着连接各个组件和传输数据的关键作用。为了防止网络故障导致系统通信中断，可以对关键的网络设备进行冗余配置。当主要网络设备出现故障时，系统可以自动切换到备用网络设备，以确保系统的通信畅通。

3）控制组件。控制组件包括传感器、执行器、控制器等，它们直接影响着工业控制系统的操作和控制过程。为了提高系统的可靠性，可以对关键的控制组件进行冗余配置。当主要控制组件发生故障时，系统可以自动切换到备用控制组件，以确保系统的正常运行和控制。

通过冗余配置，工业控制系统可以在关键组件发生故障时保持稳定运行，减少系统停机时间，提高系统的可用性和安全性。然而，冗余配置也需要额外的硬件和成本支出，因此在设计和实施过程中需要综合考虑系统的需求和资源限制，以找到最合适的冗余方案。

5.3.3　工业互联网控制安全评估

安全评估是指对工业控制系统的安全性进行系统性和全面性的评估，旨在识别系统中存在的潜在风险和漏洞，并提出改进措施以加强系统的安全性。这种评估通常由专业的安全团队或第三方安全顾问执行，其目的是确保工业控制系统能够抵御各种威胁和攻击，保护关键设施和生产过程的稳定运行。

1. 工业控制系统安全评估过程

工业控制系统安全评估是确保工业控制系统安全性的关键步骤之一。这一过程通常包括五个主要阶段，每个阶段都有其独特的目标和评估方法：

1）可靠性评估，旨在确定工业控制系统在正常操作条件下的稳定性和持久性水平。这包括对系统硬件、软件和通信设备进行评估，以确保它们能够在长时间运行中保持稳定。评估方法包括对系统组件进行寿命测试、故障模拟以及历史数据分析等。例如，在一个工业生产线的控制系统中，可靠性评估可能涉及对生产设备的故障率进行测试和分析。通过监测设备的运行时间、故障次数以及维护记录，评估系统在正常运行条件下的稳定性和可靠性水平。

2）鲁棒性评估，旨在确定工业控制系统对异常输入或恶意攻击的抵抗能力。评估涉及对系统进行各种异常情况和攻击的测试，以评估系统的稳定性和安全性。这包括模拟网络攻击、输入错误以及其他不正常行为。例如，在一个工业控制系统中，进行鲁棒性评估时，可以模拟网络攻击，如 DDoS（分布式拒绝服务）攻击或网络欺骗攻击，以测试系统对异常输入的反应。评估结果可以揭示系统在遭受攻击时的表现和安全性。

3）弹性评估，是指评估在部分故障或攻击后仍能保持功能的能力。这包括系统的容错和冗余能力。评估方法可能涉及模拟部分组件故障或网络攻击，以评估系统的弹性和应对能力。例如，在一个工业控制系统中的控制器可能存在单点故障，通过模拟某个控制器的故障，并观察系统是否能够自动切换到备用控制器以保持生产的连续性，就可以评估系统的弹性。

4）恢复速度评估，是指评估从故障或攻击中恢复正常运行所需的时间。评估包括系统诊断、故障恢复和备份系统的检查和恢复速度。评估方法包括实验和模拟，以评估系统的响应速度和恢复能力。假设一个工业控制系统中的某个传感器出现了故障，评估恢复速度时，可以测量系统从检测到故障到采取恢复措施所需的时间。例如，系统是否能够在几分钟内检测到传感器故障并切换到备用传感器。

5）恢复能力评估，是指评估从故障或攻击中完全恢复到正常运行状态的能力。这包括系统的自动修复、数据恢复和业务过程的恢复能力。评估方法包括测试系统的备份和恢复流程，以评估系统的整体恢复能力。考虑一个工业生产过程中的工业控制系统，如果某个关键组件彻底损坏，评估恢复能力时可以测试系统的备份和恢复流程。例如，是否存在自动修复程序来替换损坏的组件，并且是否有数据备份来保护生产过程的连续性。

2. 评估测试方法

1）逆向分析，是一种通过对软件、固件或硬件进行深入分析，来了解其内部结构、功能和工作原理的方法。逆向分析有助于发现潜在的漏洞和安全风险，提高系统的安全性和可靠性。举例来说，假设一个工业控制系统使用了特定型号的控制器来管理生产线的运行，安全专家可以通过逆向分析这些控制器的固件或软件来深入了解其内部运行机制。通过分析固件或软件中的代码，可以发现可能存在的安全漏洞，比如缓冲区溢出、代码注入或身份验证绕过等漏洞。

此外，逆向分析还可以帮助识别和理解系统中的隐藏功能和后门。例如，某些控制器可能存在厂商预留的调试接口和默认账户，这些接口或账户可能会被攻击者利用来获取系统的控制权。通过逆向分析，安全专家可以发现这些隐藏的漏洞或后门，并采取措施加以修补或禁用，从而提高系统的安全性。

2）渗透测试，是一种模拟真实攻击行为的方法，旨在评估系统的安全性和防御能力。在工业控制系统中，渗透测试的目标是发现系统的潜在弱点，并评估系统对各种攻击的应对能力。举例来说，假设某工业控制系统用于管理水处理厂的操作，渗透测试团队可能会模拟攻击者的行为，尝试通过网络入侵系统或者诱骗工作人员点击恶意链接来测试系统的防御能力。他们可能会利用常见的漏洞或弱点，如未经认证的访问、弱密码、缓冲区溢出等，来获取系统的访问权限。通过这些方式，渗透测试团队可以评估系统是否容易受到外部攻击，并提出改进建议以加强系统的安全性。

此外，渗透测试还可以针对工业控制系统中的应用程序和设备进行测试。例如，渗透测试团队可能会尝试通过恶意软件注入或者篡改传感器数据等方式来评估系统的安全性。他们还可以测试系统的反应能力，如系统是否能够及时检测到异常行为并采取相应的措施。

3）控制协议健壮性测评，旨在评估工业控制系统所使用的通信协议的安全性和稳定性。这种测评通常包括对协议的安全性进行分析，以确定其是否易受攻击或误用，以及是否存在安全漏洞或弱点。例如，分析协议中的认证机制、加密算法和数据传输方式，以确定是否存在潜在的安全风险。同时，还会评估协议的稳定性和可靠性，包括其在异常情况下的行为和恢复能力。通过模拟各种攻击场景和异常情况，如数据包篡改、网络中断或恶意数据注入，可以评估控制协议的健壮性，并提供改进建议和加固措施。在这种测评中，安全专家会对控制系统所使用的通信协议进行详尽分析和测试，以确定其在各种情况下的表现。最终，评估人员会根据评估结果提供改进建议和加固措施，提高控制协议的健壮性，从而增强工业控制系统的安全性和可靠性。

5.4 工业互联网网络安全

随着工业控制系统对网络依赖程度的不断增加，工业互联网网络安全问题日益突出。工业互联网对于网络安全的要求极高，因为工业控制系统本身对功能安全提出了极高的要求，所以网络有义务保证传输的可靠性、实时性和安全性，以确保工业网络系统不受任何安全威胁和安全风险的侵害，能正常地实现资源传输和共享。

通过在工业互联网中划分安全域，可以实现对不同部分的细粒度访问控制和安全监控，从而提高系统的整体安全性。所谓安全域指的是网络中具有相同安全保护需求、相互信任的子网或网络，它们采用相同的安全访问控制和边界控制策略。整个系统可以划分为多个不同的安全域，一个安全域可划分为若干安全子域，安全子域也可进一步划分，相同的网络安全域共享一样的安全管理策略。本节主要内容如图 5-11 所示，介绍了工业互联网网络中不同安全域间的安全以及同一安全域内的安全。

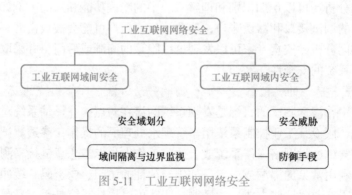

图 5-11　工业互联网网络安全

5.4.1　工业互联网域间安全

合理划分安全域对大型网络的建设和管理具有重要意义。首先，通过网络安全区域的清晰定义，梳理网络架构，明确区域边界，可以更系统地进行安全规划，建立纵深防御体系；其次，可加强安全区域管理，增加处置突发威胁事件的缓冲时间；再次，根据安全目标与需求排列安全防护优先次序，可以经济有效地进行安全设备的合理部署；最后，使日常运维、应急处置在业务系统间的管理界面更加清晰，同时可有针对性地部署各类审计设备，提供检查审核依据。划分安全域的目标在于：

（1）降低整体风险　控制网络风险的关键点在于各域边界，通过设立纵深防御体系，实现对各域网络安全风险问题的更有效控制和降低。

（2）简化复杂度　由于处于同一安全域内的信息资产所具备的 IT 要素也是等同的，那么安全域作为拓展业务部署以及安全技术的关键依据，需要更好地实现网络安全系统的设计、规划、入网以及最终验收。

（3）增强 IT 内控时效性　通过制定清晰、细化的网络安全威胁防护对策，更好地制定网络安全防护的落实策略，全面地发挥网络安全设备的防护利用率。

（4）监控评价网络安全状况　形成不同安全域部署策略的体系，以监控和维护系统运行中的全局风险，作为系统风险审核检查的基础依据。

1. 安全域划分

（1）按照防护等级划分安全域　按照防护等级来划分安全域是常用的方法之一，即根据网络中信息资产的价值或等级保护备案级别划分不同的防护等级，相同等级构成相同的网络安全域。按照防护等级划分的工业互联网安全域包括：

1）核心安全域是最高安全等级的安全域，包含最关键的生产控制系统和数据，如工业控制设备、生产数据库等；访问限制非常严格，只允许经过严格身份验证和授权的人员或系统进入；部署最严格的安全控制措施，如严格的访问控制、数据加密、实时监控等。

2）生产安全域包含生产环境中的重要设备和系统，如工业机器人、传感器、生产线控制系统等；访问权限相对核心安全域宽松，但仍需要严格的身份验证和访问控制；部署实时监控和安全审计功能，及时检测和响应潜在的安全事件。

3）企业安全域包含企业内部的办公和管理系统，如计算机、文件服务器、内部网站等；访问权限相对宽松，但需要保证企业内部网络与核心生产网络的隔离和安全性；实施常规的安全控制措施，如防火墙、入侵检测系统、反病毒软件等。

4）外部安全域是连接企业内部网络与外部网络（如互联网）的边界区域，包括非安全系统与安全系统之间的缓冲区和边界网络，用于部署向外提供服务的设备，如 Web 服务器、邮件服务器等，以及强大的防火墙、入侵检测系统和访问控制措施，防范外部攻击和入侵。

5）监控与管理安全域用于监控和管理各个安全域的安全性和运行状态，包括网络管理系统、安全信息和事件管理系统、日志管理系统等；访问权限限制，只允许授权的管理员和安全人员访问和管理。

（2）按照业务系统划分安全域　按照业务系统划分安全域的一般方法，就是依据业务系统的类别区分不同的网络安全域。这种划分方法可以有效管理和保护不同业务系统的安全性。按照业务系统划分的工业互联网安全域包括：

1）生产控制系统安全域。是工业生产过程中最关键的业务系统之一，包括生产线控制系统、工业机器人、传感器网络等。将生产控制系统划分为一个独立的安全域，采取严格的访问控制和安全策略，确保其稳定运行和生产安全。

2）供应链管理安全域。包括与供应商、合作伙伴和第三方服务提供商相关的业务系统，如供应链管理软件、物流管理系统等。部署访问控制和身份验证措施，确保仅授权人员能够访问和操作供应链管理系统，防止供应链攻击和数据泄露。

3）设备维护和管理安全域。包括设备维护、故障诊断和远程监控等业务系统，如远程设备管理平台、维修保养系统等。部署安全接入控制和加密通信，确保只有授权的维护人员能够远程访问和管理设备，防止未经授权的修改和操作。

4）数据分析和优化安全域。包括生产数据分析、工艺优化和质量管理等业务系统，如大数据分析平台、智能制造系统等。实施数据加密和访问控制，保护敏感生产数据不被泄露或篡改，同时确保只有经授权的人员能够访问和分析数据。

5）企业资源计划安全域。包括企业内部的管理和运营系统，如人力资源管理、财务管理、采购管理等。与生产控制系统隔离，并实施严格的访问控制和审计措施，以防止 ERP 系统被用于攻击工业生产系统或泄露敏感信息。

6）监控和报警安全域。包括安全监控、实时报警和事件响应等业务系统，如入侵检测系统、视频监控系统等。部署实时监控和自动化报警机制，及时发现并响应安全事件，确保工业互联网网络的安全运行。

2. 域间隔离与边界监视

为了保证安全性，不同的安全域之间需要进行隔离。除此之外，还要对安全域的边界进行监视。

（1）域间隔离　工业互联网网络安全域隔离的手段包括物理隔离和逻辑隔离两种，物理隔离是通过物理手段将不同安全级别的设备或网络分隔开的隔离手段，可以通过以下方式实现：

1）网络分割。不同安全级别的设备连接到独立的网络设备上，每个安全域拥有独立的网络子网和 IP 地址范围，不同的安全域之间使用不同的网络交换机。

2）隔离墙。通过物理隔离墙将不同安全级别的设备或网络隔开，确保物理上的隔离。

3）空气隔离。在安全性要求极高的场景中，可以采用物理隔离技术如空气隔离，即将不同安全域的网络完全隔离，不允许它们之间有任何物理连接，以确保最高级别的安全性。

4）隔离通信介质。使用独立的通信介质（如光纤、专用线路）连接不同的安全域，避免与其他域共享通信介质，以减少潜在的安全风险。

综合利用以上物理隔离手段，可以有效保障工业互联网网络安全域之间的隔离，防止未经授权的访问和数据泄露，提高网络安全性和可靠性。

与物理隔离相对应的就是逻辑隔离，工业互联网网络安全域之间的逻辑隔离可以通过以下方式实现：

1）虚拟局域网。通过应用 VLAN 技术，可以将不同安全域的设备分组到不同的虚拟网络中，以此实现逻辑隔离。VLAN 允许在同一物理网络中创建多个逻辑网络，使得不同安全域的设备之间在逻辑上相互隔离。

2）子网划分。通过划分不同的 IP 子网，将不同安全域的设备分配到不同的子网中，使用路由器进行子网间的通信控制，实现逻辑隔离。

3）设备隔离。使用网闸、防火墙等在不同安全域之间建立隔离。网闸是一种特殊的安全组件，位于两个不同安全域之间，通过协议转换的手段，以信息摆渡的方式实现数据交换，且只有被系统明确要求传输的信息可以通过。

4）访问控制列表（Access Control List，ACL）。配置网络设备的 ACL，限制不同安全域之间的通信流量，只允许经过授权的通信流量通过，从而实现逻辑隔离。

5）虚拟专用网络。通过在公共网络上建立加密隧道，将不同安全域的通信数据进行加密传输，确保数据安全性和隔离性。

综合利用以上逻辑隔离手段，可以在工业互联网网络中有效地实现安全域之间的逻辑隔离，防止未经授权的访问和数据泄露，提高网络的安全性和可靠性。

（2）安全域边界监视　对安全域边界的监视有如下手段：

1）身份认证和授权。通过身份认证和授权机制，限制不同安全域之间的访问权限，只允许经过授权的用户或设备进行通信和访问。例如，多因素认证通过结合两个或多个身份验证因素，提供了更高的安全性。

2）异常行为监测。异常行为监测是通过监控网络流量和设备行为来监测网络攻击或异常活动的模式或行为。

3）入侵检测。采用入侵检测系统（Intrusion Detection System，IDS）监视网络流量等参数，并根据预先定义的规则或行为模式检测可能的攻击行为。它可以分为网络 IDS 和主机 IDS，分别监控网络流量和主机上的活动。

4）行为分析。利用机器学习和统计分析技术，对网络和设备的正常行为进行建模，并检测与之不符的异常行为。这种方法可以识别新型的攻击和未知的威胁。

5）流量分析。使用网络流量分析工具，对网络流量进行实时分析和监视，并分析数据包的来源、目的、大小、频率等特征，以检测异常的流量模式，如大规模数据传输、异常的通信频率等。

6）日志分析。分析系统和应用程序的日志记录，检测异常的登录尝试、权限变更、文件访问等活动，以及与恶意行为相关的异常日志。

7）威胁情报监测。监视来自外部威胁情报源的信息，如已知攻击者的行为模式、恶意软件的特征等，并根据实时的威胁情报及时更新防御策略。

可以通过结合多种监测技术和方法，有效地监测和应对工业互联网网络安全域边界的异常行为，提高网络安全性和防御能力。

5.4.2　工业互联网域内安全

1. 安全威胁

工业互联网安全域内的通信与传输面临多种安全威胁，包括干扰攻击、窃听攻击和欺骗攻击等。

（1）干扰攻击　它是指攻击者试图干扰正常的通信流量或破坏网络服务的活动。这种类型的攻击可能会导致通信中断、数据丢失或系统不稳定。干扰攻击可以采取多种形式，包括以下几种常见的方式：

1）DoS。通过向目标系统发送大量无效请求或占用大量资源来使其无法正常工作。这可能导致系统过载，无法处理合法请求，从而导致服务中断。

2）DDoS。由多个来源发起的拒绝服务攻击，通常利用大量的僵尸计算机或恶意软件感染的设备同时向目标系统发送流量，以增加攻击的规模和威力。

3）信号干扰。攻击者可能通过发送干扰信号干扰无线通信，如 Wi-Fi、蓝牙或射频通信。这种干扰可能导致通信质量下降或通信中断。

4）电力干扰。攻击者可能通过干扰电力供应或电力线信号来影响网络设备或系统的正常运行。这种干扰可能导致设备故障或数据损坏。

5）物理破坏。攻击者可能采取物理手段破坏网络设备或基础设施，如切断通信线路、损坏网络设备或破坏供电设施，以致服务中断或数据丢失。

（2）窃听攻击　它是指攻击者通过监听网络通信来获取敏感信息或机密数据的活动。这种类型的攻击通常旨在窃取通信中的数据，而不会直接干扰通信或造成服务中断。窃听攻击可能采取多种形式，包括以下几种常见的方式：

1）数据包拦截：攻击者可能在网络中拦截数据包，通过监视网络流量来获取传输的信息。这可能涉及在网络中部署特殊的嗅探器或监听设备，或者利用恶意软件在受害者设备上进行监听。

2）无线信号监听：利用无线网络介质的开放性，攻击者可能利用无线嗅探工具或设备来监听无线网络的信号。通过监视无线信号，攻击者可以获取传输的数据、识别网络行为或者识别网络中的活动设备。

3）中间人攻击：中间人攻击是一种常见的窃听攻击方式，攻击者会把自己作为中间节点入侵网络，使通信双方认为他们是在直接通信，但实际上所有通信都经过攻击者的截取和监视，这样攻击者可以窃取通信中的敏感信息，甚至篡改通信内容。

4）密码破解：攻击者可能尝试窃取网络中传输的加密数据，并使用密码破解技术来解密它们。这可能涉及拦截加密通信并尝试分析加密算法或暴力破解密码。

（3）欺骗攻击　攻击者通过欺骗、误导或伪装来欺骗用户或系统，以获取敏感信息、入侵系统或执行其他恶意活动的行为。这种类型的攻击通常涉及欺骗受害者，使其误认为攻击者是合法的实体或来源。欺骗攻击可以采取多种形式，包括以下几种常见的方式：

1）中间人攻击：中间人攻击不仅可以用于窃听，也可以用于欺骗。攻击者可能伪装成通信双方之一，与受害者建立连接并欺骗其认为与合法实体通信，以获取敏感信息或执行其他恶意操作。

2）重放攻击：攻击者可能截获并重新发送先前的通信数据，以欺骗系统接受重复的请求或指令。这可能导致系统状态不一致或执行未经授权的操作。

3）协议篡改：攻击者可能篡改通信协议中的数据或控制信息，如修改 HTTP 请求中的 Cookie，以实现身份伪装或越权访问。

4）地址解析协议攻击：攻击者可能通过伪造地址解析协议响应欺骗网络设备，使其将通信流量发送到错误的目的地，或者窃取其他设备的通信数据。

5）包头篡改：攻击者可能修改数据包的头部信息，包括源地址、目的地址、数据类型、标志位等，以欺骗网络设备或绕过安全控制。

这些安全威胁可能导致工业互联网通信的机密性、完整性和可用性受到威胁，对生产过程、设备运行和数据安全造成严重影响。为了应对这些威胁，工业互联网系统需要采取综合的安全措施，包括加密通信、身份认证、访问控制、网络监测和攻击检测等技术手段。

2. 防御手段

针对工业互联网网络安全域通信与传输过程中的干扰攻击、窃听攻击和欺骗攻击，可以采取以下防御手段：

（1）抗干扰——可靠性保障　为了使得通信网络具有抗干扰能力，以保障通信过程的高可靠性，通常采用如下协议手段：

1）流量限制。通过对网络流量进行监控和限制，可以检测和阻止异常流量，以应对干扰攻击。

2）调频技术。采用频谱扩频或频率跳变等调频技术，可以增加通信信号的抗干扰能力，降低干扰攻击对通信质量的影响。

3）功率控制。通过调整通信设备的发射功率，降低对干扰源的敏感度，减少干扰攻击的影响。

除此之外，为了确保通信系统具有高可靠性，所采取的手段包括冗余设计、备份通信链路和设备、故障恢复机制等，以应对干扰攻击对系统的影响。

（2）加密——保密性保障　为了保证保密性，最常用也最有效的方法是加密，通常加密的方法包括：

1）对称加密。使用对称加密算法对通信数据进行加密，确保数据传输的机密性。对称加密速度快，适合大数据量的通信。

2）非对称加密。采用非对称加密算法如 RSA 算法，进行密钥交换和数据加密，确保通信的机密性和安全性。非对称加密算法适合密钥分发和数字签名等场景。

3）波束赋形。除加密方法之外，物理层技术也有加密的效果。例如，波束赋形通过调整天线阵列的波束方向和形状，可以限制信号的传播范围，降低窃听攻击的可能性。

（3）协议验证——完整性保障　协议验证是保障完整性的主要手段，具体包括如下方式：

1）协议完整性校验。确保通信过程中的协议不被篡改或伪造，以防止欺骗攻击。可以采用数字签名、消息认证码等技术对通信协议进行验证和保护。

2）消息摘要算法。使用消息摘要算法如 SHA-256，对通信数据进行哈希计算，以验证数据的完整性，防止数据被篡改或损坏。

综合采用以上防御手段可以有效地保障工业互联网网络安全，确保通信和传输过程的可靠性、机密性和完整性。同时，定期进行安全评估和漏洞扫描，及时更新和加固系统也是确保网络安全的重要措施。

5.5　工业互联网平台安全

平台是工业互联网的核心，上承应用生态，下连系统设备，是设计、制造、销售、物流、服务等全生产链各环节实现协同制造的"纽带"，是海量工业数据采集、汇聚、分析和服务的"载体"，是连接设备、软件、产品、工厂、人等工业全要素的"枢纽"。其高复杂性、开放性和异构性产生了更多的安全风险，一旦平台遭受入侵或攻击，将可能造成工业生产停滞，波及范围不仅是单个企业，更可延伸至整个产业生态，对国民经济造成重创，影响社会稳定，甚至对国家安全构成威胁。

工业互联网平台对应安全问题包含三个层面：边缘层对应的平台接入安全；平台层和基础设施层对应的平台组件安全；软件及服务层对应的应用服务安全。下面围绕平台接入安全、平台组件安全以及应用服务安全三个层面问题对工业互联网平台安全进行介绍，如图 5-12 所示。

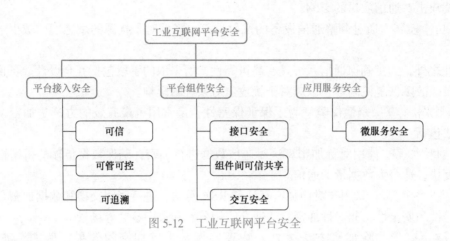

图 5-12 工业互联网平台安全

5.5.1 工业互联网平台接入安全

工业互联网平台的边缘层需要安全地接入大量异构设备，这些设备往往缺乏安全设计，易受攻击，一旦被攻击者利用，可能会对平台发起跳板攻击。因此，大规模设备接入面临众多的安全威胁，包括但不限于非法接入、数据泄露、拒绝服务攻击、恶意软件感染、未授权访问等。由于接入设备的数量和种类繁多，攻击者可能利用其中的漏洞进行攻击，造成数据丢失、服务中断或产生安全事故。为了应对上述安全威胁，工业互联网平台需要采取一系列措施来确保设备的可信、可管可控、可追溯。

1. 可信

设备的接入可信，是指在计算系统中，确保只有合法、授权的实体（如用户、设备等）能够通过合适的身份验证机制，安全地接入系统，获得服务的过程。可信接入的主要目标是验证接入实体的身份，确保其合法性和真实性。平台也要有防御攻击能力，防止未经验证的实体通过非法接入进行恶意攻击，保障系统的安全性和稳定性。接入可信的常用方法如下：

（1）用户名和密码认证 用户或设备通过输入用户名和密码进行身份验证。这是最基本的身份验证方式，但可能存在密码泄露或潜在的风险。使用密码哈希校验技术增加密码的安全性，防止彩虹表攻击。此外，强制用户设置复杂密码，并定期要求修改密码来降低密码被盗取的风险。

（2）双因素认证 在用户名和密码的基础上，引入第二个身份验证因素，如验证码、硬件令牌、生物识别等，提高身份验证的安全性。可以将第二个因素与用户的身份绑定，防止中间人攻击或仿冒攻击。

（3）基于硬件安全的边缘认证 利用可信计算和物联网安全芯片等硬件安全技术，保护边缘设备的身份和密钥信息，防止设备被篡改或伪造，提高可信接入的安全性和可靠性。

（4）基于区块链的身份管理 使用区块链技术建立去中心化的身份管理系统，确保身份信息的安全性和不可篡改性。边缘设备可以通过区块链验证身份和授权信息，实现分布式的可信接入管理。

2. 可管可控

设备的可管可控是指对接入设备进行管理和控制，以确保其安全稳定地工作。设备安全管控的概念包括以下几个方面：

（1）访问控制　确保只有合法、授权的实体可以访问设备和相关资源。

（2）安全配置和漏洞管理　进行安全配置，确保设备的操作系统、应用程序和服务都采用安全的配置参数。

（3）数据保护与加密　实施数据保护措施，包括数据加密、数据掩码、数据脱敏等技术，增强数据在存储和传输过程中的安全性。设备可管可控的常用方法如下：

1）访问控制列表：在网络设备或服务器上设置访问控制列表，限制特定用户或设备访问特定资源的权限，以实现细粒度的访问控制。定期审查和更新 ACL，确保只有授权用户或设备能够访问资源。使用基于角色的访问控制策略，简化管理并提高可维护性。

2）防火墙：在网络边界部署防火墙，过滤和监控网络流量，防止未经授权的访问和恶意攻击。在网络边界部署防火墙设备，对进出的网络流量进行过滤和监控。配置入侵检测和入侵防御系统，实时监测和阻止恶意流量。定期审查和更新防火墙策略，确保检测最新的安全威胁。

3）基于零信任的访问控制：零信任安全模型假定内部和外部网络都不可信，要求对所有用户、设备和工作负载进行严格的身份验证和访问控制。边缘设备可以通过零信任架构实现基于策略的动态访问控制，以实现更细粒度、实时的访问控制。

4）基于身份的动态访问控制：结合身份、设备状态、环境因素等多维度信息，采用自适应访问控制策略。根据实时的身份验证和设备健康状态评估，动态调整访问权限，确保只有合法、可信的实体可以接入边缘网络。

5）边缘智能认证与授权：利用边缘智能设备的计算能力和机器学习算法，实现智能化的身份认证和授权决策。设备可以根据历史行为、环境因素等信息，自主地进行访问控制决策，减少对中心认证服务器的依赖，提高系统的灵活性和响应速度。

3. 可追溯

设备的可追溯是指能够追踪和记录设备在网络中的活动历史，包括设备的身份信息、行为数据、交互记录和操作日志等，及时发现和响应安全威胁，增强整个系统的安全性和信任度。设备可追溯的常用方法如下：

（1）设备身份管理加强身份识别　为每个设备分配唯一的标识符，并确保在网络访问的每个环节都可以准确地识别和区分网络中每一个设备的身份，从而实现设备的可追溯性。应用工业互联网标识解析技术，通过统一的标识系统，实现对设备和元数据的快速定位和查询，增强可追溯性。

（2）采用实时监测与日志记录加强安全监控　配置安全监控系统，对平台设备的行为和网络流量进行实时监测和分析，及时发现异常行为和安全事件。记录所有设备的活动日志，包括访问时间、数据交换和操作行为等，以便在需要时进行追踪和审查。确保日志记录完整、准确，并存储在安全的位置。实施日志审计和监控系统，定期检查和分析日志，及时发现异常活动和安全事件，便于事后审计和溯源安全事件的发生原因。

（3）使用区块链技术在各个环节增强追溯　区块链技术是对设备进行认证、识别和追溯的新方法。利用区块链的不可篡改特性，为设备数据的存储和传输提供额外的安全层，实现数据的透明化管理和可追溯性，可以实现快速锁定异常设备。

（4）使用联邦学习机制保证数据层面的可追溯 引入联邦学习机制，通过数据的接入、清洗、重构、解析、整合，实现数据的统一化管理和信息协同，增强数据的可追溯性。

5.5.2 工业互联网平台组件安全

工业互联网平台依赖于底层的云基础设施，一旦底层设备或系统受损，可能对整个平台的应用和业务造成重大影响。微服务组件可能缺乏安全设计或未启用安全措施，容易造成数据非法窃取、资源应用未授权访问等安全问题。因此，如何保证组件的信息共享和交互的安全自然成了一个重要问题，具体涉及接口安全、组件间可信共享以及交互安全几个方面。下面将具体探讨工业互联网中接口安全的威胁与防护手段，分析组件间如何实现可信共享，以及交互安全的关键技术和实践。

1. 接口安全

工业互联网接口是工业互联网平台中不同组件或服务之间进行交互的媒介。它们允许数据、信息和指令在不同的系统、设备和应用程序之间流动，实现互联互通和协同工作。接口在工业互联网中扮演着至关重要的角色，因为它们提供了一种标准化的通信机制，使不同的技术能够无缝集成。工业互联网平台中的接口类型主要包括以下几种：

1）部署发布类接口，具有应用的上传、启动、停止、销毁、服务绑定、域名绑定等功能。其具体包括应用创建、应用上传、服务绑定、服务解绑、应用启动、应用实例数设置、应用动态伸缩设置、应用停止、获取域名详情、绑定域名、解绑域名、应用销毁等接口。

2）持续迭代类接口，支持应用版本库的管理、应用版本管理及应用代码的上传与下载。其具体包括版本库创建、代码上传、代码下载、获取代码分支、持续迭代设置、创建版本等接口。

3）监控管理类接口，具有 CPU 资源监控、内存资源、应用流量与调用监控功能。其具体包括查看应用流量、查看应用访问量、查看应用 CPU、查看应用内存、监控报警设置等接口。

4）中间件接入类接口，具有标准化的中间件服务接入、服务实例创建与销毁、服务实例配置与监控管理功能。中间件可以在两个软件之间起到连接作用，具体包括服务接入、创建服务实例、服务实例配置、获取环境变量、删除服务实例、获取服务实例状态等接口。

上述接口共同构成了工业互联网平台的应用管理接口，它们支持应用的全生命周期管理，包括应用的部署、运行、监控和迭代更新，以及中间件服务的接入和管理。通过这些接口，开发者可以在工业互联网平台上快速构建、部署、管理工业应用。

在工业互联网平台的安全领域，接口安全是保障整个系统安全的重要环节。以下是针对工业互联网平台中接口安全的威胁。

1）认证绕过。攻击者可能会尝试绕过接口的认证机制，未经授权地访问或修改数据。

2）敏感数据泄露。接口可能未加密或使用了弱加密方法，导致敏感信息在传输过程中被截获。

3）注入攻击。常见攻击如 SQL 注入等，攻击者通过接口输入恶意代码，获取、篡改或删除数据库中的数据。

4）跨站脚本攻击。攻击者利用接口的反射或存储型跨站脚本攻击漏洞，向用户浏览器注入恶意脚本。

5）中间人攻击。攻击者截取并篡改接口中传输的数据，或冒充服务端与客户端通信。

6）拒绝服务攻击。攻击者通过接口发起大量请求，耗尽服务资源，导致服务不可用。

7）不安全的 API 配置。如不限制 API 的调用频率等配置，可能导致接口被滥用。

8）不当的数据验证。常表现为接口未能正确验证输入数据，导致应用程序逻辑被绕过或破坏。

9）版本控制缺陷。常表现为接口使用了过时的库或框架，可能存在已知的安全漏洞。

10）配置错误。管理者配置开放了不必要的端口，或未正确配置防火墙规则，增加了被攻击的风险。

11）日志和监控不足。管理缺乏足够的日志记录和监控，使得对异常活动的检测和响应延迟。

12）第三方库和组件风险。接口依赖的第三方库可能包含安全漏洞，被攻击者利用。

13）代码注入。攻击者通过接口上传恶意代码，如果接口未做适当的过滤和限制，可能导致系统被控制。

14）服务端请求伪造。攻击者利用接口发起请求，访问或操作服务器上的受限资源。

针对上述威胁，可以通过以下方法进行防护：

1）实施强认证机制。如使用多因素认证等，确保只有授权用户才能访问敏感接口。

2）使用加密传输协议。如使用传输层安全协议，保护数据传输安全，防止数据在传输过程中被截获。

3）定期安全审计和渗透测试。管理者对接口进行定期的安全审计和渗透测试，发现并修复安全漏洞。

4）限制 API 调用频率。管理者设置 API 调用频率限制，防止滥用。

5）正确验证接口输入。应确保所有接口输入都经过严格的验证，防止注入攻击。

6）采用安全的通信协议和配置。使用安全的通信协议如 HTTPS（超文本传输安全协议），并确保配置正确。

7）定期更新和打补丁。及时更新系统和应用程序，修复已知漏洞。

8）强化日志记录和监控。实施全面的日志记录和监控机制，及时发现和响应异常活动。

9）谨慎选择第三方库和组件。选择信誉良好的第三方库和组件，并定期检查其安全性。

10）安全检查。对上传的文件和代码进行安全检查，确保上传的文件和代码不包含恶意内容。

11）接口隔离。对于敏感或关键的接口，实施网络隔离措施，限制其可访问性和攻击面。

2. 组件间可信共享

组件间的可信共享是工业互联网平台的核心价值之一。通过建立一套标准化的接口和协议，不同厂商的设备和系统可以在平台上进行互操作，实现资源共享。组件间的共享容易面临数据泄露风险、恶意代码注入、中间人攻击、信任管理风险、内部威胁风险以及版本控制缺陷等安全问题。可信共享的实现需要依赖于安全的身份验证机制、权限控制以及数据加密技术，确保只有授权的组件才能访问相应的资源。

可以通过以下方法实现组件间共享安全：

1）建立信任根。使用国产可信计算芯片作为信任根，确保从系统到应用的可信执行。

2）数字合约。通过可信数据空间技术，制定数字合约来限定数据的使用范围和条件，实现"用后即焚"的数据使用模式，防止数据被未授权访问或滥用。

3）容器与镜像安全。确保容器环境和镜像的安全性。使用私有仓库存储镜像，并定期扫描镜像中的漏洞。对容器运行时进行安全加固，如禁用不必要的功能、使用非特权用户运行容器等。

4）构建可信服务平台。依托统一的可信标识，打造从产品研发、制造、检测、认证到服务的可信服务平台。遵循工业互联网平台相关的安全标准和指南，如《工业互联网平台应用管理接口要求》等。

3. 交互安全

交互安全主要指人与操作系统的交互安全、操作系统和基础设施之间的交互安全，以及组件与组件之间的交互安全。人与操作系统交互，需要确保操作的安全性、规范性，防止误操作导致的安全事故。操作系统和基础设施之间的交互，侧重于确保系统环境的稳定性、可靠性和安全性。组件与组件之间的交互，需要保证系统的高效、可靠和可维护性。

可以通过以下方法保证交互安全：

1）安全更新和补丁管理。定期为操作系统和基础设施软件应用进行安全补丁和更新，以修复已知漏洞。

2）资源限制。对操作系统和基础设施的资源使用进行限制，防止恶意软件或攻击者耗尽系统资源。

3）可信执行环境。使用可信计算技术，如可信平台模块，确保操作系统和基础设施的代码和数据的完整性。

4）安全培训和安全意识提升。对操作和维护操作系统及基础设施的人员进行安全培训，提高他们的安全意识和操作技能。

5）隔离域。在网络架构中创建隔离域，用于部署和运行具有不同安全需求的应用和服务。

5.5.3 工业互联网应用服务安全

工业互联网应用服务是指依托工业互联网平台，提供涵盖设备、控制、网络、平台和数据等方面的全生命周期服务。这些服务旨在帮助工业企业实现资源优化配置、生产流程改进、产品与服务创新以及运营效率提升。微服务架构因其在提升系统灵活性、可扩展性以及敏捷开发方面的优势，被广泛应用于构建复杂的工业应用。然而，这些服务可能面临代码安全、安全性测试不足，以及微服务组件接口安全等问题，因此需要对平台系统及应用进行代码审计，发现并预防安全问题的发生，并进行安全性测试，尽早找到并修复安全问题。微服务组件接口需要进行安全测试和安全加固，避免由于接口缺陷或漏洞给平台引入安全风险。

1. 微服务的安全挑战

1）攻击面的扩大。在微服务架构中，服务数量的增加导致潜在的攻击面也随之扩大。每个服务都可能成为攻击者的目标，增加了系统的安全风险。

2）数据保护难度增加。微服务间的数据交换频繁，需要在服务间建立安全的通信机制，如加密和认证，以保护数据在传输过程中的安全。

3）服务间信任关系的建立。在多个服务协同工作的场景下，确保服务间通信的安全性和可靠性变得尤为重要。服务间的信任关系建立和维护是一个挑战。

4）配置管理的复杂性。随着服务数量的增加，管理每个服务的配置变得更加复杂，不当的访问控制或配置错误可能导致敏感信息泄露。

5）日志和监控的挑战。微服务产生的日志数据量巨大，集中管理和监控这些日志数据，以便及时发现和响应安全事件，这是一个技术挑战。

2. 典型的微服务及其安全问题

1）身份验证服务。作为系统的第一道防线，身份验证服务负责用户身份的验证。它容易受到暴力破解、钓鱼攻击、密码喷洒等攻击手段的威胁。

2）配置管理服务。该服务负责存储和管理微服务的配置信息。如果访问控制不当，攻击者可能会获取敏感的系统配置，如数据库连接字符串、API 密钥等。

3）日志管理服务。集中存储微服务的日志信息，未经保护的日志可能暴露系统的敏感数据，如用户行为模式、系统异常等。

4）API 网关服务。作为微服务系统的统一入口，API 网关负责请求的路由、负载均衡等。它容易成为 DDoS 攻击的目标，影响系统的可用性。

5）服务发现与注册服务。负责维护微服务的地址信息，以便其他服务能够找到并通信。如果服务地址信息被篡改，可能导致服务间通信失败。

3. 服务安全对策

1）身份验证与授权。采用 OAuth2.0、OpenID Connect、JWT 等机制，确保服务间安全的认证和授权。

2）访问控制。使用角色基础访问控制或属性基础访问控制来实现细粒度的访问控制。

3）数据加密与传输安全。使用 SSL/TLS 协议加密服务间的数据传输，防止数据在传输过程中被截获。同时，对敏感数据进行加密存储，确保数据的机密性和完整性。

4）服务发现与注册。通过服务注册中心，实现服务的动态发现和注册。服务注册中心应实现安全的认证机制，防止未授权的服务注册和发现。

5）服务等级协议。与服务提供商签订服务等级协议，明确服务的安全性要求，如数据保护、隐私保护、合规性等。

6）安全开发生命周期。将安全考虑融入整个软件开发生命周期中，从需求分析、设计、编码、测试到部署和运维，每个阶段都应考虑安全因素。

7）供应链安全。确保服务供应链的安全性，对第三方库和组件进行安全审查，防止恶意代码和漏洞的引入。

5.6　工业互联网数据安全

数据，是工业互联网的基石，并日益成为提升制造业生产力、竞争力、创新力的关键要素。与此同时，工业互联网数据面临的安全风险隐患日益突出。在严峻的全球数据安全形势下，制造业等领域的工业互联网数据已成为重点攻击目标，工业互联网数据的安全性直接影响到企业的生产运营、商业机密和客户隐私等重要方面。数据安全不仅是数据传输过程中的保障，更涉及数据的采集、存储、处理、共享、销毁等数据全生命周期各环节，如图 5-13所示。每个环节都存在着安全隐患和挑战，需要采取相应的安全措施来保护数据的完整性、机密性和可用性。

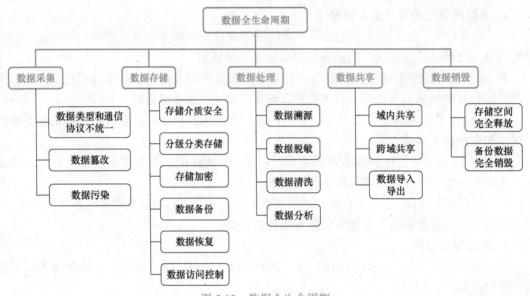

图 5-13　数据全生命周期

另外，不同类型的工业互联网数据包括生产数据、质量数据、设备数据等，每种数据都具有不同的特点和重要性。例如，生产数据可以帮助企业实时监控生产过程和优化生产效率；质量数据可以用于产品质量控制和改进；设备数据可以用于设备状态监测和预测性维护。

综上所述，工业互联网数据安全是保障工业生产安全和可持续发展的关键之一。只有通过全生命周期管理和综合安全措施，才能有效保护工业互联网数据的安全性和可信度，推动工业智能化和数字化转型的持续发展。

5.6.1　工业数据采集安全

数据采集是工业互联网数据全生命周期的第一步。通过各种传感器和设备收集到的实时数据，对生产监控、故障诊断和预测性维护具有重要意义。工业数据采集利用泛在感知技术对多源异构设备和系统、环境、人员等一切要素信息进行采集，并通过一定的接口与协议对采集的数据进行解析。数据可能来自物理传感器，也可能来自装备与系统本身。数据采集存在多种潜在的安全隐患，其中包括数据类型和通信协议不统一、数据篡改以及数据污染等问题。

1. 数据类型和通信协议不统一

从工业数据采集的类型上看，不仅要涵盖基础的数据，还包括半结构化的用户行为数据、网状的社交关系数据、文本或音频类型的用户意见和反馈数据、设备和传感器采集的周期性数据、网络爬虫获取的互联网数据以及未来越来越多有潜在意义的各类数据。例如，研发设计数据、生产制造数据、经营管理数据、外部协同数据、运行维护数据和平台运行数据等。

在工业互联网环境中，不同设备和系统可能采用不同的数据类型和通信协议，这给数据采集带来了挑战。不同的协议在数据格式、消息结构、传输方式等方面可能有显著的差异。如果没有统一的通信协议或适配机制，设备之间的通信可能会遇到障碍，导致数据采集效率低下或失败。针对数据类型和通信协议不统一的问题，以下是一些解决方案：

1）数据格式标准化，使用通用的数据交换格式，如 JSON、XML 或 CSV。这些标准可以在不同系统之间提供一致的数据结构，确保数据的兼容性。

2）协议转换和适配，使用网关或中间件等工具将不同的通信协议进行转换和适配。例如，将 Modbus 协议的数据转换为 MQTT 协议，以便与其他系统进行通信。这种方法可以确保不同设备和系统之间的数据互操作性。

3）统一的接口和 API，使用统一的接口和 API，不同系统能够通过一致的方式进行交互，这有助于简化通信过程。

4）数据转换和映射，使用数据转换和映射技术，将数据从一种格式、结构或类型转换为另一种格式、结构或类型。例如，将时间戳从不同的格式转换为统一的时间格式。

5）持续监控，为了确保数据采集系统能够应对数据类型和通信协议的不一致，需要进行持续的监控和测试。这包括监测数据传输的完整性和准确性，确保不同系统之间的通信是有效的，并及时解决任何可能出现的问题。

综上所述，数据类型和通信协议的不统一是数据采集安全中的一个重要问题。通过标准化、协议转换、统一接口和持续监控等方法，可以有效地解决这一问题，确保数据采集的顺畅和可靠。

2. 数据篡改

数据篡改是指未经授权的用户 / 设备对数据进行修改、删除或插入，以改变数据内容的行为。在数据采集环境中，数据篡改可能会导致严重的安全问题和数据质量问题。数据篡改可能发生的情况：

（1）未经授权的修改　黑客或恶意用户可能会通过攻击数据传输通道或篡改数据存储设备的方式，对数据进行修改，以达到其自身目的，如窃取敏感信息或破坏系统运行。

（2）内部人员的恶意行为　内部人员可能利用其权限篡改数据，以获取利益或实施报复行为。在这种情况下，数据篡改往往更难被检测到，因为篡改者通常具有合法的访问权限。

（3）系统漏洞　系统中存在的漏洞可能被攻击者利用来篡改数据。例如，未经授权的访问、缓冲区溢出等漏洞可能导致数据被篡改。数据防篡改技术与传统数据加密技术不同的是，数据防篡改技术可以检测并定位到数据篡改的位置，实现对数据真实性和完整性的保护。篡改检测方法大致分为主动式检测和被动式检测。

（1）主动式检测　主动式检测方法包括水印和数字签名两种：

1）水印。在数据中嵌入一些不可见或难以察觉的信息，用来识别数据的来源、验证数据的完整性或者追踪数据的使用情况。水印信息对数据的正常使用和感知不产生影响，即使数据被非法获取或篡改，水印信息仍然存在，可以用于后续的检测和分析。

2）数字签名。基于公钥密码学，首先对原始数据进行哈希处理，其次使用私钥对哈希值进行数字签名，最后将原始数据、数字签名和公钥一起传输给接收方。接收方可通过对原始数据进行哈希处理，使用发送方的公钥对数字签名进行验证，从而实现对数据的保护。

（2）被动式检测　利用篡改后留下的痕迹。在篡改过程中，统计属性会发生变化。由于统计量的变化，不同特征（如噪声、残差、纹理、光流异常等）的不一致性可以用于被动式检测。

典型的数据源鉴别是一种被动式检测方法，在数据防篡改中也扮演着关键的角色。通过对数据源进行鉴别和检测，可以确保数据的可信来源，避免数据被恶意篡改或替换，保证数据的真实性和可信度，并且可以有效防止伪造数据被注入系统中。通过验证数据的来源和完整性，可以识别并拦截不符合规范或不可信的数据，防止其影响系统正常运行，还可以提高数据处理过程的安全性，确保处理的数据是经过验证的、可信的数据，减少了数据被篡改或误用的风险，保护了系统和用户的利益。

3. 数据污染

数据污染，是指数据在收集、处理或使用过程中由于各种原因被引入错误或不准确的信息。其会导致生产线停止或设备故障，造成生产效率降低等问题，引发设备或人员的安全风险。造成数据污染的原因包括：

（1）遭受恶意攻击　攻击者通过注入恶意数据、篡改数据，造成数据污染。

（2）数据错误　工业控制系统中传感器、设备或软件存在的错误。

（3）操作人员误操作　操作人员的误操作、错误配置或不当维护也可能导致数据污染。

（4）噪声干扰　电磁干扰、温度变化、湿度变化等外部环境因素会影响数据的准确性。

数据污染的解决方案：

（1）数据质量监控　实施实时监控和校验，确保数据的准确性和完整性。使用校验、冗余数据和其他数据完整性验证方法来检测数据污染。

（2）异常检测与报警　使用机器学习和数据分析技术检测异常数据或行为，并在检测到异常时自动报警，及时采取措施。

（3）安全培训与意识　为员工提供安全培训，提高员工对数据污染的认识，并教导其正确的操作方式，以减少人为失误。

5.6.2　工业数据存储安全

数据存储是指将工业控制系统中产生的数据以结构化或非结构化的形式存储在介质中，以便将来进行访问、分析和应用。在工业互联网环境中，大量的传感器数据、设备数据和生产数据被持续地生成和处理，这些数据包含了关键的生产和运营信息。良好的数据存储系统可以确保数据在传输和存储过程中的安全性，防止数据被未经授权访问、篡改或泄露。同时，有效的数据备份和恢复机制也能保证在发生硬件故障、灾难性事件或意外数据丢失时，能够及时恢复数据，保障工业生产的连续性和稳定性。因此，可靠的数据存储不仅可以帮助企业保护重要数据和知识产权，还能提高工业互联网系统的安全性和稳定性。

1. 存储介质安全

存储介质安全是数据存储安全中的一个重要部分，对数据的存储介质进行管理，可以有效防范因为存储介质的不当使用而引发的数据泄露风险。存储介质安全涉及物理实体介质和虚拟存储介质。

1）物理实体介质，包括磁盘硬盘等实体设备。在工业互联网中，磁盘通常是最常见的存储介质之一。通过限制对存储设备的物理访问和对存储在硬盘上的数据进行加密，能够防止数据在被盗取或丢失时泄露敏感信息。

2）虚拟存储介质，包括容器和虚拟盘等虚拟化技术。在工业互联网中，容器技术被广泛应用于部署和管理应用程序。通过限制对容器和虚拟盘的访问权限，能够确保虚拟存储介质的安全。

2. 分级分类存储

数据分类是根据数据的属性或特征，按照一定的原则和方法进行区分和归类，以便更好地管理和使用数据。数据分级则是按数据的重要性和影响程度区分等级，确保数据得到与其重要性和影响程度相适应的级别保护。

分级分类存储对于数据存储安全具有以下必要性：

1）定制化安全措施。根据不同级别的数据需求采取相应的安全策略，以确保所有数据得到适当的保护。

2）有效减少数据泄露。丢失或未经授权访问的风险，重要数据受到更严格的访问控制和监控。

3）提高了灵活性和效率。根据数据的重要性选择不同的存储方式，从而提高了数据管理的效率。

4）有助于保护用户隐私和敏感信息。通过额外的安全措施确保个人身份信息等敏感数据得到最大程度的保护。

3. 存储加密

存储加密技术主要解决信息在存储过程中存在的安全问题，抵御信息在流通使用过程中所面临的一系列潜在攻击。通过对数据进行加密，即使数据被未经授权访问或泄露，也能确保其重要内容的安全性。存储加密技术可以有效保护敏感数据，免受黑客、恶意软件或其他安全威胁的攻击，从而降低数据泄露和损失的风险。以下是几种存储加密技术：

1）应用加密技术，是指在业务代码层面通过加密 API 实现加密需求，可根据业务特点进行灵活设计。敏感数据在应用层经过加密后，以密文的形式入库，检索数据也需要在应用内进行解密。

2）数据库加密网关，与应用加密的区别是，加密网关方案以独立组件的形式提供加密服务，它可以是 Java 数据库连接驱动形态，也可以是代理形态。

3）后置代理加密，也被称为外挂加密，是一种透明的加密方案。它利用第三方工具借助数据库原生能力实现加密需求，包括视图、触发器、扩展索引和外部调用。具体来说，它通过视图实现加密数据透明查询处理，通过触发器实现数据的加密插入和更新处理，通过数据库的扩展索引接口实现加密索引，通过外部接口调用实现独立于数据库的权限控制和加密算法。这些操作对应用是完全透明的。

4）透明数据加密，是一种在数据库内部实现的加密方式，顾名思义，对业务和用户透明。数据文件中存储密文数据，加解密均在内存中完成，且不会增加数据文件的大小。

5）文件加密，是指在操作系统文件驱动层，将数据库的存储文件经过加密后存储到磁盘上。在数据存储文件被打开的时候进行解密，在数据落地后再进行加密。在具备基础加解密能力的同时，还能够根据操作系统用户或者访问文件的进程进行基本的访问权限控制。

6）磁盘加密，是指通过动态加解密技术，对磁盘或分区进行动态加解密，可通过软件或硬件的方式进行加密。当数据库访问磁盘扇区的时候，对加密扇区再进行解密。这种方式对于数据库自身来说是透明的，数据库管理系统也感觉不到加密解密过程的存在。

4. 数据备份

数据备份是指将数据复制到另一个位置或介质，以防止数据丢失的过程。数据备份有助于应对多种风险，包括硬件故障、人为错误、恶意攻击、自然灾害等。通过定期备份数据，即使主要数据存储发生问题，也能够快速恢复数据并保持业务连续性。数据备份总体分为三类：

1）本地备份。是最常见也是最基本的数据备份方式。企业可利用物理存储介质（如硬盘、磁带）或虚拟存储设备进行本地数据备份。本地备份具有快速备份的优势，但其容量和安全性受限。

2）远程备份。是指通过网络将数据备份到远程服务器或云存储设备中。远程备份具有数据安全性高、容量可扩展的优势，但备份恢复速度受网络带宽和延迟影响。

3）增量备份。是指基于原始备份数据的差异进行备份，只备份发生变化的部分。企业可利用特定的软件实现增量备份，减少备份数据量和备份时间。

5. 数据恢复

在发生数据丢失或硬件故障情况下，进行数据恢复是保障数据安全的关键步骤。数据恢复技术包括：

1）数据恢复软件。可以扫描存储介质并尝试恢复已删除、丢失或损坏的文件。它们通常具有文件类型识别和恢复功能，如识别与恢复照片、文档等。

2）磁盘镜像和克隆。可以复制损坏的磁盘或分区，并在镜像或克隆上执行数据恢复操作，以保护原始数据不受进一步损坏。

3）独立磁盘冗余阵列数据恢复。在冗余磁盘阵列系统中，使用独立磁盘冗余阵列数据恢复技术来重建丢失的数据。

4）数据库恢复。针对数据库中的数据丢失或损坏，数据库恢复技术可以通过备份、事务日志恢复、数据库镜像等方法来恢复数据库中的数据。

5）虚拟化环境恢复。针对虚拟化环境中的虚拟机或虚拟硬盘的数据丢失，虚拟化环境恢复技术可以通过备份和快照恢复来恢复丢失的数据。

6. 数据访问控制

数据访问控制是指对数据进行访问的控制，即限制哪些用户、哪些程序可以访问哪些数据，以确保数据的安全性和保密性。数据访问控制是数据安全的一个重要方面，可以帮助企业保护敏感数据，避免数据泄露和滥用。数据访问控制技术包括：

1）基于访问控制列表的数据访问控制。使用一张访问控制列表来存储用户和数据对象之间的访问权限关系。

2）基于角色的数据访问控制。使用角色来表示用户的权限，并将用户分组到不同的角色中。

3）基于内容的访问控制。根据数据对象的内容来动态地分配访问权限。

5.6.3　工业数据处理安全

数据处理不仅是简单地对数据进行处理和分析，更是对工业生产中产生的海量数据进行加工、筛选和挖掘，从而实现数据的智能化利用和价值提升。数据处理在工业互联网数据安全中具有不可替代的地位和重要作用。数据处理通过对数据进行溯源、脱敏、清洗和分析等技术手段，保障了工业数据在传输和处理过程中的安全性和隐私性，有效降低了数据泄露和非法获取的风险。

1. 数据溯源

数据溯源是指通过一系列技术手段，追踪和记录数据的来源、流向和变更过程，以确保数据的可信度、完整性和可追溯性。目前，数据溯源追踪的主要方法有标注法、反向查询法和区块链。

1）标注法是一种简单且有效的数据溯源方法，使用非常广泛。通过记录处理相关的信息来追溯数据的历史状态，即用标注的方式来记录原始数据的一些重要信息，并让标注和数据一起传播，通过查看目标数据的标注来获得数据的溯源。

2）反向查询法是指通过逆向查询或构造逆向函数对查询求逆，或者说根据转换过程反向推导，由结果追溯到原数据。

3）区块链是一种去中心化、分布式的账本技术，通过将数据以区块形式链接在一起，确保每个区块都不可篡改。区块链的透明性和可追溯性使其成为数据溯源的强有力工具，特别适用于供应链管理、资产跟踪和金融交易。

2. 数据脱敏

数据脱敏是一种保护敏感或个人信息的技术手段，通过对数据进行处理，确保数据在公开或非授权环境中使用时，不会暴露个人身份或机密信息。脱敏的目的是在保持数据实用性的同时，最大限度地降低数据泄露和误用的风险。数据脱敏技术可以分为两种，一种是静态脱敏，另一种是动态脱敏。静态脱敏和动态脱敏最大的一个区别标志就是在使用时是否与原数据源进行连接。

1）静态脱敏。将原数据源按照脱敏规则生成一个脱敏后的数据源，使用的时候从脱敏后的数据源获取数据。静态脱敏是利用截断、偏移、规整、替换、重写、加密等算法，对原数据进行脱敏，并将脱敏后的数据导出到脱敏后数据源。静态脱敏一般用于开发、测试、分析等需要完整数据的场景。

2）动态脱敏。在使用时直接与原数据源进行连接，在使用数据的中间过程中进行实时的动态脱敏。动态脱敏技术在工作时并不会对原数据进行改变，而是通过解析业务 SQL 语句匹配出脱敏规则对应的条件和数据。当匹配到对应的数据和条件时，对业务 SQL 语句进行改写，改写后的 SQL 语句在查询生产数据源时输出的数据即为脱敏后的数据。动态脱敏一般应用在生产环境中，需要根据不同情况对同一敏感数据读取时进行不同级别脱敏的场景。

3. 数据清洗

数据清洗是指对数据集进行预处理和整理，以消除数据中的错误、不完整、不一致或不准确的部分，从而提高数据的质量和可用性。数据清洗是数据处理流程中的关键步骤。数据清洗的目标是识别和处理各种类型的脏数据，其中包括：

1）缺失值，是指数据中存在空白、NULL 或 NaN 等未填写的数值。

2）错误值，是指数据中存在不符合预期的数值或格式错误的数据。

3）重复数据，是指数据集中存在完全相同或近乎相同的重复记录。

4）异常值，是指数据中存在与大多数观测值明显不同的数值。

5）冗余数据，是指数据集中包含无关或重复信息。

对于数据清洗的目标，所对应的数据清洗技术如下：

1）缺失值处理，一般直接删除含有缺失值的行或列，或者使用统计方法（如均值、中位数、众数）或更复杂的算法（如插值法、预测模型）来填充缺失值。

2）错误数据校正，手动检查和修改数据错误，或者利用数据校验规则（如正则表达式）自动识别并修正格式错误或逻辑错误。

3）去重复数据，使用 SQL 语句、数据处理软件或编程方法来删除重复的记录。

4）异常值处理，通过统计分析（如箱形图、Z 分数、IQR 方法）识别异常值，对识别出的异常值进行处理，可以选择删除、替换或进行变换。

数据清洗的技术还包括数据标准化和规范化、数据合并和重构、利用数据清洗工具和软件等。通过上述技术的应用，可以有效提高数据的质量和适用性，为后续的数据分析和业务决策提供支持。各种技术的选择和组合取决于具体的数据特性和业务需求。

4. 数据分析

数据分析是指对已经清洗整理好的数据进行分析和挖掘，从中发现有价值的信息和知识。数据分析可以深入了解工业生产过程中的各个环节，从而发现潜在的问题和瓶颈，提高生产效率和质量。通过对工业数据进行实时监测和分析，工厂和企业可以及时调整生产计划、优化设备配置，最大程度地发挥生产资源的效益，降低生产成本，提高产品质量。数据分析技术涵盖了许多方面，其中包括：

（1）探索性数据分析　数据分析技术基于数据集、变量间的相互关系以及变量与预测值之间的关系，更好地进行特征提取和模型建立。

（2）数据挖掘技术　数据分析技术用于发现数据中的模式、趋势、关联规则等隐藏信息，包括聚类、分类、关联规则挖掘等方法。

（3）机器学习和深度学习技术　数据分析技术用于构建预测模型、分类模型等，包括监督学习、无监督学习、强化学习等方法。

（4）实时数据处理技术　数据分析技术用于处理实时数据流，包括流式处理、复杂事件处理等方法，如 Apache Kafka、Apache Flink 等流式处理框架。

（5）可视化技术　数据分析技术能够将数据转化为可视化图表、图形等形式，以便用户更直观地理解数据，如 Tableau、Power BI 等可视化工具。

5.6.4　工业数据共享安全

工业数据共享打通了工厂内部数据，通过不同产线的数据共享流通，实现了工厂智能化管理。数据共享能够打破信息孤岛，实现不同系统、设备和部门之间的数据互通，从而促进企业内部的协同合作和信息共享，提高生产效率和产品质量。通过共享数据，可以获得更广泛和全面的数据资源，为数据分析和决策提供更多的信息支持，帮助企业更准确地把握市场需求、优化生产流程和调整产品策略。数据共享还可以避免数据重复采集和存储，降低数据管理成本，同时可以通过数据分析和优化，提高资源利用效率，降低生产成本，提高企业的经济效益。数据共享分为域内共享、跨域共享、数据导入导出三类。

1. 域内共享

域内共享指的是在同一企业或同一行业内部进行数据共享。在工业领域，域内共享通常涉及不同部门、不同系统或不同设备之间的数据交换和共享。这种模式下，数据可以在企业内部流动，实现信息的互通和协同合作，从而优化内部资源利用、提升生产效率和产品质量。

举例来说，一个制造企业可能涉及生产、质量控制、采购、物流等多个部门，每个部门都会生成大量的数据。通过域内共享，这些部门可以共享彼此的数据。比如，生产部门可以与质量控制部门共享生产数据和质量检测数据，以实现实时监控和质量分析，及时发现生产异常并调整生产过程，确保产品达到标准要求。

2. 跨域共享

跨域共享是指在不同企业、不同行业或不同地域之间进行数据共享。在工业领域，跨域共享涉及跨越组织边界、系统边界或地域边界的数据交换和共享，旨在拓展数据资源、促进合作创新和提升产业竞争力。

具体来说，工业互联网数据的跨域共享包括以下几个方面：

（1）跨企业数据共享 支持不同企业之间共享生产数据、设备数据、供应链数据等，以实现供需协同、生产优化和协作创新。

（2）跨行业数据共享 支持不同行业之间共享数据，如制造业与物流业、服务业等，以促进产业链条上下游的协同发展和价值链的整合。

（3）跨地域数据共享 支持不同地域之间共享数据，如在全球范围内进行跨国数据共享，以支持全球化生产和供应链管理。

（4）跨系统数据共享 支持不同工业互联网系统之间共享数据，包括生产管理系统、物联网平台、大数据分析平台等，以实现数据的流通和价值的最大化。

工业互联网数据的跨域共享可以促进产业升级、提高生产效率、降低成本，并推动工业领域的数字化转型和智能化发展。然而，跨域共享也面临着数据安全、隐私保护、数据标准化等挑战，需要综合考虑技术、管理和政策等方面的因素来推动实践和应用。

3. 数据导入导出

数据导入导出广泛存在于数据交换过程中，通过数据导入导出，数据被批量化流转，加速数据应用价值的体现。如果没有安全保障措施，非法人员可能通过非法技术手段导出非授权数据，导入恶意数据等，带来数据泄露和数据篡改的重大事故。由于一般数据导入导出的数据量都很大，因此相关安全风险和安全危害也会被成倍放大。所以，需要采取有效的制度和工具措施控制数据导入导出的安全风险。

5.6.5 工业数据销毁安全

工业互联网数据销毁安全是数据安全生命周期的最后一个阶段。数据销毁是指采用各种技术手段将计算机存储设备中的数据彻底删除，避免授权用户利用残留数据恢复原始数据信息，以达到保护关键数据的目的。由于信息载体的性质不同，与纸质文件相比，数据文件的销毁技术更为复杂，程序更为烦琐，成本更为高昂。在国防、行政、商业等领域，出于保密要求存在着大量需要进行销毁的数据，只有采取正确的销毁方式，才能达到销毁目的。在进行数据销毁时，不仅要确保存储设备中的数据被彻底销毁，还需要关注备份数据的安全。

1. 保障数据存储空间完全释放

数据销毁可以分为软销毁和硬销毁两种方式：

1）软销毁，是指通过软件或逻辑手段对数据进行擦除或清除，而不对存储介质本身进行物理破坏。这种方式通常包括覆盖式擦除和加密等方法。

2）硬销毁，是指对存储介质本身进行物理破坏，使其无法再次使用或恢复数据。这种方式通常包括物理粉碎、研磨、烧毁等方法，以彻底摧毁存储介质中的数据。

在选择软销毁还是硬销毁时，通常需要考虑数据的敏感性、安全需求、成本和时间等因素。对于一般情况下的数据销毁，软销毁可能是一个更加经济和便捷的选择；而对于对数据安全性要求极高的情况，或者需要遵守严格的安全标准和法规的情况，硬销毁则是更为合适的选择。

2. 确保所有备份数据完全销毁

在进行数据销毁时，不能忽视备份数据的存在。即使主要存储设备中的数据已经被销毁，但如果备份数据仍然存在，泄露风险无法避免。因此，确保所有备份数据也被彻底销毁至关重要：

1）定期审查和更新备份策略，确保备份数据与主要数据一同被销毁。

2）对于云端备份数据，要确保云服务提供商在废弃时彻底销毁数据，或者采取措施确保数据无法被访问。

3）对于本地备份数据，采用相同的数据销毁方法来处理，以确保数据安全。

5.7 工业互联网安全专用设备

工业互联网安全专用设备有态势感知类、主动防护类、被动监测类、数据安全类、安全管理类五种。

5.7.1 态势感知类专用设备

网络安全态势感知是一种基于环境动态地、整体地洞悉安全风险的能力，它利用数据融合、数据挖掘、智能分析和可视化等技术，直观显示网络环境的实时安全状况，为网络安全保障提供技术支撑。网络安全态势感知类专用设备通过采集网络流量、资产信息、日志、漏洞信息、告警信息、威胁信息等数据，分析和处理网络行为及用户行为等因素，以掌握网络安全状态，预测网络安全趋势，并进行实时展示和监测预警。网络安全态势感知类专用设备可以分为态势分析与安全运营管理平台、工业互联网雷达两大类。

1. 态势分析与安全运营管理平台

态势分析与安全运营管理平台（通常简称"态势感知"）是企业的安全大脑，为日常安全运营工作提供技术支撑，功能涵盖了资产管理、漏洞管理、风险评估、合规评估、监测预警、攻击溯源、趋势预测、协同联动等。一方面提供系统资产态势、运行态势、攻击态势、脆弱性态势、事件态势等各类宏观数据分析；另一方面提供安全事件的智能分析，能够大幅降低误告警和冗余告警，极大降低海量告警导致的运维压力，提供事前风险排查、事中安全监测、事后追踪溯源的一站式安全服务。

态势分析与安全运营管理平台有以下八种功能：

（1）态势分析　态势分析与安全运营管理平台以内网资产为中心，对资产的部署分布、资产的访问关系、资产的运行状态、资产脆弱性、资产遭受的攻击、资产的运维操作等多个维度数据进行建模分析，通过可视化大屏直观全面地展示内网资产运行和安全情况。

（2）资产管理　态势分析与安全运营管理平台基于设备指纹的内网资产自动发现，能够发现内网中的各类主机设备、网络设备、安全设备、工业控制设备和物联网设备；资产画像全面刻画资产硬件、操作系统、应用程序、访问关系、安全策略、漏洞、告警信息，基于资产漏洞和告警信息，自动计算资产风险评分；基于等级保护要求自动对资产进行配置检查，提供配置检查报告。

（3）脆弱性管理　态势分析与安全运营管理平台无缝联动漏洞扫描工具对系统进行漏洞扫描，同时将漏洞扫描结果与资产信息整合，能够随时查看漏洞在资产中的分布情况。

（4）监测预警　态势分析与安全运营管理平台能够全面监测系统内的违规操作、攻击入侵、异常行为、流量和协议异常，基于智能分析引擎对海量事件进行去重、整合、关联分析，屏蔽虚假和冗余告警，上报有价值的高可靠性告警。

（5）事件处置　态势分析与安全运营管理平台自动收集与安全事件相关的网络会话数据、主机登录及操作数据、安全设备上报的攻击或入侵数据，自动整合多个数据源数据，通过资产关联、事件关联、统计关联等方法分析事件主体、客体、级别、类型、产生原因、受影响范围，自动生成处置建议或处理规则；内置处置经验库，自动匹配常见安全事件的处理方法；支持通过邮件、短信、工单等方法督促跟踪各组织部门对安全事件进行协同处置。

（6）追踪溯源　态势分析与安全运营管理平台针对网络攻击事件，寻找相关日志，识别威胁来源，追查攻击源头、入侵路径和攻击时间轴，基于攻击链模型对网络攻击进度进行全过程攻击行为分析。

（7）数据挖掘　态势分析与安全运营管理平台基于历史事件序列，通过人工智能算法预测未来事件趋势，挖掘事件规律及事件间隐含的关联关系，发现隐匿的潜在威胁。

（8）合规评估　态势分析与安全运营管理平台对目标区域系统进行合规检查，系统通过采集主机终端的配置信息，结合国标或行标的安全要求，检查识别不合规配置，自动计算合规指数，并对多个区域或系统的合规指数进行对比分析。

态势分析与安全运营管理平台有以下五类特点：

（1）资产全生命周期管理　态势分析与安全运营管理平台基于设备指纹自动识别系统内的设备和系统，支持网络设备指纹、视频监控设备指纹、打印机指纹、安全设备指纹、工业控制应用指纹。

（2）组态化拓扑　态势分析与安全运营管理平台集成资产基本信息、日志信息、告警信息和系统资产数量、资产分布、网络连接关系、资产安全状况等信息。

（3）自动化风险评估和合规评估　态势分析与安全运营管理平台自动对系统合规情况

进行检查，提供不合规项整改报告，量化合规指标，帮助安全管理员定期进行安全合规情况检查，让合规建设工作有序开展。

（4）工业场景典型威胁分析　态势分析与安全运营管理平台支持 U 盘滥用、非法设备接入、非法外联、非法软件安装、非法远程访问、非法命令操作等工业典型威胁分析。

（5）多源异构数据采集　态势分析与安全运营管理平台支持多种设备、多种协议、多种格式的日志采集和标准化处理。

2. 工业互联网雷达

工业互联网雷达是为监管部门、大型工业企业等大中型企事业单位提供综合安全事件分析与宏观安全形势展现等服务的技术平台。它可以准确辨识并定位暴露在工业网络空间中的工业控制系统联网设备，无损发现联网设备存在的漏洞和风险，进行总体安全态势呈现，支撑监管单位完成安全监测、检查、整改的闭环工作。对于评估工业控制系统的安全性，推动国家关键基础设施的信息安全保障工作具有重要意义。工业互联网雷达有以下六种功能：

（1）产品部署　工业互联网雷达支持分布式部署，集群数量动态可扩展。

（2）设备指纹管理　工业互联网雷达支持工业控制协议指纹、工业控制设备指纹、物联网设备指纹和工业控制相关应用系统指纹。

（3）漏洞管理　工业互联网雷达支持识别工业控制系统漏洞，覆盖 CVE（通用漏洞披露）、CNVD（国家信息安全漏洞共享平台）、CNNVD（国家信息安全漏洞库），支持漏洞利用或验证脚本 / 代码。

（4）搜索引擎　工业互联网雷达支持对扫描到的设备基于 IP、端口、地域、服务、设备类型、版本等提供普通搜索及高级搜索功能；支持对设备的类型、厂商、型号、版本、开放服务、所在地理位置、存在漏洞情况等进行详细信息展示；支持工业控制和物联网专题搜索，包括工业控制协议、工业控制厂商设备、物联网协议、物联网厂商设备。

（5）数据统计　工业互联网雷达支持多维度的工业控制、物联网资产统计；支持多维度的工业控制、物联网漏洞统计；支持设备资产记录导出。

（6）安全预警　工业互联网雷达支持工业控制、物联网重要漏洞安全预警，预警漏洞影响的国家、城市；支持工业控制、物联网重要漏洞影响设备列表下载。

工业互联网雷达有以下五类特点：

（1）高效网络空间扫描　工业互联网雷达采用分布式并行扫描技术，扫描节点动态可扩展，实现了网络空间设备快速扫描。

（2）精准设备识别　工业互联网雷达引入了多维度的协议识别技术，实现了广泛的协议解析，采用会话深度交互技术，可获取工业控制设备固件的品牌、型号、版本号等信息；支持 HTTP、HTTPS、FTP（文件传输协议）、Telnet（远程登录协议）、SNMP 等通用协议以及主流工业控制协议的识别。

（3）无损漏洞探测　工业互联网雷达采用无损漏洞探测技术，利用正常协议控制命令，获取设备漏洞信息，保证探测行为与业务行为的一致性，进而在不影响系统正常作业的基础上进行漏洞探测。

（4）完备的漏洞库　工业互联网雷达具有完整的漏洞管理功能，提供详细漏洞信息的同时，还提供有效的漏洞修复解决方案，包括漏洞补丁、固件更新、软件升级、安全加固方案等，漏洞库覆盖了 CVE、CNVD、CNNVD 等国内外知名漏洞库。

（5）一站式安全服务　工业互联网雷达提供定制化的安全服务，包括在线安全监测、宏观安全态势评估、安全渗透测试、解决方案制定等。

5.7.2　主动防护类专用设备

工业互联网主动防护类专用设备主要分为三类，分别为工业防火墙、网络入侵防御系统和隔离网关。主动防护类专用设备如图 5-14 所示。

图 5-14　主动防护类专用设备示例图

1. 工业防火墙

工业防火墙是针对工业控制系统环境设计开发的边界隔离和安全防护设备，主要有以下两类设备：

（1）工业网络防火墙　工业网络防火墙是对经过的数据流进行解析，并实现访问控制及安全防护功能的设备。

（2）防病毒网关　防病毒网关被部署于网络和网络之间，通过分析网络层和应用层的通信，根据预先定义的过滤规则和防护策略实现对网络内病毒的防护。

2. 网络入侵防御系统

网络入侵防御系统是以在线或旁路的方式部署在网络边界和关键节点上，依照安全策略对进出工业网络系统的数据进行全面检查和分析，实时阻断和记录网络流量中的病毒、蠕虫、木马、间谍软件、网页篡改、注入攻击、跨站攻击、DDoS 攻击、漏洞扫描、异常协议、网络钓鱼等网络攻击的软硬件一体化设备。通过深入分析网络上的数据包，结合特征库进行相应的行为匹配，实现入侵行为防御、病毒恶意代码查杀、Web 攻击防护、带宽管理、URL（统一资源定位器）过滤、关键字过滤、安全风险评估、安全威胁可视化等功能。部署网络入侵防御系统可以及时发现来自生产网外部或内部违反安全策略及被攻击的行为，通过实时阻断达到保障生产网络安全运行的目的。网络入侵防御系统有以下两类设备：

1）入侵防御系统以网桥或网关形式部署在网络通路上，通过分析网络流量发现具有入侵特征的网络行为，在其传入被保护网络前进行拦截。

2）病毒防治设备是用于发现并阻止恶意代码的传播以及对主机操作系统应用软件和用户文件的篡改、窃取和破坏等的设备。

3. 隔离网关

隔离网关实现物理上的安全隔离，保证无反馈地实现物理信号的传输，并且采用模块化的工作组件设计，集安全隔离、实时单向传输、内容检测、访问控制、安全决策等多种安全功能为一体，不仅使得信息网络的抗攻击能力大大增强，而且有效地防范了信息外泄事件的发生。隔离网关包含以下三类设备：

1）单向隔离网关是在不同的网络终端和网络安全域之间建立安全控制点，实现在不同的网络终端和网络安全域之间提供访问可控服务的设备。

2）虚拟专用网设备是在互联网链路等公共通信基础网络上建立专用安全传输通道的设备。

3）安全网络存储是通过网络基于不同协议连接到服务器的专用存储设备。

5.7.3 被动监测类专用设备

监测类设备主要分为工业控制安全监测与分析、威胁检测系统两大类。典型被动监测类专用设备示例如图 5-15 所示。

图 5-15 被动监测类专用设备示例图

1. 工业控制安全监测与分析

随着行业用户信息化普及与深化应用，日常经营与生产业务对网络依赖程度越来越高。如何更好地对网络进行监控、维护，减少网络故障和网络安全事件的发生，保障业务正常开展，是企业当前运维面临的重大难题。工业控制安全监测与分析类设备采用高性能流量采集、存储和智能分析检测平台，可以部署在网络关键节点，对网络数据包进行全流量存储和高性能实时智能分析；同时，这些设备可以对工业控制协议的通信报文进行深度解析，能够实时检测针对工业协议的网络攻击、用户误操作、用户违规操作、非法设备接入以及蠕虫、病毒等恶意软件的传播并实时报警；此外，这些设备可以翔实记录一切网络通信行为，包括指令级的工业控制协议通信记录，为工业控制系统的安全事故调查提供坚实的基础。

该类设备具体分为以下几种：

1）反垃圾邮件设备能够对垃圾邮件进行识别和处理的软件或软硬件组合，包括但不限于反垃圾邮件网关、反垃圾邮件系统、安装于邮件服务器的反垃圾邮件软件，以及与邮件服务器集成的反垃圾邮件设备等。

2）网络安全审计设备能够采集网络、信息系统及其组件的记录与活动数据，并对这些数据进行存储和分析，以实现事件追溯、发现安全违规或异常。

3）网络脆弱性扫描设备利用扫描手段检测目标网络系统中可能存在的安全弱点的软件或软硬件组合设备。

4）网络流量控制设备可以对安全域的网络进行流量监测和带宽控制。

2. 威胁检测系统

威胁检测系统是集入侵检测、入侵防御设备于一体，依照安全策略对工业网络系统的运行状况进行监视，发现并阻断各种入侵攻击、异常流量、非法操作或异常行为的软硬件一体化设备。设备通过深入分析网络上捕获的数据包，结合特征库进行相应的行为匹配，实现入侵行为检测和防御、病毒恶意代码查杀、Web 攻击防护、安全风险评估、安全威胁可视化等功能。部署威胁检测系统可以及时发现来自生产网外部或内部违反安全策略的行为及被攻击的迹象，通过告警提醒工业用户及时采取应对措施，最终达到保障生产网络安全运行的目的。

该类设备包含以下几种设备：

1）入侵检测系统。将网络上的数据包作为数据源，监听所保护网络节点的所有数据包并进行分析，从而发现异常行为。

2）抗拒绝服务攻击设备。用于识别和拦截拒绝服务攻击、保障系统可用性。

5.7.4　数据安全类专用设备

随着信息化的发展，数据安全类专用设备成为核心数据的存储载体，数据安全与稳定直接关系着业务系统的安全与稳定。数据安全一旦无法保证，会直接导致用户敏感数据泄露，间接可能导致用户业务系统的停机，因此信息安全建设的中心由网络防护向数据防护转移。涉及数据安全类专用设备包含数据采集安全专用设备、数据存储安全专用设备和数据销毁安全专用设备。其中，数据处理与共享安全主要由主动防护类和被动监测类专用设备保障。此外，还需要关注数据安全统一管理专用设备。典型的数据安全类专用设备如图 5-16 所示。

图 5-16　数据安全类专用设备

1. 数据采集安全专用设备

在数据采集过程中，需要充分考虑数据的审计与过滤。具体来说，数据审计过程通过端口镜像方式捕获数据流量，对引入的流量进行审计和安全分析，不改变网络拓扑，不影响业务数据。具体包括：

（1）数据资产可视化　数据采集安全专用设备可以实现数据库资产分布和风险情况的可视化，提升数据安全治理能力。通过首页监控，展示数据库服务器的分布情况和风险状态；实时监控用户的数据库操作行为，及时对异常行为进行告警，防止业务瘫痪，保障业务系统的可用性。

（2）安全事件溯源　数据采集安全专用设备提供详尽的数据库访问特征信息，帮助用户精准分析异常操作，结合审计关联到最终的业务操作用户，完善溯源手段，为所有安全事件提供事后追查依据。

另外，承担过滤功能的设备也是保障数据采集安全的一类重要设备。其主要包含两类设备，具体包括：

1）数据库防火墙是基于数据库协议分析与访问行为控制的数据库安全设备。该设备通过全面的数据库通信协议解析，基于身份鉴别和行为分析的主动防御机制，能够主动实时监控、识别、告警和阻断针对数据库的安全威胁，实现数据库行为特征分析、访问行为监控和危险操作阻断。

2）信息过滤设备提供对文本、图片等网络信息进行筛选控制的功能。

2. 数据存储安全专用设备

数据存储安全专用设备主要分为四类，包括数据备份与恢复设备、文件加密存储设备、数据泄露防护设备、网站数据恢复设备，其主要目的是保证数据在数据库中存储时无法被攻击者获取。

1）数据备份与恢复设备。能够对主流操作系统平台内的文档、音视频、图片、日志等非结构化数据实时备份保护。此外，能够通过直接捕获源数据库的事务日志，将数据库产生的日志实时复制到目标系统数据库中。同时，通过捕捉文件系统数据或元数据变化事件，将变动记录下来，实现任意时间点数据的恢复等。

2）文件加密存储设备。用于防御攻击者窃取以文件等形式存储的数据，保障存储数据安全。

3）数据泄露防护设备。通过对安全域内部敏感信息输出的主要途径进行控制和审计，防止安全域内部敏感信息被非授权泄露。

4）网站数据恢复设备。提供对网站数据的监测、防篡改，并实现数据备份和恢复等安全功能。

3. 数据销毁安全专用设备

一般由数据销毁安全专用设备保障数据销毁安全，销毁安全专用设备采用信息技术进行逻辑级底层数据清除，彻底销毁存储介质所承载的数据。

4. 数据安全统一管理专用设备

数据安全统一管理专用设备以零信任客户端为边界，结合中心端的零信任安全网关和自适应安全平台，并基于单包认证的网络隐身技术，可构建起一张隐形的零信任安全访问网络，此网络只对"特定的用户＋特定的设备"可见，对其他人完全不可见，可极大降低企业核心数据暴露和泄露危险，有效避免核心应用遭受网络攻击。

在数据流转保护方面，设备提供泛终端环境中的数据保护，防止终端泛在化、网络攻击复杂和常态化带来的终端环境被入侵、被控制的风险。同时，设备提供多样化网络通信环境中的数据保护，规避数据在多样化的网络中传输时，存在被窃取、被监听、被篡改的风险。并且，设备还提供计算与存储环境中的数据保护，规避服务器被攻击、被入侵导致的业务停摆或数据泄露风险。此外，设备还提供数据使用过程中的保护，避免敏感数据在使用过程中因管控力度不足，导致核心数据资产的泄露。数据安全统一管理专用设备主要包含：

1）电子文档安全管理设备。通过制作安全电子文档或将电子文档转换为安全电子文档，对安全电子文档进行统一管理、监控和审计的设备。

2）安全数据库系统。在系统设计、实现、使用和管理等各个阶段都遵循一套完整的系统安全策略的数据库系统，目的是在数据库层面保障数据安全。

5.7.5　安全管理类专用设备

安全管理类专用设备是对工业网络中的安全设备及安全事件进行集中管控的一体化设备，如图 5-17 所示。它可以实现对运维行为进行账号统一管理、资源和权限统一分配，采用层次化、模块化的设计，设备支持集群部署，扩展性强；单个堡垒服务器、应用发布服务器节点故障不影响访问，可靠性高，能极大满足现场需求，设备集用户管理、授权管理、认证管理和综合审计于一体，通过严格的权限控制和操作行为审计，达到消隐患、避风险的目的。此类设备能够实时将工业控制网络中不同厂商的网络设备、安全设备、服务器、操作员站、数据库系统的日志信息进行统一收集、处理和关联分析，帮助一线管理人员从海量日志中迅速、精准地识别安全事件，及时对安全事件进行追溯或干预；通过对生产控制网络中的边界隔离、网络监测、主机防护、入侵检测、运维管理等安全产品进行集中管理，实现安全策略的统一配置、运行状况的全面监控、安全事件的实时告警；同时基于工业控制设备指纹识别技术实现工业网络的脆弱性识别，帮助工业企业用户掌握工业控制网络的安全现状，降低运维成本，提高安全事件响应效率。

图 5-17　安全管理类专用设备

安全管理类专用设备具体包括以下几类：

1）威胁管理设备。通过统一部署的安全策略，融合多种安全功能，针对面向网络及应用系统的安全威胁进行综合防御的网关型设备或系统。

2）安全操作系统。从系统设计、实现到使用等各个阶段都遵循了一套完整的安全策略，目的是在操作系统层面保障系统安全。

3）公钥基础设施。支持公钥管理体制，提供鉴别、加密、完整性和不可否认服务。

4）信息系统安全管理。对信息系统的安全策略以及执行该策略的安全计算环境、安全区域边界和安全通信网络等方面的安全机制实施统一管理。

5）安全配置检查设备。基于安全配置要求实现对资产的安全配置检测和合规性分析，生成安全配置建议和合规性报告。

6）运维安全管理设备。能够对信息系统重要资产维护过程实现单点登录、集中授权、集中管理和审计。

7）日志分析设备采集信息系统。对系统中的日志数据进行采集，并进行集中存储和分析。

8）身份鉴别设备。要求用户提供以电子信息或生物信息为载体的身份鉴别信息，确认应用系统使用者身份。

9）终端安全监测设备。对终端进行安全性监测和控制，发现和阻止系统和网络资源的非授权使用。

10）负载均衡设备。提供链路负载均衡、服务器负载均衡、网络流量优化和智能处理等功能。

参 考 文 献

[1] 中国政府网. 工业互联网是新一代信息技术与制造业深度融合的新兴产物 [EB/OL]. (2017-11-03)

［2024-10-09］.https：//www.gov.cn.

［2］工业互联网产业联盟.工业互联网典型安全解决方案案例汇编（2022）［R/OL］.（2023-07-03）
［2024-10-09］.https：//aii-alliance.org.

［3］工业互联网产业联盟.工业互联网典型安全解决方案案例汇编（2021）［R/OL］.（2022-12-03）
［2024-10-09］.https：//aii-alliance.org.

［4］工业互联网产业联盟.工业互联网典型安全解决方案案例汇编（2020）［R/OL］.（2021-12-16）
［2024-10-09］.https：//aii-alliance.org.

［5］工业互联网产业联盟.工业互联网典型安全解决方案案例汇编（2019）［R/OL］.（2020-09-04）
［2024-10-09］.https：//aii-alliance.org.

［6］赵申，陈魏魏，刘振.工业互联网环境下的网络安全技术与挑战分析［J］.信息系统工程，2024（6）：
133-136.

［7］LASI H，FETTKE P，KEMPER H G，et al.Industry 4.0［J］.Business & Information Systems
Engineering，2014，6：239-242.

［8］中国社会科学院经济所.德国的工业4.0及其影响［EB/OL］.（2014-02-24）［2024-10-09］.http：//
www.cass.cn.

［9］工业信息安全产业发展联盟.工业互联网智能设备安全的思考［R/OL］.［2024-10-09］.https：//www.
secrss.com/articles/17802.

［10］工业互联网产业联盟.工业互联网安全框架［R/OL］.（2018-12-11）［2024-10-09］.https：//aii-
alliance.org.

［11］枭枭.工业互联网的十大关键传感器［EB/OL］.（2021-02-26）［2024-10-09］.https：//www.
sensorexpert.com.cn/.

［12］罗军舟，何源，张兰，等.云端融合的工业互联网体系结构及关键技术［J］.中国科学：信息科学，
2020，50（2）：195-220.

［13］田辉，贺硕，林尚静，等.工业互联网感知通信控制协同融合技术研究综述［J］.通信学报，2021，
42（10）：211-221.

［14］朱国军，何静，张宏远.工业互联网平台领先企业数字化动态能力的形成与演化：基于华为公司的探
索性纵向案例研究［J］.科技管理研究，2023，43（15）：159-168.

［15］丁朝晖，张伟，杨国玉，等.电力工控系统网络安全大数据智能分析平台关键技术研究［J］.中国设
备工程，2022（S2）：139-141.

［16］高伟波，李仲琴，谢琛.基于威胁情报的网络安全研究［J］.信息系统工程，2024（7）：125-128.

［17］刘建东，秦宁，刘同干.基于大型语言模型的网络安全威胁分析［J］.自动化应用，2023，64（18）：
226-228.

［18］董悦，王吉，李艺.工业互联网场景下数控机床网络安全威胁与防护［J］.自动化博览，2022，39
（9）：32-35.

［19］工业和信息化部.工业和信息化部关于印发工业控制系统网络安全防护指南的通知［EB/OL］.
（2024-02-02）［2024-10-09］.https：//www.gov.cn.

［20］秦琰.基于数据融合的工业互联网安全态势感知系统研究［J］.信息系统工程，2023（8）：16-19.

［21］敖翔."1+N"工业安全监测防护体系建设［J］.自动化博览，2024，41（1）：58-61.

［22］CHEN H，ZHOU S，CHEN C，et al. A business-oriented methodology to evaluate the security of software
architecture quantitatively［J］. International Journal of Software Engineering and Knowledge Engineering，
2023，34（2）：239-271.

［23］高庆，陈静，许平，等.工业嵌入式软件开发安全漏洞模式研究［J］.信息安全研究，2022，8（6）：
595-604.

［24］工业互联网产业联盟.2022年中国工业互联网安全态势报告［R/OL］.（2023-07-03）［2024-10-09］.
https：//aii-alliance.org.

［25］ 陶耀东，李宁，曾广圣 . 工业控制系统安全综述［J］. 计算机工程与应用，2016，52（13）：8-18.

［26］ 张志伟，丰存旭 . 工业控制网络安全研究与设计［J］. 自动化博览，2023，40（1）：32-34.

［27］ 孙彦斌，汪弘毅，田志宏，等 . 工业控制系统安全防护技术发展研究［J］. 中国工程科学，2023，25（6）：126-136.

［28］ FALLIERE N，MURCHU L O，CHIEN E. W32. stuxnet dossier［J］. White paper，2011，5（6）：29.

［29］ CASE D U. Analysis of the cyber attack on the Ukrainian power grid［J］. Electricity Information Sharing and Analysis Center（E-ISAC），2016，388（1-29）：3.

［30］ DI P A，DRAGONI Y，CARCANO A. Triton：The first ICS cyber attack on safety instrument systems［J］. Black Hat USA，2018，16（2）：723-733.

［31］ 黄涛，付安民，季宇凯，等 . 工控协议逆向分析技术研究与挑战［J］. 计算机研究与发展，2022，59（5）：1015-1034.

［32］ MAKRAKIS G M，KOLIAS C，KAMBOURAKIS G，et al. Vulnerabilities and attacks against industrial control systems and critical infrastructures［J］. IEEE Access，2021，9：165295-165325.

［33］ MEN J，LV Z，ZHOU X，et al. Machine learning methods for industrial protocol security analysis：Issues，taxonomy，and directions［J］. IEEE Access，2020，8：83842-83857.

［34］ 蔺俊豪，冯冬芹 . 基于逆向云算法模型的工业控制系统工艺稳定性建模与攻击防护［J］. 智能科学与技术学报，2020，2（1）：53-61.

［35］ CASTELLANOS J H，OCHOA M，CARDENAS A A，et al. AttkFinder：Discovering attack vectors in PLC programs using information flow analysis［C］//Proceedings of the 24th International Symposium on Research in Attacks，Intrusions and Defenses. New York：Association for Computing Machinery，2021：235-250.

［36］ JINGRAN W，MINGZHE L，AIDONG X，et al. Research and implementation of secure industrial communication protocols［C］//2020 IEEE International Conference on Artificial Intelligence and Information Systems（ICAIIS）. New York：IEEE，2020：314-317.

［37］ 缪思薇，余文豪，姚峰，等 . 针对 PLC 访问控制的安全分析［J］. 计算机与现代化，2019（9）：41-45.

［38］ 杨浩，姜斌，周东华 . 互联系统容错控制的研究回顾与展望［J］. 自动化学报，2017，43（1）：9-19.

［39］ 苏红生，刘燕江，李高桥，等 . 工业控制系统网络安全防护体系建设研究［J］. 自动化仪表，2024，45（2）：111-115.

［40］ 米庆军，冯大鹏，于慧超 . 工业控制系统网络安全体系的架构设计［J］. 自动化应用，2023，64（10）：88-90.

［41］ 陈妍，朱燕，刘玉岭，等 . 网络安全态势感知标准架构设计［J］. 信息安全研究，2021，7（9）：844-848.

［42］ 周志勇，任涛林，孙明，等 . 工业互联网平台体系架构及应用研究［J］. 中国仪器仪表，2021（6）：45-50.

［43］ 佟国毓，尚文利，陈春雨，等 . 工业互联网云平台信息安全关键技术［J］. 自动化博览，2019，36（S2）：80-85.

［44］ 董悦，王志勤，田慧蓉，等 . 工业互联网安全技术发展研究［J］. 中国工程科学，2021，23（2）：65-73.

［45］ 李阳春，王海龙，李欲晓，等 . 国外工业互联网安全产业布局及启示研究［J］. 中国工程科学，2021，23（2）：112-121.

［46］ 蒋融融，翁正秋，陈铁明 . 工业互联网平台及其安全技术发展［J］. 电信科学，2020，36（3）：3-10.

［47］ 工业和信息化部 . 工业互联网平台 应用管理接口要求［S］. 北京：人民邮电出版社，2021.

［48］ 工业和信息化部 国家标准化管理委员会 . 工业互联网综合标准化体系建设指南（2021 版）［R/OL］.（2021-11-24）［2024-10-09］. https：//www.gov.cn.

［49］工业互联网产业联盟.工业互联网标识应用白皮书（2021）［R/OL］.（2021-12-30）［2024-10-09］. https：//aii-alliance.org.

［50］肖鸿耀，唐忠友，宋仕斌.工业互联网标识解析体系安全技术研究［J］.自动化博览，2024，41（7）： 44-47.

［51］工业互联网产业联盟.可信工业数据空间架构白皮书1.0［R/OL］.（2022-01-01）［2024-10-09］. https：//aii-alliance.org.

［52］工业信息安全产业发展联盟.工业互联网数据安全白皮书（2020）［R/OL］.（2020-12-24）［2024-10-09］.https：//hrssit.cn.

［53］AKHTAR N，SADDIQUE M，ASGHAR K，et al. Digital video tampering detection and localization： Review，representations，challenges and algorithm［J］.Mathematics，2022，10（2）：168.

第 6 章

工业互联网智能决策技术

章知识图谱

智能决策是工业互联网智能化的"大脑"。首先，本章从智能制造生态系统模型着手，介绍产品生命周期、生产系统生命周期、供应链管理业务周期的基础知识；其次，重点介绍产品设计、生产以及供应链管理等过程中的智能决策方法，探讨工业互联网智能决策对智能制造的作用。

6.1 智能制造生态系统模型

2016 年，美国国家技术与标准研究院（National Institute of Standards and Technology, NIST）正式发布了智能制造生态系统模型，如图 6-1 所示。该模型详尽地描绘了产品生命周期、生产系统生命周期和供应链管理业务周期三大核心内容。产品生命周期的考量范围自早期产品设计阶段起始，直至产品使用寿命的终结；生产系统生命周期侧重于整个生产设施及系统的设计、部署、运行及回收等关键环节；而供应链管理业务周期则聚焦于供应商与客户间的互动，包括采购、制造和退回等阶段。

6.1.1 产品生命周期

产品生命周期是指一个产品从设计到退出市场的全过程，可以细分为五个主要阶段：产品设计阶段、工艺设计阶段、生产制造阶段、使用和服务阶段以及产品回收阶段。

1. 产品设计

产品设计始于对用户和市场需求的深入解析，核心目标是实现能够切实满足这些需求的功能特性。此阶段在产品开发周期中占据至关重要的地位，涵盖产品构思、概念设计、详细设计以及方案评价等多个环节。产品设计不仅仅是一个单一学科的工作，还需要机械工程、电子工程、材料科学、工业设计、人机工程学等多个学科知识和技能的协同。现代产品设计需要集成多种技术，包括 CAD、CAM、CAE 等。这些技术帮助设计师在设计阶段就能够模拟和测试产品。

产品设计是一个多维度、跨学科的创新过程，主要包括以下步骤：

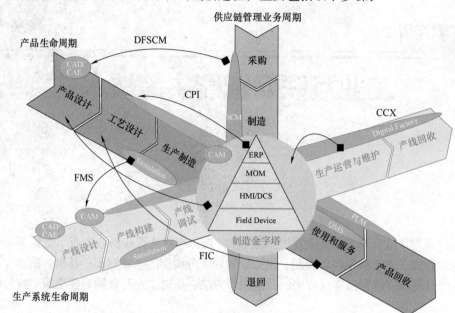

图 6-1　NIST 智能制造生态系统模型

（1）市场洞察和用户需求分析　通过市场调研，精准把握目标用户的偏好、需求与痛点，为产品设计提供坚实的数据支撑。同时，对现有产品进行深入分析亦不可或缺，以便借鉴优点，规避不足。在此阶段，运用问卷调查、用户访谈、数据分析等多种手段，广泛收集数据，并运用统计学原理进行深入挖掘，可以揭示用户需求的本质与趋势。例如，通过用户评价分析，能够洞悉用户对产品某方面的期待，从而在设计中加以改进和优化。

（2）概念设计　概念设计旨在将市场需求与用户需求转化为具有吸引力的产品概念。设计师将充分发挥想象力与创造力，围绕产品核心功能与用户需求展开讨论，提出多种可能的解决方案，并通过草图或原型加以呈现。经过多轮讨论与修改，筛选出最具可行性与潜力的设计方案进行深入研究和完善。

（3）详细设计　详细设计是产品设计过程中的核心环节，起着至关重要的作用。其主要目标是将初步的概念设计转化为具体且具备实施条件的详尽设计方案。在此阶段，设计师需要对产品的每一个细节进行深入研究和精心设计，这包括但不限于产品的结构、材料、尺寸、接口、电气特性等各个方面；设计师需要充分考虑产品的使用环境、用户需求、生产工艺、成本控制等因素，以确保设计方案的可行性和优化产品的性能；此外，设计师还需要考虑到产品的可维护性和可靠性，以延长产品的使用寿命，降低产品的维护成本。

2. 工艺设计

工艺设计阶段主要是对产品的生产工艺进行设计，包括选择合适的生产设备、制定生产流程和质量控制标准等，以确保产品能够以高效、稳定的方式进行生产，包括如下基本步骤：

（1）工艺流程规划　工艺流程规划是生产制造中的重要环节，涉及对产品从原料到成品的每一个制作步骤，都需要进行细致的安排和设计。其中，包括了对原材料的切割、成型、装配等多个关键步骤的精确规划。切割过程可能需要根据产品设计图样，利用各种切割机械对原料进行尺寸和形状的初步分割；成型则是在切割之后，通过加热、压制或其他物理或化学方法，使原料进一步形成产品所需的形状；装配则是将各个成型后的部件组合在一起，按照设计要求安装必要的机械装置或电子元件，最终形成完整的产品。每个步骤都需要严格遵循生产工艺标准，确保产品质量和生产效率。

（2）工艺参数确定　工艺参数的精准确定是工艺设计过程中至关重要的一环，它涉及为每一个具体的工艺步骤精心挑选恰当的设备、工具，并设定一系列相关的操作参数。这些参数包括但不限于温度、压力、速度以及其他物理和化学变量，它们共同作用于原料或半成品，指导它们在生产线上顺利地经历各种转变。例如，在某些化学反应中，反应温度需要被严格控制，以确保反应速率与产品质量；而在金属加工过程中，压力和速度的设定则直接关系到成品的强度和表面光洁度。因此，对于每一个工艺步骤，都必须细致地考虑并设定这些关键参数，以确保产品的质量和生产的效率都能达到预定的标准。

（3）原型制作　原型制作是验证设计可行性与正确性的重要手段，为后续生产与制造提供有力支持。在此过程中，需要精选材料与工艺，确保产品原型的精细加工与组装。测试环节涵盖功能测试、性能测试、用户体验测试等多个方面，以确保产品质量与性能符合设计要求。同时，收集用户反馈与意见，不断优化与改进产品设计。

（4）工艺优化　根据产品的测试结果，对整个工艺流程和各个关键参数进行细致的调整和优化，以确保产品的质量和性能能够满足设计要求。这一过程需要对测试数据进行深入分析，找出存在的问题，然后针对这些问题对工艺流程和参数进行改进。通过这种方式，可以提高产品的质量和可靠性，减少生产成本，提高生产效率。

3. 生产制造

生产制造是将产品的设计理念和制造工艺精准地转化为具体可执行生产的过程。这涉及对原材料的细致筛选和全球采购，不仅要确保每个组件和材料都满足高质量标准，而且还要确保这些原材料的供应链稳定可靠；此外，还包括生产设备的精准配置和生产线的巧妙构建，这些工作的目的是打造一个既节能又高效的生产环境，让生产流程像流水线一样顺畅，避免任何可能的停滞。同时，对整个生产流程实施严格的质量控制和监督，监控每一个生产步骤是否符合预先设定的严格标准，从而保障产品质量的始终如一。这一过程是整个产品制造中至关重要的一环，它的主要目标是保证最终产品能够不折不扣地贯彻设计意图，以满足市场的多变需求和消费者的期待。

生产制造过程可分为以下步骤：

（1）生产计划制定　生产计划是生产制造过程管理的核心。企业需要根据市场需求、产能情况、原材料供应等因素，制定合理的生产计划。生产计划需要明确生产目标、生产周期、生产数量等关键指标，以确保生产过程的顺利进行。

（2）原材料采购　企业需要根据生产计划和产品要求，选择合适的原材料供应商。同时，企业还需要对采购的原材料进行质量检查和验收，以确保原材料的质量符合生产要求。

（3）加工制造　企业需要根据产品设计和生产要求，对原材料进行加工和制造。这个过程中需要使用各种生产设备和工具，如机床、冲压机、焊接机等。同时，企业还需要对生产过程进行严格控制和管理，以确保产品质量和生产效率。

（4）质量检测　质量检测是生产制造的重要环节。企业需要对生产的每一批产品进行全面的质量检测，包括外观检查、性能测试、安全测试等。只有符合质量要求的产品才能被送往下一个环节。

（5）包装运输 包装运输是生产制造的最后一步。企业需要对产品进行包装和标识，以便运输和销售。同时，企业还需要选择合适的运输方式和运输公司，确保产品能够安全、快速地送达客户手中。

4. 使用和服务

产品已经经历了生产过程，进入了消费者的生活领域。消费者开始实际使用这个产品，体验其功能和性能。这个阶段是产品生命周期中至关重要的环节，因为它直接关系到消费者对产品的满意度和忠诚度。同时，这也是产品提供方展现其服务质量的时刻，他们通过提供优质的售后服务来解决消费者在使用过程中可能遇到的问题，以进一步提升消费者的满意度。此外，这个阶段也是产品提供方收集消费者反馈和市场信息的重要途径，这些信息可以帮助他们更好地了解消费者的需求和期望，进而改进产品，增强其市场竞争力。

5. 产品回收

产品回收阶段是产品生命周期的最后阶段，涉及产品在完成其使用功能后的处理和再利用。根据产品的材质和特性，采取合适的处理方式，如物理处理、化学处理或生物处理等，以最大限度地减少废物产生和环境污染。

1）物理处理通常包括拆解、破碎、分选等操作。这些操作对产品的材质和结构要求较高，适用于可回收材料如金属、塑料等的处理。通过物理处理，我们可以将产品分解为不同的部件和材料，以便进行后续的回收或再利用。

2）化学处理则主要利用化学反应来改变材料的性质。使其更易于回收或处理。这种方法在处理一些复杂材料或污染物时非常有效，但需要注意的是，化学处理过程中可能会产生新的污染物，因此需要严格控制处理条件和废弃物排放。

3）生物处理则是利用生物技术来降解或转化有机物质。这种方法在处理生物质废弃物时非常有效。通过生物处理，可以将有机废弃物转化为有用的生物肥料或能源，实现资源的循环利用。

综上所述，这个阶段对于减少产品对环境的影响、提高资源的利用效率具有重要的作用。我们需要通过科学的评估、合理的处理和有效的回收利用，实现资源的最大化利用和环境的最小化破坏，为可持续发展做出积极贡献。

6.1.2　生产系统生命周期

生产系统生命周期是指生产系统从产线设计、产线构建、产线调试、生产运营与维护到产线回收的全过程，下面进行具体介绍。

1. 产线设计

产线设计阶段是确保能够高效、经济地生产产品的关键环节，主要包括以下几个步骤：

1）需求分析。确定产品生产量、质量标准、成本限制和交货时间等要求。

2）产品特性分析。分析产品的特性，包括尺寸、重量、材料、功能等，以确定生产线的布局和设备需求。

3）工艺流程设计。根据产品特性和生产需求，设计生产流程，包括各个生产步骤的顺序和所需时间。

4）设备选型与布局。选择合适的生产设备和工具，并设计生产线的布局，以优化生产效率和空间利用。

5）自动化与信息化。考虑生产线的自动化和信息化需求，选择合适的生产设备控制系统和生产过程管控软件。

2. 产线构建

产线构建阶段涉及从规划到实际生产线的建立和调试等一系列活动，主要包括以下几个步骤：

1）投资预算。根据产线设计阶段的结果，评估所需资金，包括设备、材料、人工等成本。

2）采购与合同。购买构建产线所需的设备和材料，签订相关合同。

3）施工与安装。进行生产线的物理建设，包括设备安装、电气布线等。

4）调试与测试。对生产线进行调试，确保设备正常运行，生产出符合标准的产品。

3. 产线调试

产线调试阶段是确保生产线能够按照预期运行并达到生产目标的关键时期，主要包括以下几个步骤：

1）设备检查。确保所有设备都已正确安装，并且没有损坏或缺失部件。

2）系统测试。对生产线的各个系统进行测试，包括电气系统、气动系统、液压系统等。

3）软件配置。配置生产线控制软件，确保所有自动化和控制系统能够正常工作。

4）工艺参数设置。根据产品设计和生产要求，设置正确的工艺参数，如温度、压力、速度等。

5）试运行。在没有实际产品的情况下，进行生产线的空载试运行，检查设备运转是否平稳。

6）带料试运行。在生产线上加入原材料，进行带料试运行，观察生产过程是否顺畅。

7）质量检测。对试生产的产品进行质量检测，确保产品符合质量标准。

8）问题诊断与解决。在试运行过程中，识别并解决任何出现的问题，如设备故障、工艺缺陷等。

9）性能优化。根据试运行的结果，对生产线进行性能优化，提高效率和产出。

4. 生产运营与维护

生产运营与维护阶段是确保生产线持续稳定运行并实现高效生产的关键时期，主要包括以下几个步骤：

1）日常生产管理。制定生产计划，监控生产进度，确保生产任务按时完成。

2）质量控制。持续进行产品质量检测，确保产品符合既定的质量标准。

3）设备维护。定期对设备进行检查和维护，预防设备故障，延长设备使用寿命。

4）员工管理。管理生产线员工，包括工作分配、绩效评估和激励机制。

5）安全生产。确保生产线遵守安全规程，减少工伤事故。

6）成本控制。监控生产成本，寻找降低成本的方法，提高生产效率。

7）库存管理。合理管理原材料和成品库存，避免过剩或短缺。

8）供应链协调。与供应商和物流合作伙伴保持良好沟通，确保原材料供应和产品分销的顺畅。

9）持续改进。收集生产数据，分析生产过程中的问题和瓶颈，不断优化生产流程。

10）技术升级。跟踪行业技术发展，适时对生产线进行技术升级，提高竞争力。

生产运营与维护是一个持续的长周期过程，需要不断地评估和调整以适应市场变化和内部需求。

5. 产线回收

产线回收阶段是生产系统生命周期的最后阶段，它涉及对不再使用或过时的生产线进行安全、环保和经济的处理。主要包括以下几个步骤：

1）评估与决策。评估生产线的当前状态和剩余价值，决定是否进行修复、升级或报废。

2）合规性审查。确保报废过程符合当地的环保法规和安全标准。

3）资产评估。对生产线的各个组成部分进行评估，确定其残值和回收价值。

4）通知相关方。通知员工、供应商、客户等相关方关于生产线报废的决定。

5）安全关闭。在正式报废前，确保生产线安全关闭，避免对人员和环境造成伤害。

6）数据备份与销毁。备份重要数据，销毁敏感信息，确保数据安全。

7）设备拆卸。专业团队拆卸生产线设备，确保过程中的安全。

8）分类与标记。将设备和材料按照可回收、不可回收和危险废物进行分类和标记。

9）环保处理。对危险废物进行安全处理，确保不污染环境。

10）回收与再利用。将可回收材料送往回收站或再利用工厂。

6.1.3 供应链管理业务周期

供应链在不同时期具有不同定义。供应链最初的定义是由 Martin Christopher（马丁·克里斯多夫）在 1992 年给出的，定义为：供应链是一个由许多组织经上下游链接而成的网络，它们在不同的流程与活动中产生价值，并以产品和服务的形式交付给最终客户。

1995 年，美国供应链管理协会的前身——美国生产与库存控制协会，定义供应链是一个全局化的、用来将原材料转化成产品或服务并送抵最终客户手里的网络，其中包含了信息、产品和资金等的流动，如图 6-2 所示。

图 6-2　美国生产与库存控制协会定义的供应链模型

Beamon（比蒙）把供应链视为一个由三个阶段构成的过程，将各类企业实体包括供应商、制造商、物流商和零售商整合在一起，以完成原材料获取到最终产品的转换，以及将最终产品运送到零售终端的全过程。该供应链模型中包含正向的产品流和逆向的信息流，其中，原材料或产品的流动方向是由上游流向下游，而信息流则反向传递，如图 6-3 所示。

图 6-3　Beamon 供应链模型

然而，Beamon 供应链模型存在明显的局限，产品流和信息流实际是双向的。供方需要向需方提供产品价格、库存、发货时间等信息，而需方也会向供方提供需求品种和数量、时间、地点等信息。从产品流的角度来看，需方所需的产品会从供方流入，而不合格的、冗余的产品也会逆向流回供方。美国供应链管理协会认为供应链是供应网络，即一个组织向下游延伸到客户的客户，向上游延伸到供应商的供应商的网络，如图 6-4 所示。

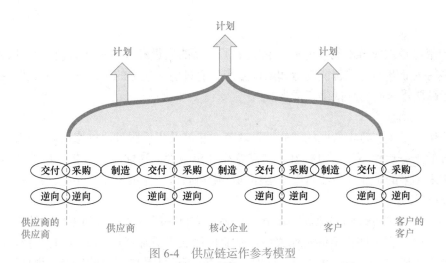

图 6-4　供应链运作参考模型

总结来说，上述代表性定义普遍将供应链视作一个从原材料到交付客户最终产品或服务的过程。该过程也包含产品开发过程，而参与这个过程的不同企业，总会与其上游供应商或下游客户之间产生某种联系，从而或多或少地发生合作与协同关系。因此，协同是管理供应链的一个重要特征。

我国《国务院办公厅关于积极推进供应链创新与应用的指导意见》对供应链的定义是"供应链是以客户需求为导向，以提高质量和效率为目标，以整合资源为手段，实现产品设计、采购、生产、销售、服务等全过程高效协同的组织形态。"这一定义不仅揭示了供应链的本质，还为深入理解和应用供应链提供了重要指导。在制造各行业中，供应链的作用尤为突出。它如同一个复杂而精细的生态系统，将各种资源、信息和流程紧密地连接在一起，形成一个高效运作的有机整体。同时，供应链规划设计涉及多个学科领域，每一个方面都紧密相关，共同构建了一个高效、协调、可持续的供应链生态系统。

供应链主要包括如下重要节点：

1. 客户需求管理与交付

客户需求管理不仅要满足客户需求，还要精准洞察市场趋势。通过先进的客户数据分析，企业能够更准确地把握消费者的喜好和需求，从而在产品设计和生产阶段就做出更符合市场需求的决策。

2. 库存管理

库存是供应链的"心脏"，其供应保障能力直接影响到企业的运营效率。合理的库存管理可以确保产品及时供应，避免断货风险，同时也能降低库存成本，提升企业的资金利用效率。随着大数据和人工智能技术的发展，越来越多的企业开始采用智能库存管理系统，实现库存的自动化管理和实时调整。

3. 物流管理

物流管理是供应链中不可或缺的一环。它涉及产品的运输、仓储、配送等各个环节，需要高效、准确的协调和管理。现代物流管理已经不再局限于传统的运输方式，而是借助互联网、物联网等技术手段，实现了对物流信息的实时监控和快速响应，大大提升了物流效率和准确性。

4. 生产制造

生产制造是供应链的物理基础，它决定了产品的质量和成本。随着制造业的转型升级，越来越多的企业开始注重智能制造和柔性生产，通过引入先进的生产设备和工艺，提高生产效率和产品质量，同时降低生产成本。

5. 服务运作

服务运作是供应链中所谓的"软性"环节，它涉及售后服务、维修保养、客户咨询等方面。良好的服务运作不仅可以提升客户满意度和忠诚度，还能为企业带来额外的收入来源。因此，越来越多的企业开始注重服务运作的优化和创新，提供更加个性化、专业化的服务。

6. 采购管理

采购管理是供应链的"源头"环节，它决定了企业所需原材料和零部件的来源和质量。通过与供应商建立长期稳定的合作关系，企业可以获得更加优质、低价的原材料和零部件，从而降低生产成本、提高产品质量。同时，采购管理还涉及供应商的选择、评估和监控等方面，需要企业具备丰富的专业知识和经验。

7. 质量管理

质量是企业的生命线，也是供应链中不可或缺的一环。通过严格的质量控制和检测手段，企业可以确保产品的质量和性能符合标准和客户需求。同时，质量管理还涉及对生产过程的监控和改进等方面，需要企业具备高度的责任感和敬业精神。

8. 逆向管理

逆向管理是指对产品从消费者或用户手中返回到生产者或回收站的流程进行管理。这通常涉及退货、维修、再制造、再利用和回收等环节。供应链逆向管理是提高资源利用效率、降低成本和增强客户满意度的重要手段。企业需要综合考虑经济、环境和社会因素，以实现可持续的供应链管理。

　　整体上来说，供应链规划设计是一个复杂而重要的过程，它涉及多个学科领域和环节。只有通过全面、深入的规划和设计，才能构建出一个高效、协调、可持续的商业生态系统，为企业带来持续的竞争优势和发展动力。

6.2　产品设计过程中的决策

　　产品设计过程中的决策，简称产品设计决策，涉及多个层面和环节，从市场调研到产品概念的形成，再到详细设计，以及后期的原型制作和测试，每一个阶段都需要做出一系列的决策。这些决策可能涉及产品功能的选择、用户体验的设计、材料的选择、成本控制、生产工艺等各个方面。这些决策不仅影响产品的生产过程，也直接影响产品的市场表现和用户体验。因此，产品设计过程中的决策需要设计团队和项目管理者的高度关注和精心策划。

6.2.1　产品设计决策的需求分析

　　产品设计决策是一种综合考虑产品从设计、制造、使用到升级或者回收的整个生命周期的决策方法。它贯穿了从起始阶段的产品设计、精细的工艺规划，直至最终的生产制造等各个环节。产品设计决策强调在产品或服务的每个阶段做出的决策都应该考虑到对环境、社会和经济的影响，以实现可持续发展。

　　1）在产品设计阶段，产品设计决策需要综合考虑市场需求、技术可行性、成本效益等多方面因素。通过集成决策系统，项目团队可以更加精准地把握产品设计的方向，确保设计方案既满足市场需求，又具备技术上的可行性，同时在成本控制上也能达到最优。

　　2）在工艺规划阶段，产品设计决策能够帮助项目团队更好地优化生产流程，提高生产效率。通过集成决策系统，可以对不同工艺方案进行模拟和评估，从而选择出最优的生产工艺，降低生产成本，提高产品质量。

　　3）在生产制造阶段，产品设计决策同样发挥着重要作用。通过实时收集和分析生产过程中的数据，集成决策系统能够及时发现生产过程中的问题，并提供相应的解决方案。这有助于降低生产风险，提高生产效率，确保项目按时按质完成。

　　4）在回收利用阶段，产品设计决策还需要考虑产品的拆卸、回收和处理方式，以减少对环境的影响并提高资源回收率。

　　设计与制造是产品设计决策中两个至关重要的环节，它们的紧密衔接和高效协同对于提升产品质量、缩短上市时间以及降低成本具有不可忽视的作用。然而，传统的设计与制造流程往往存在信息孤岛、沟通不畅以及重复劳动等问题，这些问题不仅影响了企业的运营效率，也制约了产品的创新和发展。传统批量化生产模式下，产品设计决策分布在各个阶段中，通过设计过程决策和制造过程决策的分阶段决策，实现产品制造全流程的优化。在定制化生产模式下，产品多样、生产批量小，传统的优化决策模式难以满足多样化柔性定制生产对实时决策优化的需求，亟需一种将产品设计与制造过程紧密结合的高效优化决策策略。产品设计阶段需要考虑到产品制造的可行性、成本效益和效率，以确保产品能够以最低的成本和最高的质量被生产出来。

产品设计制造集成决策是一种在产品开发过程中，将设计和制造紧密结合的策略。这种策略的需求论证可以从多个角度进行阐述，包括成本效益、生产效率、产品质量、环境影响和市场竞争力等方面。一体化决策能够有效缩短产品从设计到制造的周期，提升企业在市场上的响应速度。同时，它还促进了资源的合理配置，减少了不必要的资源浪费，符合当前绿色环保的生产理念。在激烈的市场竞争中，这种策略有助于提升企业的核心竞争力，实现持续发展。

图 6-5 展示了典型的设计与制造集成框架。可以看到，整个生产流程涵盖了计算机辅助设计、工艺设计、可制造性分析等多个关键阶段，每个环节都紧密相连，共同构成了产品的全生命周期。

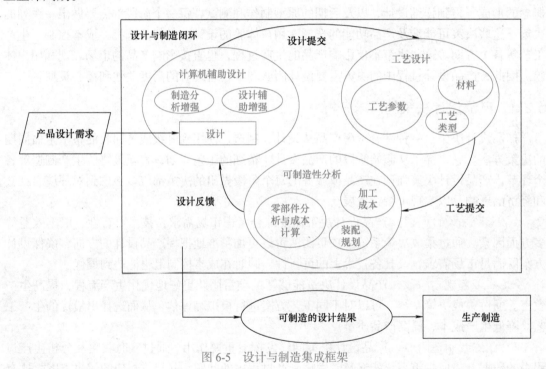

图 6-5　设计与制造集成框架

通过设计与制造集成，可以为企业带来诸多好处：

1）集成决策有助于提高设计方案的可行性。在设计阶段，制造部门的专业知识和经验能够为设计师提供参考，帮助他们更好地预测和避免制造过程中可能出现的问题。这样一来，设计方案不仅更加贴近实际生产，还能减少后期修改和返工的可能性。

2）集成决策有助于降低生产成本。在设计阶段充分考虑制造过程中的材料、工艺和设备等因素，企业能够避免使用过于昂贵或难以获取的材料，优化生产工艺和设备配置，从而降低生产成本。

3）集成决策还有助于提高生产效率。由于设计与制造之间的信息流通更加顺畅，企业能够及时发现和解决生产过程中的问题，减少生产延误和浪费。

　　然而，要实现产品设计集成决策并非易事。产品设计制造集成决策问题不仅涉及多个学科领域的知识，更是一个跨专业的多学科集成优化问题。多学科集成优化问题的核心在于：如何有效地管理各个学科之间的耦合关系。这种耦合关系体现在多个方面：首先，不同学科的分析是相互依赖的，一个学科的分析结果往往需要作为另一个学科分析的输入；其次，目标函数和约束函数通常同时依赖于设计变量以及来自多个学科的分析输出。这种相互依赖的关系使得多学科优化问题变得异常复杂；此外，除了需要克服组织结构的调整、人员的培训以及信息系统的升级等挑战，还需要制定详细的实施计划，明确各阶段的目标和任务，确保集成决策的顺利实施。

　　为了应对这一挑战，研究者们提出了多种方法和技术。其中，并行或按顺序发生的单一学科优化是一种常见的方法。然而，这种方法往往忽略了学科之间的相互依赖性，导致优化结果可能不够准确。因此，在实际应用中，我们需要充分考虑多学科之间的相互依赖性，以便更准确地描述系统的行为。为了实现这一目标，研究者们不断探索新的优化算法和技术。例如，基于代理模型的多学科优化方法通过构建代理模型来近似表示学科分析过程，从而降低了计算成本并提高了优化效率。此外，协同优化方法也受到了广泛关注，它通过将问题分解为多个子问题并协调解决这些子问题来实现多学科优化。

　　除了算法和技术层面的创新外，还需要关注产品设计集成决策问题中的其他方面。例如，在产品设计阶段，需要充分考虑产品的功能性、可制造性、可靠性等多个方面；在工艺设计阶段，需要关注生产过程的效率、成本、质量等因素；在可制造性分析阶段，需要对产品的生产流程进行全面评估，以确保其能够顺利实现。

　　总之，产品设计制造集成决策是现代制造业发展的必然趋势。通过推动设计与制造之间的深度融合和协同发展，企业可以不断提升自身的核心竞争力，应对日益激烈的市场竞争。同时，这也是推动制造业转型升级、实现高质量发展的必由之路。未来，产品设计集成决策的应用场景将更加广泛。例如，在智能制造领域，一体化决策将助力企业实现高度自动化的生产流程，通过智能设备和系统的协同工作，实现设计与制造的无缝对接。同时，随着大数据和人工智能技术的发展，企业可以更加精准地预测市场需求和消费者偏好，为产品设计提供有力支持。

6.2.2　产品设计决策的关键技术

　　产品设计决策的关键技术体系如图 6-6 所示，包括 CAD 技术、可制造性分析技术、CAPP 技术、工艺知识库构建及自动推理技术、CAE 技术、CAM 技术等。

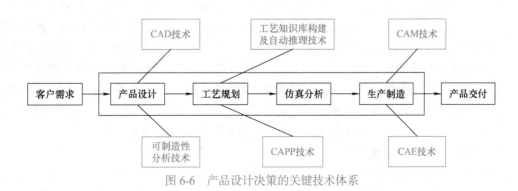

图 6-6　产品设计决策的关键技术体系

1. 计算机辅助设计技术

CAD 技术在产品设计决策中扮演着核心角色，它通过提供强大的建模和仿真功能，帮助设计师快速实现概念化设计。CAD 技术不仅提高了设计效率和准确性，还大大降低了产品开发的时间和成本。它涵盖了二维绘图、三维建模、装配设计、工程图样生成等多个方面。通过可视化的设计过程，CAD 技术能够显著提升设计师的创造力和协作能力。CAD 的主要技术优势体现在：

（1）提高设计效率　通过自动化工具和快捷键，大幅提高设计效率。CAD 软件提供了多种工具和功能，帮助设计师快速创建、修改和优化设计图样和模型。

（2）提升设计精度　精确捕捉设计细节，减少人为误差，确保产品设计的一致性和准确性。此外，CAD 技术还能通过参数化设计，实现快速迭代和多样化设计，为产品定制化和模块化生产提供支持。

（3）便于修改和优化　设计方案可以轻松修改和迭代，提高设计灵活性。设计师可以快速进行设计变更和优化，比较不同设计方案的优缺点，从而选择最优方案。

（4）增强协作能力　多人协作设计和版本控制功能提高团队工作效率。CAD 软件支持多人协作设计和版本控制，设计团队可以实时共享和编辑设计文件，提高协作效率。

CAD 技术推动了设计过程的数字化转型，使设计更加高效和精准。企业可以利用 CAD 技术进行从概念设计到详细设计再到生产制造的全流程数字化设计，确保设计的一致性和高质量。CAD 技术还可以进行产品的虚拟仿真和优化，减少物理样机的需求，通过在设计阶段模拟和测试产品性能，降低开发成本和风险。

进一步，CAD 解决方案使全球团队可以实时协作，提升设计效率。通过云端平台，设计团队可以跨地域协同工作，实时共享和编辑设计文件，缩短产品开发周期。CAD 技术与智能制造相结合，推动了制造业的自动化和智能化发展。此外，CAD 模型可以直接用于数控加工和 3D 打印，提升制造精度和效率，促进个性化定制和柔性生产。

2. 可制造性分析技术

可制造性分析是指设计师在产品设计阶段，利用一组工具和相关知识库，对设计方案进行可制造性评估，以确保设计在制造过程中能够顺利实施，在保证产品功能和质量的前提下修改设计，使产品满足制造工艺的要求。该技术基于非标零部件特征识别结果，结合材料特性、工艺能力、设备状态等多维度信息，对零部件的可制造性进行全面评估。通过模拟分析、数据对比等方法，系统能够预测零部件在制造过程中可能遇到的问题，并给出相应的优化建议。这一技术有助于提高零部件的制造成功率，降低生产成本，提升生产效率。

在产品设计阶段，可制造性分析技术能够提前识别和规避潜在的生产风险，确保产品设计的合理性和可行性。通过模拟和分析，该技术可以预测产品在不同生产环境下的性能表现，为设计师提供改进设计的依据。同时，它还可以帮助企业优化生产流程，提高生产效率，降低生产成本。随着制造业的快速发展和市场竞争的加剧，产品的可制造性已成为企业赢得市场、提高竞争力的重要因素之一。可制造性分析技术作为产品设计阶段的重要工具，通过评估产品的可制造性，可以优化产品设计，降低制造成本，提高生产效率。

3. 计算机辅助工艺规划技术

CAPP 技术是现代制造业中不可或缺的重要技术，通过计算机系统进行工艺规划，利用工艺知识库和推理系统，自动生成合理的工艺方案和工艺规程。CAPP 技术能够根据产品设计数据，结合工艺知识和经验，自动进行工艺分析、工艺方案生成和工艺参数优化，从而提高工艺规划的效率和准确性。

CAPP 的主要技术优势包括：

（1）效率提升　自动化工艺规划显著提高了工艺设计的效率，减少了人工干预，缩短了工艺设计周期，使得产品能够更快地进入生产阶段。

（2）标准化和规范化　系统化的工艺知识库确保了工艺规划的一致性和标准化。

（3）优化设计　根据实际需求优化工艺方案，提高产品质量和生产效率。

CAPP 技术在制造业中的应用前景广阔。通过自动化工艺规划，企业可以显著提高工艺设计的效率和准确性，缩短产品开发周期，降低生产成本。CAPP 技术还支持工艺的优化和标准化，提升了产品质量和生产的一致性。未来，CAPP 技术的发展将依赖于人工智能、大数据和云计算等先进技术的应用，推动工艺规划的智能化和自动化。企业通过应用 CAPP 技术，可以实现从设计到制造的无缝连接，优化生产流程，提升市场竞争力，并推动制造业向更加智能化和高效化的方向发展。

4. 工艺知识库构建及自动推理技术

工艺知识库构建及自动推理技术，通过存储和管理大量的工艺数据和经验知识，利用人工智能和机器学习算法，实现工艺参数的自动计算、工艺流程的自动规划和优化，提升工艺设计的智能化水平，提高设计的准确性和效率。

（1）工艺知识库　工艺知识库是一个集中存储和管理工艺知识的系统，它包含了从产品设计到生产制造各个环节所需的工艺知识、数据、规范和标准等。工艺知识库的建设，有利于企业实现对工艺知识的有效整合和共享，为后续的工艺自动推理和优化提供基础。通常，工艺知识库分为工艺资源库、方案方法库以及工艺参数库，如图 6-7 所示。

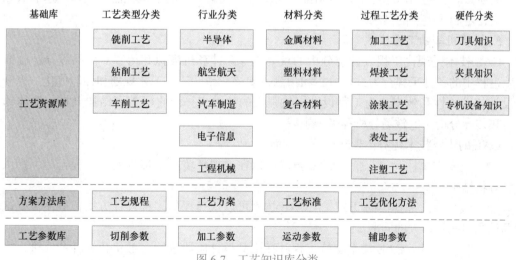

图 6-7　工艺知识库分类

1）工艺资源库包含了生产制造过程中所涉及的制造资源。其中按照不同的分类方式进行构建：按照工艺类型进行划分，包含铣削工艺、钻削工艺、车削工艺等；按照行业划分，包含半导体、航空航天、汽车制造、电子信息、工程机械等；按照材料划分，包含金属材料、塑料材料、复合材料等；按照过程工艺进行划分，包含加工工艺、焊接工艺、涂装工艺、表处工艺、注塑工艺等；按照硬件划分，包含刀具知识、夹具知识、专机设备知识等。

2）方案方法库包含了工艺规程、工艺方案、工艺标准以及工艺优化方法等。

3）工艺参数库包含了切削参数、加工参数、运动参数以及辅助参数等。其中，切削参数包含切削速度、进给速度、切削深度等参数；加工参数包含工件固定位置、刀具补偿值、刀具路径、加工顺序等参数；运动参数包含机床轴向移动速度、加减速度、定位精度等参数；辅助参数包含冷却剂类型、流量、温度等。

现有的工艺知识库大多数以非结构化的形式存在，少部分的工艺知识库以结构化的形式存在。工艺知识往往分布在各个孤立的系统中，无法形成统一的管理架构。在无组织的知识库下，进行工艺知识的关联、搜索、优化、复用等工作是极其困难的。面对未来海量的工艺知识，知识图谱的构建与优化是目前有效的技术手段。

（2）工艺自动推理技术　工艺自动推理即采用 AI 智能算法和工艺知识库，根据工艺决策系统推理出新的工艺方案。工艺知识库将大量的工艺数据和经验知识进行存储和管理。同时，结合人工智能和专家系统技术，实现工艺知识的自动推理和应用。系统能够根据产品特征和制造要求，自动推荐合适的工艺方案，并对工艺参数进行优化。这一技术有助于提升工艺设计的智能化水平，提高工艺设计的准确性和效率。

工艺推理的内容包括推理切削路径和最优加工参数、推理作业工序工步、推理工艺规程指导、推理工装装夹方案等。

工艺知识库构建与自动推理技术的应用，可以大大缩短工艺编制的时间，提高工艺参数的准确性和合理性，从而提高生产效率、优化工艺流程和参数，减少不必要的浪费和损失，降低生产成本。准确的工艺参数和合理的工艺流程可以保证产品的一致性和稳定性，从而提升产品质量。工艺知识库与工艺自动推理技术可以根据客户的个性化需求进行快速响应和调整，支持定制化生产的需求。

5. 计算机辅助工程技术

CAE 技术是现代工程设计与分析的重要支撑。计算机模拟和仿真对产品设计、制造和使用过程中的各种工程行为进行分析和预测，支持产品设计、工艺规划和性能优化，提升工程设计的准确性和效率，为工程设计提供强大的技术支撑。它涵盖了结构分析、流体动力学、热传导分析、电磁场分析等多个领域。

CAE 的主要技术优势体现在以下几方面：

（1）提升准确性和可靠性　CAE 技术可以在虚拟环境中模拟真实的工程行为，提供精确的分析结果。

（2）减少成本和提高时间效率　CAE 技术可以快速评估多种设计方案，避免传统试验中开销和时间消耗大的问题。

（3）优化设计　CAE 技术支持工程师在产品设计阶段进行参数优化和性能改进，提高产品质量和竞争力。

CAE 技术在企业应用中展现出广泛的前景。通过模拟和仿真技术，企业可以在产品设计阶段优化结构强度、疲劳寿命和流体动力学特性，从而显著提高产品的质量和可靠性。CAE 技术能够有效节约成本和时间，避免传统实验测试的昂贵和耗时，快速缩短产品开发周期，灵活应对市场需求的变化。此外，它还在制造工艺的优化、跨学科整合以及智能化自动化方面展现出了巨大潜力，为企业工程师提供了强大的分析和优化工具，推动企业向数字化转型迈出重要一步。

6. 计算机辅助制造技术

CAM 技术是现代制造业的重要支柱之一，通过计算机系统进行制造过程的规划和控制。它将设计数据转化为具体的加工指令，控制数控机床和其他制造设备进行生产，极大地提高了制造效率和产品质量。CAM 技术涵盖了从零件的加工路径规划到实际加工的各个环节。

CAM 的主要技术优势体现在：

1）高效生产。通过优化加工路径、加工参数和加工顺序，显著提高了制造效率和生产速度。

2）提高精度和一致性。利用数控技术和自动化系统，确保了高精度和一致性的加工质量。

3）提升灵活性。能够快速适应不同产品的制造需求，支持小批量、多品种的生产模式。

CAM 技术在制造业中的应用前景广阔。随着工业智能化发展，CAM 技术将进一步与智能化和自动化系统深度融合，推动制造过程的全面数字化和智能化。企业可以通过应用 CAM 技术，实现从设计到制造的无缝连接，显著提高生产效率和产品质量，缩短产品开发周期，降低生产成本。CAM 技术还将支持个性化定制和柔性生产，帮助企业快速响应市场变化，提升市场竞争力。

CAM 技术的发展和应用不仅优化了制造过程，还为企业的数字化转型提供了坚实的技术基础。未来，随着人工智能和大数据技术的进步，CAM 技术将继续拓展应用领域，推动制造业向更加智能化和高效化的方向发展。

6.3　生产过程中的决策

生产系统作为制造业的核心，涉及诸多关键环节和复杂过程。生产过程中的决策，主要包括生产调度和设备控制两大核心要素。两者相辅相成，共同确保生产过程的顺利进行，提高生产效率，降低成本，进而提升企业的竞争力。

1）生产调度作为生产过程中不可或缺的一环，其核心目标是确保生产任务的高效完成，使其生产任务的完成时间最短或者生产总能耗最低。这一过程涉及对生产任务和生产设备的合理分配，从而实现生产效益的最大化。

2）设备控制主要是指对生产设备的操作方式、工作参数以及运动轨迹进行精确设定和调整，确保设备能够按照预定的工艺要求进行生产。通过精确控制生产设备，可以实现生产过程的自动化和智能化，提高生产效率，同时进行生产设备的行为优化，使其工作时间最短或者行为能耗最低。

6.3.1　生产过程决策的需求分析

在传统的批量化生产模式下，企业的生产任务通常是提前计划并确定的，而且一旦确定，任务和生产线基本不会再进行调整。例如，某汽车制造商在采用大规模批量生产模式时，会提前规划好每个季度的生产计划，根据市场需求和产能状况确定生产任务规模。一旦生产计划确定，生产线上的设备、工艺和人员配置都会进行相应调整，并保持稳定运行，以确保生产任务的顺利完成。这种生产模式在过去几十年里一直占据主导地位，为企业带来了稳定的产量和经济效益。通过稳定的生产规模和生产线配置，企业能够减少生产成本、提高生产效率，从而获取更多的市场份额和利润。

然而，随着市场竞争的加剧和消费者需求的多样化，这种传统的生产模式逐渐显露出其局限性。具体表现在：

（1）生产任务的不确定性　生产任务的不确定性成为一个日益明显的问题，这种不确定性主要源于市场需求的个性化趋势，使得各类产品的需求难以被准确预测，生产任务经常面临着随时增加、取消或者修改的情况。

（2）生产设备产能变化快　不同产品的生产工艺不同，甚至是首次生产的产品，生产设备的产能也难以准确估计。比如，机床加工行业按照客户的图样进行加工，每个客户的图样各不相同，机床对加工不同尺寸和不同工艺的零部件难以准确评估加工时间。

（3）产线布局需要重构　根据不同种类生产产品的需求，快速调整产线布局满足企业整体利益最大化是对传统生产模式提出的又一挑战。

相比之下，柔性制造系统以其独特的优势成为推动企业转型升级的关键力量。柔性制造系统具备高度的灵活性和可配置性，能够迅速响应市场变化和客户需求。它采用模块化设计，可以根据生产需求快速调整生产线布局和工艺参数，实现多品种、小批量生产的灵活切换。同时，柔性制造系统通过引入智能化技术，如物联网、大数据、人工智能等，实现了生产过程的自动化、信息化和智能化，提高了生产效率和产品质量。在个性化定制生产模式下，柔性制造系统发挥着至关重要的作用。它可以根据客户的个性化需求，快速调整生产线配置，实现定制化产品的快速生产。这种生产模式不仅满足了客户的个性化需求，也提高了企业的市场竞争力。同时，柔性制造系统还能够帮助企业降低生产成本、减少库存积压，实现精益化生产。

柔性制造系统的出现为定制化生产模式提供了解决途径，但是实际上在生产调度和设备控制层面却依然采用原有的调度优化模式，如图 6-8 所示，包括计划层、调度层和控制层。其中，计划层、调度层和控制层所产生的优化问题定义为 $P(Z)$、$S(Y)$、$C(X)$，计划层约束为 $A(Z)$，调度层约束为 $A(Y)$ 和 $T(Z)$，控制层约束为 $A(X)$。

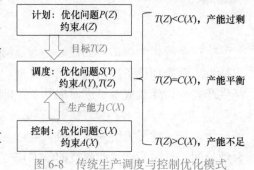

图 6-8　传统生产调度与控制优化模式

（1）计划层　优化生产任务在时间维度上的生产安排，往往以交货期为目标进行优化。

（2）调度层　从时间和资源两个维度进行生产任务和生产资源的组织安排。调度的结果分为三种：

1）产能过剩。即实际的生产能力大于生产任务所需要的能力，造成生产资源闲置，对企业来说是一种浪费。

2）产能平衡。即实际的生产能力等于生产任务所需要的能力，实现生产效率的最大化，是企业追求的目标之一。

3）产能不足。即实际的生产能力小于生产任务所需要的能力，导致生产任务无法按时完成，造成生产订单延期，影响交货期，对企业形象具有一定的影响。

（3）控制层　优化生产设备的运行参数，进而提高设备的生产效率，包括加工时间、能耗最优轨迹等性能。

从传统生产计划与控制的分层模式可以看出，各层的优化均在层内范围进行，其优化结果是基于其他层的假设，比如调度层假设生产目标 $T(Z)$ 和生产能力 $C(X)$ 是固定的。然而在多品种、少批量的定制化生产模式下，这种假设是不合理的。一方面，生产任务是不断变化的，生产设备也存在故障维修等动态干扰；另一方面，这种优化方式存在优化瓶颈，层级之间并不具备"最优子结构"的关系，难以实现全局最优解。

定制化生产模式下，上述分层优化模式的缺点凸显。个性化产品的数量和工艺工时均不成熟，计划层难以根据变化的工时信息进行合理规划，导致调度层难以产生符合计划目标的调度方案，因此亟需新的优化模式进行动态生产过程管控，即生产调度与控制协同决策。显然，工业互联网将发挥重要作用，为生产调度与控制协同决策提供技术支撑。

6.3.2　生产过程决策的关键技术

生产过程决策是指在生产制造活动中，为了达到既定的生产目标，提高生产效率，降低成本，保证产品质量，根据市场需求和生产资源状况，对生产过程中的各个环节进行系统分析和综合判断的过程。这个过程涉及产品设计、工艺规划、生产组织、设备选择、生产控制、质量管理等各个方面，是企业运营管理的核心内容之一。

生产过程决策的关键技术包括智能感知技术、智能控制技术、智能优化技术和数字孪生技术等。

1. 智能感知技术

智能感知技术是一种利用传感器、计算机视觉、机器学习等技术来模拟人类感知能力的技术。随着科技的持续进步，物联网、大数据、云计算等新一代信息技术与制造业深度融合与渗透，协同制造、智能制造等新兴模式层出不穷，为制造业的健康、可持续发展提供了全新的方法与手段。在此过程中，数据作为智能系统的核心基石，发挥着举足轻重的作用。因此，众多制造业企业纷纷在车间内部署了大量的传感器与数据感知装置，同时配合具备感知能力的现代化加工设备，使得车间制造数据呈现出规模庞大、来源多样且结构异构的特点。智能感知技术主要用于设备的状态评估与运维、生产车间的可视化、生产系统的状态反馈等方面，感知数据信息最终将用于生产过程决策。

下面以基于智能感知的机械设备故障预测与健康管理为例进行说明。机械设备故障预测与健康管理，其核心目的在于整合多源传感器数据，进行高效处理，实现故障诊断与精确预测组件的有效剩余寿命。目前，主要存在两种主要方法：模型驱动方法与数据驱动方法。模型驱动方法主要通过构建机械设备的退化机理模型，实现对设备健康状态的评估。然而，对于结构复杂、技术水平较高的机械设备而言，该方法在构建退化机理模型方面面临着较大的困难，因而其应用存在较大的局限性。相对而言，数据驱动方法则直接依赖于对机械设备监测数据的处理与分析，进而推断出设备的健康状态。在当前多种复杂技术广泛应用于机械设备的背景下，数据驱动方法展现出更大的适用性和匹配性。

数据驱动的机械设备故障预测与健康管理的基本架构如图 6-9 所示，其主要组成部分包括数据采集模块、数据处理模块、故障诊断评估模块、预后评估模块及健康管理模块等关键要素。其中，预后评估模块（"预后"在医学上是指根据经验预测的疾病发展情况）是根据经验预测故障的情况。故障诊断评估模块通过精细的软件编程配置，实现了故障检测、故障隔离及故障识别的核心功能。该模块将详尽的评估结果传递至健康管理模块，以供其进行决策分析。在数据充分可用的前提下，系统能够依据对当前运行状态或运行环境的敏感性，进行精确的状态评估。此外，该系统还具备对组件或系统当前操作的精准识别能力，并能够对现有故障状况进行深入诊断，从而全面把握运行状况并识别潜在故障，为健康管理提供有力支持。

在数据驱动的故障预测与健康管理应用中，传统的信号处理方法主要依赖于浅层模型。然而，在处理输入数据集时，这种方法难以充分提取不同数据特征之间的隐含关系，导致诊断效果不尽如人意。为了改善这一问题，深度学习作为一种更先进的学习方法被引入。

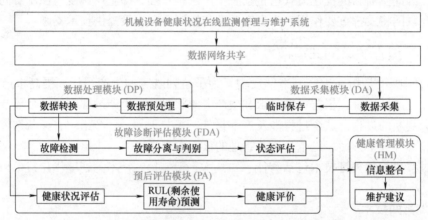

图 6-9　故障预测与健康管理的基本架构

深度学习通过建立多级表示的方式，能够将大数据特征转换为更为抽象的模块。通过组合一系列简单但非线性的模块，深度学习逐层学习并逐层表示数据的内在结构。通过足够的隐藏层，深度学习能够有效地将高维非线性特征转换为低维特征，从而更准确地捕捉大数据中隐含的关键信息。这种方法在信号处理领域具有显著的优势，有望提升诊断效果。深度学习在故障预测与健康管理应用中的基本流程如图 6-10 所示，包括三个模块：信号处理及特征提取模块、深度神经网络模块以及故障诊断和寿命预测模块。

1）信号处理及特征提取模块。对原始信号进行常规的信号预处理、时频分析以及特征选择等一系列数据处理方法，为故障预测与健康管理深度评价网络模型提供精准且有效的数据准备。

2）深度神经网络模块。集成了特征提取网络模型与深度神经网络模型。在这一模块中，原始信号被特征提取网络模型精细化处理，转化为具有表征意义的特征序列表示。随后，这些特征序列将被导入深度评价网络模型中，以进行故障诊断或寿命预测等任务。

3）故障诊断和寿命预测模块。依托于已建立的深度评价网络模型，对机械设备的健康状态进行精准评估，诊断潜在故障，并预测其剩余寿命。这一模块的输出结果将为制定合理的维护维修决策提供有力的理论支撑，从而确保机械设备的安全、稳定运行。

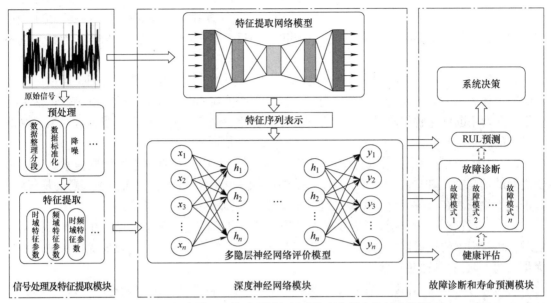

图 6-10　深度学习在故障预测与健康管理应用中的基本流程

2. 智能控制技术

智能控制技术，作为一种前沿且先进的控制方法，正在逐渐改变着我们对复杂系统的认知与操作方式。它融合了人工智能、机器学习、计算机科学、控制理论等多个学科的知识，旨在实现对复杂系统的高效、精确和自适应控制。

在离散制造行业中，以工业机器人为代表的生产设备成为智能控制技术研究的重要载体，展现出了广阔的应用前景。传统上，工业机器人的编程往往依赖于人工编程，这导致了编程过程工作量大、效率低下的问题。此外，示教精度往往受限于示教工程师的目测水平和从业经验，使得机器人的操作精度难以得到保证。特别是在动态生产环境中，环境的非结构化程度增加，使得人工示教难以满足生产过程时效性的要求。因此，寻求一种更加智能、高效的机器人控制方法成为行业内的迫切需求。

随着智能控制技术的不断发展，基于智能算法的机器人控制逐渐成为研究热点。智能算法如深度学习、强化学习等，能够通过对大量数据的学习和分析，实现对机器人行为的自主优化和决策。这种控制方法不仅能减少人工编程的工作量，提高编程效率，还能够提高机器人的操作精度和适应性。在实际应用中，智能控制技术为离散制造行业带来了诸多变革。首先，它使得机器人能够更好地适应复杂多变的生产环境，提高了生产过程的灵活性和稳定性。其次，智能控制技术能够实现对机器人行为的实时监控和调整，从而确保生产过程的顺利进行。最后，通过智能控制技术的应用，企业还可以实现对生产过程的数字化管理和智能化分析，提高生产效率和质量。

3. 智能优化技术

智能优化技术是一种运用智能算法来求解复杂优化问题的技术。这些技术通常应用于工程、经济、管理等多个领域，以寻找最优或近似最优的解决方案。智能优化技术的核心在于模拟自然选择和进化过程，通过不断迭代和自我调整，实现问题的求解。

常见的智能优化算法包括遗传算法、粒子群优化算法、蚁群优化算法、神经网络优化算法等。这些算法都具有全局搜索能力强、适应性好、计算效率较高等特点。在实际应用中，智能优化技术可以帮助我们解决诸如生产调度、项目管理、资源分配、机器学习参数调整等的复杂问题。

1）遗传算法。模拟了生物进化过程中的遗传、变异、选择和繁殖等机制。通过构建问题的染色体表示，利用遗传操作（如交叉、变异）产生新的解，并通过适应度函数评估解的质量，从而不断优化解的质量。遗传算法在工程优化、调度、人工神经网络训练等领域取得了显著的成果。

2）粒子群优化算法。模拟了鸟群、鱼群等群体行为中的信息共享和协同搜索。通过粒子之间的信息交流和自身经验的积累，不断调整搜索方向和步长，从而找到问题的最优解。粒子群优化算法在函数优化、图像处理、机器学习等领域具有广泛的应用。

3）蚁群优化算法。模拟了蚂蚁觅食过程中的信息素传递和路径选择。在解决旅行商问题时，蚂蚁根据信息素浓度选择路径，并通过迭代更新信息素的强度。蚁群优化算法在组合优化问题中取得了较好的效果。

4）神经网络优化算法。基于人工神经网络的梯度下降方法，通过调整网络权重和偏置，使神经网络输出接近期望目标。该方法在机器学习、图像识别、自然语言处理等领域具有广泛应用。

随着计算机技术和人工智能领域的不断发展，智能优化技术也在不断进步。研究者们正努力将多种优化算法结合，以提高求解复杂问题的能力和效率。同时，智能优化技术与其他领域相结合，如大数据分析、云计算等，将为实际应用带来更多可能性。在我国，智能优化技术在工业生产、交通运输、环境保护等多个领域发挥着重要作用，助力我国经济社会的持续发展。

4. 数字孪生技术

数字孪生技术通过创建一个物理实体的虚拟副本来模拟和分析物理实体的性能。数字孪生技术以其独特的优势，正逐渐渗透到各个行业领域，为企业带来前所未有的机遇和挑战。在生产制造领域，数字孪生技术的应用更是为传统的生产模式注入了新的活力。首先，数字孪生技术可以实现生产过程的全面模拟。通过构建虚拟的生产线，企业可以在实际生产之前，对生产流程进行全面的模拟和测试。这样，企业可以在不投入实际资源的情况下，预测并优化生产过程中的各种参数，从而确保生产过程的顺利进行。其次，数字孪生技术有助于降低生产成本。通过模拟分析，企业可以更加准确地预测生产过程中的资源消耗和成本构成，从而制定出更加合理的生产计划。再次，数字孪生技术还可以帮助企业及时发现并解决生产过程中的潜在问题，避免因故障或错误而导致的资源浪费和成本增加。最后，数字孪生技术还可以提高产品质量。通过对物理实体的虚拟副本进行模拟和分析，企业可以更加深入地了解产品的性能和特点，从而在产品设计和生产过程中更加精准地控制产品质量。

下面以一种基于数字孪生的多机器人智能协同加工方法为例，说明数字孪生技术在工业生产过程中的重要作用。多机器人加工系统以其复杂的结构组成与运行机理、多源异构的过程数据以及协同优化的困难性等突出特点而著称。对于此类系统而言，实现干涉回避、轨迹规划、异构数据融合、工艺优化以及智能协同等功能，以确保其高效高质、安全可靠的运行至关重要。数字孪生技术通过集成所有设备的网络，构建物理空间中制造过程的模型及其在虚拟空间中的数字化镜像，从而建立起物理对象的虚拟映射。这一技术能够实现制造过程物理空间与虚拟空间的深度融合，并实时监控物理对象在虚拟空间中的状态。智能化算法和软件平台可以对多维多源异构数据进行处理与分析，预测运行过程及潜在风险，并合理高效地规划设备的运行与维护。这样能够对制造过程实施精准控制，从而确保多机器人加工系统的稳定运行与优质输出。

（1）数字孪生架构　多机器人智能协同加工系统的数字孪生框架如图 6-11 所示。该框架深度整合了物理空间、虚拟空间以及孪生数据，实现了多机器人协同加工过程中信息的无缝交互和虚实之间的精准映射。在充分保障目标产品性能需求的基础上，通过协同控制技术和迭代优化手段，确保加工系统达到自组织、自适应以及最优化的运行状态。

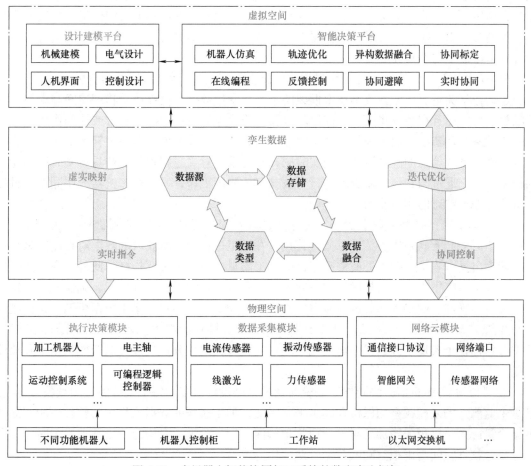

图 6-11　多机器人智能协同加工系统的数字孪生框架

1）物理空间。在加工系统中，物理空间由不同功能的机器人、控制柜、工作站以及网络传输设备等核心模块共同构建。这些模块协同工作，确保加工任务的顺利进行。在执行加工任务时，机器人、PLC 以及电主轴等设备发挥关键作用，它们根据预设的决策逻辑进行操作。为了实时感知设备的状态信息，系统通过传输协议或多种传感器收集来自各设备的多源数据。这些数据对于确保加工过程的准确性和效率至关重要。采集到的实时数据将通过网络云模块进行上传，最终存储至云服务器中，以便进一步分析和处理。通过这种方式，加工系统能够实现对设备状态的实时监控和数据管理，为优化加工流程和提高生产效率提供有力支持。

2）虚拟空间。数字孪生框架的虚拟空间由设计建模平台和智能决策平台共同构建。设计建模平台依据物理空间设备的各项属性，在虚拟空间中精准映射并构建出详尽的设备孪生模型。此模型不仅详尽地反映了多机器人加工系统中各组件的几何信息，如形状、尺寸等，还深入涵盖了各模块和部件的材料性能，包括刚度、疲劳强度等，以及动力学、应力等物理性能的综合考量。智能决策平台旨在确保虚拟空间中的多机器人加工系统与物理实体保持高度一致。该平台利用先进的算法库进行智能决策分析，持续对模型进行优化改进。同时，智能决策平台能够接受预先设计的工艺方案输入，迅速调取工件加工程序，并进行加工轨迹的干涉碰撞仿真，以确保加工方案的可行性与安全性。此外，多机器人协同标定、协同避碰及反馈控制等一系列操作，实现了多机器人在虚拟空间中的实时协同作业，进一步提升了整个系统的运作效率与准确性。

3）孪生数据。在加工系统运作过程中，涉及海量的多源实时数据，这些数据对于系统的稳定运行至关重要。作为数字孪生框架的基石，孪生数据不仅支撑着物理空间与虚拟空间的顺畅运行，而且在系统建模、特征提取以及优化决策等方面发挥着不可或缺的作用。在数据处理的各个环节中，数据采集、数据传输以及数据存储技术扮演着举足轻重的角色。这些技术对确保系统信息的准确性和实现实时感知具有重大意义。特别是那些具备实时感知能力的设备，它们通过与其他制造资源进行有效交互、协同工作，实现对多机器人协同加工过程中机器人加工状态的实时监测。

（2）孪生数据模型　孪生数据作为连接物理空间和虚拟空间的核心路径，在虚拟空间与物理空间的相互映射中发挥着基础性作用。在加工过程中，所获取的数据对智能决策平台的决策输出具有直接影响，进而关乎工件的加工质量和精度等重要指标。此外，孪生数据也是衡量加工系统中物理空间与虚拟空间同步性以及智能化水平的关键指标。确保多源数据的实时性、准确性、同步性和稳定性显得尤为重要。为此，需要建立孪生数据模型，该模型包含数据源、数据类型、数据融合以及数据存储四个关键功能模块，如图6-12所示。此模型的主要目标在于实现多源数据与加工元素的深度融合，以提升加工过程的智能化水平和整体性能。

1）数据源。多机器人协同加工系统涉及的监测设备众多，每个设备的监测点数量庞大，且每个监测点的采样频率均保持在高水平。因此，加工过程的数据采集历时较长，所积累的数据容量巨大，这极大增加了对其特征信息的深入挖掘难度。在构建孪生数据模型时，需要充分整合物理空间与虚拟空间的数据资源，作为模型数据源的基础。针对物理空间，部署多种高精度传感器于系统的各个设备之上，确保数字孪生系统能够准确、及时地获取所需数据源。这些传感器与数据采集系统共同工作，持续采集包括机器人位移、关节角、电流、振动以及点云等在内的动态数据。而虚拟空间的数据则主要来源于虚拟模型的建模与仿真过程。通过构建虚拟模型并进行仿真，我们可以获取产品结构、加工仿真数据以及加工工况等相关信息。这些虚拟空间数据不仅有助于预测产品质量，还能够指导控制系统的优化，以生成最优化的工艺方案。最终，质量预测和控制数据将驱动实时加工生产的顺利进行。

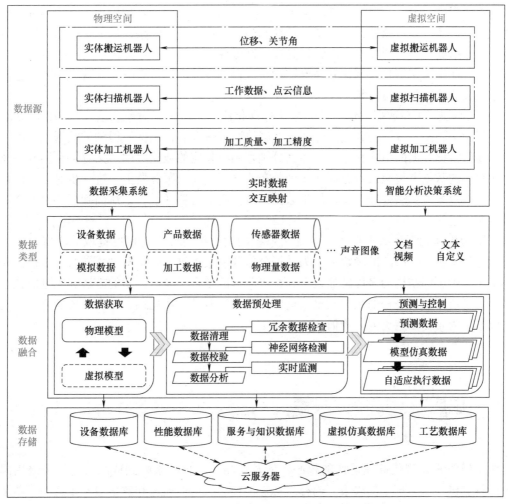

图 6-12　多机器人智能协同加工系统孪生数据模型

2）数据类型。为增强监测的可靠性、精确性以及相互验证能力，需要采用电流、负载和位移等多种不同类型的传感器与监测方法，对加工系统过程进行全方位监测。监测数据具有多源异构特性，覆盖物理空间和虚拟空间。在物理空间层面，数据类型主要涵盖机器人及其他设备数据，具体包括机器人各轴关节角、进给速度、切削速度和主轴转速等关键参数；此外，还包括产品数据，如工件材料、几何形位、加工余量和加工要求等详细信息；同时，传感器数据也是不可或缺的一部分，包括切削力、振动、位移、电流和温度场等实时监测数据。在虚拟空间层面，数据类型则主要聚焦于模拟数据，如机器人动作位姿状态、加工工况、环境状态以及工件的几何约束模型等虚拟场景下的关键信息；此外，还包括物理量数据，如切入角、切出角、未变形切厚等反映啮合关系的重要过程物理量；最后，加工数据也是虚拟空间数据类型的重要组成部分，涵盖加工质量、生产计划、加工进度等关键业务指标。

3）数据融合。加工系统运行状态监测信息常存在冗余与噪声，导致价值密度低，影响数据融合效率与数据处理时效。在复杂多源异构背景下，数据特征挖掘与诊断十分困难，也加大了监测难度。为此，采取预处理措施：首先，进行数据清理，利用多源冗余检查法删除冗余数据；其次，进行数据校验，基于神经网络算法识别并删除错误数据；再次，进行数据分析，通过数据结构化消除噪声点，提高数据准确性；最后，对预处理后的实时数据进行预测与仿真，输出模型仿真数据，并结合物理模型得到自适应执行数据，实现设备与工艺的优化改进，实时评估系统运行状态。

4）数据存储。在数据存储阶段，采用标准化流程，对不同对象、条件和场景所获取的数据进行统一转换，以增强数据的通用性。经过数据融合后，确保所得到的数据"干净"且准确，随后根据数据的格式和结构，将其分别存储在相应的数据库中。接着，利用网络技术将这些存储的数据上传至云服务器，实施分布式管理。在云服务器上，进一步对数据进行加工、读取以及智能算法处理，实现加工数据的特征提取与特征融合，从而确保存储的高效性与可靠性。

基于所构建的孪生数据模型，对加工系统的大数据特征进行精准提取。确保物理空间运行状态到孪生数据层的准确映射，为数据分析和决策提供了坚实基础。同时，多机器人协同加工过程中不同结构的多传感器数据和系统数据的融合，通过科学的方法和先进的技术手段，提高了协同加工过程的数据质量。这些工作不仅有助于优化加工流程，还能进一步提升生产效率，为企业创造更大的价值。

6.4 供应链管理中的决策

供应链管理是现代商业运作的核心，涉及产品从原材料采购到成品交付给最终用户的整个流程。供应链管理中的决策，简称供应链决策。决策的质量和效率对于企业的成功至关重要。供应链管理中的决策不仅复杂，而且需要考虑众多因素，包括供应商的选择、库存控制、运输安排、需求预测以及风险管理等。

为了做出高效和合理的供应链管理决策，企业需要依赖准确、及时的数据。这些数据可以来自内部系统，如 ERP 系统，也可以来自外部，如市场调研和社交媒体。通过对这些数据进行深入分析，企业能够更好地理解市场趋势、消费者需求以及供应链各环节的运作状况。

然而，现实情况是，许多企业在供应链管理决策过程中面临诸多挑战。例如，由于数据收集和处理不够自动化和实时，导致决策过程缓慢，无法迅速响应市场变化。此外，决策过程往往缺乏透明度，相关利益方对决策的依据和过程理解不足，这可能会引发信任问题。

为了克服这些挑战，企业需要采取一系列措施，以提高决策的质量。首先，需要投资先进的信息技术系统，以实现数据的实时收集和分析。例如，利用物联网技术跟踪货物的实时位置，或者使用大数据分析预测市场的未来趋势。其次，企业应当建立决策支持系统，为管理层提供基于数据的洞察，帮助他们做出更加科学的决策。最后，强化内部培训，提升员工对数据的敏感度和分析能力，确保他们能够在日常工作中有效利用数据。

进一步来说，企业还应当建立灵活的决策流程，以便快速适应外部环境的变化。这意着在决策过程中要充分考虑不确定性和风险，并制定相应的应对策略。例如，在供应链中引入多供应商策略，以降低对单一供应商的依赖，提高整体供应链的抗风险能力。

总之，供应链管理中的决策是一项复杂而重要的工作。通过采用先进的数据分析技术和建立高效的决策流程，企业可以提高供应链的运作效率，降低成本，增强市场竞争力，最终实现可持续发展。

6.4.1　供应链决策的需求分析

随着供应链的不断发展以及科学技术的进步，特别是工业互联网的兴起，供应链逐渐形成了一个万物互联的复杂网络。在工业互联网中，供给端与需求端通过工业互联网的支撑，实现了更为紧密和高效的连接，从而在供应链网络中找到了更多的交互通路。因此，供应链具有典型的跨行业特征，包括以下几方面：

（1）资源整合　在跨行业供应链中，不同行业的资源整合，不仅能够实现优势互补，还能推动各行业的协同发展。这种整合并非仅局限于物质资源的共享，更涵盖了信息、技术和管理经验等多个层面的深度融合。

1）在物质资源方面，跨行业供应链通过协调各方资源，实现了资源的优化配置和高效利用。例如，一家生产汽车的企业可能会与一家生产电池的企业建立合作关系，通过共享生产设备和原材料，降低生产成本，提高生产效率。这种资源整合不仅有助于企业降低成本，还能提升整个供应链的竞争力。

2）在信息方面，跨行业供应链整合了不同行业的信息资源，使得各方能够共享信息、互通有无。通过构建信息共享平台，企业可以实时获取市场动态、客户需求、生产进度等关键信息，从而做出更加明智的决策。这种信息整合有助于减少信息不对称现象，提高供应链的透明度和协同效率。

3）在技术方面，跨行业供应链通过引入不同行业的先进技术，实现了技术的跨界融合和创新。例如，一家生产服装的企业可能会借鉴医疗行业的智能穿戴技术，开发出具有健康监测功能的智能服装。这种技术整合不仅有助于提升产品的附加值和竞争力，还能推动整个行业的创新发展。

4）在管理经验方面，跨行业供应链通过交流和学习不同行业的管理经验，实现了管理水平的提升。不同行业的企业在供应链管理、质量控制、成本控制等方面都有着各自独特的经验和做法。通过跨行业交流和合作，企业可以吸收和借鉴其他行业的成功经验，优化自身的管理流程和方法，提高管理效率和质量。

在全球化和数字化的大背景下，跨行业供应链的资源整合将成为企业提升竞争力和实现可持续发展的关键途径之一。

（2）以平台型企业为核心　在当今全球化的经济环境中，跨行业供应链的重要性日益凸显。而在这一复杂的供应链体系中，平台型企业无疑扮演着举足轻重的核心角色。它们不仅促进了不同行业间的信息交流和资源共享，还推动了供应链的高效运作。

1）平台型企业通过构建开放、共享的平台，打破了传统行业间的壁垒，使得各种资源和信息得以在更广泛的范围内流通。这些平台不仅为参与者提供了便捷的交易渠道，还通过数据分析、人工智能等技术手段，对供应链进行智能化管理和优化。这大大提高了供应链的响应速度和运营效率，降低了企业的运营成本和市场风险。

2）平台型企业通过整合供应链资源，实现了资源的优化配置和高效利用。它们能够聚集大量的供应商、生产商、分销商等参与者，形成一个庞大的生态系统。在这个生态系统中，各种资源得以充分共享和利用，从而提高了整个供应链的资源利用效率。这不仅有助于降低企业的成本，还能够提升整个行业的竞争力。

3）平台型企业还通过引入新技术、新模式等方式，推动供应链的创新和发展。例如，一些平台型企业利用区块链技术，实现了供应链的透明化和可追溯性；还有一些企业通过搭建数字化平台，实现了供应链的智能化管理和决策。这些创新举措不仅提高了供应链的效率和可靠性，还为行业的未来发展提供了更多的可能性。

在跨行业供应链中，平台型企业的核心作用不可忽视。它们通过构建平台、整合资源、推动创新等方式，为供应链的高效运作提供了有力的支持。未来，随着技术的不断进步和市场的不断变化，平台型企业在供应链中的角色将更加重要和突出。

（3）智能化升级　随着信息技术的发展，跨行业供应链越来越依赖于数字化和智能化技术，如工业互联网、大数据、人工智能等，以提高供应链的透明度、效率和响应速度。

1）工业互联网的崛起为跨行业供应链带来了前所未有的变革。工业互联网通过将设备、数据、人员等元素紧密连接在一起，实现了供应链各环节的协同作业和无缝对接。通过实时采集和分析设备数据，企业可以准确掌握生产进度、库存状态等信息，进而做出更加精准的决策。此外，工业互联网还可以帮助企业优化资源配置，降低生产成本，提高市场竞争力。

2）大数据技术的广泛应用为跨行业供应链提供了强大的数据支持。通过收集、整合和分析海量数据，企业可以深入了解市场需求、消费者行为、竞争态势等关键信息。这有助于企业制定更加精准的市场策略，提高产品质量和服务水平，进而满足消费者的个性化需求。同时，大数据还可以帮助企业预测市场趋势，提前调整生产计划和采购策略，以应对潜在的市场风险。

3）人工智能技术的融入为跨行业供应链注入了新的活力。人工智能可以通过机器学习、深度学习等技术对供应链数据进行智能分析和处理，发现潜在的风险和机会。同时，人工智能还可以实现自动化决策和智能调度，提高供应链的响应速度和灵活性。例如，通过智能算法对库存进行优化管理，可以实现库存水平的动态调整，降低库存成本；通过智能物流系统对运输过程进行实时监控和调度，可以提高运输效率和降低运输成本。

总的来说，数字化和智能化技术为跨行业供应链带来了前所未有的发展机遇。

（4）风险管理　跨行业供应链涉及多个行业、多个环节和多个参与者，因此需要面对更为复杂和多样化的风险。这些风险包括但不限于市场风险、运营风险和政策风险等，每一种风险都可能对供应链的稳定性、效率和效益产生严重影响。

1）市场风险是跨行业供应链面临的主要风险之一。由于市场环境的不断变化，如需求波动、价格波动、竞争态势等，都可能对供应链的运营和盈利产生不利影响。因此，跨行业供应链需要密切关注市场动态，及时调整和优化供应链策略，以降低市场风险。

2）运营风险也是跨行业供应链中不可忽视的一环。运营风险主要来自供应链内部的各个环节，如生产、采购、物流等。这些环节中的任何一个出现问题，都可能导致整个供应链的停滞或崩溃。因此，跨行业供应链需要建立完善的运营管理体系，加强各环节之间的协调与配合，确保供应链的顺畅运行。

3）政策风险也是跨行业供应链必须面对的挑战之一。不同国家和地区的政策法规差异较大，可能对供应链中的某些环节或活动产生限制或约束。因此，跨行业供应链需要深入了解各国家和地区的政策法规，确保合规经营，避免因政策变化而带来的风险。

（5）标准化和规范化　为了确保不同行业间的高效协同与无缝对接，跨行业供应链必须建立统一的标准和规范，以推动信息的顺畅流通和业务的协同合作。标准化和规范化在跨行业供应链中扮演着举足轻重的角色。标准化意味着制定一套通用的规则和标准，使得不同行业间的操作流程、信息格式以及质量标准能够保持一致。不同行业的供应链参与者能更加便捷地进行交流和合作，避免了因信息格式不统一或操作流程差异而导致的沟通障碍和效率损失。规范化则是对标准化的一种补充和强化。它要求供应链参与者在遵守统一标准的基础上，进一步规范自身的行为和管理模式。例如，企业可以制定严格的质量控制标准和产品检验流程，以确保产品的质量和性能达到行业标准；同时，还可以建立完善的供应链管理制度和流程，确保供应链的顺畅运行和风险控制。

从供应链跨行业特征的综合分析来看，协同是供应链典型特征中最为显著且共有的特点。协同，作为一个核心理念，在供应链管理中发挥着至关重要的作用，它不仅体现在企业内部各个环节之间的紧密配合，更涉及企业与外部合作伙伴之间的有效协作。

（1）企业内部　供应链的协同性体现在生产、采购、物流、销售等多个环节的紧密配合上。在生产环节，各部门之间需要协同工作，确保生产计划的顺利执行和产品质量的有效控制。采购部门需要与生产部门紧密沟通，确保原材料的及时供应和成本控制。物流部门则需要与销售部门密切合作，确保产品能够准时送达客户手中。这种协同工作的方式，能够提高企业的运营效率，降低成本，从而提升企业的竞争力。

（2）企业与外部合作　供应链的协同性体现在企业与供应商、分销商、客户等之间的有效协作上。通过与供应商建立长期稳定的合作关系，企业可以确保原材料的稳定供应和质量保证；与分销商的合作则有助于企业拓展销售渠道，提高市场覆盖率；与客户的紧密沟通则能够帮助企业更好地理解市场需求，调整产品策略，提升客户满意度。这种跨行业的协同合作，能够形成供应链上的共赢局面，促进整个行业的健康发展。

此外，随着信息技术的不断发展，供应链协同的实现方式也在不断创新。通过应用大数据、人工智能等先进技术，企业可以实现对供应链各环节的实时监控和预测分析，从而提高协同效率。例如，通过大数据分析，企业可以精准预测市场需求，优化生产计划；通过人工智能技术，企业可以实现对物流路径的智能规划，降低运输成本。这些技术的应用，使得供应链协同变得更加高效、精准和智能。

6.4.2　供应链决策的关键技术

在当今全球化背景下，供应链网络化协同已成为企业提升竞争力、实现可持续发展的关键所在。然而，由于供应链网络化协同涉及多个环节，且每一个环节都呈现动态变化的特性，因此难以建立起统一的动态决策模型。这为企业决策带来了诸多挑战，包括：

1）供应链网络化协同。它涵盖了从原材料采购、生产制造、物流配送到最终销售的各个环节，这些环节之间相互关联、相互影响。例如，在采购环节，供应商的数量、质量、交货期等因素都可能影响到生产制造的进度和质量；而在物流配送环节，运输方式、运输成本、运输时间等因素也会对最终的销售产生直接或间接的影响。

2）各环节动态变化。市场需求、原材料价格、政策法规、技术进步等因素都可能对供应链中的环节产生影响，使得供应链呈现出动态变化的特性。因此，企业需要不断地调整和优化供应链策略，以适应这些变化。

3）统一的动态决策建模。建立统一的动态决策模型并非易事，主要是因为供应链网络化协同的复杂性和动态性，使得难以用单一的数学模型来描述和预测其变化规律。此外，不同企业、不同行业之间的供应链结构和特点也存在较大差异，这也增加了建立统一决策模型的难度。

为了解决这一问题，一些企业开始尝试利用大数据、人工智能等先进技术来构建更加智能化的供应链决策系统。当前，供应链决策的整体技术体系如图 6-13 所示，包括数字化供应链、优化建模、供应链业务管理、供应链网络化协同等关键技术。

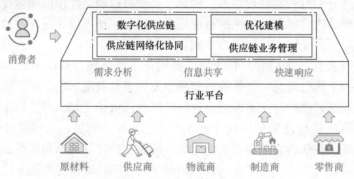

图 6-13　供应链决策技术体系

1. 数字化供应链

数字化供应链的核心在于以客户需求为导向，借助多元化渠道实现实时数据捕获。它通过融合多种数字技术与智能算法，对供应链的预测、规划、决策及执行过程提供精准指导。实质上，数字化供应链融合了"供应链管理"与"数字化"的核心理念，依托数据驱动的方法，实现对供应链数据的实时采集、深入分析、即时反馈、精准预测及高效协调，从而实现对复杂交织的供应链运营和信息流的数字化解析。企业借助数字化供应链，能够精准把握自身发展趋势，进而制定与之匹配的转型战略及实施方案，并在日常运营中实现深度融合与贯彻。

数字化供应链的核心特征体现在技术性和协同性上，而先进的信息与通信技术则是实现供应链一体化运作不可或缺的基础。数字化供应链技术可细分为四大层面，即终端技术层、平台技术层、协同技术层以及智能技术层，如图 6-14 所示。这些技术层面共同构建了数字化供应链的坚实基础，并推动了供应链的智能化、高效化运作。

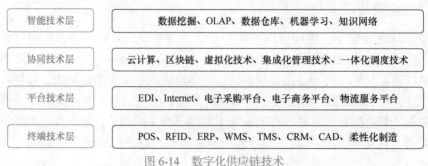

图 6-14　数字化供应链技术

（1）终端技术层　终端技术层致力于将供应链运营的各个环节数据化，并进行安全存储，涵盖采购、设计、生产、销售、物流及客户服务等多个关键领域。通过系统收集这些基础数据，供应链实现了企业内部业务数据的全面整合，形成了标准化、可网络传输的业务数据单元，进而支持跨企业的高效协同工作。

（2）平台技术层　平台技术层致力于构建上下游企业间业务协同的现代化商业模式，通过依托基础互联网及数据通信技术，将制造企业关键业务活动需求高效链接至第三方企业服务平台。此举旨在实现产品主要生产流程的系统化衔接，从而推动形成基于特定主营业务的稳固企业联盟，以促进整个产业链的协同发展。

（3）协同技术层　在供应链协同的高级演进阶段，企业需从价值链的全局视角出发，通过对组织结构、运营模式以及实施技术的深度革新，挖掘并把握生产要素在运动过程中创造增值的潜在机会。基于此，突破传统企业级资本与技术的局限，构建优势资源自由流通、灵活组合的行业级联盟，已成为推动供应链协同向纵深发展的必然路径。

（4）智能技术层　创新是推动供应链演进与升级的持续动力源泉，而协同化创新更是数字化供应链发展的高效可行策略。通过智能技术的深度应用，可以对行业联盟数据库中存储的丰富信息进行精准筛选、专业加工、深度分析以及科学重构，从而提炼出具有指导意义的结构性知识模型与行业规律。这些成果为供应链企业间的协同合作提供了创新且切实可行的行动方案，进一步推动了供应链的智能化、高效化发展。

2. 优化建模

在科学研究与实践中，采用数学模型来诠释和模拟现实工作场景中的复杂问题，并依据其运算结果对问题未来的演变趋势进行预判，已成为一项至关重要的研究策略。特别是在供应链管理领域，学者和管理者在处理与优化相关问题时，普遍采纳这一方法。对于供应链的管理者而言，利用数学模型进行问题的深入剖析与优化探索，有助于更全面地理解问题的核心本质，并能更迅速、精准地把握解决问题的关键所在。

（1）数学建模　数学建模是将现实情境中的问题提炼并转化为数学表达式和参数所构成的抽象表述。这些表达式中，一系列参数映射现实运营中的关键变量，通过调整这些参数的数值，我们能够模拟不同条件下的生产运营场景。以某公司为例，其拥有两家供应商 A 和 B，要求两者总产能超过 1000 件 / 天。为此，我们设定供应商 A 的日产能为 a 件 / 天，供应商 B 的日产能为 b 件 / 天，数学表达式 $a+b>1000$ 即是对此产能要求的数学化表达，从而构建了一个简单的数学模型。

在供应链管理工作中，成本模型是其中最常见的数学模型之一。在一个产品的成本模型中，物料、人工、设备折旧、水电摊销和税务等费用作为关键参数被纳入考虑，它们的累加形成总成本。通过调整这些参数的数值，我们可以构建出不同产品的成本模型。

数学建模实质上是一个将现实问题转化为数学语言的过程。随着待解决问题背景的不同，数学模型的形式也会发生显著变化。以供应商产能问题为例，若涉及的产品不同，可能涉及 X、Y、Z 三家供应商，且总产能要求可能超过 2000 件 / 天。此时，设定供应商 X、Y、Z 的日产能分别为 c 件 / 天、d 件 / 天、e 件 / 天，则数学模型将调整为 $c+d+e>2000$。因此，数学建模需依据实际情况量体裁衣，机械模仿或简单抄袭其他企业的模型几乎无法实现预期目标。

（2）数学模型求解　数学模型是现实世界的数学化再现，旨在将实际工作中的问题和条件抽象为数学表达式。对于数学模型的求解，则是对这些参数进行精准计算，以期获取预期的答案。以成本模型为例，若某公司欲确定其中心仓库的地理位置，其中 A 仓库的基础设施折旧成本为 x 元 / 月，人工成本为 y 元 / 月，运输成本为 z 元 / 月，则月度总成本 w 可通过计算 $x+y+z$ 得出。管理者可依据此方法，计算不同候选仓库的 $x+y+z$，进而评估不同方案的月度总成本 w，从而选择成本效益最优的仓库位置。

求解数学模型的方法多种多样。其中，精确计算是一种常见且有效的方法，它依赖于精确的数学算法来求得所需的答案。例如，在求解盈亏平衡点的问题时，就需要精确计算出达到盈亏平衡点的销售数量。此外，模拟实验也是一种常用的方法，通过不断尝试不同的参数设置，逐步逼近预期答案。例如，在寻找既能满足交付要求又能最低化库存成本的方案时，就需要尝试不同的安全库存量。

在数学模型求解过程中，优化技术发挥着至关重要的作用。优化不仅是要寻找一个可行的解决方案，更是要在给定条件下寻找最佳的解决方案。以成本模型为例，优化技术不仅能帮助管理者找到成本最低的仓库选址，还能综合考虑其他约束条件，如运输时间、服务质量等，以实现综合效益的最优化。当前市场上，许多先进的软件工具可辅助管理者求解和优化复杂的数学模型。从实用角度出发，供应链设计者无须深谙复杂的求解算法，只需掌握软件操作即可实现复杂的数学模型求解和优化。

然而，任何软件工具都只能作为辅助工具，无法替代建模者对现实问题的深入理解和分析。因此，建模者不仅需要具备扎实的数学基础，还需对模型所表达的业务场景有深入的了解。此外，由于供应链的运营环境复杂多变，建模过程中难免会出现疏漏，即使是微小的误差也可能导致求解和优化的结果产生偏差。因此，建模和求解的结果通常作为设计参考，大大减轻了设计者的工作负担，提高了设计方案的准确性，但最终仍需设计者进行人工验证、判断和必要的调整。

3. 供应链网络化协同

传统的供应链优化模式主要依赖于点对点的协同方式，如图 6-15 所示。例如，"供应商—制造商"环节，双方主要关注原材料供应和产品质量控制，但在整体供应链的协调和优化上则显得力不从心。同样，"制造商—物流商"环节也存在类似的问题，制造商可能更关注生产计划和成本控制，而物流商则更注重运输效率和成本控制。这种点对点的协同模式，虽然能在一定程度上能实现局部优化，但难以形成全局性的协同效应。

为了克服这些局限性，现代的供应链管理逐渐引入了全局性的供应链管理平台。这种平台能够整合各个环节的数据和资源，形成一个全面、实时的供应链视图。通过数据分析、预测和优化，平台可以帮助企业实现更高效的资源配置、更精准的供需匹配以及更快速的决策响应。以某大型制造企业为例，该企业在引入全局供应链管理平台后，实现了对供应商、制造商、物流商和零售商的全面监控和管理。平台通过数据分析，精准预测了市场需求和库存变化，帮助企业提前调整生产计划和物流安排。

在这种全局供应链管理的基础上，供应链网络化协同优化成为提升企业竞争力的关键。如图 6-16 所示，通过信息共享、同步决策、实时响应以及风险管控等多种途径，供应链网络化协同框架能够实现供应链成员之间更紧密的合作。此举旨在进一步提升企业的竞争优势，并有效拓宽合作渠道。通过这种网络化协同管理，企业能够推动供应链的整体协调和效率提升，为长期发展奠定坚实的基础。供应链协同的关键因素包括信息共享、同步决策、实时响应、风险管控等。

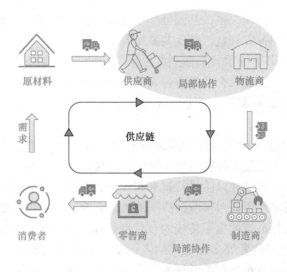

图 6-15　传统供应链点对点的局部协作关系

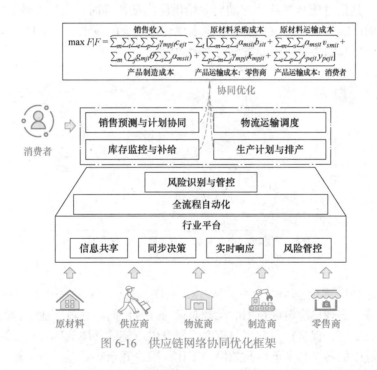

图 6-16　供应链网络协同优化框架

（1）信息共享　通过实时透明的数据传递，企业能够获取准确且及时的信息，进而提升决策的准确性和效率。信息共享不仅涉及供应链上下游企业之间的数据交换，还涵盖了企业内部各个部门间的信息沟通。信息共享有助于提高决策准确性。在供应链协同过程中，实时透明的数据传递使得企业能够随时了解市场需求、生产进度、库存情况等多方面的信息。这为企业制定战略和计划提供了有力的数据支持，使得决策更加科学合理。同时，企业还能够根据实时数据进行灵活调整，确保供应链的稳定运行。

（2）同步决策　基于最新、准确的数据，供应链成员能够共同制定策略并执行。这要求企业之间建立起紧密的合作关系，共同分享信息和资源，以应对市场的变化和挑战。通过同步决策，企业能够协调各方利益，实现共赢发展。

（3）实时响应　在市场竞争日益激烈的今天，企业需要能够快速感知市场变化、客户需求或内部运营状态等。这要求企业具备强大的数据处理能力和高效的响应机制，以便在第一时间做出反应。通过实时响应，企业能够抓住市场机遇，提升客户满意度，从而增强竞争力。

（4）风险管控　供应链协同过程中难免会遇到各种不确定性事件，如自然灾害、政策变动、市场需求波动等。这些事件都可能对供应链的稳定运行造成影响。因此，企业需要建立完善的风险管理机制，对潜在风险进行识别和评估，并制定相应的应对措施。通过风险管控，企业能够降低不确定性事件对供应链协同的负面影响，确保供应链的持续稳定运行。

供应链网络协同优化框架颠覆了传统的点到点局部协作模式，将物流公司、制造商、分销商、零售商以及终端消费者等多元主体纳入一个紧密衔接的有机整体之中。通过此种模式，采购、生产、物流以及销售等关键环节实现了深度协作与一体化运作，从而显著提升了整体运营效率，降低牛鞭效应的影响，如图 6-17 所示。牛鞭效应是指供应链上的一种需求变异放大现象，是信息流从最终客户端向原始供应商端传递时，无法有效地实现信息共享，使得信息扭曲而逐级放大，导致了需求信息出现越来越大的波动。此信息扭曲的放大作用在图形上很像一个甩起的牛鞭，因此被称为牛鞭效应。

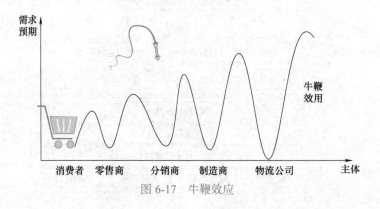

图 6-17　牛鞭效应

供应链网络协同优化框架的核心是构建统一的行业平台。这一平台旨在整合供应链各环节的信息资源，实现供应链成员间的无缝对接与高效协同。通过行业平台的搭建，可以打破企业间的信息壁垒，促进信息共享与流通，提升供应链的整体效率。通过标准化流程和协议，确保供应链中的各个环节能够高效协同工作，减少冗余和延误。对于标准流程进行自动化部署，实现流程的自动化。在统一的行业平台中，利用先进的技术手段，如大数据、云计算、物联网等，对供应链中的数据进行实时采集、分析和处理。通过数据驱动的决策，企业可以更准确地把握市场需求和供应链动态，制定更加科学的采购、生产、销售计划，从而优化资源配置，降低成本，提高盈利能力。此外，统一的行业平台还可以促进供应链成员间的合作与共赢。通过平台上的信息共享和协同机制，企业可以共同应对市场变化，分享资源和技术，形成紧密的合作伙伴关系。这种合作模式有助于提升整个供应链的竞争力，实现共同发展。

供应链网络化协同将供应链各个环节的优化目标进行归一化，核算成企业最关心的利润指标，在进行优化的同时需要考虑各个环节的约束，满足全供应链的约束条件，进而实现全局的最优协同优化。这个过程涉及对销售收入和多个成本方面的综合考量，包括原材料的采购成本、原材料运输成本、产品制造成本、产品运输至零售商的成本以及最终产品送达消费者手中的成本。企业需要在确保供应链的每个环节都符合供需、产能、库存、物流的约束条件前提下，实现整体利润的最大化。

4. 供应链业务管理

在当前供应链业务管理的架构中，现代数字技术被深度融合至供应链的每个细微环节中，推动着整个业务流程向数字化、智能化的方向全面进化。不少行业佼佼者已经先行一步，成功实施了供应链革新。举例来说，上汽集团凭借前沿的 AI 技术，对供应链管理进行了精细化的优化与重塑，大大提升了管理效率与响应市场的速度；而华为则通过其集成供应链策略，构建了极具前瞻性的主动型数字化供应链，进一步提升了供应链的协同性与灵活性。

供应链业务管理的核心范畴，广泛涵盖了计划、供应商寻源、订单、采购、物流以及销售等关键环节。这些环节相互依存、紧密相连，形成了一个高效运作的闭环系统，如图 6-18 所示。在这个闭环中，每一个环节都通过数字技术的赋能，实现了信息的快速流通与高效协同，从而确保了整个供应链的顺畅运行。

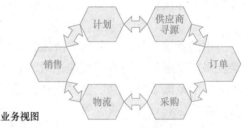

图 6-18　供应链业务管理的主要内容

通过实施有效的供应链管理，企业能够达成以下四个核心目标：其一，显著缩短现金周转时间，提高资金利用效率；其二，有效降低企业面临的多维度风险，确保经营稳定性；其三，实现盈利的稳步增长，增强企业盈利能力；其四，为企业提供可预测的收入流，促进财务规划的精准性。这一过程涉及多个关键步骤，包括供应链计划、供应链寻源与布局、供应链执行、供应链协同以及供应链风险管控等。

（1）供应链计划　在供应链管理的革新中，引入前沿的数字技术，包括但不限于人工智能、高级分析工具和大数据处理，可以应对整个供应网络中持续不断的数据流动。这一举措旨在确保企业能够精准地规划生产过程，使之与市场的实际需求相契合，从而有效避免过度生产或库存不足的问题。依托大数据分析和机器学习算法，对历史销售数据和市场趋势进行深入剖析，以实现精准的需求预测，并据此预测未来产品的需求动向。此外，通过实时数据监控和前瞻性的预测分析，持续优化库存水平，进而降低库存成本，并显著降低因缺货而引发的潜在风险。总之，基于精准的需求预测和库存优化，制订详尽的生产计划，以确保生产资源的高效利用和配置。

（2）供应链寻源与布局　供应商寻源与布局，是指企业依托数据模型，构建与企业实际需求相契合的供应链系统。在此过程中，企业采用认知计算、智能分析等技术手段，为供应商寻源提供精准、可视化的预测及业务洞察。通过深度分析大数据，企业全面评估供应商的历史绩效、成本结构、质量表现及风险水平，从而选择最为合适的供应商。此外，企业借助数字平台与供应商保持紧密、实时的沟通与协作，显著提升供应链的灵活性与响应速度。同时，利用先进的优化算法和模拟技术，企业精心设计并构建出最优的供应链网络布局，包括仓库的精准选址、运输路线的合理规划等，以确保供应链的高效运作。

（3）供应链执行　供应链执行是指执行供应链计划，是涵盖订单管理、采购、生产、物流和销售等核心环节的全面数字化管理，借助先进的信息系统集成和自动化技术，致力于提升供应链的运营效率和透明度。具体而言，利用电子商务平台与订单管理系统，实现订单的自动化处理和实时追踪，从而显著提升订单处理的效率和准确性。同时，通过采购管理系统与电子采购平台，实现采购流程的自动化和透明化，有效降低采购成本并降低潜在风险。在物流环节，运用物流管理系统和物联网技术，实时监控货物状态和运输情况，进而优化运输路线和仓储管理。最后，通过客户关系管理系统和销售分析工具，了解客户需求并把握市场动态，为制定精准有效的销售策略提供有力支持。

（4）供应链协同　供应链协同，是指通过运用先进的技术手段，确保供应链中各环节之间实现无缝对接与信息共享，以此提升供应链的整体运作效率及响应市场的敏捷性。此协同不仅涵盖企业内部各部门间的紧密合作，同时也涉及与供应商、制造商、分销商及零售商等外部合作伙伴的深入协作，共同促进供应链的高效运行。

（5）供应链风险管控　供应链风险管控通过实时数据监控和智能分析，识别和评估供应链中的潜在风险，采取预防措施和应急响应方案。其中，利用物联网和大数据技术，实时监控供应链各环节的关键数据，识别潜在风险因素。通过风险评估模型和模拟技术，分析风险对供应链的影响，制定应对策略，建立应急响应系统，制定详细的应急预案，在风险发生时快速响应和处理，减少损失。

参 考 文 献

［1］LU Y，MORRIS K C，FRECHETTE S. Current standards landscape for smart manufacturing systems［J］. National Institute of Standards and Technology，2016，8107（3）：1-39.

［2］LI Z，CHEN Y. Minimizing the makespan and carbon emissions in the green flexible job shop scheduling problem with learning effects［J］. Scientific Reports，2023，13（1）：6369.

［3］BEAMON B M. Measuring supply chain performance［J］. International Journal of Operations and Production Management，1999，19（3）：275-292.

［4］方喜峰，柳大坤，龚婵媛，等.面向 CAM 数控编程领域的知识图谱构建方法［J］.中国机械工程，2023，34（12）：1486-1494.

［5］JIANG P，WANG Z，LI X，et al. Energy consumption prediction and optimization of industrial robots based on LSTM［J］. Journal of Manufacturing Systems，2023，70：137-148.

［6］LI X B，LAN Y K，JIANG P，et al. An efficient computation for energy optimization of robot trajectory［J］. IEEE Transactions on Industrial Electronics，2022. 69（11）：11436-11446.

［7］WAN G X，ZENG P. Codesign of architecture，control，and scheduling of modular cyber-physical production systems for design space exploration［J］. IEEE Transactions on Industrial Informatics，2022，18（4）：2287-2296.

［8］LI M，WANG G G. A review of green shop scheduling problem［J］. Information Sciences，2022，589：478-496.

［9］沈保明，陈保家，赵春华，等. 深度学习在机械设备故障预测与健康管理中的研究综述［J］. 机床与液压，2021，49（19）：162-171.

［10］段现银，邵宇轩，彭芳瑜，等. 基于数字孪生的复杂件多机器人智能加工方法［J］. 华中科技大学学报（自然科学版），2024，52（6）：1-9.

［11］YAO B，XU W，SHEN T，et al. Digital twin-based multi-level task rescheduling for robotic assembly line［J］. Scientific Reports，2023，13（1）：1769.

［12］BUGDAY M，KARALI M. Design optimization of industrial robot arm to minimize redundant weight［J］. Engineering Science and Technology，2018，22（1）：346-352.

［13］ROTHEMUND P，KIM Y，HEISSER R H，et al. Shaping the future of robotics through materials innovation［J］. Nature Materials，2021，20（12）：1582-1587.

［14］NIE L，ZHANG Q，FENG M. et al. Research on sustainable collaborative scheduling problem of multi-stage mixed flow shop for crankshaft components［J］. Scientific Reports，2024，14（1）：209.

［15］GHALEB M，ZOLFAGHARINIA H，TAGHIPOUR S. Real-time production scheduling in the Industry 4.0 context：Addressing uncertainties in job arrivals and machine breakdowns［J］. Computers and Operations Research，2020，123：105031.

［16］曹锦旗，韩雪松. 工业机器人轨迹规划的研究方法综述［J/OL］. 信息与控制，2024（4）：471-486+498［2024-08-26］. https：//doi.org/10.13976/j.cnki.xk.2024.3428.

［17］王鸣山，寇玥，徐鑫. 面向离散制造车间多种异构设备的数据采集架构设计［J］. 自动化应用，2022（8）：151-154.

［18］王红波，邹文杰. 工业智能与工业互联网共性关键技术［J］. 中国电信业，2024（4）：77-80.

［19］高鹏佩，宋纯贺，曾鹏. 面向应用领域的工业互联网边缘计算模型［J］. 自动化博览，2023，40（2）：36-39.

［20］陈涛. 基于 BIM 技术的数字化工厂设计系统研究［J］. 自动化与仪表，2024，39（8）：162-164.

［21］PÖLÖSKEI I.Spark-based digital factory design［J］.Acta Electrotechnica et Informatica，2022，22（2）：19-26.

7 第7章

工业互联网赋能制造业经典案例

章知识图谱

7.1 航空航天装备定制化制造

7.1.1 需求与挑战

1. 航空航天装备制造的重要性

航空航天产业是高端制造业的龙头，是实施创新驱动发展战略的重要领域，是建设制造强国的重要支撑。航空航天产业面向民用产品和军用产品两类，是学科综合性最强的行业之一，主要产品包括飞机、火箭、卫星等，这些产品主要用于航空运输、军事国防、空间探索和无线通信等领域。

航空航天工业被誉为现代工业之花，是强国的战略支柱，具有附加值高、产业链长、辐射面宽、倍增效应大、带动性强等特点，在保持国家经济活力、提高国家安全水平、带动国民经济和科技发展等方面起着至关重要的作用，是国家安全和大国地位的重要战略保障。新中国成立以来，我国航空航天装备实现了从无到有、从小到大、从跟踪发展到自主研制的跨越发展，形成了现代航空航天产业体系，我国具备了航空航天大国的综合实力，步入了由大变强的发展期。

2. 航空航天装备制造现状及面临挑战

航空航天产品具有质量轻、结构复杂、加工精度要求高、生产环境恶劣、产品可靠性要求高的特点，必须采用先进制造技术。同时，由于航空航天产品类型繁多、更新换代速度快且生产批量相对较小，其制造系统还需具备多品种、小批量的灵活生产能力。因此，航空航天装备制造在追求加工精度的同时，还面临着柔性生产、高可靠性及高度集成性等多方面的挑战。

（1）加工精度 航空航天产品配合关系复杂，尺寸精度、装配精度要求高，需要高精密制造。当前，航空航天领域对精密零件制造提出了全新的高标准要求。无论是庞大如天文望远镜的关键透镜，还是微小至微机械中的纳米级零件，其尺寸精度均已逼近极限，亟需提高制造精度，满足行业对极致精度的要求。

（2）产品可靠性　航空航天产品需要具备良好的耐高低温性能、良好的抗老化和耐腐蚀性能，以及较强的断裂韧性和抗疲劳性能，以保证其在恶劣的环境中自主、可靠地完成各项任务。为此，需要提高制造过程的一致性和稳定性，确保产品能达到既定的质量标准，满足可靠性要求。

（3）柔性生产　航空航天产品类型多、更新换代快。为适用于多种型号产品的开发制造，保持航空航天领域的技术创新活力，生产制造系统要具有高度的柔性和适应性。柔性生产主要涉及柔性工装设计、自动制孔铆接技术、数字化检测技术、自动化辅助运输系统以及信息化集成管理策略，旨在提高设备利用效率、降低设备投资成本，从而实现制造系统的快速灵活构建与调整。

（4）技术集成　航空航天制造涉及机械、电子、光学、信息科学、计算机、材料科学等高新技术，是对各种技术的综合利用，具有高度的集成性。航空航天制造装备正朝着大型化、微型化两极发展。一方面，飞机机身、机翼、大型天文望远镜镜面、火箭壳体等巨型产品的加工制造依赖于高精度的大型制造装备；另一方面，微型传感器、微型驱动元件等微小型器件的生产则需要微型化精密制造设备完成。这种大型化与微型化并存的发展趋势，对整体的技术集成能力提出了更高的要求，需要更加精细和高效的技术协调与整合。

3. 航空航天装备制造发展方向

传统的刚性生产线可以低成本、大批量生产有限种类的产品，而柔性可重构制造系统可以进行多品种、中小批量的生产。航空航天产品在制造系统的功能和产能方面提出了快速响应的要求，有必要结合刚性生产线的高效率和柔性制造系统的高柔性设计新型制造系统，为航空航天产品的制造提供解决方案。

柔性可重构制造系统是一种能够通过对制造系统结构及其组成单元进行快速重组或更新，及时调整制造系统的功能和生产能力，以迅速响应市场变化及其他需求的新型制造系统。图 7-1 举例说明了柔性可重构制造系统的优势。系统最初仅是为生产产品 A 而建造的，

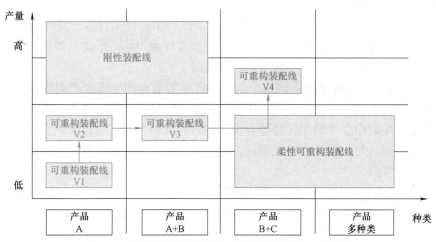

图 7-1　柔性可重构装配线与传统装配线的响应功能

如图 7-1 中的 V1。随着市场对产品 A 的需求增加，更多的生产单元被添加到柔性可重构制造系统中，如图 7-1 中的 V2。一段时间后，系统进行重构，可同时生产产品 B，如图 7-1 中的 V3。最终，产品 A 在几年后被淘汰，新产品 C 被引入，通过改变柔性可重构制造系统同样可以满足这种需求且仍无须重新对系统进行大的设计，如图 7-1 中的 V4。柔性可重构制造系统是在制造系统设计初期就进行了专门设计，因此该系统可以根据新产品的生产需要，方便、经济地增加产能和进行重组。

柔性可重构制造系统包含六大核心特征，见表 7-1。其中，专用柔性、可转换性和可扩展性是可重构的必备特征，也是系统级别的性能指标，而模块化、可集成性和可诊断性是实现可重构的充分条件。

表 7-1　柔性可重构制造系统的六大核心特征

核心特征	主要内容
专用柔性	针对特定产品或生产需求，进行定制化的设备设计和工艺调整，以适应不同产品的生产特性，从而迅速适应多变的生产环境
可转换性	改变系统功能，以适应生产产品族中新产品的能力，包括三个层次实现：短期表现为通过可重构工装实现生产的快速换型；中期表现为更改机器模块来转化功能；长期表现为在系统层添加、删除、更改机器
可扩展性	快速改变系统产能的能力。在系统层通过改变工艺路线或者增加机器数量来扩展产能
模块化	硬件和软件采用模块化设计，通过不同组合满足新的制造需求
可集成性	通过集成可能的机械、控制接口，快速精确地集成模块的能力
可诊断性	自动读取系统和产品的当前状态，以便检测机器故障和质量不合格产品

7.1.2　基于工业互联网的柔性可重构制造系统

基于工业互联网的柔性可重构制造系统是一种高度集成和智能化的生产系统，其设计旨在应对现代制造业中多样化、小批量和快速变化的生产需求。基于工业互联网的柔性可重构制造系统总体方案如图 7-2 所示。

1. 柔性可重构制造系统的组成

1）可重构系统设计。能够根据工艺需求自动进行多品种柔性生产线的建模和优化。通过智能算法和数据分析，有效解决多品种变批量下柔性生产线的平衡、布局、资源配置优化和生产仿真验证等问题，提高生产效率和产品质量。

2）生产调度重构。可根据不同品种的实时订单需求自动生成生产调度方案。首先，通过收集分析生产线上的设备状态、物料供应等信息，评估产线的实时生产状态；其次，采用智能优化算法优化订单生产顺序，并结合设备能力和维护计划制定详细调度方案，并快速响应生产异常。该模块与上层管理系统集成，确保整个生产系统的高效协同，提升了生产调度的灵活性和适应性。

3）控制程序重构。能够根据推理得到的装配工艺和设备信息，对机器人的控制程序进行自动重构。这一功能使得机器人能够自主规划作业轨迹，并根据实际产线和产品情况进行灵活调整。

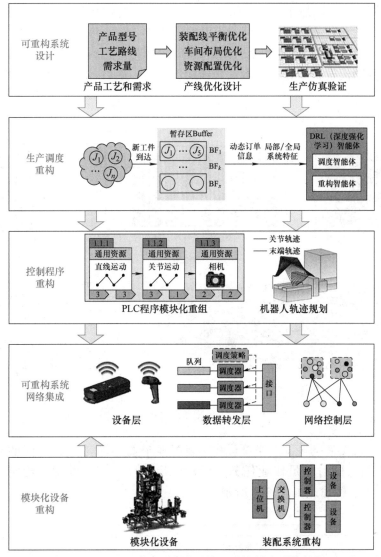

图 7-2　基于工业互联网的柔性可重构制造系统方案

4）可重构系统网络集成。能通过异构工业网络连接生产线的各个环节及对应设备，实现信息的实时共享和协同作业。同时，通过工业互联网平台进行远程监控和故障诊断，提高了生产的透明度和可靠性。

5）模块化设备重构。可以根据生产需求对设备进行快速更换和组合，从而适应不同产品和工艺的要求，保证了制造系统的灵活性和可调整性。

2. 柔性可重构制造系统的设计方法

柔性可重构制造系统优化设计包括装配线平衡优化、车间布局优化、资源配置优化及生产仿真验证四大核心环节。柔性可重构制造系统优化设计架构图如图 7-3 所示。

首先，根据产品工艺约束和产能需求，以产线生产平衡为目标，建立装配线平衡优化模型，得到最佳的工站数量和装配任务分配方案；其次，考虑工艺路线下工站间物流搬运量和工站作业面积约束，以最小化物流量和布局调整成本为优化目标，建立车间布局优化模型，得到最佳工站布置方案及工站间物流路线；再次，综合考虑产品工艺、车间布局和物流路线等实际约束，以最大产能、设备利用率等指标为优化目标，建立装配车间资源配置优化模型，得到物流设备、暂存容量的最佳配置方案；最后，通过生产仿真对优化方案进行验证。

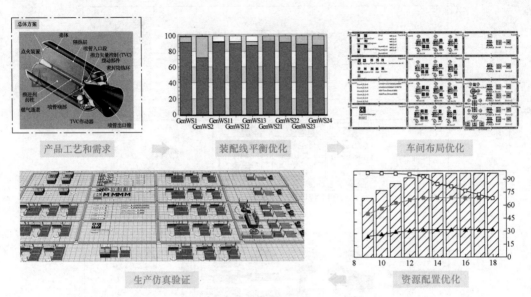

图 7-3　柔性可重构制造系统优化设计架构图

（1）考虑产品更新的装配线平衡优化　装配线平衡问题是指将有限的装配任务集分配给有限的工站，同时满足作业任务之间的先后顺序约束，并优化给定指标。装配线平衡优化问题的求解思路如图 7-4 所示。

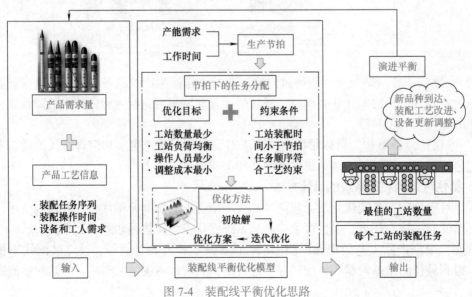

图 7-4　装配线平衡优化思路

首先，基于产能需求、有效工作时间和生产工艺约束，确定装配线生产节拍。其次，基于生产节拍，结合装配工艺的先后顺序约束，建立以最小化工站数量、工站间平衡指数、演进平衡成本和操作工人数量为目标的装配线演进平衡多目标优化数学模型。其中，最小化工站数量和工人数量，可减少车间中工站设备和操作人员的投入成本。最小化工站间平衡指数，可使得工站之间负荷均衡，有利于提高整体装配线的生产效率。最小化演进平衡成本，使得在产品更新后需要对产品进行再平衡时，综合考虑目前产线的平衡和布局方案，减少不必要的调整成本。最后，构建解空间搜索机制，将产品需求量和产品工艺信息作为模型输入，解码后得到最佳的工站数量及每个工站对应的装配任务。新品种到达、装配工艺改进、设备更新调整后，可通过演进平衡，实现装配线自动平衡。

（2）考虑调整成本的车间布局优化　车间布局优化是指通过合理安排车间内工站的位置，减少物流转运量、提高物流通畅性。柔性装配车间自主布局优化的思路如图 7-5 所示。

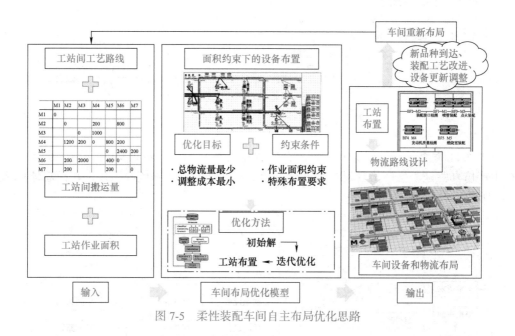

图 7-5　柔性装配车间自主布局优化思路

首先，以最小化物流量和布局调整成本为优化目标，考虑产品在工站间的物流搬运量、作业面积约束以及防爆间等特殊布置要求，并综合考虑重新布局成本，建立装配车间布局优化数学模型；其次，基于智能优化算法优化工站的布置位置，布置时采用从作业场所左上角开始逐行布置的方式，当某作业单位布置到当前行，使得行的长度超出作业场所的长度尺寸时，则新起一行开始布置，直到所有作业单位布置完成；最后，基于工站布置和物流转运关系设计工站之间的物流路线，得到车间设备和物流的最佳布局方案，实现柔性装配车间的自动布局优化，从而降低制造过程中的物流成本、提高物流效率。

（3）柔性装配车间生产资源配置优化　柔性装配车间资源配置优化思路如图 7-6 所示。首先，基于优化后的产线平衡和布局方案，考虑产品工艺、车间布局和物流路线等实际约束，以最大化产能、利用率以及最小化配置成本为优化目标，建立装配车间资源配置优化模型;其次,采用多因子试验方法,确定最佳的自动导引车(Automated Guided Vehicle,AGV)数量、暂存区容量以及并行工站数量,实现柔性装配车间资源配置自动优化,使得企业以最经济的车间投入,获得最佳的产能。

图 7-6　柔性装配车间资源配置优化思路

(4)柔性装配车间生产仿真验证　在资源配置优化后,为验证优化方案的正确性,需进行生产仿真验证。生产仿真建模是进行生产仿真验证的首要和核心工作,建模总体思路如图 7-7 所示。

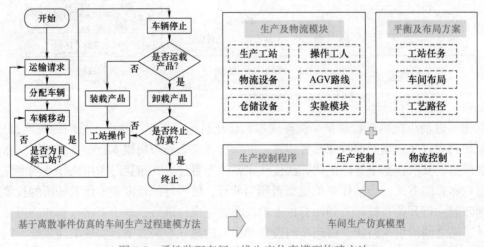

图 7-7　柔性装配车间二维生产仿真模型构建方法

首先,基于离散事件仿真思想,对车间的生产和物流过程进行标准化建模;其次,建立生产及物流模块的模块化组件库,具体包括生产工站类、物流设备类、仓储设备类、操作工人类、AGV 路线类以及实验模块;再次,导入产线平衡和车间布局方案,基于具体工艺路径，编写生产和物流控制程序；最后，基于模块化组件库，构建车间生产和物流过程的二维仿真模型，支撑不同配置方案的快速仿真，并进行可视化呈现。

3. 柔性可重构制造系统的生产调度

生产调度问题是指确定工件或产品的最佳生产顺序，使得某项性能指标最优，比如使所有产品的总完工时间最短。柔性可重构制造系统由于车间内产线具备高度灵活的重构能力，在进行生产调度时不仅要考虑产品排序，还要考虑车间重构，增加了生产调度问题的求解难度。

（1）柔性可重构制造系统智能调度架构　图 7-8 为柔性可重构制造系统智能调度架构图，包含云决策中心、制造执行层、控制层和设备层。其中，云决策中心配置智能调度决策模块，如深度强化学习、元启发式算法等优化决策模块。基于云决策中心的调度指令，制造执行层驱动车间硬件设备进行产线重构或零件加工，从而实现可重构制造系统的智能调度。

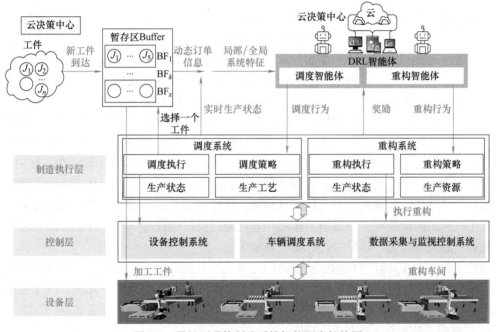

图 7-8　柔性可重构制造系统智能调度架构图

具体工作流程如下：车间内的某台机器加工完一个工件后，该机器变为空闲状态，并将当前调度执行状态上传到制造执行层。制造执行层通过重构判断机制决定本车间在下一时刻是否要重构。如果无须重构，则这台空闲机器会调用云决策中心的调度智能体产生一个调度行为。调度智能体提取当前系统状态，包括实时生产状态和动态订单信息，产生一个调度行为，并发送到制造执行层。制造执行层基于这个调度行为从对应的暂存区中选择一个工件到此空闲机器上加工。如果重构判断机制决定重构，则此空闲机器调用重构智能体，基于当前的系统状态和订单信息产生一个重构行为。每种重构行为对应一种重构准则，用于确定下一时刻要重构的生产模式类型。制造执行层接受新的生产模式类型，调用控制层在设备层执行重构操作。

当决定重构时，首先执行一个"清空在制品"操作，即等待所有正在加工的工件全部完成生产。一旦所有在制品都完工，所有设备变为空闲状态，等待重组。随后，车间通过改变车间布局并重新分配生产资源，重构为新的生产模式。在"清空在制品"和重构设置阶段，新的工件不再往车间配送。车间重构为新的生产模式后,车间在新的生产模式下继续加工,直到所有订单生产完毕。

(2)求解生产调度问题的优化方法 求解生产调度问题的优化方法中,智能优化算法因其强大的搜索和优化能力备受关注。智能优化算法通过模拟自然规律或借鉴生物进化原理,能够在复杂的生产环境中找到高质量的调度方案。另外,深度强化学习作为一种新兴的优化方法,结合了深度学习和强化学习的优势,通过智能体与环境的交互学习,自动优化调度策略。下面具体阐述这两种方法在求解生产调度问题中的应用。

1)智能优化算法。在求解生产调度问题时,智能优化算法展现出了巨大的潜力和实用性。智能优化算法基于数学规划、元启发式方法或其他启发式技术,旨在寻找满足生产约束条件的最优或近似最优调度方案。对于复杂的生产调度问题,尤其是当存在多种资源和生产模式时,智能优化算法能够提供灵活且高效的解决方案。

在智能优化算法中,元启发式算法应用较为广泛,主要包括遗传算法、蚁群算法、粒子群优化算法等。它们通过模拟自然界中的某些现象或过程,利用随机性和局部搜索能力,在解空间中进行探索和优化。针对动态可重构的生产调度问题,元启发式算法可以设计出有效的搜索策略,以应对新工件到达和生产模式变化等动态因素。通过局部搜索和迭代优化,这些算法能够逐步逼近最优解,为生产调度问题提供高质量的解决方案。

2)深度强化学习。深度强化学习方法结合了深度学习的特征提取能力和强化学习的决策优化能力,能够自动学习并优化复杂的生产调度策略。在深度强化学习中,智能体通过与环境的交互来学习如何做出决策。对于生产调度问题,环境可以表示为车间的状态空间,智能体则通过观察和交互来逐步优化其调度策略。具体来说,智能体可以从当前的车间状态出发,选择一个动作,如调度一个工件或重构生产线;然后,观察这个动作带来的奖励——如减少完工时间或降低能耗,以及新的车间状态。通过反复迭代和优化,智能体能够逐渐学习到一种有效的调度策略,以最大化长期的累积奖励。

深度强化学习在处理生产调度问题时的优势在于其强大的学习能力。它能够通过大量数据的学习来自动发现生产过程中的规律和模式,并据此优化调度策略。此外,深度强化学习还具有良好的适应性和鲁棒性,能够应对生产过程中的动态变化和不确定性。

4. 柔性可重构制造系统的控制方法

柔性可重构制造系统不仅能够适应不同产品和工艺的生产需求,还具备通过控制系统重构来自动调整装配过程的能力。然而,当产品型号发生变更时,传统模式通过控制工程师学习理解工艺文件、构思程序逻辑进行人工编程;机器人程序也需要通过人工示教的方式进行调整,无法满足敏捷柔性需求。针对以上问题,柔性可重构制造系统采用控制程序重构与作业精度在线修正技术,实现控制系统的快速柔性调整与作业精度的自适应校正。控制程序重构与作业精度在线修正思路如图7-9所示,其中控制程序重构包括 PLC 程序模块化重组和机器人作业轨迹自主规划两大关键技术。

(1)PLC程序模块化重组技术 面向装配过程控制的PLC程序模块化重组流程如图7-10所示。根据机器人装配系统功能,将机器人、视觉、伺服、夹爪等进行单元拆分,定义电机、气缸、传感器等基本单元,在此基础上,封装典型工艺过程的PLC模板程序;通过对工艺过程的逻辑组合,配置动作属性、时序逻辑,快速生成装配过程的PLC控制代码。实现 PLC 程序模块化重组的三个要素包括基础模块引擎、工艺模块化设计以及功能块模型。

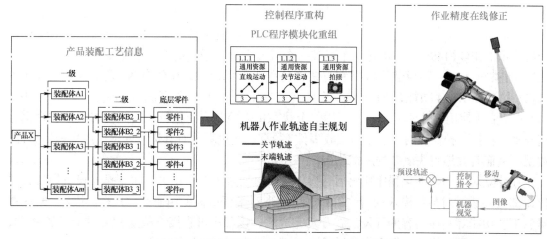

图 7-9　控制程序重构与作业精度在线修正思路

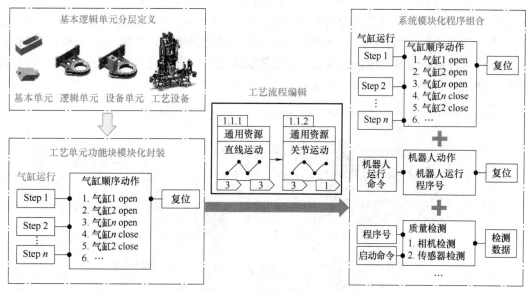

图 7-10　PLC 程序模块化重组流程图

1）基础模块引擎，是模块化自动编程技术的核心部分，负责各个模块的管理和调用，确保整个装配过程控制程序的高效运行。**基础模块引擎以 SiCar、VASS 等标准为基础，将设备按照逻辑单元和最小控制单元进行模块化封装和调用。其中，逻辑单元以能够完成独立的工步步骤为前提，将工艺流程逐层进行工序、工步封装。控制单元面向传感器、电机、机器人、图像处理、图像检测等进行功能封装与特征提取，最终形成可用于重构工艺过程的代码开发模块。**

2）工艺模块化设计，旨在将装配过程中的各个工艺步骤进行模块化分解，通过模块的组合和调用，实现不同装配需求的灵活配置。**工艺模块化设计通常包括工艺参数化设计、特征标准化计算等一系列标准化封装过程和方法，以提高工艺模块化的设计质量，有效避免工艺孤岛现象的出现。模块化、标准化封装通常采用自顶向下的方式：首先，将离散制造车间运行环境按相应组成单元和环节提供的能力进行封装；其次，对其中每一个大的分类环节进行封装。**

3）功能块模型，是描述软件功能模块的一种结构，定义了每个模块的数据结构、算法和接口，确保模块之间的数据一致性和互操作性。功能块模型采用工业标准 IEC 61499 功能块模型。IEC 61499 功能块是一个可被一个或多个算法操作的特定数据结构"软件功能单元"，可被描述为一种封装了数据和算法的特殊类型的对象。IEC 61499 功能块综合了 IEC 61131 和 IEC 61804 功能块的特点，并具有分布式、可组态和可编程的特点。此外，IEC 61499 功能块使用事件驱动技术，利用一个状态机去控制它的执行。功能块将事件和数据分离开来，在执行控制表时，从接口接收事件/数据，通过算法对其进行处理，产生输出事件/数据，从而有效地解决复杂的反馈问题。

在建立对应的标准化程序代码后，操作人员可通过工艺重组方式重新排布设备模块，并快速部署。通过对封装模块的行为解析，可实现对编程所需的组态、I/O 变量定义、时序逻辑、工艺功能等程序内容的开发。在开发完成后，该程序可直接下载至 PLC 进行生产控制，减少电气工程师工作量，提升代码质量，大幅节省现场调试周期。

（2）机器人作业轨迹自主规划技术　为确保机器人在装配作业过程中能够流畅、准确地移动，需要对机器人装配作业轨迹进行优化，避免路径不连续导致的误差或故障。首先，确定机器人作业的起点和目标点，在位形空间内建立障碍物模型；其次，使用路径规划算法在空间内进行作业轨迹自动搜索；最后，通过智能优化算法实现时间最优轨迹规划。机器人装配作业轨迹自主规划原理如图 7-11 所示。

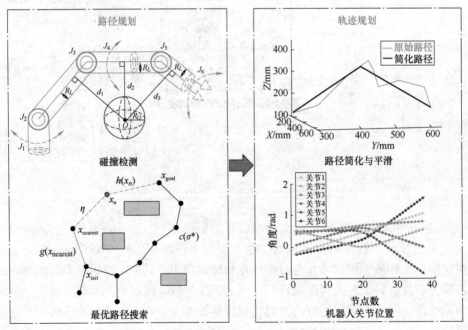

图 7-11　机器人装配作业轨迹自主规划原理

路径规划算法是实现机器人装配作业轨迹自主规划的关键。常用的路径规划算法包括快速扩展随机树（Rapidly-exploring Random Tree，RRT）算法、A* 算法和 Dijkstra 算法等。这些算法各具特色，可以根据不同的应用场景和需求选择合适的算法。例如，RRT 算法通过随机采样和树形结构扩展，能够在复杂环境中快速找到可行的路径；A* 算法利用启发式函数和代价函数引导搜索方向，能够在保证路径最优性的同时有效减少搜索空间；而 Dijkstra 算法通过贪心策略选择当前最短路径进行扩展，能够在非负权重图中找到全局最优路径。

在路径规划过程中，首先需要确定机器人作业的起点和目标点。这是路径规划的基础，也是机器人进行装配作业的前提。其次，在位形空间内建立障碍物模型也是至关重要的。障碍物模型可以帮助机器人识别并避开环境中的障碍物，确保机器人在移动过程中不会与障碍物发生碰撞。

在确定了起点、目标点和障碍物模型后，机器人可以使用路径规划算法在位形空间内进行作业轨迹的自动搜索。这一过程需要机器人根据自身的感知能力和计算能力，结合环境信息和障碍物模型，不断尝试和调整路径，最终找到一条从起点到目标点的可行路径。为了确保机器人在移动过程中的平稳性和准确性，还需要对作业路径进行插值处理，形成一条平滑、连续的轨迹。

（3）基于视觉伺服的机器人作业精度在线修正技术　作业过程中，受导航误差、机械磨损等多种因素的影响，机器人的作业精度可能会发生变化。基于视觉伺服的在线修正技术，可以对这些误差进行实时监测并及时校正，有效提高机器人在复杂环境中的作业准确性和效率。首先，该技术利用视觉传感器捕获装配现场的图像信息，这些图像信息包含了机器人作业环境的关键细节，如零件的位置、姿态等。然而，由于光线、噪声等因素的干扰，原始图像的质量可能不尽如人意。因此，需要对图像进行增强与滤波处理，以提升图像的质量和清晰度，为后续的特征提取和三维重建提供可靠的数据。

在图像质量得到提升后，接下来的关键步骤是图像特征提取。通过采用边缘检测、角点检测等算法，系统能够准确识别出图像中的关键特征点。这些特征点通常对应于装配零件的边缘、角点等显著位置，它们的空间坐标信息对于后续的机器人运动控制至关重要。在特征提取完成后，系统将通过三维重建技术获取零件典型特征的空间坐标信息。这一过程结合了图像处理和计算机视觉的先进技术，能够实现对装配现场的三维建模和测量。

视觉伺服系统具体原理如图 7-12 所示。

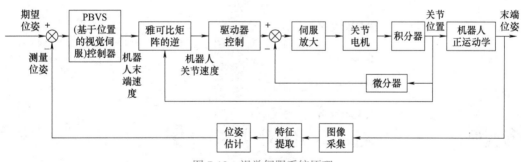

图 7-12　视觉伺服系统原理

从图像采集到处理、特征提取、位姿估计再到驱动器控制，每一个环节都紧密相连、相互支撑。正是这些先进技术的综合应用，使得基于视觉伺服的机器人作业精度在线修正成为提高机器人作业准确性和效率的重要手段。

5. 柔性可重构制造系统的模块化设备

模块化设备是柔性可重构制造系统的重要组成部分，通过模块化设计和可重构技术，可以实现生产设备的快速调整，从而根据不同产品的生产需求或生产工艺的变化，灵活调整自身的结构和功能。柔性可重构制造系统包含装配工艺设备、工业机器人、机器人模块化工具库及 PLC 等核心组件，系统架构如图 7-13 所示。

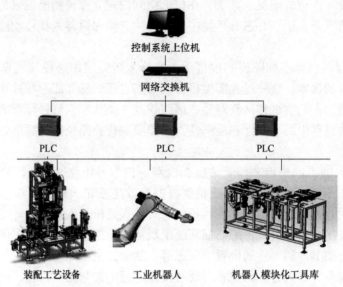

图 7-13　柔性可重构制造系统架构

鉴于工业机器人属于通用化设备，其特性和功能在此不再详细阐述。下面主要对装配工艺设备、机器人模块化工具库以及控制系统进行详细介绍。

（1）装配工艺设备　装配工艺设备结构如图 7-14 所示，主要由设备架体、上舱段抓取组件、相线定位组件、产品中转平台、视觉定位组件、螺钉拧紧组件、下舱段夹持转台等组成，可完成舱段旋合拧紧、径向螺钉拧紧等工艺过程。

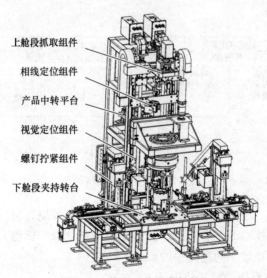

图 7-14　装配工艺设备结构

1）舱段旋合拧紧工艺流程。机器人将待对接的舱体下段放置于下舱段夹持转台上，将舱体上段放置于产品中转平台上。随后上舱段抓取组件夹持舱体上段找正相位，并通过相线定位组件完成对舱体相线的定位约束。下舱段夹持转台对舱体下段进行定心约束并在相机视觉检测辅助下，找正下段相线，并通过相线定位组件实现对舱段的定位。上舱段抓取组件沿铅垂方向下降，使得上下舱段处于待对接位置。随后拧紧执行组件在拧紧机的伺服力矩驱动下，抱紧旋合舱段实现旋合拧紧动作。

2）径向螺钉拧紧工艺流程。搬运机器人将待对接舱体下段放置于下舱段夹持转台上，将舱体上段放置于产品中转平台上。上舱段抓取组件沿铅垂方向下降，使得上下舱段处于待对接位置。在相机视觉检测辅助下，上下舱段各自旋转至待对接相位。随后，左右两组螺钉拧紧组件共同运行，平移移动模组、进给移动模组和俯仰转动模组共同控制径向螺钉拧紧头，使其移动到需要安装螺钉的位置，逐个完成螺钉的拧紧。

（2）机器人模块化工具库　机器人模块化工具库是机器人实现柔性作业的硬件基础，工具需适应产品不同结构、尺寸、装配工艺的要求。一种典型的机器人模块化工具库如图 7-15 所示，主要由工具库架构及五套机器人作业工具组成，它们分别为大口径产品夹持工具头、小口径产品夹持工具头、翼片夹持工具头、翼片螺钉拧紧工具头、锥形抓手。通过模块化快换接头实现机器人作业工具的快速自主更换。

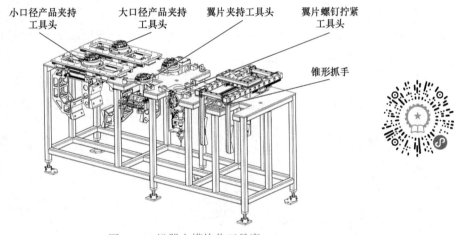

图 7-15　机器人模块化工具库

（3）控制系统　控制系统主要实现装配工艺设备、工业机器人、机器人模块化工具库的智能控制。采用工控机及 PLC 作为主控制器，利用 PROFINET 总线、RS-232、数字量及模拟量等多种通信接口实现控制系统各个组成部分及单元的信息采集与集中管控。上位机为工业计算机，可以实现现场各设备的监控、参数设置和控制操作，同时能够保存各种参数信息，包括各专机运行状态信息、工件信息和操作者信息等，为信息管理系统提供信息资源。下位机系统采用 PLC，辅以远程 I/O 从站实现与装配现场通信。

6. 柔性可重构制造系统的网络集成

在进行柔性可重构制造系统网络集成时，常面临各个生产环节的设备所采用的通信协议各不相同等问题。这些异构的协议不仅传输行为各异，而且其对应的业务组织方式也千差万别。实现异构网络的集成，一方面需要适配不同设备的通信协议格式，确保信息能够在各种设备间顺畅流通；另一方面需要适配各种设备的组网和业务应用层，以确保业务数据传输的实时性和可靠性。为此，需要建立基于工业互联网的异构网络集成及安全防护方案，面向装配车间异构网络环境，设计装配车间信息化所需的硬件网络架构。

异构网络集成及安全防护方案，采用软件定义网络（SDN）架构，结合面向脉动生产线的数据转发与管理控制分离的组网机制，在控制层对异构网络的数据包格式、流量特征和网络行为等进行抽象和全面的认知，进而实现传输和应用层的自适应适配组网；使用基于服务质量标识映射和转换的混合数据流调度技术，提供跨网的数据传输和 QoS 保障。在此基础上，面向制造生产对网络及信息安全的要求，构建生产线无线技术及安全保密防护方案，实现生产车间无线组网应用，并与园区网络集成。

（1）基于数据转发与管理控制分离的异构网络集成架构 为实现柔性可重构制造系统异构网络的跨层、跨域集成，解决异构网络的实时互联、设备即插即用等问题，构建以 SDN 为核心的脉动生产车间骨干网络，实现异构网络数据接入与确定性传输。

针对系统中设备协议不同、难以统一控制和互联的问题，采用数据转发与管理控制分离的组网机制，形成异构网络集成架构。架构采用自顶向下的网络架构设计方法和协同网络资源管理方法，借鉴 SDN 管理面与数据面分离的思想，通过对网络设备及网络资源的抽象、集中管理与应用，实现网络的统一控制；通过网络支持工业协议数据转发过程的按需编排，实现异构网络的互联互通。柔性可重构制造系统网络集成架构如图 7-16 所示，分为网络控制层、数据转发层和设备接入层。

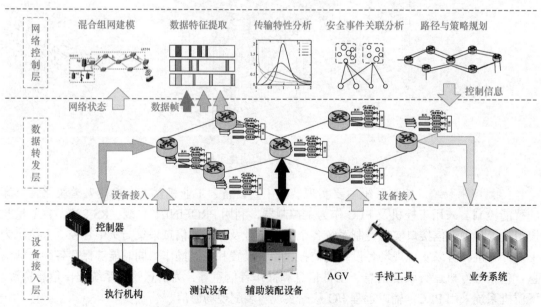

图 7-16　柔性可重构制造系统网络集成架构

1）协议和属性匹配的异构网络集成数据传输技术。针对脉动生产车间异构网络多协议接入和统一组网的问题，基于数据转发与管理控制分离的脉动生产线异构网络集成架构，在网络控制层将多种以太网协议的相关特性进行诠释，通过软件定义的方式反映到数据转发层，实现相应协议数据帧的转发和应答，进而实现硬件级协议适配。

网络控制层通过数据转发层对数据帧协议和属性特征进行提取和匹配。首先，对协议的类型进行提取和匹配，实现基础的协议识别功能。其次，对协议数据帧的特定属性进行提取和匹配，进而获取相关工业设备及其相关的业务数据特征等信息。网络控制层以提取到的协议特征信息为依据，控制数据转发层采用相应的转发策略，以满足不同协议数据的转发需求，进而实现异构网络数据的共网传输。

2）业务流跨网实时调度技术。针对异构协议数据共网传输的实时性需求，制定同步实时传输与混合传输队列的机制。对于实时性要求非常高的业务，采用预留同步时隙的方式确保实时性；对于实时性要求比较低的非实时业务，采用多队列混合优先级的方式进行调度，兼顾实时性和网络效率。

网络控制层根据数据业务的刷新周期、实时性要求、流量等特征，综合考虑路由规划。MAC 层资源动态调整和链路层时隙分配等因素，决定数据流转发路径中每一个转发设备执行该数据流的调度方式。数据转发层的设备按照网络控制层的调度策略执行具体的操作，完成数据的转发并实现网络控制层的调度策略。通过网络带宽动态分配方法、数据链路层队列调度方法等，充分利用网络带宽，实现网络自适应资源调整，提高非实时数据流传输的服务质量。

（2）车间无线技术及安全保密防护方案　为满足柔性可重构制造系统中 AGV、无线扫描枪等设备联网和业务应用需求，需要对制造系统进行无线化改造，解决柔性可重构制造系统自动化有线网络所面临的布线与维护成本高、移动性与灵活性差等难题。此外，从信息安全角度出发，制定相应的安全保密防护方案。

车间无线技术主要用于 AGV 调度系统中的 AGV 设备无线组网，可采用基于 WIA-FA 协议的无线通信技术。无线局域网内主要设备包括现场设备、接入设备、网关设备。其中现场设备安装在智能制造车间 AGV 小车设备上，负责采集车辆运行现场的过程数据以及通过 AGV 调度系统下发指令的控制生产过程数据；接入设备安装在智能制造车间现场，与网关设备之间采用有线方式连接，负责将现场设备上的传感器数据、告警信息以及无线网络管理相关信息转发到网关设备，或将网关设备下发的 AGV 控制信号、管理信息和配置信息转发给现场设备；网关设备一般可部署在智能制造车间机房，与上层 AGV 调度系统、现场总线等其他工控设备有线连接，负责整个无线局域网网络的管理。

1）WIA-FA 网关。网关设备部署在中心机房，通过有线线路在机房与 AGV 调度服务器连接，网关设备通过有线方式在机房连接到汇聚交换机。它通常采取视频监控系统、防盗门、电子门禁系统、入侵报警系统等安全措施，进入人员需审批和核查登记，禁止非授权人员进入，以保证机房内网关设备的物理安全。

网关设备主要功能如下：提供 WIA-FA 网络与现场总线等外部网络连接的接口，利用数据映射和协议转换功能实现 WIA-FA 网络与现场总线等外部网络的互联；负责无线网络管理和密钥管理功能；通过接入设备与 WIA-FA 网络中的其他设备进行通信，交换设备间的信息；作为全网唯一的时钟源，实现网络时间同步。

2）WIA-FA 接入设备。接入设备架设在工厂车间墙壁较高的位置，一方面保障无线信号的传输不被遮挡，另一方面保证非授权人员不使用辅助升降工具不易接触到接入设备。汇聚交换机采用有线方式连接各接入设备 AP 节点。布线距离超过 100 米以上的节点，采用级联二级交换机的方式连接。网线使用六类屏蔽网线。

接入设备负责将现场设备上的传感器数据、告警及网络管理相关信息转发到网关设备，以及将网关设备的控制信号、管理信息和配置信息转发给现场设备。

3）WIA-FA 现场设备。WIA-FA 现场设备即无线节点，安装在 AGV 车体内部，安装后车体密封，保证非授权人员无法接触到现场设备；同时，负责智能车间 AGV 设备状态采集和控制指令下发等。

7.1.3　建设和应用成效

工业互联网技术已成为推动制造业产业升级和转型的关键力量。在航空航天装备定制化制造领域，基于工业互联网的柔性可重构制造系统不仅解决了定制化制造中的诸多难题，还在实际应用中取得了显著的成效。

1. 建设成效

柔性可重构制造系统具有高度的灵活性和可重构性。这意味着企业可以根据市场需求的变化，快速调整生产线配置，实现多品种、小批量产品的定制化生产。对于航空航天领域的装备来说，这种灵活性尤为重要。因为不同型号的装备往往具有不同的结构和性能要求，对应的生产工艺和装配流程也不尽相同。借助柔性可重构制造系统的优势，企业可以及时响应市场需求的变化，实现快速换线、快速投产，从而赢得市场先机。

表 7-2 所示的是引入可重构制造系统前后制造系统能力。可见，引用可重构制造系统后，制造系统在定制化生产、缩短交付周期、快速换型等方面有了明显提升，验证了可重构制造系统的有效性。

表 7-2　可重构制造系统应用前后制造系统能力

指标	应用前（传统制造系统）	应用后（可重构制造系统）
影响力	国内领域空白状态	支撑批量定制生产模式，助力我国制造业转型
制造设计	设计制造系统为刚性或者柔性	制造系统为可重构，兼顾刚性和柔性
生产效率	调整时间长，交付周期长	大幅缩短离线调整和交付周期
安全性	人工直接操作设备	自动编程控制设备
应用场景	单或者多型号生产且换型慢	产品族内产品混线生产且换型快

2. 应用成效

在航空航天装备制造领域，传统装配线往往面临节拍长、产能低、成本高的问题。通过引入基于工业互联网的柔性可重构制造系统，以上问题得到有效解决。参照某装备传统装配线节拍与产能状况，对可重构制造系统应用前后的经济效益进行比较，见表 7-3。可重构制造系统产能提升了 2 倍以上，成本节约了 360 万元 / 年，从设计到制造的订单交付周期缩短了 40%。该系统在保证产品质量的同时，不仅大幅提升了产能和生产效率，还有效节约了生产成本，缩短了产品交付周期，实现经济效益的显著提升。

表 7-3　可重构制造系统应用前后经济效益的对比

指标	应用前（传统制造系统）	应用后（可重构制造系统）
产线适应产品种类	3	10
不同产品柔性调整时间	13 天	6 小时
装配效率	0.5 套 / 天	2 套 / 天
订单交付周期	15 天	9 天

除了经济效益的提升外，基于工业互联网的柔性可重构制造系统的成功应用还带来了显著的社会效益。首先，在影响力方面，提升了我国航空航天装备制造业的国际地位，增强了国家的科技实力和国际竞争力。其次，在制造设计方面，推动了设计理念的创新和技术的进步，为制造业的发展注入了新的活力。再次，在生产效率和安全性方面，缩短了离线调整和交付时间，实现控制设备的自动化。通过优化生产流程、提高设备自动化水平、加强安全监控等措施，企业的生产效率得到了大幅提升，同时生产安全事故的发生率也明显降低。最后，在应用场景方面，该系统的成功应用为其他行业提供了有益的借鉴和参考，推动了工业互联网技术在更广泛领域的应用和发展。

基于工业互联网的柔性可重构制造系统在航空航天装备定制化制造领域的典型应用，在提升企业行业竞争力的同时，也为我国航空航天装备制造业的发展注入了新的动力。展望未来，随着工业互联网技术的不断发展和完善，其在制造业的应用将会越来越广泛，为我国制造业的转型升级和高质量发展提供有力支撑。

7.2　油田网络化广域协同生产

7.2.1　需求与挑战

1. 油田开发生产的重要性

石油被誉为"黑色的金子""现代工业的血液"，其在全球能源供应及世界经济发展中扮演着十分重要的角色。油气目前作为我国的主体能源，对国民经济、工业发展、能源安全以及日常生活都产生了深远的影响。未来我国对能源的需求仍将大幅增加，预计 2035 年石油需求量将达到 7 亿吨以上，天然气需求量将达到 7000 亿方以上。到 2040 年，中国仍是全球最大能源消费国，在全球能源消费中的份额占 22%。2018 年 7 月，习近平总书记对油气生产做出重要批示，强调要"大力提升国内油气勘探开发力度，努力保障国家能源安全"。2021 年，习近平总书记再次强调"能源的饭碗必须端在自己手里"。

近年来，我国原油产量呈下降趋势，对外依存度居高不下。如图 7-17 所示，自 2018 年以来，我国石油对外依存度已超过 70%，远超国际公认的 50% 安全警戒线。我国能源安全面临严峻挑战，亟需通过科技进步完善勘探开发机制，确保国内原油产量长期稳定在 2 亿吨水平。

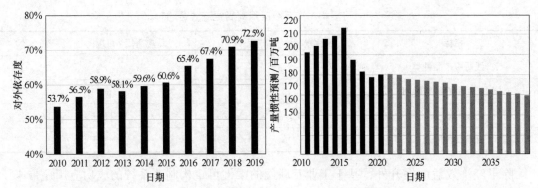

图 7-17　我国石油对外依存度与产量惯性预测

2. 油田开发生产核心业务

油田开发生产业务是在认识和掌握油田地质及其变化规律的基础上，把地下油气资源尽可能多地开采到地面的全过程。通过研究油气藏、管理油气井的日常运行、运用技术措施和手段优化开采、利用管网集输油气并进行必要的加工处理，获取油气产量。

油田开发生产的核心业务流程包括油田开发和油田生产两部分，如图 7-18 所示。油田开发的主要内容是油田产能建设。油田生产的主要内容包括油藏管理、油水井管理、采油工艺管理、措施管理和集输管理等。

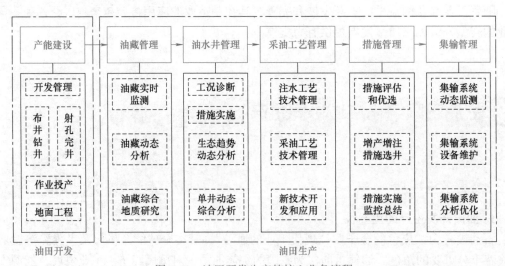

图 7-18　油田开发生产的核心业务流程

（1）产能建设　利用现有的技术和资源，以最大程度地提高油田开发效益为目标，实施的一系列工程技术活动，如开发管理、布井钻井、射孔完井、作业投产和地面工程建设等。产能建设是支撑油气产量稳定增长的助推器，是实现油气田企业可持续发展的关键措施和重要保障。

（2）油藏管理　在油藏开发生命周期中，采用经济有效的先进技术进行油藏实时监测、油藏动态分析和油藏综合地质研究，从而制定和实施正确的油藏开发策略，以取得最佳经济采收率。油藏管理具有长期性、复杂性和综合性特点。

（3）油水井管理　在油田开采过程中，对油水井的生产运行状况进行管理和控制，保障油水井高效、稳定的生产运行，从而最大限度地发挥油水井的产能，提高采油效率。油水井管理主要包括工况诊断、措施实施、生产趋势动态分析和单井动态综合分析等。

（4）采油工艺管理　利用生产过程积累的案例、数据和经验，对注水工艺和采油工艺进行管理，提高系统效率和实施效果，并利用新的信息化技术手段模拟、评估和优化采油工艺，改进开发方案。

（5）措施管理　对压裂、酸化、注水井调驱调剖、注水井降压增注等增产增注措施进行管理，目的是增加产量或减小压降，防止油层出砂、发生水锥和防止近井地带的相平衡破坏而向凝析转化。措施管理主要包括措施评估和优选、增产增注措施选井、措施实施监控总结等。

（6）集输管理　利用自动化测量仪器和先进的优化分析技术，对集输管线进行实时监测和预测性维护，对运行设备进行分析和参数优化。集输管理主要包括集输系统动态监测、集输系统设备维护和集输系统分析优化等。

宏观上看，油田开发生产围绕着"油气藏"和"井"两个关键的业务对象展开，其中油气藏指的是油藏和气藏，井指的是采油井、采气井和注水井。从业务对象的开发时间周期上看，油气藏和单井管理在每个时间段有不同的业务重点：短期阶段，以天或更短时间为单位，以井筒为研究对象，侧重于单井日常管理、工况诊断和生产工艺参数优化等；中期阶段，以月或季度为单位，侧重于单井优化措施、产量预测和分配、油藏动态分析和生产优化等；长期阶段，以年为单位，侧重于油藏综合研究、油藏开发方案、井位布置方案、配产配注方案、措施作业方案等。图 7-19 展示了油田开发生产业务不同时间段及其特点。

图 7-19　油田开发生产业务的特点

3. 油田开发生产现状及面临挑战

经过几十年的开采，以大庆、胜利为代表的我国大部分油田已进入开发中后期。地下剩余油呈"整体高度分散，局部相对富集"的状态，传统的油藏描述方法已经不能准确地预测处于复杂分布状态的剩余油，油田稳油控水难度大。此外，由于油田信息化程度低，难以实现系统优化，导致开发成本居高不下。

1）油藏构造复杂，剩余油分布不清。经过几十年的开采，油藏孔隙结构发生变化，储层物性变差，渗流特征更加复杂，剩余油零散分布，如图 7-20 所示。具体表现在：砂体分布零散，平面连通性差，且颗粒分选差，孔隙结构复杂，物性变化大，非均质性严重；沉积呈多旋回性，油田纵向油层多，有的多达数十层甚至百余层，且层间差异大；油田内部渗透率级差大，特别是河道砂体渗透率多呈上部低、下部高的分布特征，加上重力作用，注入水易从下部窜流；断层极为丰富，尤其在我国东部渤海湾地区，断块小差异大；原油多属中质油，石蜡含量高，还有一批重质稠油。上述特性导致油藏精细描述难，无法实现地下剩余油的精准识别。

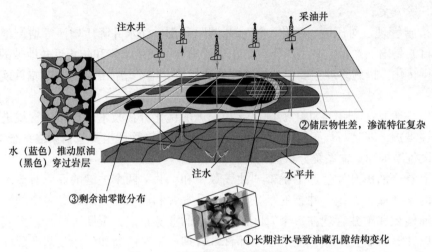

图 7-20 油田开发中后期油层矛盾

2）油田信息化程度低，生产方式不精细。油气行业是目前全球信息化程度相对较低的行业之一，远低于全球产业平均值。在油田开发生产过程中，传统生产方式无法对油藏、油水井进行实时监测和在线优化分析，难以实现油田生产过程的动态跟踪和精细化管理。油藏精细管理的难点在于如何定期采集地层、井筒等地下动态信息，如何在较短的周期内进行油藏建模和模拟分析，如何在油藏模型中反映和集成开发生产动态情况，以及如何有效地进行油藏开发趋势的预测、提出优化方案、合理安排生产计划。单井精细管理的难点在于如何快速监测产层、井筒、井口的变化，如何快速发现单井生产问题、及时进行生产工况分析和诊断，如何准确预测单井生产趋势，如何实时优化单井工艺参数，如何科学选择措施井、优选措施方案，以及如何有效优化和管理采注关系。

3）生产过程提效难，开发成本高，综合含水高。油田的长期开发生产和多种措施作业，使油井的油管、套管、抽油杆和抽油泵等设备机械性能变差，各种工况频发，生产事故多。采注分离、人工决策的油田开发生产方式导致生产效率大幅降低，油田效益生产面临巨大挑战。随着"老油田"自然衰减率的加快，要保持稳产增产，需要增加各类增产措施，大幅增加了开发成本，无效低效注水增多，油井产出的水需要进行处理，也导致生产成本的增加。多数油田陆续进入了高含水、特高含水阶段，部分油田油井综合含水率达到90%以上，稳油控水难度大。

此外，油田开发过程中还存在三大矛盾，即层间矛盾、层内矛盾和平面矛盾。这些矛盾的存在，要求油田开发者在制定开发方案时，必须考虑到油田的具体地质条件，采取相应的技术措施和调整策略，从而提高油田的最终采收率和经济效益。

1）层间矛盾是指油田中不同油层之间由于渗透率、孔隙度等物理性质的差异，导致注水和采油过程出现差异性，如图 7-21 所示。高渗透层由于渗透率高，连通性好，注水效果好，会更快地吸水，导致水线推进速度快；而中、低渗透层吸水能力差，油层的生产能力得不到充分发挥。这会在油层之间产生矛盾，影响油田的整体开发效率。

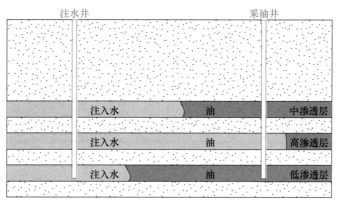

图 7-21　油层层间注入水突进现象示意图

2）层内矛盾是指在单个油层内部，由于非均质性导致的吸水和产出不均匀，如图 7-22 所示。在油田开发过程中，注入水倾向于沿着阻力较小的高渗透带突进，这可能导致油井过早见水，降低驱油效率和最终采收率。

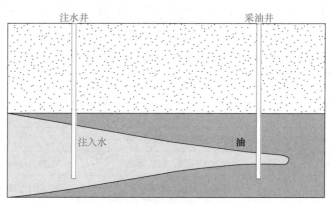

图 7-22　油层层内注入水突进现象示意图

3）平面矛盾是指油田在平面上由于渗透率分布的不均匀，以及井网对油层控制的不同，导致注入水在平面上的推进不均匀，如图 7-23 所示。这可能会导致某些区域过早见水，而其他区域则注水效果不佳，造成油田开发效率的不均衡。

复杂的地质和开采条件大大增加了油田的开发难度，使得我国油田的水驱采收率普遍较低。据中国石油经济技术研究院统计，我国油田平均采收率只有 30% 左右，而国外很多大型油田采收率都在 50% 以上，我国与国外油田采收率存在明显的差距。我国油田进一步提高采收率的潜力依然很大，见表 7-4。

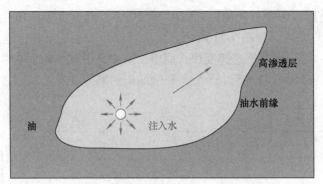

图 7-23 油层平面局部突进现象示意图

表 7-4 国内外大型油田采收率比较

国内	大庆油田	32.1%（可开采 18.2 亿吨，探明 56.7 亿吨）
	胜利油田	30.0%（可开采 15 亿吨，探明 50 亿吨）
	辽河油田	22.3%（可开采 5 亿吨，探明 22.42 亿吨）
国外	东德克萨斯油田（美国）	81.7%（可开采 8.39 亿吨，探明 10.26 亿吨）
	盖瓦尔油田（沙特阿拉伯）	57.3%（可开采 207.5 亿吨，探明 362 亿吨）
	北海油田（欧洲）	50.0%（可开采 15 亿吨，探明 30 亿吨）

4. 油田开发生产技术发展方向

从 20 世纪 60 年代开始，计算机技术逐渐引入油田开发生产领域。到 21 世纪，历经几十年的发展，油田开发生产开始进入数字化、智能化发展阶段。特别是物联网技术的飞速发展，为油气行业数字化和智能化转型带来了新的契机，见表 7-5。

表 7-5 油田开发及提高采收率代表性技术发展历程

年代	代表性技术	效果
20 世纪 60 年代	二维两相模拟、常规压裂	手工计算到计算机模拟
20 世纪 70 年代	大型水力压裂、聚合物驱	低渗透油气田有效开发
20 世纪 80 年代	三维数值模拟、油藏描述	提高对油藏的认识水平
20 世纪 90 年代	现代油藏管理、蒸汽辅助	提高稠油油藏开发效益
21 世纪	智能油田技术、智能完井	油田开发数字化智能化

根据油田信息化程度的不同，可将油田建设过程划分为数字油田、智能油田和智慧油田三个阶段：

1）数字油田是现代油气工业与先进信息技术深度融合的产物，以对油气田进行勘探、评估、开发、生产与集输等全过程，以及对核心资产全生命周期进行数字化采集、可视化模拟和数字化管理为目标，优化生产流程，提升管理效率与运营水平，提高资产净现值。借助数字油田，可实现数据的集成和应用的集成，形成统一的信息支持平台；可建立虚拟的数字地质模型，实现油藏描述的可视化；可实现油田业务与技术的整合；可实现跨地域协同工作，紧密连接生产经营的各个环节。

2）智能油田是在数字油田基础之上，融合了物联网、云计算、大数据、人工智能等先进信息技术和油田专业技术，以提高生产效率、提高采收率、保障安全生产和提高经济效益为目标，对油气田核心资产及关键生产过程进行全面感知、自动控制、快速分析、智能预测、优化决策，使用计算机系统智能地管理油田。智能油田包括智能勘探与评估、智能油藏管理、智能油气井管理、智能生产管理、智能储运和智能井场等多个应用领域。

3）智慧油田是数字油田发展的高级阶段，以企业智慧运营为最高目标，对企业价值链进行全面的数字化、智能化和全局优化，实现投资回报的最大化。智慧油田将现代化信息技术与智能石油工程技术、智慧地球科学技术相结合，通过智慧油田方法论和智慧油田制度保障体系，形成全方位、立体式的智慧化油田。智慧油田涵盖智能感知、智能控制、智能预警、全面协同和智能分析的油田。智慧油田通过智能技术的全领域融合与应用，支持油田地下储量、地上产能等宏观经营目标及全局决策规划和方案制定，实现人们期望的油田勘探开发及经营的愿景。

中国石油集团经济技术研究院在《2050 年世界与中国能源展望》中表示："2030 年前后，基于工业互联网的数字化和智能化技术将在油气生产领域规模化应用，可提高油气采收率 10% 以上，成本下降 20% 以上。"目前，国际知名石油公司纷纷启动智慧油田建设规划，所取得的成效见表 7-6。

表 7-6 国际知名石油及油服公司智慧油田建设

公司	油田	效果
英国石油	艾科弗斯克油田	采收率由 49% 上升到 50%~60%
荷兰壳牌	尼克森油气田	产能和效率提升 5%~20%
	格罗宁根气田	采收率提高 2%~5%
沙特阿美	加瓦尔油田	单井产量从 3000 桶 / 天提高到 10000 桶 / 天
斯伦贝谢	卡拉佩巴油田	产量增加 15%
挪威国际石油	斯塔特福约尔德油田	可采储量由 207 万吨增加到 465 万吨

7.2.2 基于工业互联网的采注协同生产系统

建设基于工业互联网的智慧油田采注协同生产系统，是提高油田采收率、破解当前生产过程提效难、生产操作成本高、油田综合含水高的主要技术途径。工业互联网作为智能制造的核心技术，同样也是油田智能化建设的核心使能技术，油田工业互联网可成为智慧油田的通用赋能平台。油田工业互联网的建设，将在 IT 和 OT 两个方面为油田带来革命性的变化。

在 IT 方面，油田工业互联网可改变传统的竖井式信息化建设模式，打破数据孤岛式的生产模式，走向平台化、共享化的油田开发生产新模式。工业互联网通过连接各种传感器和设备，实现了对油田设备及设施数据的实时采集和监控，从而让运营人员可以随时了解油田的运行状况、设备性能以及生产指标的实时数据。利用工业互联网数字孪生技术，能够基于真实油田场景高保真搭建油田的数字孪生模型，运营人员可以在孪生场景内模拟不同的生产场景，优化操作过程，并预测潜在的问题，从而提高油田的生产效率。

在 OT 方面，工业互联网实现油田资产的互联和数据化，实现油田跨设备、跨部门、跨厂区的全面互联互操作，并将油田资产数据和模型以及算力相结合，实现油田生产过程的一体化管控和生产设备的预测性维护。运营人员即使在远离油田现场的情况下也能远程监控和控制油田设备，实时干预运营过程。例如，可以远程调整油水井、站间的运行参数，控制阀门的开关，甚至进行紧急停机。这不仅提高了安全性，还节省了运营人员的时间成本，极大地提升了油田管控运营的效率，从而为油田企业创造出更大价值。

基于工业互联网的采注协同生产系统架构如图 7-24 所示，主要包括设备层、网络层和业务层。

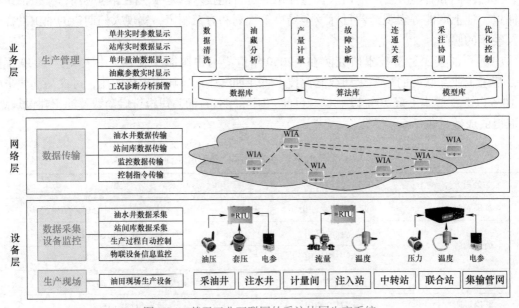

图 7-24 基于工业互联网的采注协同生产系统

1）设备层。包括采油井、注水井、计量间、注入站、中转站、联合站和集输管网等油田现场生产设备，以及压力变送器、温度变送器、油井示功仪、RTU、变频器等物联感知设备。通过物联感知设备可实现油田现场生产设备运行参数的实时采集、生产环境的自动监测和生产过程的自动控制。

2）网络层。利用工业无线网络技术，实现物联数据的互联互通，为基于工业互联网的油田采注协同生产系统提供安全、可靠的网络传输，主要包括油水井数据传输、站间库数据传输、监控数据传输和控制指令传输。

3）业务层。即采用数据处理和分析技术构建的油田生产管控平台。由物联大数据驱动的智能操作替代人工巡井和修井，大幅降低操作成本，实现生产设备的在线运维和可视化管理，大幅降低故障停机时间，提升生产效率；通过采油工艺和注水工艺的物联协作，实现采油和注水的协同优化，大幅降低无效低效注水，提升生产能效。

1. 基于 WIA 的油田工业物联网

油田工业物联网主要指油田采注协同生产系统的设备层和网络层，主要功能是进行采油井、注水井及站—场—间生产数据和设备状态信息的实时感知，并对现场设备采集的数据进行存储和传输，以及传输和执行控制指令，如图 7-25 所示。

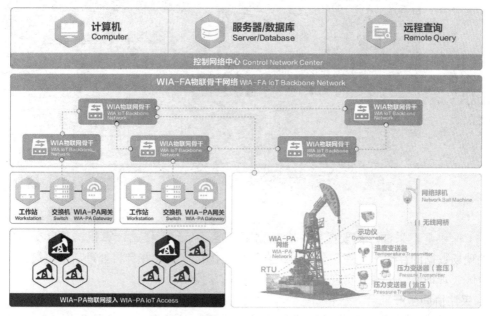

图 7-25　基于 WIA 的油田工业物联网

通过符合 WIA-PA 技术标准的无线示功仪、油井远程控制器、无线温度、压力变送器、中继、网关、网桥等装置，建立油田工业物联网，对全厂油气井区、计量间、集输站、联合站等生产数据实现自动采集、无线传输、规范统一的数据管理与分析，以支持油气生产过程管理，进一步提高油田生产决策的及时性和准确性。通过 WIA-FA 建立骨干网络，实现工厂场站与作业区之间的远距离传输。

油田工业物联网整体建设内容主要分为井口、管理站、作业区、采油厂四个层级，每个层级具体建设内容如下：

（1）井口　每口油井需要配置一台 WIA-PA 无线示功仪、两台 WIA-PA 无线压力变送器、一台 WIA-PA 无线温度变送器和一台油井 RTU，如图 7-26 所示。利用上述物联感知设备可以实现对井口油压数据、井口套压数据、井口油温数据和井口功图数据的采集。利用油井 RTU 可以实现采集数据的处理、计算和本地存储。油井 RTU 还具备接收并执行远程控制指令的功能，可实现无人值守油井的远程启停。基于电池供电的 WIA-PA 系列无线仪表终端能够以超低功耗运行，满足油田高温、严寒、野外无人值守等极端环境下的长期、精准、实时感知需要。

（2）管理站　每个管理站需要配置一台工控机、一台交换机、一台无线网关、一台无线接入网桥，在井口采集的数据和本地数据汇总后，通过主干传输网络将数据传送到采油作业区生产管理中心，同时可以实现本地显示、查询、统计等功能。

（3）作业区　作业区需要配置一台展示大屏幕、一台工控机、一台交换机、一台无线中心网桥，实现所有井口、集输站、联合站监测数据的汇总，并且将汇集后的现场参数、图像视频、查询统计、分析诊断等信息进行集中展示，同时通过内部网络将数据传送到厂级中心数据服务器进行存储。

图 7-26　油井数据采集

（4）采油厂　采油厂需要配置一台数据服务器、一台工作站计算机、一台交换机，实现各种现场数据的存储、处理、分析等综合管理与优化控制，并且将处理后的决策信息下发到作业区、管理站、单井，实现油田生产管理的闭环控制。

2. 采注协同生产平台

采注协同生产平台主要指油田采注协同生产系统的业务层，支持数据清洗、油井产量计量、油井工况识别、油藏参数智能分析、井间连通关系分析、油水井采注协同优化控制等功能。

（1）数据清洗　油田生产环境复杂和油水井工况多种多样，导致油田现场生产数据的复杂性和多样性，同时数据中常伴随着大量的噪声，导致数据失真。因此，需要制定数据清洗规则，对示功图、油压、套压、温度、电参数据进行清洗。通过数据标准化、距离定义、密度计算、密度中心寻找等步骤，将示功图数据中高密度的有效数据和低密度的噪声数据进行相似点聚类；同时获取上述样本的基本分布，实现功图缺省值、离群点等异常数据的清洗，将清洗后的数据保存到数据库，用于后续的分析决策。

（2）油井产量计量　油井产量是油井生产过程中的重要参数，也是衡量油井生产能力和油田开发效果的重要指标。然而，油井产量受地质和井筒等多因素的影响，导致我国大部分油田产量计量仍然通过输油管线将产出液输送到计量站进行集中计量。这种方法工艺流程复杂、工作流程长、误差比较大，而且无法实现油井产液量的实时、连续测量。此外，这种方法在实际操作过程中，对于集中度比较低、十分偏远或生产环境恶劣地区的油井，无论是采用高罐计量方式，还是采用计量车进行测量，都会产生较高的成本。为解决上述问题，需要基于油田工业物联网采集的数据，利用人工智能技术，实现油井产量的软测量，算法思路如图 7-27 所示。

（3）油井工况识别　油井广泛分布在整个油田空间范围内，每口油井往往可以工作数十年，通过人工的方法很难监视和管理如此大量、长生命周期的生产设备。此外，由于生产环境的复杂性，油井在长期工作过程中会发生各种各样的异常情况和故障，给设备建设和管理带来了极大的挑战。当前油田生产过程中面临的主要问题是：如何实现有杆泵抽油系统工况的实时、准确、自动识别和诊断？

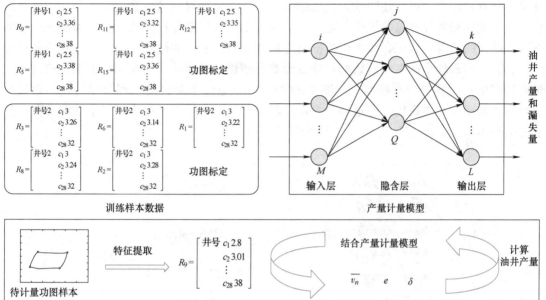

图 7-27　油井产量软测量方法

基于油田工业物联网采集的油井示功图数据，利用深度学习方法，可实现油井工况的快速、精准识别，如图 7-28 所示。基于深度学习的油井工况识别方法主要包括功图数据采集、四段时频信号（4S-TFS）特征提取、四段时频信号特征矩阵（4S-TFSM）构建和基于卷积神经网络的油井工况识别。

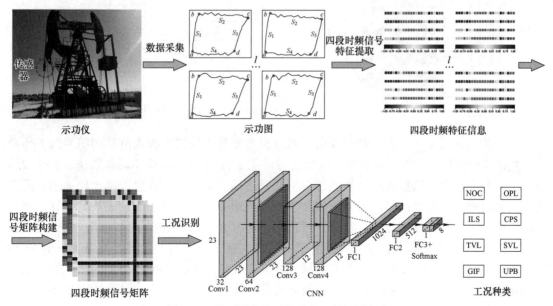

图 7-28　基于深度学习的油井工况识别方法

（4）油藏参数智能分析　油藏参数分析是石油勘探开发的第一步，是确定油气分布、实现稳油增产的关键。渗流表明油、气、水在地下多孔介质中的流动过程。通过对渗流问题的研究，可以了解油气田开发现状，预测剩余油分布，制定生产计划。然而，油藏处于地下，不确定性强，致使油藏分析是一个复杂的系统工程。传统油藏数值模拟方法涉及大量偏微分方程计算，误差往往较大，求解时间长。如何针对油藏参数辨识中存在的不确定性、强非线性和低效计算等关键问题，建立快速精准的智能分析方法，是准确认识油藏动态变化过程的关键。利用高频生产数据与先验知识联合驱动的硬约束油藏参数智能分析方法，克服油田现场小样本地质数据对油藏参数预测精度的影响，实现油藏精细化描述和大规模油藏生产过程的动态跟踪，如图 7-29 所示。该方法主要包括物理指导的硬约束机器学习模块和残差增强模块，通过两个模块的联合优化，可实现小样本场景下油藏参数的长期精准预测。

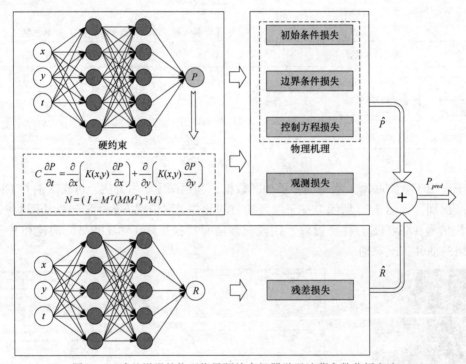

图 7-29　残差增强的物理指导硬约束机器学习油藏参数分析方法

（5）井间连通关系分析　井间连通关系分析主要基于油田工程人员长期积累的工作经验，并结合数值仿真技术进行判断。常用的方法主要有 Spearman 秩相关系数法、多元线性回归法和电容模型。这些方法虽然能够分析井间连通关系，但计算过程都比较烦琐，需要花费大量时间，且容易出错。主要原因在于井间连通关系分析往往涉及大量的参数，既包括静态数据，又包括动态数据，在分析过程中也经常会忽略各个变量之间非线性交互的影响。深度神经网络为解决上述问题提供了新思路。基于长短期记忆神经网络（Long Short Term Memory Network，LSTM）和扩展傅里叶振幅敏感性测试（Extended Fourier Amplitude Sensitivity Test，EFAST）的分析方法，可实现井间连通关系的表征，如图 7-30 所示。首先利用 LSTM 建立采注关系模型，再利用 EFAST 方法进行敏感性分析，并进行采注关系模型更新，从而实现井间连通关系的定量分析。

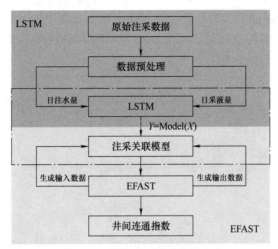

图 7-30　井间连通关系分析方法

（6）油水井采注协同优化控制　油田普遍采用采注分离、人工决策的油水井生产方式，导致油水井优化周期长、控制时效性差、生产效率低。因此，亟需基于油藏精细化描述的油田生产全局优化控制新模式。油水井协同优化控制，可实现秒级油井运行参数自动调控，大幅缩短现场测调周期，有效解决油水井采注分离成本高、人工决策效率低问题；可实现采油工程理论指导的细粒度油水井动态优化控制，解决油水井参数运行不合理、参数调节不及时难题，实现油田的节能增产和高效开发。

基于精细油藏描述的油田生产全局优化控制主要包括对油井的实时优化控制和对油水井的采注协同优化控制，如图 7-31 所示。通过双闭环优化控制可以实现复杂生产条件下的油水井节能优化和提质增效。

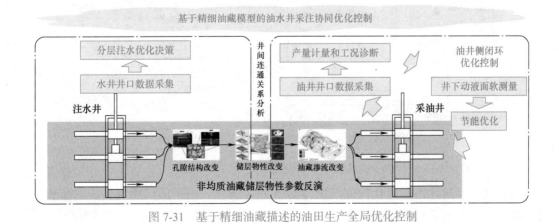

图 7-31　基于精细油藏描述的油田生产全局优化控制

1）油井实时优化控制。油井实时优化控制是指基于油井的实时动液面信息对油井的工艺参数进行优化控制。油井的动液面是油井正常生产过程中油管和套管环形空间的液面深度，是反映油井供液能力的重要指标，也是确定抽油泵的合理沉没度、调整油井抽汲参数、制定油井工作制度的重要依据。因此，可以根据油井动液面变化情况，动态优化调整油井生产参数，基于动液面的油井实时优化控制子系统框图如图 7-32 所示。根据油田生产状况，判断井筒是单相流还是多相流系统，可分别设置不同的控制器，实现油井动液面的精准控制，提高油井效率，降低生产能耗。

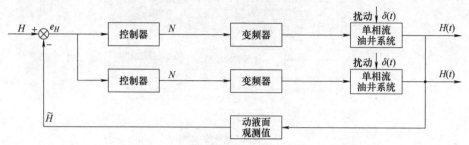

图 7-32　基于动液面的油井实时优化控制

基于工况聚类的油井动液面软测量方法如图 7-33 所示。首先，通过对油井实时生产数据进行选择和预处理，获取对动液面影响较大的敏感性参数；其次，通过聚类算法实现油井工况的识别与分类；再次，对每个聚类结果内的油井动液面利用深度学习方法进行预测，从而避免由于工况差别而导致的动液面预测误差大的问题；最后，利用回声仪探测动液面信息，采用在线学习算法对模型进行校正，进一步提高预测精度，最终实现动液面的精准预测。

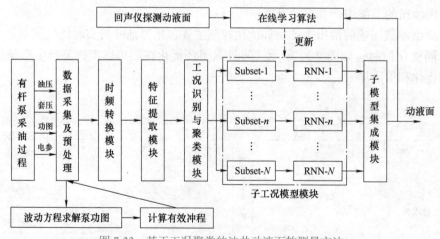

图 7-33　基于工况聚类的油井动液面软测量方法

2）油水井采注协同优化控制。基于油藏参数精准反演结果，定量描述井间连通关系，从而建立油水井采注协同优化控制模型，如图 7-34 所示。根据油田现场生产情况和目标，建立面向节能的采注协同优化控制模型、面向最大产能的采注协同优化控制模型和面向最大效益的采注协同优化控制模型，实现精准驱油，减少无效低效注水循环，提高油水井生产效率，降低开发成本。

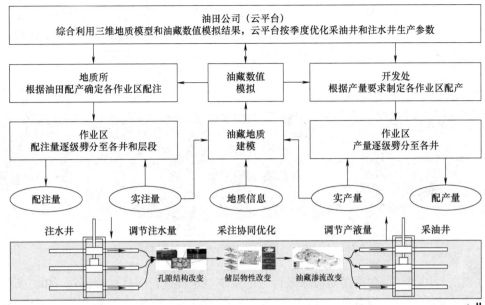

图 7-34　油水井采注协同优化控制

7.2.3　建设和应用成效

针对油田开发生产过程中的共性需求，研发基于工业互联网的油田生产在线感知、计量诊断与智能优化控制技术，提高油气生产智能化水平，支撑我国油气行业数字化转型与智能化发展，取得了以下效果：

1. 建设成效

WIA-PA 技术实现了超大规模、高可靠、高实时无线组网，达到了单网关千点级工业无线网络秒级确定性时延和 99% 以上传输可靠性的国际领先指标，见表 7-7，实现了适应野外极端环境的仪表终端超低功耗运行，突破了仪表终端的超低功耗高精度感知技术，同步精度达到微秒级，达到国内外同类产品的最好水平，使得基于电池供电的无线仪表终端能满足油田在高温、严寒、野外无人值守等极端环境下的长期、精准、实时感知需要。

表 7-7　工业无线网络 WIA-PA 技术指标

指标项		国际同类技术指标	WIA-PA 技术指标
网络技术	网络规模	单网关 250 点	单网关 1000 点
	可靠性	>99%	>99.99%
	网络时延	端到端时延 5~10s	端到端时延 1s
仪表终端技术	终端能耗	平均 1280.4μW	平均 983.4μW
	同步精度	平均 35μs	平均 8μs

在大庆油田第九采油厂对复杂地理环境下的 WIA-PA 无线传输能力进行验证，如图 7-35

所示。在龙虎泡作业区龙一联合站选取了 20 口自然井作为测试点，检验 WIA-PA 在复杂地理环境下的无线技术抗干扰、组网能力和远距离传输能力，结果表明 WIA-PA 具有自主建网、自主绕射能力，数据采集成功率达到 99%，可全网稳定运行半年以上。

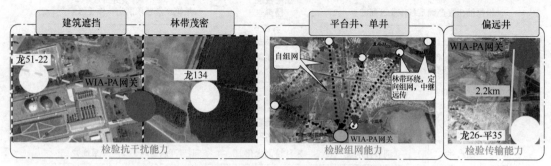

图 7-35　复杂地理环境下 WIA-PA 无线传输能力验证

在大庆油田的海拉尔油田对极寒条件下的系统稳定性进行测试，验证在 –40℃条件下设备及系统稳定性。设备分为有线供电及电池供电两类设备。测试结果表明，设备及系统在冬季极寒环境下稳定运行半年，设备在网率 100%，数据成功率 99% 以上。

目前，WIA-PA 已规模化覆盖了大庆油田、辽河油田等近 4 万口油水井，建成了我国最大规模的工业级高实时高可靠油田物联网，实现了井口参数如油压、套压、温度、功图等参数的实时采集，有效解决了大规模广域分布采油井的在线监测难题。

2. 应用成效

（1）噪声抑制效果　油井机械结构复杂，生产环境恶劣，现场采集的数据中往往包含着大量噪声。如油井悬点加速度数据受振动、摩擦等影响，时序数据含有强噪声，虽然整体波形保持较为良好，但整体波形已被噪声淹没，如图 7-36 所示。

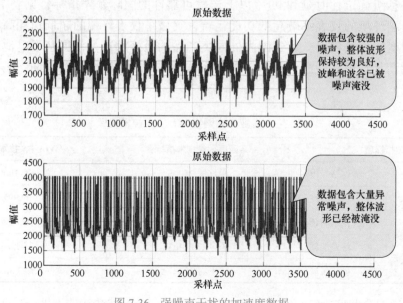

图 7-36　强噪声干扰的加速度数据

为了提取加速度信号原始特征，需要新的去噪方法。首先，通过基于动态时间规整的单周期信号提取技术，来克服低质量检测数据的影响，如图 7-37 所示。其次，利用贝叶斯梯度下降优化的物理模型驱动方法，可实现高噪声加速度信号的重构，如图 7-38 所示。

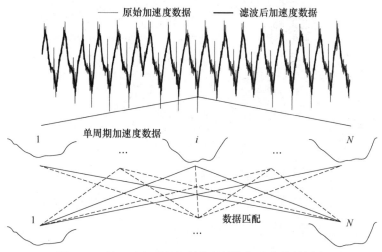

图 7-37　基于动态时间规整的单周期加速度信号提取

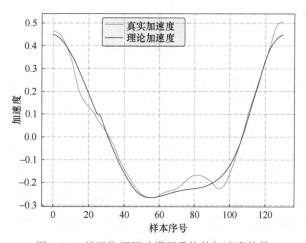

图 7-38　基于物理驱动模型重构的加速度信号

获得准确的单周期加速度信号后，对加速度进行二次积分，可以得到油井的冲程，即油井悬点运动的距离。在国内某油田选取 45 口油井进行冲程分析，冲程计算平均误差小于 5%，如图 7-39 所示。

（2）产量计量效果　数据驱动的油井产量计量方法已集成到辽河油田 A11 生产物联网子系统中，目前覆盖了近万口油井。该方法有效解决了常规稀油、稠油、高含气等油井计量误差大的难题，产量计量平均误差小于 8%，图 7-40 为某采油厂应用该方法过程中模型调整各阶段的产量对比情况。

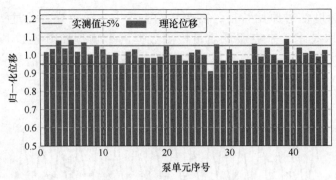

图 7-39　油井冲程计算结果

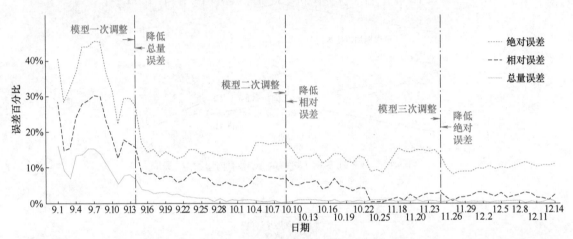

图 7-40　油井产量计量结果

（3）工况诊断效果　油井故障诊断系统已应用于辽河油田近万口采油井，实现了复杂生产条件下油井故障的精准识别。目前，工况诊断种类已达到 31 种，专家知识库典型工况已累计 60 余万条，如图 7-41 所示。

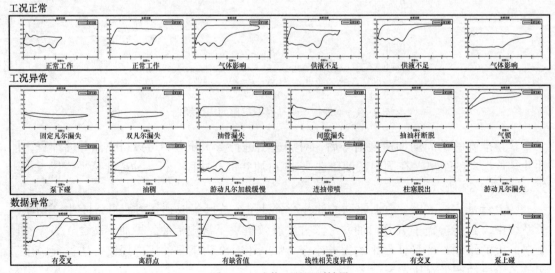

图 7-41　油井工况识别结果

（4）油藏参数分析效果　高频生产数据与先验知识联合驱动的硬约束油藏物性参数智能反演技术，针对油藏参数辨识中存在的不确定性、强非线性和低效计算等关键问题，建立快速精准的智能代理模型，提高反演精度，实现剩余油精准分析，油藏压力预测精度大于98%，如图 7-42 所示。

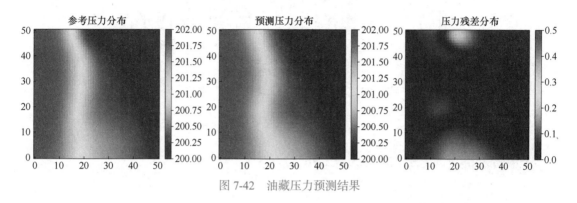

图 7-42　油藏压力预测结果

（5）井间连通关系分析效果　利用基于 LSTM 和 EFAST 的井间连通关系分析方法，可有效解决传统方法计算过程烦琐、需要花费大量时间、易出错的问题，实现了井间连通关系的快速精准分析，识别准确率可达到 94% 以上。

（6）采注协同优化效果　在大庆油田完成了油水井采注协同示范验证，实现了油井产量计量、工况诊断、单井闭环控制和采注协同优化控制。在大庆油田现场实施采注协同优化策略后，油井吨液能耗下降了 23.09%，油井产量增长了 0.5%，优化前后结果如图 7-43 所示。

总体来说，油井冲程计算平均误差小于 5%，油井产量计量误差小于 8%，工况诊断精度大于 94%，工况诊断种类达到 31 种，油藏压力预测精度大于 98%，计算速度提高 10 倍以上，井间连通关系识别准确率可达到 94%，油水井优化周期由常规的 3 个月 / 次提高至实时优化，油井吨液能耗下降了 23.09%，油井产液量增长了 0.5%。基于工业互联网的采注协同生产系统方案破解了油田生产过程提效难、生产操作成本高、油气综合含水高的"一难两高"问题，建立了集生产状态在线感知、生产数据实时分析、开发方案实时优化、智能调控实时反馈于一体的智慧油田闭环生产优化控制新模式。

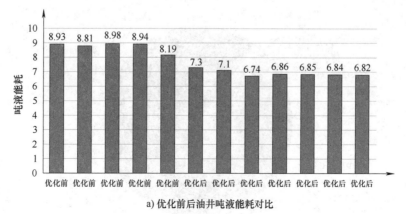

a) 优化前后油井吨液能耗对比

图 7-43　采注协同优化前后节能增产效果对比

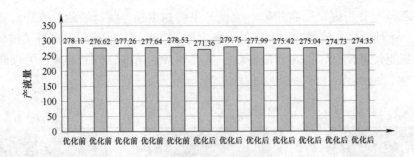

b) 优化前后油井产液量对比

图 7-43　采注协同优化前后节能增产效果对比（续）

7.3 铁矿采选全流程工艺优化

7.3.1 需求与挑战

1. 铁矿的重要性

钢铁号称工业的粮食，是世界上发现最早、利用最广、用量最多的一种金属，其消耗量约占金属总消耗量的 95%。钢铁具有强度高、机械性能好的特点，在社会生产生活的各个领域都有着广泛的应用，是不可或缺的战略性基础工业品。

铁矿石是钢铁生产的重要原料。从美国地质调查局的数据来看，全球铁矿石储量主要分布在澳大利亚、巴西、俄罗斯、中国、乌克兰等地，如图 7-44 所示。其中，澳大利亚储量最为丰富，2022 年的储量为 510 亿吨，全球占比 28% 左右。中国储量在世界排名第四，约为 200 亿吨，全球占比 11% 左右。尽管中国储量较大，但我国铁矿石的平均品位仅为 34.5%，低于全球 47.2% 的平均水平，在全球主要铁矿石储量的国家（澳大利亚、巴西、俄罗斯、中国）中居末位。以金属铁元素含量来计算，2022 年我国铁矿石含铁量仅为 69 亿吨左右，全球占比 8.1%。

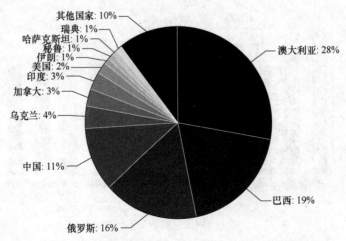

图 7-44　2022 年全球铁矿石储量分布（亿吨／年，标矿）

我国铁矿石资源整体呈现贫矿多、富矿少、难开采等特征。作为世界第一产钢大国，我国矿石需求量大，但自给能力较差，导致长期依赖大量进口矿石才能满足建设和国际竞争的需要，如图 7-45 所示。"十二五"到"十四五"期间，我国相继出台多份围绕增强铁矿石供给侧的政策文件，以增强资源保障。近年来，世界有向逆全球化转变的趋势，迫切需要矿石生产企业利用 ICT 等技术提质、增效、节能、降本，使钢铁产品具有更强的国际竞争力，从而保障国家基础材料的安全。

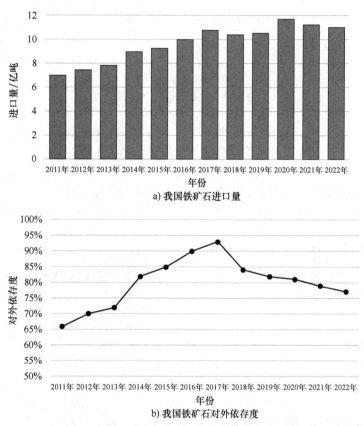

a) 我国铁矿石进口量

b) 我国铁矿石对外依存度

图 7-45　中国铁矿石进口量及对外依存度对比

2. 铁矿采选工艺流程

铁矿采选工艺流程是指从铁矿石的开采到最终产品铁精矿的产出所经历的一系列工艺步骤。典型的铁矿采选工艺流程如图 7-46 所示。业务流程从地质建模发起，露天采矿经过爆破设计、穿孔、爆破和铲装等工序，地下采矿经过采矿设计、开拓、采准、切割和回采工序，并将铁矿石运输至选矿厂，再经过破碎、磨矿、选别、精尾等工序，形成铁精矿产品。

（1）采矿工艺流程　铁矿采矿主要包括露天采矿和地下采矿两种方式。露天采矿适用于地表矿床，通过剥离覆盖层、采掘矿石等方式获取矿石，具有生产效率高、成本低、安全系数高的优点。而地下采矿可以减少地表破坏，提高矿石回收率，但需要较高的技术和设备投入，存在较大的安全隐患。

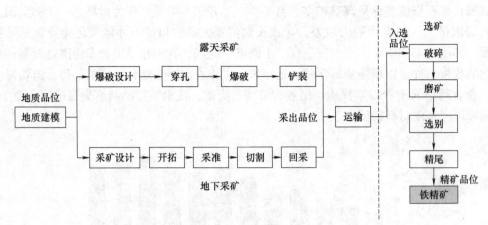

图 7-46　铁矿采选工艺流程

以某露天矿采矿为例，如图 7-47 所示。其工艺流程主要包括地质建模、穿孔、爆破、铲装、运输、粗破碎等。通过勘探测量建立地质模型，结合生产月计划和地质设计，进行穿孔设计。穿孔工作是露天矿山开采的重要工序，在矿岩内钻凿一定直径和深度的定向爆破孔，通过取样化验地质品位，为爆破作业提供孔位和孔深信息，并提供装放炸药的空间，爆破完成后更新地质信息。爆破工作的目的是破碎坚硬的实体矿岩，为铲装工作提供块度适宜的挖掘物。爆破质量的好坏，不仅直接影响铲装、运输、粗破碎等设备效率，而且会影响采矿成本。铲装与运输是使用装载机械将矿岩直接从地下或爆堆中挖掘出来，并装入运输机械的车厢内或直接卸到指定的地点，运输方式包括汽车运输、铁路运输和胶带运输等，运输成本和劳动量分别占采矿成本和总劳动量的一半以上。

图 7-47　某露天矿采矿工艺流程

（2）选矿工艺流程　铁矿选矿工艺是一个复杂的动态连续生产过程，主要将铁矿石中的杂质去除，得到含铁量较高的铁精矿。工艺流程可分为破碎、筛分、磨矿分级、选别、过滤等。选矿工艺涉及大量的工艺技术指标，并且具有严格的指标评价标准。例如，在破碎筛分方面，采用破碎筛分效率为主要评价标准，细粒增量为辅助标准；在磨矿分级方面，包括磨机处理量、磨矿钢球单耗、分级效率等多种指标；在选别过滤方面，包含浮精品位、浮尾品位、药剂单耗等指标。

1）破碎，是选别作业之前必不可少的物料准备阶段。一般采用开路破碎或闭路破碎工艺：开路破碎是指破碎后的物料直接进入下一个作业过程，不经过分级或筛选；闭路破碎是指未达到粒度要求的物料会被筛选出来并返回到破碎机中再次进行破碎，以达到更精细的破碎效果。首先，选矿厂处理的矿石绝大多数都是有用矿物和脉石矿物紧密连生在一起的，且常常呈细粒乃至微细粒嵌布，只能通过粉碎使它们充分解离出来，然后才能用物理选矿方法将它们分离和富集。其次，物理选矿方法都受到粒度的限制，粒度过粗或粒度过细都不能进行有效分选。均匀连续地给矿是破碎工作的先决条件。采用闭路破碎，能够增大循环负荷，使得给料粒度相对变细，提高破碎机的生产能力。

2）筛分，是将碎散的物料通过一层或者数层筛面分为不同粒级的过程。根据作业目的和场合通常分为预先筛分、检查筛分、准备筛分、选择性筛分等。筛分过程一般是连续的，将筛分物料给到筛分机械上以后，小于孔尺寸的物料透过筛孔，称为筛下产物；大于筛孔尺寸的物料从筛面上不断排出，称为筛上产物。破碎筛分通常组成联合作业，有二段开路破碎流程、二段一次闭路破碎流程、三段一次闭路破碎流程和三段开路破碎流程等。

3）磨矿分级，由磨矿机与分级机完成。主要目的是将矿石磨细至所需的粒度，以便于后续的选别。磨矿是在机械设备中，借助于介质（钢球、钢棒、砾石）和矿石本身的冲击和磨剥作用，使矿石的粒度进一步变小，直至研磨成粉末的作业。根据磨矿不合格产品的流向分为开路磨矿和闭路磨矿。其中，开路磨矿是指被磨物料只通过磨机一次的磨矿流程；闭路磨矿是指磨机排矿分级机分级后，粗砂返回再磨的流程，全部再磨为全闭路，部分返回再磨为局部闭路；分级是根据颗粒在运动介质中沉降速度的不同，将粒度级别较宽的矿粒群分成若干窄粒度级别产物的过程。闭路磨矿通过分级作业把解离后的有用矿物与脉石分选。

4）选别，根据矿物之间物理化学性质的差异，通过重选、磁选、浮选等方式进行不同矿物的分离。其中，重选又称重力选矿，是指基于矿物颗粒之间存在的一定密度差，借助某些流体介质的动力及其他机械力的作用，造成适宜的松散分层及分离条件，从而实现按密度分选矿粒群的过程；磁选是在不均匀的磁场中利用矿物之间的磁选差异而使不同矿物进行分离；浮选是利用物料对水亲和力不同的特点来分离物料的一种方法或过程，一般是使亲油疏水性的物料富集在气—液界面或油—水界面上，而亲水性的物料则留在水中。

5）过滤，主要采用湿法分选，目的是将精矿脱水。脱水阶段包括浓缩、过滤、干燥几个阶段。浓缩作业是脱水作业的第一步，它可以将精矿矿浆浓缩，提高精矿浓度，利于增加过滤效果，并回收一部分水用于循环使用；过滤是浓缩的下一道工序，它可以使精矿产品和尾矿产品浓度达到需要标准；干燥则是对精矿去湿的处理，最后将精矿粉通过皮带机输送至精矿仓库。

图 7-48 展示了某选厂的"闭路破碎、阶段磨矿、强磁抛尾、分步浮选、过滤"的工艺流程。

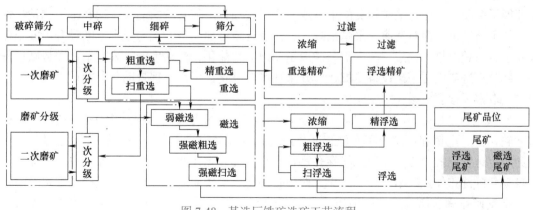

图 7-48　某选厂铁矿选矿工艺流程

3. 铁矿采选现状及面临挑战

（1）采矿现状　现代信息技术的应用与发展使得矿山的自动化或智能化开采成为可能。从 20 世纪 90 年代开始，国外矿业发达国家如芬兰、加拿大、瑞典、澳大利亚等，为取得在采矿工业中的竞争优势，先后制定了"智能矿山"和"无人矿山"的战略计划，着力提高矿山自动化水平，提出并开展了智能矿山的研究和应用，积极推动了矿山采矿自动化和智能化建设。经过几十年的不懈努力，取得了丰硕的成果。其中，自动化采矿比较早，而且比较成功的有瑞典的基律纳铁矿、智利的特尼恩特铜矿、加拿大国际镍公司、南非芬斯金刚石矿、澳大利亚奥林匹克坝铜铀矿等；FMG 公司的圣诞溪矿山、所罗门矿山和力拓集团的皮尔巴拉未来矿山，在露天矿自动化方面更具代表性，如图 7-49 所示。FMG 公司的矿区位于澳大利亚皮尔巴拉地区，地广人稀，人力成本极其高昂。FMG 公司通过中央整合控制中心，实现对所有采矿、维护与固定设备的远程控制。同时，实现湿加工和干加工的自动化、火车自动装车系统的自动化。整个过程减少了现场操作员的人工干预，实现了效率的提高。力拓作为全球最大的铁矿石生产商，自 2008 年开始在皮尔巴拉地区实施"未来矿山"计划，对该区域的所有生产设施进行自动化、智能化改造，在皮尔巴拉主矿区开展了一系列智能化技术升级，核心技术有三维激光扫描精准建模、矿山可视化、无人钻探、无人运输等，实现了矿山开采远程控制。

FMG圣诞溪矿山　　　　　　　　　西澳大利亚皮尔巴拉 (Pilbara) 铁矿石矿区

图 7-49　国外智能化采矿案例

与国外智能矿山相比，我国的自动化、智能化矿山建设起步较晚，矿山整体的自动化水平参差不齐，建设仍处于发展中阶段。为提高矿山自动化、智能化建设水平，我国相继立项开展了多项与智能化采矿相关的重点或专项科技项目。随着新旧动能转换和供给侧结构性改革的不断推进，面对资源开采越来越深、作业环境更加恶劣、人力成本不断攀升、安全环保要求越来越严格等挑战，国内部分矿山主动迈向智能化，撬动生产方式变革，顺势高速发展。部分先进矿山在采矿设备机械化、开采环境数字化、生产过程自动化以及矿山信息化管理方面取得了很多成果。

典型地，如图 7-50 所示，攀钢矿业以朱兰铁矿采场无人化远程集中作业为应用场景，对牙轮钻机、电铲和矿用卡车实施智能化改造，并配套建设 1 套 5G 专网、1 个边缘数据中心和 1 个远程操控中心，实现采场穿孔远程半自主无人化作业、铲装远程操控混装作业、运输自动驾驶混跑作业，为解决我国露天矿山智能化采矿作业痛点和难点问题提供宝贵经验。

本钢矿业南芬露天矿，以地质信息为基础，开发包括地质、测量、采矿规划、爆破设计、边坡监测等内容的地理信息系统（Geographic Information System，GIS），以提高自动化水平为目标建立了生产过程控制系统和 ERP 系统，实现生产、安全、经营和管理各个环节与生产要素的科学化管理。

攀钢矿业朱兰铁矿远程操控中心　　　　　　本钢矿业南芬露天矿边坡监测

图 7-50　国内智能化采矿案例

（2）选矿现状　国外选矿厂的智能化主要体现在工艺流程控制的自动化、工艺设备的智能化、生产管理流程化以及整个选矿厂数据的信息化。国外选矿厂对"智能"选厂的提法较少，多注重选矿工艺流程和生产管理的自动化水平。就整个工艺流程而言，国外先进选矿厂多数实现了从基本稳定控制到优化控制的转变，自动化水平获得大幅提高。与此同时，他们结合先进的管理理念、设备维修和维护理念，依据现代信息化工具实现矿山数据的集成，大大提高了劳动效率，减少了操作人员，改善了作业环境。典型地，澳大利亚 Manta 控制技术公司开发了 Manta Cube 控制系统软件，有效克服磨机台时扰动、矿石性质变化、破碎作业动态调整等带来的干扰，事实表明该软件在保证磨矿过程生产稳定的前提下，可以有效提高磨机处理量。芬兰 Outotec 公司研发的 PROSCON 2100NT 自动控制系统平台，基于神经网络技术提取选矿特征，自动辨识矿石流特征，形成选矿过程专家控制系统，从而提高选矿效率。丹麦 FLSmidth 公司，推出 ECS／ProcessExpert 磨矿专家系统，该软件融合模糊逻辑控制技术、统计过程控制技术、基于模型的预测控制技术和神经网络技术，实现选矿生产过程的动态优化控制。

国内选矿厂的自动化起步较早，近些年也逐步在磨矿回路、选别回路等方面逐渐应用智能化控制系统，在选矿厂智能化建设方面实现了大跨步的发展。从基础自动化、主要工序专家系统建设，到整个选矿厂实现了智能化建设。西部矿业股份有限公司锡铁山分公司在智能选矿方面，开展磨浮无人化、磨矿专家系统、泵站无人值守等建设，实现综合减员 30%，提升台时处理量 4.62%；在智能管控方面，通过 MES、集中计量、无人计量、能源管理、物资管理等，实现计量、能源相关岗位减员 80%，矿山数据统计工作智能化，在线类数据全部自动采集，提升企业生产经营执行效率 50% 以上。华联锌铟股份有限公司的都龙新田选矿厂磨矿专家系统如图 7-51 所示。

磨矿专家系统采用"浮选—磁选—重选"的联合选别流程，最大限度确保综合回收率和创造最大的经济价值。在线粒度分析仪、在线荧光分析仪、在线块度分析仪、在线泡沫分析仪等在线检测装置的投用，极大地提高了操作、控制、调整的准确性，铜回收率达到 50.85%，锌回收率达到 90.5%，锡回收率达到 49.74%。

经历了几十年的发展，矿山建设已经由自动化矿山、数字化矿山逐步发展到今天的智慧化矿山。

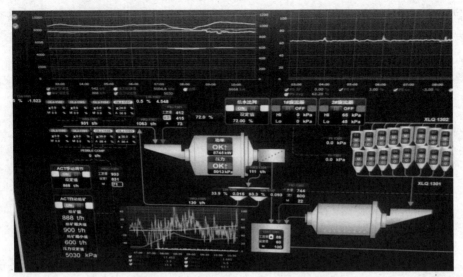

图 7-51　都龙新田选矿厂磨矿专家系统

（1）自动化矿山发展阶段　从 20 世纪初到 20 世纪 60 年代末，大量专用的矿山机械设备应用于矿产生产活动，使得生产的机械化程度大幅提高，生产效率显著提升。但该阶段由于缺乏生产过程的有效管理，存在生产粗放、资源浪费较严重的问题。

（2）数字化矿山发展阶段　从 20 世纪 70 年代初到 21 世纪 10 年代中，伴随着计算机、通信等信息化技术的快速发展，生产过程逐步由手工信息管理向电子化信息管理转变，ERP、MES 等信息管理系统应用于矿产生产活动，有效增强了业务规范性和管理效率。通过"两化融合"的建设，实现应用电子信息技术和生产自动化水平进一步提高。

（3）智慧化矿山发展阶段　《中国制造 2025》的提出，进一步推进了传统产业生产、管理、销售全过程智能化水平的提升。云计算、物联网、大数据、人工智能、工业互联网、边缘计算等新一代 ICT 和平台模式的快速发展，成为推动矿山建设进入智慧化的重要手段。

然而，矿山建设也存在一些问题，与发达国家水平相比，在以下方面仍然存在着差距：

（1）缺乏矿山顶层设计规划　在矿山规划和设计过程中，矿山顶层设计的重要性居首。顶层设计是将企业顶层运营的思想注入企业规划和设计之中，并充分应用云计算、混合现实、大数据、物联网、5G 等新一代 ICT 结合业务流程，规划完整的智能化矿山架构，帮助矿企以体系化、系统化的思维和视角，从顶层设计层面出发，加快信息化、数字化、智能化建设。

（2）核心的采矿装备和系统自动化程度低　国内矿山企业当前在设备大型化、控制系统智能化和软件平台化方面相对落后。首先，在地下采矿方面，利用激光雷达或者红外线扫描技术实现井下环境中自动化设备的自动定位和导航的难度较大，需要投入大量的时间和精力做基础开发研究和试验；其次，人工智能算法也需要达到较高的稳定性、精确性；最后，还需要与多个专业领域的企业合作，才能实现某个采矿区域内的完全自动运行。

（3）信息孤岛问题严重，部门协同不足　顶层设计的不足，导致部分矿山虽已建立了独立的数据库、机房、软件系统等，但各系统接口不统一，扩展性、可移植性差，无法实现互联互通，控制系统、信息系统融合度差。

（4）选矿数据繁杂，缺乏挖掘分析　随着数据库技术的发展和应用，采集数据的方法、统计和录入的功能已经很完善了，但是缺乏对选矿生产数据的挖掘和分析能力，很难发现数据之间潜在的关系，存在数据的无序扩张，无法为选矿的经营决策提供支持。

（5）缺乏现代化的管理制度和管理模式　选矿是传统的劳动密集型行业，一线作业人员众多，企业机构冗杂，部分企业的地理位置分散，管理不便。传统管理模式的指令上传下达通道不顺畅，造成信息传递效率低下，急需建立选矿制造运营管理系统、ERP 系统、自动化控制系统等，并结合选矿大数据的挖掘分析，提供科学决策，提升企业管理效率和管理水平。

4. 铁矿采选发展方向

进入 21 世纪以来，矿产资源消费的急剧增长和开采加工难度的日益增大，给矿山行业带来了巨大的挑战，迫切需要进行数字化和智能化转型升级。随着新一代大数据、人工智能、5G 技术和虚拟现实等 ICT 的迅猛发展，通过 ICT 与采矿、选矿的深度融合为矿山行业的转型提供了新动能，从而推动智能矿山从概念到应用示范的高质量建设。

智能矿山建设要以安全环保为基础，构建全新的高质量生态智能矿山。高质量建设首先要以矿业发展的趋势和新常态为背景，抓住智能矿山建设的根本和长期趋势，以高技术发展的规律，积极推动智能矿山建设取得新进展；其次，智能矿山建设要用创新、协调、绿色、开放、共享的新理念，使创新成为第一动力，协调成为内生特点，绿色成为普遍形态，开放成为必由之路，共享成为根本目的；再次，智能矿山建设要从单个系统建设的数量变化转向解决质的问题，在质的大幅度提升中实现量的有效增长，建设安全、高效、绿色和智能的矿山新模式；最后，高质量智能矿山建设是现代矿业发展的必由之路，要实现这一目的，必须坚持质量第一、效益优先，正确把握生态环境保护和经济发展的关系，通过新一代信息技术，推动矿业企业发展的质量变革。

未来，我国在智能矿山建设方面的发展趋势主要表现在以下几个方面：

（1）全流程深度实时感知　运用各种感知技术，能够更加全面、准确、实时地感知采场、堆场和选厂等各种信息。如：在选矿环节，采用高精度在线品位检测仪，实时感知矿石流的品位，为工艺优化提供数据支撑；在装备方面，应用电耳、红外等传感技术，感知设备健康情况，使设备运维过程更加智能。

（2）泛在异构网络互联　新一代 ICT 特别是 5G 技术在矿业领域得到广泛应用，使得矿业企业开始构建计算机与通信技术融合的超宽带、低延时、高密度、高可靠、高可信的移动计算与通信的基础设施。由于需要传输多模态数据，软件定义的互联网和以内容为中心的互联网，将支撑有限的互联互通向泛在的互联互通方向发展。目前，移动互联在采场自动验收、无人装载、无人驾驶等方面得到有效应用。

（3）高度智能化　运用数据挖掘、知识发现、专家系统、大模型等人工智能技术，实现生产调度指挥、资源预测、安全警示、突发事件处理等决策支持功能，实现矿山的智能化。如：在控制技术方面，将会从手动干预、有人值守向自动控制、无人值守方向发展，从局部的、有限的控制向全局的、泛在的控制方向发展；在安全管理方面，将会由被动的、事后响应式管理向主动的、事先预警预控的方向发展；在决策支持方面，将会从经验决策向智能化决策方向发展。

（4）采选一体化协同　从采选生产过程来看，"五品"即地质品位、采出品位、入选品位、精矿品位、入炉品位，分别对应勘查、采矿、配矿、选矿、冶炼五大工序环节的关键指标。这些指标相互耦合，需要全局考虑矿石"五品"，从而形成"五品联动"的采选一体化协同管控模式，实现成品品位、金属回收率、尾矿品位均达到最优，使得矿山企业整体收益最大化，达到提质增效降耗的目的。

7.3.2 基于工业互联网的铁矿采选全流程优化管控系统

工业互联网平台作为新一代 ICT 与 OT 深度融合的产物，是矿山行业实现数字化、网络化、智能化的重要载体。随着物联网、大数据、移动互联、云技术的飞速发展，以及矿山行业的不断创新与变革，各类业务数据的存储、传输都呈现井喷之势，对于工业互联网平台建设提出了较高的要求。平台既是新工业体系的"操作系统"，也是资源集聚共享的有效载体，可帮助矿山企业快速实现智能化生产和管理。建设基于工业互联网的矿山全流程优化管控系统，实现采选一体化协同管控，是提高产品质量、生产效率、服务水平，降低企业生产和经营成本的有效途径。

1. 铁矿采选全流程优化管控系统的总体架构

基于工业互联网的铁矿采选全流程优化管控系统，采用工业互联网构建"端—边—网—云"系统架构，如图 7-52 所示，实现矿山采选全流程一体化协同管控，达到"矿石流、信息流、能量流"的三流合一，为打造信息全面采集、管控高度智能、生产协同高效、生态绿色可持续的新型智慧矿山提供支撑。

图 7-52 矿山全流程优化管控系统总体架构

（1）端层 端层承载着仪器仪表、自动化控制系统、机器人等各类矿山采选生产设备与软件系统，包含了智慧矿山工业互联网平台感知、调度、控制的所有资源对象。通过设备端层感知、控制能力的提升改造，提高端层资源的自动化、数字化水平，为实现整体矿业智能化创造基础条件。

（2）边层　边层是实现云层与端层的互联互通的桥梁，一方面通过工业互联技术，实现多源异构数据的采集、汇聚与归一化处理，以及接口的统一传输调用；另一方面通过边缘计算，实现采选协同化管理、工艺全流程优化等智能化任务的计算、分析、优化与处理。通过边云协同服务，实现数据协同、业务协同。

（3）网层　构建现场的工业无线网、工控网、办公网、管理网融合的网络体系，实现高速网络覆盖、安全隔离、网络安全监控，为整体建设提供互通服务。

（4）云层　以云计算为标准构建矿业的 IaaS、PaaS、SaaS 云体系。矿业 IaaS，提供基础的设备虚拟化、容灾、负载等硬支撑服务；矿业 PaaS，提供数据交互、矿业应用建模、大数据计算、矿业数据标准等软支撑服务。在基础平台上，从生产、设备、安全、能源、质量等多维度构建核心矿业 SaaS 云应用，并通过统一的工业互联网平台门户实现协同化、精细化的管理新模式。

2. 铁矿采选全流程优化管控系统的网络建设

（1）采场网络　针对露天矿山钻孔远程操作、电铲远程操作、矿卡远程操作、自动驾驶系统等应用的无线通信需求，采场网络采用如图 7-53 所示的 5G 专网建设，支持工程机械、矿车、人员、视频等设备的接入，确保调度系统、监控系统、状态监测等采矿业务应用，保证矿业生产数据的安全。

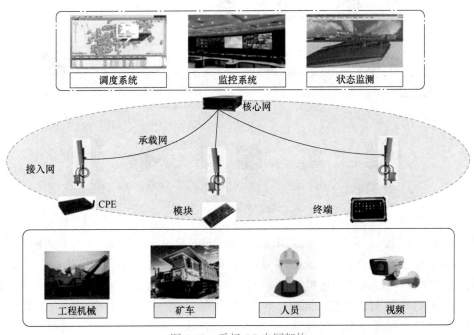

图 7-53　采场 5G 专网架构

采场 5G 专网主要由三部分组成：

1）核心网：负责设备接入和移动性管理、策略控制管理、认证服务管理、网络注册管理等功能。核心网接入矿区的专用以太网，对接信息中心软件系统和应用软件系统，并为其提供开放的数据接口。核心网控制器用于实现 5G 网络接入认证、设备漫游等网络管理功能。

2）承载网：连接基站与核心网的网络系统，采用10G光纤网络，个别站点采用无线桥接网络。承载网将基站与核心网连接，并实现无线专网与采场管理网的互通。

3）接入网：通过无线基站，实现矿区的无线覆盖。每个基站本地部署一台工业交换机，与核心网转发设备通过光缆连接，组成星形拓扑。在接入网络末端，使用移动终端（Customer Premises Equipment，CPE）、手持终端或无线模块集成的方式，实现工程机械、矿车、人员、视频等业务的接入。

（2）选厂网络 选厂网络拓扑图如图7-54所示，以工业以太网为核心，以WIA-PA为补充，实现工厂管理网络、控制网络、传感网络的全面互联。其中，在厂区生产和管理区域进行光纤网络覆盖的基础上，在车间部署具有低时延、高可靠特点的WIA-PA无线网络，支持手持终端、机械臂、AGV等设备的接入，可实现在设备移动、布线困难或工况恶劣条件下的生产数据采集和指令下达。

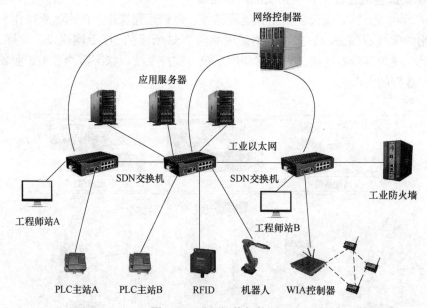

图7-54　选厂网络拓扑图

WIA-PA利用时分多址（Time Division Multiple Access，TDMA）、灵活的跳频机制（Frequency-Hopping Spread Spectrum，FHSS）以及基于星—网混合网络拓扑形成的可靠路径传输，使网络具有嵌入式的自组织和自愈能力，大大降低了安装的复杂性，确保了无线网络具有长期而且可预期的性能。同时，WIA-PA网络采用Mesh拓扑结构，以网关作为整个网络数据的出口，通过以太网连接到工厂内部工控网络，底层节点与工厂内网业务系统通过工业防火墙后进行对接。

3. 智慧采矿管控系统

我国大型铁矿露天矿的开采，具有生产工序多、工序间相互关联、设备种类多等特点，面临着系统规划不全面、数据不互通、系统协同难等问题。通过构建智慧采场管控系统，可以实现采矿智能作业管理、采矿生产管理、三维数字地质GIS、智能爆破、智能钻孔、智能配矿、智能调度系统、采矿安全管理等。

（1）采矿智能作业管理　采矿区生产劳动作业强度大、作业环境恶劣，操作岗位的人员安全风险大，尤其是设备经常作业于边坡边缘，边坡发生塌落时，容易造成人员伤害事故。基于 5G 网络，利用高精度定位系统，通过对牙轮钻机、铲装运输设备及破碎输送系统进行智能化改造和升级，实现监控可视化、诊断预警自动化、信息传输集成化、远程遥控控制及无人值守等功能，可以减少现场岗位操作人员，避免人身伤亡事故，降低生产成本，提高生产安全性、质量稳定性和生产效率。

1）牙轮钻机远程遥控。通过对牙轮钻机进行远程遥控改造，实现钻机工作过程实时监控。利用遥控手持终端，通过精准定位系统，对牙轮钻机的行走、钻架立卧、压钻、回转、提升等控制动作进行远程遥控。

2）铲装设备远程遥控。通过对铲装设备进行远程遥控改造，实现铲装设备工作过程的实时监控。利用铲装设备远程遥控终端控制铲车动作进行铲装作业，在遥控终端上显示铲车运行状态信息。

3）矿卡车辆无人驾驶。通过对矿卡车辆进行升级改造，应用高精度定位系统和 5G 网络、动态感知、路线规划、定位跟踪等技术，实现矿卡车辆动态响应调度系统指令、实时路径路线选择、自动识别避让危险、精准定位装卸点停车、自主卸载。

4）铁运机车无人驾驶。通过对铁运机车进行智能化升级改造，实现动态响应调度系统指令、完成远程调度控制、精准定位装卸点停车，实现无人驾驶。

5）破碎输送系统。通过升级和改造，实现破碎输送系统的智能化无人值守。通过与视频监控系统相结合，实现集中监控和集中管理，具有生产一键启停、智能故障报警诊断、设备自动连锁保护控制功能，实现无人值守。

（2）采矿生产管理　传统的采矿生产管理，在计划调度、绩效统计、指标分析等方面需要大量的人工操作和统计分析工作，数据准确性差、工作效率低。通过建立采矿生产管理系统，实现基础数据、生产计划、生产调度、质量管理、绩效考核、统计分析、管理驾驶舱等业务流程的数字化管理。系统自动分解下发采矿作业任务，同时对各生产环节数据进行采集以及作业结果回馈，在生产管理系统中完成生产过程跟踪与追溯，形成生产管理闭环作业。利用生产运营数据，对生产过程不断优化，提升生产管理水平。典型的系统界面如图 7-55 所示。

图 7-55　采矿生产管理系统界面

（3）三维数字地质 GIS　传统上，地质专业人员多用 CAD 绘图工具描绘采场地质信息，不能根据布孔设计、钻孔品位实现地质模型的自动更新，不能及时、准确地制定生产计划，无法按照质量配矿的要求合理指导生产。通过建设三维数字地质 GIS，根据已掌握的勘探信息，运用三维数字地质技术，实现矿山地质三维实体建模，可精准掌握矿产资源分布，包括矿岩性质、品位、数量、位置，为质量配矿提供依据。构建精准的地质模型三维展示、地质统计学分析和集成的建模环境，通过三维地质模型，实现生产计划执行对接、爆破设计、铲装验收管理，为牙轮作业、智能配矿决策、智能铲装跟踪、智能验收等采场作业提供数据基础。典型的系统界面如图 7-56 所示。

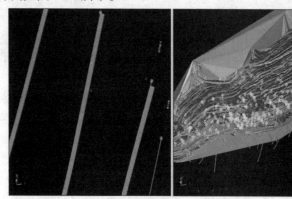

图 7-56　三维数字地质 GIS 界面

（4）智能爆破　在采矿的爆破设计工作中，孔网、装药、点火等作业流程设计的优劣，将直接影响炸药用量和爆破效果。同时，存在地质模型更新操作比较复杂、模型计算速度较慢的问题，影响爆破作业效率。智能爆破系统采用先进的 3D 爆破设计和建模技术，实现爆破数据的可视化，辅助设计人员洞察设计缺陷，将爆破设计、钻孔导航、爆破模拟、现场装药、爆破验收和爆破后评估结合起来，并自动计算爆破岩石量、矿石量。根据岩体、矿体参数确定爆破孔网设计参数和钻孔装药结构，预测爆破影响范围，计算爆破过程参数，如飞石距离（m）、爆破振动影响（cm/s）等。根据传回穿孔包含的信息，在数字地质系统进行爆破设计，对孔网、装药、点火等工序进行流程设计，优化爆破设计方案，实现炸药用量评估和爆破效果评价。典型的爆破方案设计界面如图 7-57 所示。

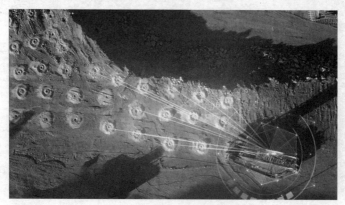

图 7-57　爆破方案设计界面

（5）智能钻孔　在采矿钻孔作业中，原有人工采用塑料袋摆孔、人工对孔的方式，作业精度差；钻孔、爬孔、孔类型选择、矿岩分布情况录入等作业都需要牙轮钻司机手动操作；设备故障信息也无法自动上报。通过从生产管理系统中获取作业计划，实现牙轮生产的计算机布孔操作以及生产过程的自动调度指挥。在数字地质系统中进行孔网参数设计，流程审核后自动发给钻机终端，通过厘米级高精度定位，实现导航式对孔作业，通过传感器采集牙轮钻杆转数、电流、电压、风压和钻孔孔深、孔位等作业信息，分析牙轮的工作状态，对异常状态进行报警，对牙轮司机的作业过程进行管控，实现精准对孔。

典型的钻孔作业界面如图 7-58 所示。

图 7-58　钻孔作业界面

（6）智能配矿　配矿作业是采矿的核心环节，原有的人工配矿方式比较粗放，无法精确计算矿石比例，导致选厂供矿不稳定，生产指标波动。建设智能配矿系统，通过配矿算法模型，有计划地按比例搭配不同品位、不同品种的矿石，混合均匀。根据选厂入选品位和可选性综合评价的要求，动态指导铲装、运输，协调采场各生产环节有效配合，实现多因素下的质量配矿，稳定入选品位。同时，能够综合利用矿产资源，提高经济效益，延长矿山服务寿命。典型的配矿管理界面如图 7-59 所示。

图 7-59　配矿管理界面

（7）智能调度系统　传统的运输作业采用人工调度的方式，调度人员仅能通过对讲机、电话被动接收现场信息，无法做到实时监控，对于车辆司机的工作过程及不正确操作缺乏有效的监控手段，调度记录也无法存档。依据智能配矿以及生产管理系统下发的生产计划，利用无线网络通信、全球卫星定位（GPS、北斗）和优化调度模型算法等技术手段，建立包含铲运实时监控、卡车调度、生产指挥等功能的智能调度系统，有效提升铲装设备（电铲）、移动运输设备（卡车）等设备的作业效率，优化生产调度管理流程。典型卡车调度界面如图 7-60 所示。

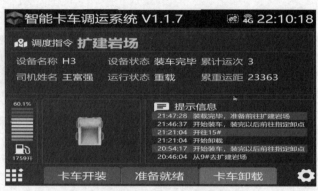

图 7-60　卡车调度界面

（8）采矿安全管理　保障采矿生产现场边坡、设备、车辆、人员的安全是矿山安全生产管理的关键。采用人工巡检的方式，一方面，巡检范围大，人工作业强度大、安全性差；另一方面，边坡状态无法实时反馈，存在安全隐患。建立边坡在线监测系统，将深部位移传感器安装在边坡的钻孔中，可对钻孔深部的位移进行监测。将表面位移传感器安装在边坡的表面，可对边坡表面的位移进行监测。监测终端自动完成采样、模／数转换、分析判断、预警、远程无线自动上传，并设置多预警阈值、断网智能监测报警、防盗报警功能，提高监测报警终端的现场应急处理能力。典型的边坡在线监测系统界面如图 7-61 所示。

图 7-61　边坡在线监测系统界面

针对采场入场人员，配备带有 GPS 功能的电子胸牌。入场车辆配备 GPS 装置，通过 5G 网络将位置信息上传到控制中心，实时监控人员与车辆位置状况。构建电子围栏周界报警系统，通过建立逻辑地理坐标形成围栏信息，在指定区域范围内，当有人员进入时，电子围栏周界报警系统发出报警并传输至控制中心，值班人员通过电子地图可以迅速确定进入位置。典型的人员定位及车辆安全管理的系统界面如图 7-62 所示。

图 7-62　人员定位与车辆安全管理系统界面

4. 智慧选矿管控系统

针对选矿企业存在的入选矿石性质波动、人工化验指标结果滞后、工序间缺少协同管控等难题，构建基于工业互联网平台的智慧选矿管控系统，支撑企业构建选矿智慧工厂。智慧选矿管控系统围绕选矿生产全流程，通过业务数据的全面集成构建高效协同的一体化管理体系，如图 7-63 所示，主要功能包括计划调度、质量管理、生产跟踪、生产指标预测、工艺优化控制、量质平衡等，实现选矿过程人、机、物、法、环等生产要素的精益管控，有效提升了生产过程管控水平，稳定选厂生产指标，推动选矿企业的智能化转型升级。

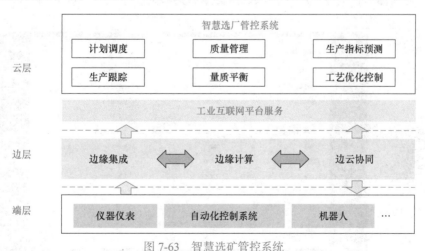

图 7-63　智慧选矿管控系统

（1）计划调度　选矿厂的生产计划制定要综合考虑公司制定的年度、季度、月度生产经营计划，确定铁精矿产量，在原料供应、能源供应、设备能力、质量要求、人员组织等限定条件下进行排产。人工排产需要多部门协同，工作量大，而且经常需要临时调整，人工调度无法做到整体最优。

建立计划调度系统，将选矿生产计划目标转化为选矿生产工艺要求，并将实际生产作业任务自动分解到各个生产作业区。将设备的开启台数、台时计划与操作指令下达给生产设备。根据瓶颈工序产能负荷和其他工序的产能配置情况、设备维修维护及能源消耗情况，综合优化作业调度，实现产能、质量与消耗平衡。典型的选矿计划调度界面如图 7-64 所示。

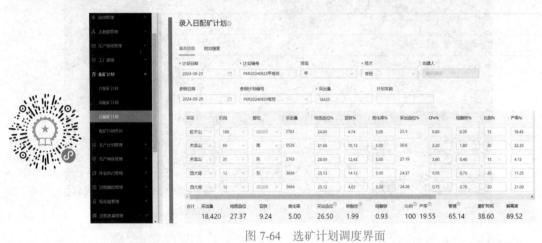

图 7-64　选矿计划调度界面

（2）质量管理　传统选矿的过程质量管理，化验人员手工记录每个样品化验结果，并通过微信、电话等方式进行消息传递，无法实现数据自动采集和消息推送。通过建立质量管理系统，可实时采集在线品位仪、粒度仪、浓度计、块度分析仪等仪器仪表数据以及化验室人工化验数据，实现从单工序到全工艺流程的质量过程记录。对各工序质量数据进行采集、计算、汇总，并对关键数据进行异常报警，实现质量数据统计、分析、发布、共享，并为生产跟踪、综合指标分析等业务系统提供数据支撑。典型的质量管理界面如图 7-65 所示。

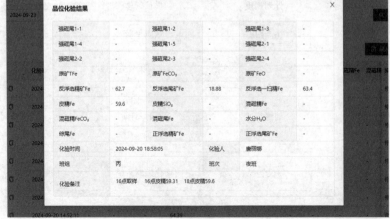

图 7-65　质量管理界面

（3）生产跟踪　入选矿石性质（如品位、碳酸铁含量、解离度）的稳定是保障选矿生产过程指标稳定的关键，需要在选矿生产过程中及时掌握原矿的矿石性质并进行跟踪。人工只能根据每天的采矿生产调度信息，粗略判断来矿性质，调整选矿生产策略，经常造成精矿品位指标波动。

为此，建立生产跟踪系统，以数字地质中的原矿矿石性质为依据，结合破碎工艺流程中原矿仓、粉矿仓的料位情况，实时跟踪不同矿种（碳酸铁、亚铁等）在矿仓中的分布情况，并按照不同颜色进行可视化展示。在此基础上，系统可根据生产指标波动情况或人工生产指令，形成多规则优化配矿策略，联动智能布料小车和给料器，实现给料器自动切换，有效避免磨机台时损失。此外，联动自动化控制系统，实现对矿仓断料、堵料、异常的报警。典型的生产跟踪界面如图 7-66 所示。

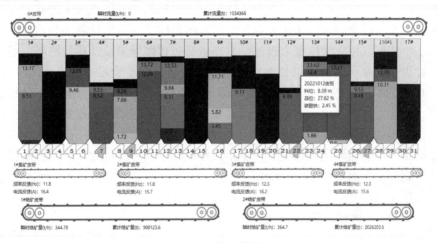

图 7-66　生产跟踪界面

（4）生产指标预测　选矿的生产指标经常由于原矿矿石性质变化、设备状态异常、人员操作失误等因素频繁波动。特别是人工指标检测滞后，需要较长时间才能将指标调稳。因此，预测磨磁、浮选关键工序的生产指标，提前做好工艺准备与设备调度计划，可有效稳定选矿生产指标。

目前，影响精矿指标的主要参数有地质品位、原矿亚铁、产率、磨矿时间等。通过与主成分分析、深度学习等方法相结合，对精矿品位等指标进行预测，可解决多维度、高耦合的选矿生产指标预测问题。在此基础上，根据配矿计划中原矿性质（包括亚铁、碳酸铁、产率、管精、采出品位、磨矿时间等）综合计算得出矿石评价指数，并结合矿石入选品位、可选性等检测指标，形成对破碎、磨磁、浮选、过滤等各工序工艺控制参数调整（指标参数设定值范围）的决策依据。进一步，基于生产指标预测模型，对精矿产量、回收率进行预测，实现面向不同入选配矿条件下的选别过程量质平衡，达到优化选矿生产的目的。典型的原矿综合评价指数界面如图 7-67 所示。

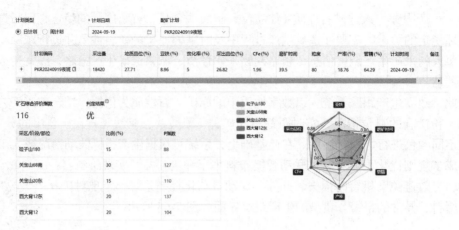

图 7-67 原矿综合评价指数界面

（5）工艺优化控制 选矿厂生产设备之间互相关联，耦合度高，使得复杂的选矿机理呈现不确定性、非线性等特征。原有的生产工艺过程控制严重依赖人工经验，存在调控步长大、频率低、大滞后等问题，无法做到实时精准的调控，导致指标波动频繁。由于选矿生产过程的动态特性难以用数学模型来描述，只能依靠过程数据来设计运行控制。基于机器学习的控制设计思想是在保留原反馈控制器的基础上，通过机器学习方法来替代原有人为控制。根据生产设备的实时监控数据，结合大数据分析模型，自动对现场指标进行调节，优化破碎、球磨、磁选、立磨、浮选工艺的生产过程，通过工艺间闭环控制提高整体生产水平，实现对选矿全流程的优化。这样，通过对生产数据实时监测，小步长、高频次地调节生产控制指标，在控制中不断监测生产情况，自主学习修正，达到稳定优化生产过程的目标。典型的选矿工艺优化控制界面如图 7-68 所示。

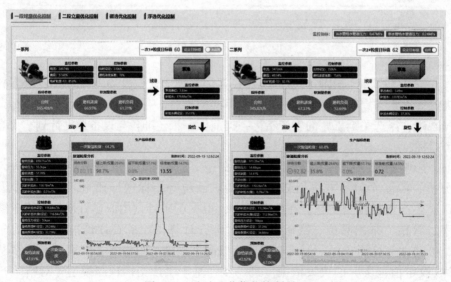

图 7-68 选矿工艺优化控制界面

以典型的球磨工艺优化控制为例，整个工艺是由球磨机、泵池、旋给泵和旋流器组成的闭环系统。结合大数据分析，建立球磨机台时稳定控制模型、球磨机台时最大化设定模型、泵池趋势预调节补加水模型、旋给泵频控制模型、旋给压力控制模型和沉砂水控制模型。通过球磨工艺设备间关系形成整体控制逻辑，优化磨机负荷，避免欠负荷、过负荷的情况发生，稳定磨矿分级产品的粒度在合格范围内。球磨工艺优化控制思路如图 7-69 所示。

图 7-69　球磨工艺优化控制电路

（6）量质平衡　在智慧选矿管控系统中，量质平衡功能是一个关键组成部分，主要用于确保选矿过程中的物料流动和质量控制。这个功能通过实时监测和调整选矿工艺中的各种参数，以保持整个系统的稳定性和效率。

量质平衡功能会实时监测矿石、尾矿、精矿等的流量。这些流量数据帮助系统了解矿石的进出量，确保原料的输入和输出达到预期的平衡状态。除了流量外，系统还会监测矿石的质量，包括其品位（即矿石中有用矿物的含量）和其他物理化学性质。通过这些数据，系统可以评估选矿过程中的效率和最终产品的质量。系统会整合来自不同阶段的流量和质量数据，进行分析和比较。例如，通过比较进料和出料的质量，可以计算出选矿过程的回收率和损失情况。基于实时数据和分析结果，量质平衡功能能够自动调整选矿参数，例如，调整磨矿机的负荷、浮选剂的用量等，以优化选矿过程的效率和矿石回收率。如果发现系统中的流量或质量数据出现异常，量质平衡功能能够触发预警，提示操作人员可能存在的问题。系统还可以自动进行调整或控制，以防止问题的进一步恶化。量质平衡功能通常会生成详细的报告，记录系统的运行情况、调整措施及其效果。这些报告对生产管理、工艺改进和未来的决策具有重要的参考价值。

5. 采选全流程一体化协同管控平台

面向铁矿生产作业的采矿、选矿重要环节，运用新一代 ICT，构建采选全流程一体化协同管控平台，实现采选生产全过程数字化、采选作业有序衔接、协同化高效组织调度与精益生产，提升矿山智能化、安全化控制水平。如图 7-70 所示，采选全流程一体化协同管控以工业互联网为整体支撑平台，整合采矿、选矿等工艺环节进行系统优化，通过对采选作业的协同优化调度（车铲配对、卡调系统、破碎优化调度）、矿石流跟踪和智能配矿，实现采选整体效益最大化。平台共享全流程信息，打通采选各环节、各系统流程，通过智能化系统建设，实现各系统相互协调、相互配合、相互制约、相互促进，达到整体最优。

采选全流程一体化协同管控，从计划产能协同、质量控制协同、成本控制协同三个不同维度实现。在提高采选全流程生产组织效率的同时，稳定生产过程指标，有效降低采选综合成本。

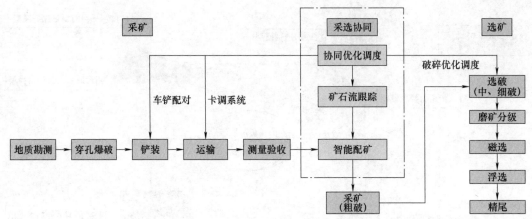

图 7-70　采选全流程一体化协同管控

（1）计划产能协同　以"矿石流"为主线，面向运距成本、采矿资源利用率、选矿回收率等指标的全局优化，研究采选全流程生产作业协同优化调度方法，实现采场协同闭环优化（数字地质—采掘、爆破计划—测量验收—地质模型更新）、选厂协同（原矿综合评价指数/选矿计划）、单/多采区采选协同（以选矿拉动采矿协同计划调度），如图 7-71 所示。

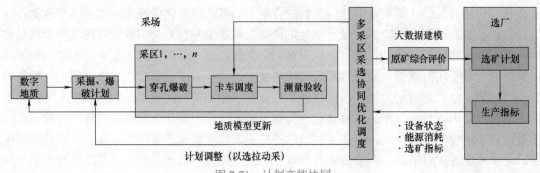

图 7-71　计划产能协同

（2）质量控制协同　以稳定精矿品位、降低尾矿品位为目标，联动地质品位、采出品位、入选品位、精矿品位和冶炼品位，实现地质模型优化、铲装配矿和入磨配矿。采用"知识图谱＋深度学习"驱动的双向融合优化引擎技术，结合品位、粒度、浓度、泡沫在线检测系统，实现"磨矿分级、强磁、重选、浮选"的小闭环优化控制，再形成"磨矿—重选/磁选—浮选"的协同大闭环优化控制。最终，根据球团/烧结工艺的冶炼品位要求，进行精矿配矿，如图 7-72 所示。

图 7-72　质量控制协同

（3）成本控制协同　成本控制协同通过对采选生产过程各工序的成本信息的实时跟踪，形成信息反馈，实现成本的全过程管控。根据所下达的生产任务和成本指标制定成本计划，按照成本分项进行时间与空间的分解，并对整个生产过程进行成本的核算、监控、分析、预测、优化、考核，实现与生产、计划、能源、设备、物流、库存的管理协同，达到采选综合效益最大化的目标。

7.3.3　建设和应用成效

基于工业互联网的铁矿采选全流程优化管控系统在鞍钢矿业齐大山采场、关宝山选厂成功打造应用示范标杆。针对矿山企业存在的工业互联、选矿过程优化及采选协同管控等难题，突破了智慧矿山工业互联网平台研制、选矿工艺全过程在线优化控制和基于预测的"量质平衡"一体化优化模型等技术，提供采矿、选矿一体化协同智能管控与工艺过程控制策略优化等服务，建立基于工业互联网的智慧矿山智能管控创新应用模式，推动矿业企业的智能化转型升级。

1. 建设成效

（1）构建基于数字孪生的三维采场　通过三维仿真技术、北斗定位技术、无人机建模技术，构建如图 7-73 所示的三维采场界面，将采场实时、动态地展现在人工智能大屏幕上。通过集成鹰眼摄像头、高清摄像头、外来车辆、内部位移监测设备、移动式表面位移监测设备、固定式表面位移监测设备等多种实体，实现整个矿山作业情况全天候可视化监控。根据已掌握的勘探信息，使用全新的三维数字地质技术，对全采场建模，共 33 条勘探线，覆盖采场所有区域，最深的勘探钻孔为 –700 米，建模储量 16 亿吨。可精准掌握矿产资源分布，为"二次"精准质量配矿提供依据。

图 7-73　三维采场界面

（2）研制边云协同的选矿工艺优化控制系统　基于边云协同技术，构建知识图谱和大数据模型技术相融合的选矿工艺优化控制系统。向上与云层实现模型、数据的上传与下发，向下与端层实现控制指令的双向通信，进而实现快速扩展、敏捷部署、持续更新的智能管控体系。

系统的主控制台如图 7-74 所示。

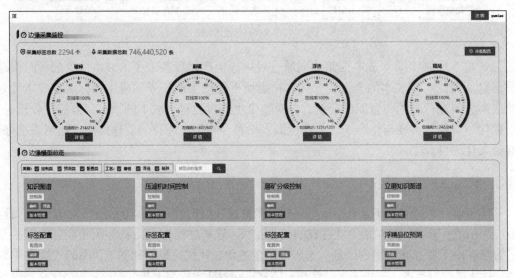

图 7-74　选矿工艺优化控制系统主控制台

其中,基于历史数据挖掘和人工经验自动生成球磨知识图谱、立磨知识图谱、浮选知识图谱、一段和二段磁选知识图谱以及磨磁—浮选联动知识图谱模型,以图形可视化的形式,精准刻画设备参数、指标之间的关联关系。选矿知识图谱如图 7-75 所示。

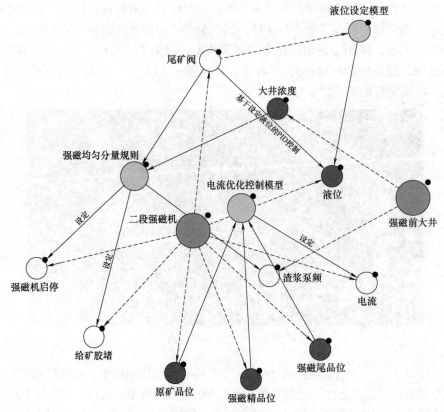

图 7-75　选矿知识图谱

在此基础上，进行选矿全流程优化控制，过程如图 7-76 所示。首先，通过一段球磨智能优化控制工艺，一次旋溢粒度合格率及稳定性均有所提升，保证了台时稳定，为后续工艺稳定运行提供了有力的保障。其次，通过强磁机分量优化控制，实现多台强磁机矿浆的均匀分配。相比于人工分量，不仅提升工作效率，而且稳定强磁精矿品位。再次，通过浮选智能优化控制，能够在稳定粗选泵池液位和扫选泵池液位的前提下，稳定粗选、扫选和浮选的各台浮选机循环量，达到保精降尾，并尽可能提高产量。最后，通过压滤机智能优化控制，合理提高压滤机注矿效率，提升精矿产量。

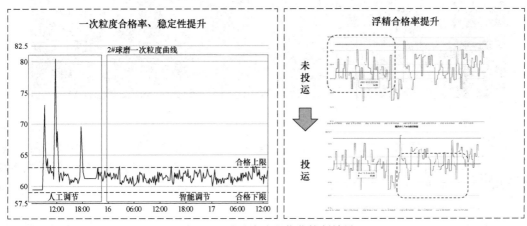

图 7-76　选矿全流程优化控制效果

（3）开发智慧矿山工业互联网平台　在企业生产层面，加强生产自动化与管理信息化的融合。在生产计划闭环管理的基础上，深入开展管理挖掘，调整生产组织形式，实现智能排产及调度管控，从而提升企业生产管理水平，降低生产成本，提升企业效益。

在设备层面，以在线状态监控为基础，通过运用设备感知技术、设备自愈技术、数学模型分析技术，提升设备的作业效率，达到设备效率单体最优目标，并通过对设备需求、设计、选型、生产、监控、维修、报废全流程的跟踪监管，实现设备全生命周期的智慧管控。

在数据层面，通过构建统一的大数据平台，对现有数据仓库进行整合，实现企业海量数据的集中存储。基于矿业生产管理业务流程、机器自主学习算法，构建智慧、自主的数据分析引擎，实现大数据的智慧分析。利用可靠的网络环境，实现矿山生产无人化少人化目标，提高企业劳动生产率，降低成本。

开发的智慧矿山工业互联网平台门户如图 7-77 所示。

2. 应用成效

系统方案在鞍钢矿业齐大山采场、关宝山选厂进行了成功应用，应用成效如下：

鞍钢矿业齐大山铁矿通过智慧采矿项目建设，有效提高了生产组织效率，创造了显著的经济效益。其中，降低贫化率 0.5%，提高回收率 1.2%；以年产矿石 1700 万吨、原品 29.5% 计算，产生经济效益约 1709 万元；主体采矿设备钻机作业效率提升 10%，电铲效率提升 11%，破碎效率提升 11%。

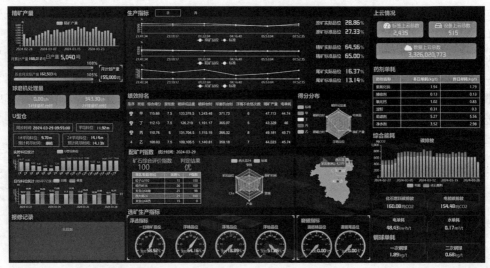

图 7-77　智慧矿山工业互联网平台门户

　　鞍钢集团关宝山矿业通过智慧选厂项目建设，选矿从业人员劳动生产率提升 10.85%；球磨机台时效率提升 2.33%，作业率提升 1.27%；药剂单耗降低 8.17%；电力单耗降低 2.41%；铁精矿产量提升 7.3 万吨，年增加营业收入约 5110 万元。

　　系统方案的成功应用不仅大幅提高了厂矿的技术经济效益，同时也产生了巨大的社会效益，主要表现在以下几个方面：

　　（1）提升铁矿资源的竞争力　推动了鞍钢矿业智慧矿山建设进程，综合生产效率大幅提高，选矿成本显著降低，有效提升了铁矿石资源的竞争力。

　　（2）加速行业智慧矿山建设进程　以采矿和选矿的工艺流程为主线，构建了智慧采场和选矿"黑灯工厂"的生产新模式，实现了工艺流程自动化、过程控制智能化、实体工厂数字化的关键技术突破，推动了信息技术与实体经济深度融合。不仅夯实了企业资源发展的基础，对加速我国矿山行业智能矿山建设进程、实施产业基础再造工程和重大技术装备攻关工程，推动矿业高端化、智能化、绿色化发展也具有重要意义。

　　（3）提升采选全流程安全生产能力　推动铁矿采选生产方式智能化，构建科技含量高、安全生产、环境污染少的产业结构和生产方式，促进经济、社会、资源、安全、环境协调发展。

　　（4）推动矿业高质量发展，助力行业转型升级　坚持智能开采和生产结构优化双轮驱动，是落实二十大报告"提升战略性资源供应保障能力"的具体体现，是东北老工业基地创新驱动、智能制造、持续创效的典范，是行业转型升级的典型与示范。

参 考 文 献

［1］王皓，陈根良．机器人型装备在航空装配中的应用现状与研究展望［J］．航空学报，2022，43（5）：

49-71.

［2］梁志超.面向柔性装配系统关键工位的人机协同模糊配置研究［D］.重庆：重庆大学，2022.

［3］WU T，ZHANG Z，ZHANG Y，et al. Modelling and optimisation of two-sided disassembly line balancing problem with human-robot interaction constraints［J］. Expert Systems with Applications，2023，230：120589.

［4］王亚良，高康洪，范欣宇，等.面向不确定性的车间布局调度集成建模与优化［J］.机械工程学报，2023，59（5）：235-246.

［5］JURCZYK-BUNKOWSKA M. Tactical manufacturing capacity planning based on discrete event simulation and throughput accounting：A case study of medium sized production enterprise［J］. Advances in Production Engineering & Management，2021，16（3）：335-347.

［6］RUIZ R，PAN Q K，NADERI B. Iterated greedy methods for the distributed permutation flowshop scheduling problem［J］. Omega，2019，83：213-222.

［7］YANG S L，XU Z G. The distributed assembly permutation flowshop scheduling problem with flexible assembly and batch delivery［J］. International Journal of Production Research，2021，59（13）：4053-4071.

［8］王霄汉，张霖，任磊，等.基于强化学习的车间调度问题研究简述［J］.系统仿真学报，2021，33（12）：2782-2791.

［9］PAN Y，GAO K，LI Z，et al. A novel evolutionary algorithm for scheduling distributed no-wait flowshop problems［J］. IEEE Transactions on Systems，Man，and Cybernetics：Systems，2024，54（6）：3694-3704.

［10］YU F，YIN L，ZENG B，et al. A self-learning discrete artificial bee colony algorithm for energy-efficient distributed heterogeneous L-R fuzzy welding shop scheduling problem［J］. IEEE Transactions on Fuzzy Systems，2024，32（6）：1-12.

［11］ZHANG G，LIU B，WANG L，et al. Distributed heterogeneous co-evolutionary algorithm for scheduling a multistage fine-manufacturing system with setup constraints［J］. IEEE Transactions on Cybernetics，2024，54（3）：1497-1510.

［12］SONG W，CHEN X，LI Q，et al. Flexible job-shop scheduling via graph neural network and deep reinforcement learning［J］. IEEE Transactions on Industrial Informatics，2023，19（2）：1600-1610.

［13］LEI K，GUO P，WANG Y，et al. Large-scale dynamic scheduling for flexible job-shop with random arrivals of new jobs by hierarchical reinforcement learning［J］. IEEE Transactions on Industrial Informatics，2024，20（1）：1007-1018.

［14］WANG R，WANG G，SUN J，et al. Flexible job shop scheduling via dual attention network-based reinforcement learning［J］. IEEE Transactions on Neural Networks and Learning Systems，2024，35（3）：3091-3102.

［15］庄存波，刘检华，隋秀凤，等.工业互联网推动离散制造业转型升级的发展现状、技术体系及应用挑战［J］.计算机集成制造系统，2019，25（12）：3061-3069.

［16］盛伯浩，唐华.高效柔性制造技术的特征及发展［J］.航空制造技术，2003（3）：20-24.

［17］冯锦丹，何楠，刘金山，等.基于知识驱动的航天复杂产品装配工艺重构方法［J］.计算机集成制造系统，2024（1）：1-21.

［18］李玉峰，邱菡，刘勤让，等.网络管控系统的柔性可重构结构设计［J］.通信学报，2012，33（11）：84-90.

［19］中国石油经济技术研究院.2050年世界与中国能源展望（2019版）［R］.2019.

［20］英国石油公司.BP世界能源统计年鉴（2019）［R］.英国石油公司，2019.

［21］韩大匡.准确预测剩余油相对富集区提高油田注水采收率研究［J］.石油学报，2007，28（2）：73-78.

［22］ 韩大匡.中国油气田开发现状、面临的挑战和技术发展方向［J］.中国工程科学，2010，12（5）：51-57.

［23］ YU H B，ZENG P，XU C. Industrial wireless control networks：From WIA to the future［J］. Engineering，2022，8（1）：18-24.

［24］ XU C，ZENG P，YU H B，et al. WIA-NR：Ultra-reliable low-latency communication for industrial wireless control networks over unlicensed bands［J］. IEEE Network，2021，35（1）：258-265.

［25］ LIANG W，ZHANG J L，SHI H G，et al. An experimental evaluation of WIA-FA and IEEE 802. 11 networks for discrete manufacturing［J］. IEEE Transactions on Industrial Informatics，2021，17（9）：6260-6271.

［26］ LIANG W，ZHENG M，ZHANG J L，et al. WIA-FA and its application to digital factory：A wireless network solution for factory automation［J］. Proceedings of the IEEE，2019，107（6）：1053-1073.

［27］ HE Y P，CHENG H B，ZENG P，et al. Working condition recognition of sucker rod pumping system based on 4-segment time-frequency signature matrix and deep learning［J］. Petroleum Science，2023，21（1）：641-653.

［28］ CHENG H B，HE Y P，ZENG P，et al. Residual-enhanced physic-guided machine learning with hard constraints for subsurface flow in reservoir engineering［J］. IEEE Transactions on Geoscience and Remote Sensing，2024，62：1-9.

［29］ CHENG H B，VYATKIN V，OSIPOV E，et al. LSTM based EFAST global sensitivity analysis for interwell connectivity evaluation using injection and production fluctuation data［J］. IEEE Access，2020，8：67289-67299.

［30］ 于海斌，曾鹏，梁炜，王忠锋，刘阳，许驰.无线化工业控制系统：架构、关键技术及应用［J］.自动化学报，2023，49（3）：540-549.

［31］ 邵安林.基于五品联动理论的品位效益优化决策研究［J］.中国工程科学，2014，16（2）：68-72.

［32］ 姚金，侯英.选矿概论［M］.北京：化学工业出版社，2020.

［33］ 杨佳伟，王庆凯，邹国斌.磨矿分级过程优化控制技术研究与应用［J］.有色金属（选矿部分），2021（4）：124-131.

［34］ 刘文胜，柳小波，丛峰武，等.大型金属露天矿全流程智能安全开采关键技术研究与应用［J］.中国冶金，2024，34（5）：135.

［35］ KARAGEORGOS J，GENOVESE P，BAA D. Current trends in SAG and AG mill operability and control［C］. Proceedings of an International Conference on Autogenous and Semiautogenous Grinding Technology，2006，3：191-206.

［36］ 祝晋，刘威，高立强.智能选矿厂的建设探索与实践［J］.有色金属（选矿部分），2023（1）：121-126.

［37］ 柴天佑，刘强，丁进良，等.工业互联网驱动的流程工业智能优化制造新模式研究展望［J］.中国科学：技术科学，2022，52（1）：14-25.

第四次工业革命刚刚开启，以工业互联网、5G为代表的新型基础设施尚在建设，它们旨在全面推动制造业的数字化、智能化转型，形成新质生产力，加速新型工业化建设。在这一时代背景下，围绕我国"十四五"战略性新兴领域，本书系统介绍了工业互联网的基础理论知识与技术创新应用。本书首先回顾了工业互联网的发展历程，论述了其核心特征，并介绍工业互联网赋能智能制造的典型成效；然后，简述了工业互联网的典型架构和技术标准体系，深入论述工业互联网的网络、平台、安全和智能决策等关键技术；最后，以航空航天装备制造、石油开采、铁矿采选为典型应用案例，介绍了工业互联网的具体开发建设及行业应用成效。

随着以生成式人工智能为代表的智能科学技术的快速发展，未来工业互联网必然与人工智能深度融合，与新一代通信网络、大数据、云计算、数字孪生与仿真等技术共同构筑新一代的工业互联网——工业智联网。进一步，面向以飞机、汽车、机器人、3C装备等为代表的高端装备制造的特殊需求，工业互联网将驱动高端装备的协同制造新范式，构筑新的产业生态体系，加速产业链、价值链的创新融合发展。这一过程有一系列值得深入思考的问题：

1. 工业互联网的智能化创新发展

在当今全球化竞争中，工业互联网不仅代表着技术创新的方向，也在不断推动着传统制造业向智能化转型。智能化创新发展正是工业互联网能够真正发挥巨大潜力的关键所在。首先，工业互联网的智能化发展是与大数据、人工智能、机器学习等前沿技术的深度融合密切相关的。智能化创新不仅是对现有技术的简单升级，而是基于海量数据的收集、传输、分析和反馈，使得生产系统能够自主感知、预测和决策。其次，智能化创新发展不仅限于技术本身，还涵盖了产业链上下游的全面协同。工业互联网通过实现设备与设备之间、设备与人之间、企业与企业之间的智能互联，极大地增强了整个产业的灵活性和响应能力。最后，智能化创新发展还意味着对传统工业模式和管理理念的颠覆。过去，许多企业的生产模式和管理体系较为固定和传统，而智能化的工业互联网使得定制化、柔性化生产成为可能。因此，工业互联网的智能化创新发展不仅仅是技术层面的革命，更是对企业战略、管理模式以及整个产业生态的重构。

那么，面对工业互联网的智能化创新发展，如何理解其重要性和潜在影响？作为未来的技术专家或行业领袖，又该如何利用智能化技术提高生产效率、降低成本、提升产品质量？在智能化的生产环境中，智能系统如何支持企业的决策和应对市场变化？哪些因素是推动智能化创新发展的核心动力？未来的工业互联网将如何重构我们的工作和生活？通过深入思考这些问题，可以更全面地理解工业互联网在智能化发展过程中的作用，为未来在这一领域的发展奠定坚实的基础。

2. 工业互联网驱动的高端装备协同制造

在全球制造业转型升级的浪潮中，工业互联网正日益成为高端装备制造的核心驱动力。高端装备制造是涉及多学科、多领域的复杂系统工程，传统的制造模式难以满足其对精度、效率和柔性等方面的高要求。而工业互联网通过将人、机、物全面互联，构建起一个高度智能化、数字化的制造网络，为高端装备的设计、生产、管理和服务提供了全新的解决方案。工业互联网可实现高端装备制造全流程的数字化和智能化，使得企业能够对生产过程进行精细化管理，提高生产效率和产品质量，促进了产业链上下游的深度协同，形成协同研发、协同生产和协同服务的高端装备制造能力。这不仅缩短了产品的研发周期，降低了生产成本，还增强了产业的整体竞争力。然而，工业互联网驱动的高端装备协同制造也带来了新的挑战，例如，如何保障数据的安全和隐私，如何建立统一的标准和规范，如何培养具备跨学科知识的专业人才，以及如何应对传统商业模式和管理理念的转变等，这些问题都需要深入的研究和实践探索。

那么，面对工业互联网驱动的高端装备协同制造这一重大趋势，如何理解其对制造业乃至整个经济社会的深远影响？如何利用工业互联网的技术和理念，推动高端装备制造的创新和变革？未来的制造业生态将如何演变，传统的企业组织形式和商业模式将受到怎样的冲击？通过深入思考这些问题，可以更全面地理解工业互联网在高端装备协同制造中的关键作用，认识到其背后的复杂逻辑和潜在挑战。可以从现实需求、技术能力、制造模式、管理方法等多维度，系统地分析和思考这些问题，提出自己的见解和解决方案，为推动高端装备制造业的创新发展贡献力量。

3. 工业互联网驱动的产业生态新体系

在数字经济时代，工业互联网作为新一代信息技术与工业系统深度融合的产物，正在重塑全球产业生态体系。工业互联网的出现，打破了传统产业生态体系封闭性、分散性和层级化的特点，通过连接设备、生产线、工厂、供应商、产品和客户，构建了一个开放、协同、共享的产业生态网络。通过数字化、网络化和智能化手段，工业互联网能够实现全产业链的数据共享和业务协同，使得企业能够实时获取市场需求和供应链信息，迅速调整生产计划和策略，提升了整个产业的响应速度和适应能力，推动了产业的升级与转型。同时，工业互联网驱动的产业生态体系促进了新型商业模式的产生，企业可以通过工业互联网平台进行资源配置、能力共享和价值共创，形成互利共赢的合作关系，在这种生态体系下，价值链被重新定义，企业的角色也发生了转变，从单纯的生产者变为生态参与者和价值共创者。工业互联网还将进一步推动产业生态体系的全球化发展，通过跨地域、跨行业的连接，企业可以打破地域限制，参与全球资源配置和市场竞争，以更低的成本进入国际市场，分享全球化带来的红利。同时，全球化的生态体系也促进了技术和知识的跨境流动，加速了创新成果的扩散和应用。

那么，面对工业互联网驱动的产业生态体系的演化与发展，应该如何理解其对传统产业结构和商业模式的颠覆性影响？又该如何参与并推动这一生态体系的构建？哪些因素是促进产业生态体系健康发展的关键动力，是技术创新、政策支持，还是协同合作的机制设计？未来的产业生态将呈现出怎样的特征，企业之间的竞争与合作关系将如何演变？通过深入思考这些问题，可以更全面地理解工业互联网在产业生态体系演化发展中的关键作用，认识到其背后的复杂逻辑和潜在挑战。可以从技术、管理、经济、社会和政策等多个维度，系统地分析和思考这些问题，提出自己的见解和解决方案，为构建健康、可持续的产业生态体系贡献自己的力量。

4. 工业互联网推动的产业链和价值链融合发展

在全球经济数字化转型的背景下，工业互联网正推动着产业链和价值链的融合发展。传统的产业链往往以线性方式运作，企业之间的协作局限于上下游关系，而价值链则关注产品或服务在不同环节中所创造的价值增值过程。工业互联网的出现，为打破产业链与价值链的隔阂提供了技术可能，有望实现全链条的协同优化和价值最大化。通过构建开放的协同平台，企业、供应商、分销商、服务商和消费者等多方主体共同参与产品的设计、生产、销售和服务，形成了价值共创的生态系统。这种融合打破了传统的企业边界，大幅加快"科学、技术、工程、产业"四维空间中的创新扩散过程和需求扩散过程，能够让市场需求以价值牵引的方式融入产业链的敏捷调控过程中，同时将依托柔性动态的新型产业链支持个性化、定制化的产品和服务，实现以客户为中心的商品价值增值，促进了全产业链和全价值链的融合创新发展。

那么，面对工业互联网所推动的产业链和价值链融合发展趋势，如何理解其对企业运营模式和产业竞争格局的深远影响？又该如何利用工业互联网的技术和平台，推动产业链和价值链的深度融合，实现企业价值的最大化？哪些因素是推动产业链和价值链融合发展的核心动力？未来的产业形态将如何演变，企业应如何重新定位自身角色，积极参与到价值共创与共享的生态体系中？通过深入思考这些问题，可以更全面地理解工业互联网在产业链和价值链融合发展中的关键作用，认识到其背后的复杂逻辑和潜在挑战。可以从供应链管理、价值增值、商业模式创新、技术应用等多个维度，系统地分析和思考这一课题，提出自己的见解和解决方案，为推动产业的数字化转型和高质量发展贡献力量。

期望读者能够受本书启发，继续深入思考并回答关于未来工业互联网如何智能化发展、如何驱动高端装备协同制造、如何构筑新的产业形态、如何推动产业链和价值链融合发展等前沿问题，共同推动工业互联网迈向工业智联网的新时代。

附录 缩略语表

1G	1st Generation Mobile Communication	第一代移动通信技术
2G	2nd Generation Mobile Communication	第二代移动通信技术
3G	3rd Generation Mobile Communication	第三代移动通信技术
3GPP	3rd Generation Partnership Project	第三代合作伙伴计划
4G	4th Generation Mobile Communication	第四代移动通信技术
5G	5th Generation Mobile Communication	第五代移动通信技术
6G	6th Generation Mobile Communication	第六代移动通信技术
AGV	Automated Guided Vehicle	自动导引车
AII	Alliance of Industrial Internet	中国工业互联网产业联盟
AMF	Access and Mobility Management Function	接入和移动性管理功能
ANSI	American National Standards Institute	美国国家标准学会
API	Application Programming Interface	应用程序接口
CAD	Computer Aided Design	计算机辅助设计
CAE	Computer Aided Engineering	计算机辅助工程
CAM	Computer Aided Manufacturing	计算机辅助制造
CAPP	Computer Aided Process Planning	计算机辅助工艺过程管理
CPS	Cyber-Physical System	信息物理系统
DCS	Distributed Control System	分布式控制系统
DetNet	Deterministic Networking	确定性网络
DIP	Deterministic IP	确定性IP
eMBB	Enhanced Mobile Broadband	增强移动宽带通信
ERP	Enterprise Resource Planning	企业资源计划
EtherCAT	Ethernet for Control Automation Technology	以太网控制自动化技术
FCS	Fieldbus Control System	现场总线控制系统

GE	General Electric Company	美国通用电气公司
GPRS	General Packet Radio Service	通用分组无线业务
GSM	Global System for Mobile Communication	全球移动通信系统
IaaS	Infrastructure as a Service	基础设施即服务
ICT	Information and Communication Technology	信息与通信技术
IEC	International Electrotechnical Commission	国际电工委员会
IEEE	Institute of Electrical and Electronics Engineers	电气电子工程师协会
IETF	Internet Engineering Task Force	因特网工程任务组
IIC	Industrial Internet Consortium	美国工业物联网联盟
IIRA	Industrial Internet Reference Architecture	工业互联网参考架构
IISF	Industrial Internet Security Framework	工业互联网安全框架
IoT	Internet of Things	物联网
IPv6	Internet Protocol Version 6	互联网协议第 6 版
ISA	International Society of Automation	国际自动化协会
ISO	International Standards Organization	国际标准化组织
IT	Information Technology	信息技术
ITU	International Telecommunication Union	国际电信联盟
LLM	Large Language Model	大语言模型
LMM	Large Multimodal Model	多模态大模型
LoRa	Long Range Radio	远距离无线电
LPWAN	Low-Power Wide-Area Network	低功耗广域网
MAC	Medium Access Control	介质访问控制
MES	Manufacturing Execution System	制造执行系统
MIMO	Multiple-Input Multiple-Output	多进多出
mMTC	Massive Machine Type Communications	大规模机器类型通信
MQTT	Message Queuing Telemetry Transport	消息队列遥测传输
NB-IoT	Narrow Band Internet of Things	窄带物联网
NFV	Network Functions Virtualization	网络功能虚拟化
NGPON	Next Generation PON	下一代无源光网络
OA	Office Automation	办公自动化
OPC	Object Linking and Embedding for Process Control	面向过程控制的对象链接和嵌入
OPC UA	Object Linking and Embedding for Process Control Unified Architecture	开放式产品通信统一架构

OT	Operation Technology	运营技术
PaaS	Platform as a Service	平台即服务
PDCP	Packet Data Convergence Protocol	分组数据汇聚协议
PHY	Physical Layer	物理层
PLC	Programmable Logic Controller	可编程逻辑控制器
PON	Passive Optical Network	无源光网络
PTP	Precision Time Protocol	精确时间协议
QMS	Quality Management System	质量管理体系
QoS	Quality of Service	服务质量
RAMI 4.0	Reference Architecture Model Industrie 4.0	工业 4.0 参考架构模型
RLC	Radio Link Control	无线链路控制
RRC	Radio Resource Control	无线资源控制
SaaS	Software as a Service	软件即服务
SCADA	Supervisory Control And Data Acquisition	数据采集与监视控制
SDN	Software-Defined Networking	软件定义网络
TSN	Time-Sensitive Networking	时间敏感网络
URLLC	Ultra-Reliable Low-Latency Communication	超可靠低时延通信
VLAN	Virtual Local Area Network	虚拟局域网
VPN	Virtual Private Network	虚拟专用网络
WIA	Wireless Networks for Industrial Automation	工业无线网络
WIA-FA	Wireless Networks for Industrial Automation Factory Automation	工厂自动化的工业无线网络
WIA-PA	Wireless Networks for Industrial Automation Process Automation	工业过程自动化的工业无线网络
WMS	Warehouse Management System	仓库管理系统